Christoph Wolff

Bachs musikalisches Universum

Christoph Wolff

BACHS MUSIKALISCHES UNIVERSUM

Die Meisterwerke in neuer Perspektive

Aus dem Amerikanischen von Sven Hiemke

Bärenreiter

Metzler

Die Arbeit des Übersetzers am vorliegenden Text wurde vom Deutschen Übersetzerfonds gefördert im Rahmen des Programms »NEUSTART KULTUR« aus Mitteln der Beauftragten der Bundesregierung für Kultur und Medien.

Publiziert mit finanzieller Unterstützung der Alexander von Humboldt-Stiftung

Auch als eBook erhältlich:
ISBN 978-3-7618-7243-7 (Bärenreiter)
ISBN 978-3-662-65445-3 (Metzler)

Bibliografische Information der Deutschen Nationalbibliothek
Die Deutsche Nationalbibliothek verzeichnet diese Publikation in der Deutschen National-bibliografie; detaillierte bibliografische Daten sind im Internet über www.dnb.de abrufbar.

© 2023 Bärenreiter-Verlag Karl Vötterle GmbH & Co. KG, Kassel
Gemeinschaftsausgabe der Verlage Bärenreiter, Kassel,
und J. B. Metzler, Berlin
Umschlaggestaltung: +CHRISTOWZIK SCHEUCH DESIGN
Umschlagabbildung: Gemälde von Elias Gottlob Haußmann, 1748, Ausschnitt (Bach-Archiv Leipzig)
Lektorat: Diana Rothaug, Daniel Lettgen
Innengestaltung: Dorothea Willerding, Christina Eiling
Satz: Christina Eiling, EDV+Grafik, Kaufungen
Druck und Bindung: Beltz Grafische Betriebe GmbH, Bad Langensalza
ISBN 978-3-7618-2497-9 (Bärenreiter)
ISBN 978-3-662-65444-6 (Metzler)
www.baerenreiter.com
www.metzlerverlag.de

Inhalt

KAPITEL 7

Kritischer Rückblick 237
Revisionen, Transkriptionen, Umarbeitungen

KAPITEL 8

Instrumentale und vokale Polyphonie im Zenit 269
Kunst der Fuge und h-Moll-Messe

EPILOG

»Praxis cum theoria« 317
Die Maxime des gelehrten Musikers

ANHANG

Vorwort

Der Titel »Bachs musikalisches Universum« soll andeuten, dass sich der Ansatz dieses Buches von der konventionellen Betrachtungsweise »Der Komponist und sein Werk« klar unterscheidet. Eine kritische Auseinandersetzung mit dem Gesamtschaffen Johann Sebastian Bachs wäre eine vergebliche Mühe, denn der musikalische Nachlass des Komponisten ist viel zu groß, als dass all seine Werke in einer einzigen Studie angemessen gewürdigt werden könnten. Aus reiner Notwendigkeit heraus habe ich daher entschieden, mich auf eine begrenzte, aber bedeutsame Auswahl von Werken zu beschränken – eine Auswahl allerdings, wie sie bisher noch nie getroffen worden ist. Bach-Studien behandeln üblicherweise Kompositionen ähnlicher Art, gleicher oder verwandter Gattung oder solche, die dem gleichen Zeitraum entstammen. Die Werkauswahl dieses Buches hingegen überschreitet solche Grenzen und wurde in gewisser Weise vom Komponisten selbst mitbestimmt. Denn während seiner gesamten Schaffenszeit hat Bach bestimmte Werke systematisch in Sammlungen zusammengestellt – sei es in sorgfältigen Reinschriften oder in gedruckten Publikationen. Diese richtungsweisenden Werke, allesamt ohne Parallele, bilden eine außergewöhnliche Folge hoch origineller Schöpfungen und waren eindeutig als Paradigmen seiner musikalischen Kunst gedacht. Und als solche stellen sie die vielleicht stärkste und wirklich authentische musikalische Autobiografie dar, die man sich vorstellen kann.

Hervorgegangen aus einem umfangreichen und hochkomplexen Œuvre, bildet eine bemerkenswerte Anzahl von Kompositionen – von den frühen sechs Toccaten für Tasteninstrumente bis zur späten *Kunst der Fuge* und der h-Moll-Messe – metaphorisch gesprochen deutlich erkennbare Planeten innerhalb des größeren Firmaments von Bachs Musik. Es sind klar organisierte Einheiten, die sein Gespür für Breite und Tiefe sichtbar werden lassen – während sich sein musikalisches Universum stetig ausdehnt, weitgehend unabhängig vom äußeren Verlauf seines Lebens. Tatsächlich gleicht Bachs Universum einem gewaltigen Kosmos, in dem all seine unermesslich scheinenden musikalischen Ideen ihren Platz finden. Doch will ich es dabei belassen und die Metapher nicht weiter auf Asteroiden, schwarze Löcher und andere Bereiche der Astronomie ausdehnen.

Ein weiterer Aspekt dieses Buches betrifft die lange und überreiche Tradition der Bach-Forschung. Für alle Werke und Sammlungen, die hier in den Blick genommen werden, gibt es etliche engagiert geschriebene Monografien, Buchkapitel, Fachartikel und prägnante Einführungen. Viele von ihnen haben Generationen von Bach-Forschern und -Enthusiasten geprägt, wobei neuere Publikationen bis in die Gegenwart hinein informieren und inspirieren. Dennoch sind diese Publikationen (abgesehen von einigen wenigen Ausnahmen) nicht in der Bibliografie aufgeführt. Ich verfolge in der Tat eine unabhängige Metastudie und möchte mich primär auf übergreifende Aspekte konzentrieren, die in Bachs reichem Schaffen zu erkennen sind. Eine solche im Wesentlichen synoptische Annäherung an Bachs Œuvre schärft den Blick für den neugierigen musikalischen Verstand des Komponisten mit seiner stetigen Produktion transformativer Werke – Referenzwerke, die den Status der jeweils gewählten Gattung grundlegend veränderten.

Für alle hier betrachteten Kompositionen werden Aspekte der Entstehungsgeschichte (mit einem Schwerpunkt auf Primärquellen), hervorstechende musikalische Merkmale und andere wesentliche Facetten von historischer Bedeutung und allgemeiner Tragweite berücksichtigt. Die Tabellen mit Informationen über Sammlungen und einzeln überlieferte Stücke sind zum bequemen Nachschlagen und als informativer Überblick gedacht. Der Musik selbst können die Kapitel und Abschnitte dieses Buches nicht bis ins Letzte gerecht werden: Sie enthalten weder detaillierte Analysen, noch sollen sie bestehende kritische Einführungen zu den betrachteten Werken ersetzen. Vielmehr ergänzen sie die vorhandene Literatur. Das Buch greift hin und wieder zurück auf eigene Schriften, Lehrveranstaltungen und Forschungen; sein Schwerpunkt und seine Ausrichtung zielen jedoch vor allem darauf, das Bild zu vervollständigen, das ich in meiner biografischen Studie *Johann Sebastian Bach: The Learned Musician* (New York 2000; deutsch: *Johann Sebastian Bach*, Frankfurt am Main 2000) entworfen habe.

Auch wenn die vorliegende Studie in engem Zusammenhang mit dieser Bach-Biografie steht, wird nur gelegentlich auf sie verwiesen, etwa für bestimmte biografische Informationen und andere wesentliche Aspekte. Im Allgemeinen liefert jedoch jede Bach-Biografie genügend Hintergrundinformationen. Die wichtigsten Daten finden sich in einer kurzen Synopse am Ende des Bandes zusammengefasst. Da Bach-Partituren leicht erreichbar sind, wurden die Notenbeispiele auf ein Minimum beschränkt. Faksimilia von Originalquellen hingegen liefern viele ergänzende Informationen zu den ausgewählten Werken und führen den Leser näher an den historischen Kontext heran. Die in diesem Buch wiedergegebenen Faksimileseiten werden ergänzt durch die umfassende digitale Bibliothek des Leipziger Bach-Archivs (www. bach-digital.de) mit entsprechenden Navigationsanweisungen. Für Recherchen in der Sekundärliteratur kann die ebenfalls vom Bach-Archiv Leipzig betreute *Bach-Bibliographie Online* hilfreich sein (www.bach-bibliographie.de).

Die hier besprochenen Stücke sind mit den Nummern des systematisch-thematischen Bach-Werke-Verzeichnisses gekennzeichnet (abgekürzt BWV). Diese Nummern erleichtern die Suche nach einschlägigen Notenausgaben sowie nach den reichlich vorhandenen Tonträger-Aufnahmen fast jedes Bach-Werkes. Die jüngste Version dieses unentbehrlichen Nachschlagewerks, die gründlich überarbeitete dritte Ausgabe des BWV (herausgegeben vom Bach-Archiv Leipzig) enthält zu jedem einzelnen Werk Informationen auf dem neuesten Stand der Forschung. (Zu differierenden Nummern in den früheren Ausgaben des BWV siehe die Angaben im Register der Werke Bachs, S. 352.)

Die zahlreichen Abbildungen und verschiedenen Tabellen im Buch erfüllen zudem einen besonderen Zweck. Abbildungen von autographen Reinschriften und Originaldrucken dokumentieren das Gewicht, das der Komponist seinen Referenzwerken beimaß, während autographe Arbeitspartituren die akribische Sorgfalt widerspiegeln, mit der er an seine Großprojekte heranging. Weitere Abschriften, die eine wichtige Rolle bei der Überlieferung und Bewahrung von Bachs Musik spielen, bieten dafür weitere Belege. Die Tabellen wiederum geben einen grundlegenden Überblick über Inhalt und Struktur der exemplarischen Sammlungen und der großen Einzelwerke, wie beispielsweise der Passionen. In einigen Fällen, vor allem in Kapitel 8, sollen sie den Fließtext auch von komplexeren analytischen oder anderen Details und Fragestellungen entlasten, stehen aber für diejenigen zur Verfügung, die sich in solche Einzelheiten vertiefen wollen.

Eine der wichtigsten und in der Tat angenehmsten Funktionen eines Vorworts besteht darin, Freunden, Kollegen und Institutionen zu danken, die die Entstehung dieses Buches in verschiedenen Phasen wesentlich unterstützt haben. Ganz oben auf die Liste setze ich Michael Ochs, ehemaliger Harvard Music Librarian und pensionierter Music Editor bei W. W. Norton. Er hat das aktuelle Projekt wie auch seinen Vorläufer, meine Bach-Biografie, in Auftrag gegeben. Ich freue mich, dass er mir auch bei diesem Buch als ein weiser und ermutigender redaktioneller Begleiter zur Seite stand. Ich bedaure freilich, dass ich ihn viel länger auf das Manuskript habe warten lassen als beabsichtigt, und hoffe, dass sich diese Fristverzögerung am Ende doch positiv auf Anlage und Inhalt des Buches ausgewirkt hat.

Zu den Sternstunden einer akademischen Laufbahn gehören jene Momente, in denen ein Lehrer erkennt, dass er von seinen Doktoranden lernen kann. Ich machte diese Erfahrung wiederholte Male, als ich das höchst willkommene Feedback zu meinem Manuskript von zwei ehemaligen Harvard-Absolventen erhielt, die längst eigenständige Akademiker sind: Jay Panetta las jedes Wort, schlug vor, das ein oder andere zu streichen oder zu ersetzen, und sorgte dafür, dass die Argumentation auf dem richtigen Kurs blieb; Peter Wollny kam auf so manchen guten Punkt und sorgte vor allem dafür, dass ich die neuesten relevanten Finessen der aktuellen Bach-Forschung nicht übersah. Beiden bin ich zu großem Dank verpflichtet.

Viel allgemeine und technische Unterstützung habe ich dankenswerterweise vom Leipziger Bach-Archiv erhalten, das ich mehr als ein Dutzend Jahre lang im Nebenamt leiten durfte. Peter Wollny, derzeitiger Direktor, stellte mir die technischen Hilfsmittel dieses Instituts großzügig zur Verfügung, und Christine Blanken, die gute Fee von *Bach digital*, lieferte die Dateien für den Großteil der Abbildungen in diesem Buch. Darüber hinaus bin ich den verschiedenen Bibliotheken für ihre bereitwillige Erlaubnis zu Reproduktionen aus ihren Beständen sehr dankbar, vor allem der Musikabteilung der Staatsbibliothek zu Berlin – Preußischer Kulturbesitz und ihrer Leiterin Martina Rebmann.

Ich danke dem Bärenreiter-Verlag, dem ich seit Jahrzehnten verbunden bin, dass er sein Interesse an diesem Buch bekundet und die deutsche Ausgabe ermöglicht und übernommen hat. Besonderen Dank schulde ich der Buchlektorin Diana Rothaug, mit der ich nicht zum ersten Mal zusammenarbeite und die ihre fachkundige und umsichtige Betreuung auch diesem Buch-Projekt zugutekommen ließ. Auch Daniel Lettgen leistete einen großen Beitrag zur sprachlichen Schlussfassung und gab inhaltliche Anregungen, wofür ich ihm sehr dankbar bin. Großen Dank verdient nicht zuletzt Sven Hiemke für seine überaus kompetente und einfühlsame Übersetzung. Zudem betrachte ich es nicht als selbstverständlich, dass er mir gestattet hat, hier und dort meine muttersprachlichen Präferenzen und einige kleinere Aktualisierungen in die Übersetzung einfließen zu lassen.

Das amerikanische Vorwort des Buches schloss mit dem Absatz: »Finally, there is the one person who is already mentioned in the preface of my first book from more than fifty years ago: my dear wife Barbara, critical reader of all my writings. She merits a particular place of honor here, and once again I thank her deeply and profusely for her patience, support, and love.« Meine liebe Frau durfte das Erscheinen der Originalausgabe Anfang März 2020 noch erleben, und ich empfinde es als überaus schmerzlich, dass ich jetzt die deutsche Ausgabe nur noch ihrem Gedächtnis widmen kann.

Im Juni 2022   *Christoph Wolff*

Primat der »Vollstimmigkeit«

Bachs Visitenkarte

Komponisten und Musiktheoretiker des 17. und 18. Jahrhunderts haben die allgemeinen Prinzipien der musikalischen Komposition oft und lebhaft diskutiert. Überlegungen zur schöpferischen Motivation von Komponisten aber, zu ihren künstlerischen Zielen und ästhetischen Prioritäten stellten sie nur selten an – wenn überhaupt. Diskussionen über individuelle kompositorische Ansätze, über ungewöhnliche Entscheidungen und typische Vorlieben, also über die eigentlichen Elemente künstlerischer Originalität sucht man in der Literatur jener Zeit vergeblich. Wie aber lässt sich das Wesen von Johann Sebastian Bachs Kunst der Komposition fassen?

Als entschiedener Praktiker seiner Kunst vermittelte Bach seine kompositorischen Ansichten fast ausschließlich in seinen Werken, also rein musikalisch und nicht mit Worten. Trotz seiner Tätigkeit als hingebungsvoller und inspirierender Lehrer, die ihn zu einem der gefragtesten und einflussreichsten Musikpädagogen werden ließ, verweigerte er notorisch schriftliche Äußerungen über sein Leben und Werk. Auch der Bitte von Johann Mattheson aus dem Jahr 1717 um eine autobiografische Skizze kam er nicht nach.[1] Ebenso überließ er 1738 seinem Freund Johann Abraham Birnbaum die Reaktion auf die Kritik von Johann Adolph Scheibe an dem vermeintlich »schwülstigen und verworrenen Wesen« seiner Musik, das sich angeblich aus »allzugroßer Kunst« ergab.[2]

Dass Bach bevorzugt seine Musik für sich sprechen ließ, zeigt auch das einzige authentische Bildnis, das sich erhalten hat: ein Ölporträt, das Elias Gottlob Haußmann malte, als der Komponist Anfang sechzig war (siehe Frontispiz).[3] Als Maler des Leipziger Stadtrates schuf Haußmann zahlreiche Porträts von verschiedenen städtischen Amtsträgern, die er in mehr oder weniger immer gleicher Pose zeigte. Bachs Porträt unterscheidet sich von diesen nicht wesentlich, außer in einem entscheidenden Detail: Ein Blatt Papier mit einem Musikstück, das er in der Hand hält, weist ihn eindeutig als Musiker aus (siehe Abb. P-1). Auf die traditionelle Kantoren- und Kapellmeisterhaltung, die den Dargestellten mit einer Notenrolle in der Hand zum Zwecke des Dirigierens zeigt

– eine Konvention für Musikerporträts –, verzichtete Bach. Auch mit seinem Instrument wollte er nicht gezeigt werden, dabei wäre eine solche Pose durchaus angemessen gewesen, wenn man bedenkt, dass Bach zu Lebzeiten vor allem als brillanter Organist und Tastenvirtuose bewundert wurde.[4] Stattdessen wendet er sich dem Betrachter zu und präsentiert ein kleines Notenblatt, als würde er eine Visitenkarte mit seinem Namen und Beruf vorlegen.

Wem die Analogie zu einer gemalten Visitenkarte unpassend oder zu weit hergeholt erscheint, braucht nur ihre Druckfassung zu betrachten (siehe Abb. P-2). Auf einem Blatt im Duodezimformat (10,2 × 8,3 cm) findet sich derselbe »Canon triplex à 6 Voc:« (Tripelkanon für sechs Stimmen) – der einzige derartige Separatdruck, den Bach jemals veröffentlichte, und die Vorlage für den Bildausschnitt. Ursprünglich wurde der Kanon weder für das Porträt noch für den Einzeldruck komponiert, sondern er stammt aus der Reihe der *Vierzehn Kanons* BWV 1087[5] über die Fundamentalnoten der Arie der 1741 erschienenen *Clavier-Übung*, Teil IV (*Goldberg-Variationen*; siehe Kapitel 8).

Bach hatte den Einzelkanon 1747 zur Verteilung unter den Mitgliedern der Correspondierenden Societät der musicalischen Wissenschaften drucken lassen, der er im selben Jahr beitrat. Er beschloss, sich den Mitgliedern dieser gelehrten Gesellschaft, die von seinem ehemaligen Schüler Lorenz Christoph Mizler gegründet worden war, vorzustellen, indem er Druckexemplare des Kanons in eines der regelmäßig zirkulierenden Pakete der Gesellschaft legte. Da die Mitglieder weit voneinander entfernt lebten – Georg Friedrich Händel etwa in London, Georg Philipp Telemann in Hamburg und Meinrad Spieß im oberschwäbischen Irsee – fungierte die Vereinigung als Korrespondenzgesellschaft. Ihr wichtigstes Kommunikationsmittel waren laut Satzung sogenannte »Zirkularpakete« zum gegenseitigen Austausch von Schriften und Kompositionen, die vom Sekretär Mizler zusammengestellt und in der Regel zweimal im Jahr verschickt wurden. Ein solches Paket wurde jeweils an das erste Mitglied auf der Liste geschickt, das es dann an das nächste weiterleitete, und so weiter.

Mizler druckte Bachs Kanon am Ende des Nekrologs des Komponisten in der *Musikalischen Bibliothek* (Leipzig 1754) erneut ab und bemerkte: »Im fünften Packet der Societät hat der seel. Capellm. Bach eine dreyfache Kreisfuge mit sechs Stimmen zur Auflösung vorgelegt.«[6] Eben dieses Paket erwähnt Mizler auch in seinem Brief vom 23. Oktober 1747 an den Komponisten und Musiktheoretiker Spieß, Prior der Benediktinerabtei Irsee: »Das letzte Packet aber, so den 29 May d. J. schon abgelaufen, ist noch nicht zurücke, u. weiß noch nicht, wo es so lange ausgeruht. Sie werden es von Herrn Bach erhalten.«[7] Das an Pater Spieß versandte Notenblättchen aus dem Zirkularpaket ist eines von nur zwei erhalten gebliebenen Exemplaren der Originalauflage.[8]

Die vermeintlich unscheinbare kleine Partitur des Kanons und ihre doppelte Präsentation in gemalter und gedruckter Form werfen die Frage auf, ob es sich hierbei um eine bewusste Projektion von Bachs Selbstbild handelt. Denn Haußmanns Porträt verbindet das Konterfei des Komponisten mit seinem schöpferischen Werk und vermittelt so eine besonders starke Aussage. Mild und durchaus wohlwollend lächelnd scheint Bach sagen zu wollen: »Das bin ich, und dafür stehe ich: für die Kunst der Polyphonie.«

Abbildung P-1 Tripelkanon für sechs Stimmen BWV 1076, Ausschnitt aus Elias Gottlob Haußmanns Ölporträt von J. S. Bach (1748)

Abbildung P-2 Tripelkanon für sechs Stimmen BWV 1076, Originaldruck (Leipzig 1747)

Ruhig, stolz und vielleicht mit einer Spur von Selbstgefälligkeit fordert er den Betrachter auf, herauszufinden, wie sich diese rätselhafte dreizeilige Partitur in einen unendlichen Tripelkanon für sechs Stimmen auflösen lässt.

Die Verwendung eines Kanons zur Identifizierung eines Porträtierten als Musiker war keineswegs ungewöhnlich. Die platzsparende Notation in verschlüsselter Form erlaubte es, mit einem Kanon eine vollständige, wenn auch kurze polyphone Komposition darzustellen, und in dieser Weise finden sich Kanons auf zahlreichen Abbildungen von Musikern zumal des 17. Jahrhunderts.[9] In Porträts wurden sie üblicherweise entweder als Etikett oder als emblematische Inschrift platziert, also losgelöst vom Dargestellten. Haußmanns Gemälde hingegen bezieht den Kanon als integralen Bestandteil einer aktiven Geste des dargestellten Musikers mit ein.

Wie die Überschrift »Canon triplex à 6 voc[ibus]:« bereits verrät, ist das Stück in mehrfacher Hinsicht ungewöhnlich. Der Titel verweist auf einen dreifachen Kanon für sechs Stimmen, doch werden weder Einsatzpunkte für die kanonischen Stimmen noch andere Hinweise zur Auflösung der Rätselnotation mitgeteilt. Wie also kann aus jeder der drei Stimmen ihre kanonische Antwort bzw. ihr Kontrapunkt hervorgehen, sodass sich die Kombination von drei zweistimmigen Kanons zu einer vollen Partitur mit sechs Stimmen summiert? Die Kanonüberschrift selbst verrät nicht, dass es sich bei dem kleinen Stück nicht nur um einen einfachen Tripelkanon handelt, sondern vielmehr um einen umkehrbaren Spiegelkanon. Genau dies aber legen die verschiedenen Blickwinkel vonseiten des Betrachters und vonseiten des Präsentierenden (also Bachs) nahe (siehe Diagramm P-1 und Notenbsp. P-1). Mit anderen Worten: Die impliziten kanonischen Kontrapunkte, die aus jeder der drei notierten Stimmen im Alt-, Tenor- und Bassschlüssel (= 1a–3a) entstehen, müssen aus ihren jeweiligen melodischen Umkehrungen abgeleitet und im Sopran-, Alt- und Tenorschlüssel (= 1b–3b) gelesen werden. Der Kanon als solcher ist seit Langem aufgelöst,[10] wird aber meist in sechsstimmiger Partitur notiert, bestehend aus drei Kanonpaaren, ohne Berücksichtigung seiner auf dem Kopf stehenden umkehrbaren Gestalt. Die intendierte Auflösung ergibt sich erst durch das gleichzeitige Lesen der sichtbaren dreistimmigen Partitur (1a–3a) und ihrer imaginierten Spiegelung (1b–3b) mit den richtigen Schlüsseln (impliziert, aber nicht angegeben): Sopranschlüssel (für die – aus Betrachtersicht – Unterstimme), Altschlüssel (für die Mittelstimme) und Tenorschlüssel (für die Oberstimme). Erst mit dieser Stimmenverteilung ergibt sich eine melodisch ausgeglichene und musikalisch überzeugende Partitur.

Durch die Betonung der klar abgegrenzten Funktionen der drei Stimmen in ihrer richtigen rhythmisch-melodischen Balance und harmonischen Staffelung definiert der Kanon unmissverständlich das Wesen einer kontrapunktischen Komposition und erhellt damit das Wesen der Musik selbst. Die Partitur des Kanons wiederholt somit in Notenschrift, was Bach 1738 in den Worten seines Freundes und literarischen Sprachrohrs Johann Abraham Birnbaum über das »wesen der Music« geäußert hatte: »Dieses besteht in der harmonie. Die harmonie wird weit vollkommener, wenn alle stimmen miteinander arbeiten. Folglich ist dies kein fehler, sondern eine musicalische vollkommenheit.«[11]

Diese Stellungnahme sollte die Kritik von Johann Adolph Scheibe an Bachs Musik widerlegen, der eine »Hauptstimme« fehle und in der »alle Stimmen [...] mit gleicher Schwierigkeit arbeiten« würden.[12] Diese Bemerkung veranlasste Bach, musikalische Vollkommenheit als höchstes Ziel seiner Bemühungen zu definieren. Gleichzeitig stellte er sich in die altehrwürdige Tradition der kontrapunktischen Polyphonie, wenn er darauf verwies, man solle nur »unter den alten PRAENESTINI [Palestrina], unter den neuern [Antonio] LOTTI, und andere wercke nachsehen, so wird er daselbst nicht nur alle stimmen beständig arbeiten, sondern auch bey einer jeden eine eigene mit den übrigen gantz wohl harmonirende melodie antreffen.«[13]

Während Bachs Kanon in seiner notierten Dreistimmigkeit auf das Wesen des einfachen Kontrapunkts verweist, bei dem jede Stimme tatsächlich »eine eigene melodie« hat, definiert die sechsstimmige Auflösung den doppelten Kontrapunkt. Der doppelte oder umkehrbare Kontrapunkt folgt dem Prinzip, die tiefere Stimme über die höhere zu setzen und umgekehrt, wobei natürlich auch die neue Struktur harmonisch korrekt sein

Diagramm P-1 Schematische Auflösung des Canon triplex inversus

Lesart des Betrachters	Lesart des Porträtierten	Auflösung
Zeile 1a (A): ⊏⊏⊏⊏⊏	Zeile 3b (S): ⊃⊃⊃⊃⊃	Zeile 3b (S): ⊃⊃⊃⊃⊃
Zeile 2a (T): ⊏⊏⊏⊏⊏	Zeile 2b (A): ⊃⊃⊃⊃⊃	Zeile 1a (A): ⊏⊏⊏⊏⊏
Zeile 3a (B): ⊏⊏⊏⊏⊏	Zeile 1b (T): ⊃⊃⊃⊃⊃	Zeile 2b (A): ⊃⊃⊃⊃⊃
		Zeile 2a (T): ⊏⊏⊏⊏⊏
		Zeile 1b (T): ⊃⊃⊃⊃⊃
		Zeile 3a (B): ⊏⊏⊏⊏⊏

S, A, T, B: Stimmen im Sopran-, Alt-, Tenor- und Bassschlüssel zu lesen

* auf dem Kopf stehend gelesen

Notenbeispiel P-1 Auflösung de Tripelkanons BWV 1076 in Partiturform

muss. Da in BWV 1076 alle drei Stimmen vertauscht werden, demonstriert der Kanon gleichzeitig die Kategorien des doppelten, dreifachen und vierfachen Kontrapunkts. Wenn alle drei notierten Stimmen und ihre jeweiligen gespiegelten Versionen übereinandergelegt werden (siehe Diagramm P-1 und Notenbsp. P-1), ergeben sie eine harmonisch perfekte Vertonung im vierfachen Kontrapunkt und liefern somit ein echtes Beispiel für Bachs Ideal musikalischer Vollkommenheit.

Neben seiner ausgeklügelten vielschichtigen polyphonen Ausrichtung hat das zweitaktige Miniaturstück auch eine emblematische Bedeutung. Zunächst fungiert der offene und eindeutige Bezug der Bassstimme auf den monumentalen Variationszyklus der *Clavier-Übung* IV als stolze Selbstreferenz auf den Virtuosen und Komponisten, der die Kunst des Clavierspiels konzeptionell und technisch in bis dahin unerreichte Höhen geführt hatte. Die Mittelstimme zitiert das Thema von Johann Caspar Ferdinand Fischers Fuge in E aus *Ariadne musica* (1702), transponiert nach G – ein Thema, das Bach in leicht modifizierter rhythmischer Gestalt auch für die E-Dur-Fuge BWV 878/2 in Teil II des *Wohltemperierten Claviers* verwendet hat. Dieser Verweis unterstreicht die melodische Eigenständigkeit der Mittelstimme als Kontrapunkt und zugleich ihre historische Herkunft aus der Tastenmusik des 17. Jahrhunderts[14] ebenso wie ihre Verbindung zu den revolutionären Errungenschaften des *Wohltemperierten Claviers*. Die Oberstimme der dreistimmigen Partitur als einziger frei erfundener und am wenigsten melodiöser Kontrapunkt verleiht den entscheidenden rhythmischen Schwung und gibt damit dem kleinen Stück die nötige Balance, allerdings ohne weitere Implikationen. Die »Fundamental-Noten« der »Goldberg«-Aria stellen dagegen eine doppelte Referenz dar, weil sie von Händel entlehnt sind (Kapitel 5, S. 178–180), der zu den Empfängern des fünften Zirkularpakets der Correspondierenden Societät der musicalischen Wissenschaften gehörte, das Bachs Kanonblatt enthielt. So kann der Kanon durchaus als freundlicher Wink in Richtung des Londoner Kollegen verstanden werden, vielleicht verbunden mit einer subtilen Kritik an dessen bescheidenem zweistimmigem Kanon am Ende der Chaconne in G mit 62 Variationen HWV 442 über dieselben Töne. Auf jeden Fall entsprach der sechsstimmig Kanon, der den Mitgliedern der Gesellschaft übermittelt wurde, vollkommen den Zielen, die in den Statuten von 1746 formuliert worden waren und zu denen auch das Bestreben zählte, »die Majestät der alten Musik« wiederherzustellen.[15] Das mag freilich nicht Bachs primäre Motivation gewesen sein.

Was aber ist die primäre Botschaft des von Haußmann gemalten Porträts von Bach und die seiner Visitenkarte? Beide weisen ihn vor allem als Komponisten aus. Die Rolle des praktischen Musikers wird trotz des indirekten Hinweises auf die *Goldberg-Variationen* und das *Wohltemperierte Clavier* durch den Kanon deutlich heruntergespielt, ebenso wie das Haußmann-Porträt den Dargestellten weder mit einem Blatt virtuoser Tastenmusik noch an Orgel oder Cembalo zeigt. Es scheint, als habe sich Bach seinem in der Öffentlichkeit vorherrschenden Image als Virtuose entgegenstellen wollen, das auch noch in der Überschrift des Nekrologs nachklingt, wo er – noch vor seinen Hoftiteln – als der »im Orgelspielen Weltberühmte« bezeichnet wird.[16] Bach selbst hingegen wollte in erster Linie als Komponist gesehen und als Experte in der Kunst der gelehrten Polyphonie verstanden werden. Der Kanon steht pars pro toto für jenen Bereich der Musik, in dem Bach am Ende einer langen Karriere von sich glaubte, etwas bewegt zu haben: die kontrapunktische Polyphonie – ihren Primat und ihre Allgegenwart. Der Kanon impliziert zudem zwei weitere konkrete Punkte: Erstens unterstreicht er als sechsstimmige Komposition und einziges Stück dieser Art aus der Reihe der *Vierzehn Kanons* die Kompetenz des Autors in der polyphonen »Vollstimmigkeit«, die weit über die übliche vierstimmige Satzweise hinausgeht. Und zweitens verweist die Rätselnotation des Kanons symbolisch auf die »verstecktesten Geheimnisse der Harmonie«, die es im Prozess der Komposition zu entdecken und kunstvoll zum Leben zu erwecken gilt.

Beide Punkte werden ausdrücklich angesprochen in der ersten Würdigung des Komponisten, die in dem oben erwähnten Nekrolog erschien.[17] Der Nachruf entstand im Herbst 1750, kurz nach dem Tod des Komponisten am 28. Juli, und wurde von Carl Philipp Emanuel Bach, dem zweiten Sohn des Verstorbenen, in Zusammenarbeit mit seinem jüngeren Kollegen verfasst, Johann Friedrich Agricola, dem späteren Leiter der

Berliner Hofkapelle und einem der bedeutendsten Schüler Bachs. Agricola war verantwortlich für die allgemeine Würdigung der Leistungen des Komponisten, die dem biografischen Teil des Nekrologs folgt. Nachrufe bedürfen üblicherweise der Würdigung, und an Lobesbekundungen mangelt es nicht. Trotz dieser Tendenz zieht Agricola in seiner Darstellung von Bachs Kunst ein bemerkenswertes Resümee, und es ist anzunehmen, dass es inhaltlich die Zustimmung von Bachs Sohn fand.

Der erste Absatz beschäftigt sich mit kompositorischen Fragen und lautet (die kursiven Hervorhebungen wurden hinzugefügt):

»Hat jemals ein Componist die *Vollstimmigkeit* in ihrer größten Stärke gezeiget, so war es gewiß unser seeliger Bach. Hat jemals ein Tonkünstler *die verstecktesten Geheimnisse der Harmonie* in die künstlichste Ausübung gebracht, so war es gewiß unser Bach. Keiner hat bey diesen sonst trocken scheinenden *Kunststücken* so viele *Erfindungsvolle und fremde Gedanken* eingebracht also eben er. Er durfte nur irgend einen Hauptsatz gehöret haben, um fast alles, was nur künstliches darüber hervor gebracht werden konnte, gleichsam im Augenblicke gegenwärtig zu haben. Seine *Melodien* waren zwar *sonderbar*; doch immer *verschieden, Erfindungsreich*, und *keinem anderen Componisten ähnlich*. Sein ernsthaftes Temperament zog ihn zwar vornehmlich zur arbeitsamen, ernsthaften und tiefsinnigen Musik, doch konnte er auch, wenn es nöthig schien, sich, besonders im Spielen, zu einer leichten und scherzhaften Denkart bequemen. Die beständige Übung in Ausarbeitung vollstimmiger Stücke, hatte seinen Augen eine solche Fertigkeit zu Wege gebracht, daß er die stärksten Partituren, alle zugleich lautende Stimmen, mit einem Blicke, übersehen konnte.«[18]

Diese Passage, deren Anfang gleichsam einen Kommentar zu Bachs Visitenkarte darstellt, ist relevant für das Verständnis des Einzigartigen in Bachs Kunst und deckt sich offenbar mit den spezifischen Begriffen, Prinzipien und künstlerischen Prioritäten in seiner Unterrichtspraxis, die Agricola persönlich erlebt hatte. In einem Brief an Telemann von 1752 erinnert er an »die tiefsinnige Arbeitsamkeit meines seeligen Lehrmeisters auf dem Claviere, der Orgel und in den Grundsätzen der Harmonie« und bezieht sich auf die eigene Erfahrung, dessen »arbeitsame Vollstimmigkeit« mit dem stilistischen Ideal »einer fließenden Leichtigkeit« zu verbinden.[19]

»Arbeitsame Vollstimmigkeit«

Der Begriff »Vollstimmigkeit« ist nicht identisch mit Polyphonie im Sinne bloßer »Mehrstimmigkeit«. Er beschreibt im Sinne »arbeitsamer Vollstimmigkeit« das Zusammenwirken melodischer Linien, die gleichzeitig und unabhängig voneinander verlaufen und »mehrfachen Wohlklang«[20] erzeugen – vielleicht am besten wiedergegeben durch die Formulierung »allumfassende Polyphonie«, die zielgerichtet »in ihrer größten Stärke« angewendet wird. Diese Art vollstimmiger Polyphonie impliziert zwei komplementäre Varianten. Gemeint ist zum einen ein vielstimmiger Satz jenseits der üblichen vierstimmigen Norm, wie ihn auch der sechsstimmige Kanon im Porträt des Komponisten und auf seiner Visitenkarte zeigt. In der Tat waren große polyphone Partituren mit fünf, sechs, sieben oder mehr kontrapunktischen Stimmen eine Spezialität Bachs, deren spezifische Herausforderungen er offenbar in späteren Jahren mit einigen fortgeschrittenen Schülern diskutierte, wie durch Agricolas Aufzeichnungen dokumentiert ist (siehe S. 270). Zum anderen und in einem weiteren Sinne schließt das Konzept der allumfassenden Polyphonie auch die durchgängige Anwendung polyphoner Techniken und Texturen sowie den Einsatz von kontrapunktischem Material in typischerweise nicht-polyphonen Gattungen ein, um ein-, zwei- oder dreistimmige Besetzungen »vollständig« wirken zu lassen und dem Eindruck mangelnder Klangfülle entgegenzuwirken. Mit anderen Worten: »Arbeitsame Vollstimmigkeit« schließt selbst einstimmige Instrumentalmelodien und zweistimmige Partituren ein, sofern sie eine perfekte Harmonie herstellen, der es an nichts fehlt.

»Die verstecktesten Geheimnisse der Harmonie«

Bachs kompositorisches Denken richtete sich zunächst und vor allem auf die Ausarbeitung musikalischer Gedanken – und dies weder primär noch ausschließlich als ein freier schöpferischer Akt, sondern als eine kreative Erforschung des harmonischen und kontrapunktischen Potenzials, das dem gewählten Material innewohnt. Diese wahrhaft lebenslange Leidenschaft geht auf die prägenden Jahre Bachs zurück, der im Wesentlichen autodidaktisch lernte und für den die Beschäftigung mit der Komposition spätestens um 1714 zu einer faszinierenden Erkundung des Möglichen geworden war. So verband sich die kontrapunktische Ausarbeitung eines Themas von vornherein mit der Herausforderung, dessen latente harmonische Qualitäten freizulegen, damit in der endgültigen Fassung alle Teile »wundersam durcheinander arbeiten« und »ohne die geringste verwirrung« wirken. [21] Das Thema sollte somit eine wirkliche Einheit in der Vielfalt repräsentieren, die Bach als »musikalische Vollkommenheit« verstand und die zugleich auch eine religiöse Dimension beinhalten sollte. Georg Venzky, Mitglied der Societät der musicalischen Wissenschaften, drückte es folgendermaßen aus: »GOtt ist ein harmonisches Wesen; Alle Harmonie rühret von seiner weisen Ordnung und Einrichtung her [...]. Wo keine Uebereinstimmung ist, da ist auch keine Ordnung, keine Schönheit und keine Vollkommenheit. Denn Schönheit und Vollkommenheit bestehet in der Uebereinstimmung des Mannigfaltigen.«[22]

Doch waren weniger die »verstecktesten Geheimnisse« als solche für den Pragmatiker Bach interessant als vielmehr der essenzielle Anspruch, diese »in die künstlichste Ausübung« zu bringen, ohne sie wie »trocken scheinende Kunststücke« klingen zu lassen. Agricola mag sich an diesen Grundsatz als eine Warnung Bachs an seine Schüler erinnert haben.

»Sonderbare Melodien« und »fremde Gedanken«

Der Gestaltungsreichtum von Bachs »sonderbaren« Melodien und von seinen »vielen Erfindungsreichen und fremden Gedanken« entstand aus einem genauen Blick auf ihr Potenzial zur Ausarbeitung. Die beiden von Agricola angeführten Punkte ergänzen sich gegenseitig und entsprechen wiederum der Sicht des Kompositionslehrers Bach selbst.

Sein Sohn Carl Philipp Emanuel benannte die Fähigkeit zur musikalischen »Erfindung« als das entscheidende Kriterium, an dem sein Vater einen vielversprechenden Kompositionsschüler erkannte: »Was die Erfindung der Gedancken betrifft, so forderte er gleich anfangs die Fähigkeit darzu, u. wer sie nicht hatte, dem riethe er, gar von der Composition wegzubleiben.«[23]

Der spezielle Hinweis auf »sonderbare« Melodien, die »keinem anderen Componisten ähnlich« seien, ist zweifellos Agricolas bemerkenswerteste Beobachtung – eine Aussage über künstlerische Originalität, die ohne Präzedenzfall oder Parallele erscheint. Denn vor 1750 war noch kein musikalisches Schaffen so beschrieben worden, und die Bemerkung zeigt, dass sich die Autoren des Nekrologs angesichts ihrer breiten Kenntnis des historischen und zeitgenössischen Musikrepertoires völlig im Klaren darüber waren, in welchem Maße sich die Originalität und Individualität von Bachs Musik von der seiner Zeitgenossen abhob.

Bach selbst war sich dieser Einschätzung nicht nur bewusst, er betonte den Unterschied sogar, wenn er in einem Brief von 1736 seine Kirchenkantaten als gegenüber anderen Werken dieser Gattung »ohngleich schwerer und *intricater*« bezeichnete.[24] Ihm war natürlich auch klar, dass kein anderer Komponist so etwas geschrieben hatte wie das *Wohltemperierte Clavier*, die unbegleiteten Solostücke für Violine und Cello, die doppelchörige *Matthäus-Passion* oder die Konzerte für ein und mehrere Claviere, um nur einige Beispiele zu nennen. Auch wenn das Konzept von Originalität und Individualität – im Gegensatz zu den allgemeineren Vorstellungen von Anmut, Schönheit, Kunstfertigkeit und dergleichen – zu Bachs Lebzeiten in der Ästhetik noch keine Rolle spielte, kultivierte er diese wichtige Facette seines persönlichen Stils selbstbewusst und kompromisslos.

*

Es bleibt erstaunlich, wie treffend Agricola einige der wesentlichsten Eigenschaften der Kunst seines Lehrers in der Darstellung von 1750, geschrieben nur wenige Monate nach Abschluss von Bachs Lebenswerk, erfasst hat. Weil er viele Werke Bachs studiert und kopiert hatte, kannte Agricola die Musik besonders gut, doch wusste er auch um die oft außergewöhnlich hohen Anforderungen, die der Komponist an seine Musiker stellte, und wies auf dieses Problem hin, wenn er schrieb: »Sein Gehör war so fein, daß er bey den vollstimmigsten Musiken, auch den geringsten Fehler zu entdecken vermögend war. Nur Schade, daß er selten das Glück gehabt, lauter solche Ausführer seiner Arbeit zu finden, die ihm diese verdrießlichen Bemerkungen ersparet hätten.«[25]

Bach selbst, der die aufführungspraktischen Schwierigkeiten seiner Musik kannte, hielt es darum für das Verständnis und die Beurteilung seiner Werke für unerlässlich, die geschriebenen Partituren zu studieren: »Allein urtheilt man von der Composition eines Stücks nicht am ersten und meisten nach dem, wie man es bey der Aufführung befindet. Soll aber dieses Urtheil, welches allerdings betrieglich seyn kann, nicht in Betrachtung gezogen werden: so sehe ich keinen andern Weg davon ein Urtheil zu fällen, als man muß die Arbeit, wie sie in Noten gesetzt ist, ansehen.«[26]

Der Komponist als Praktiker wusste sehr wohl, dass nur die geschriebene Partitur seine Ideen verlässlich dokumentiert. Bachs notorische Neigung zu Korrekturen und Überarbeitungen bestätigt zusätzlich die Bedeutung, die er dem Notentext beimaß. Doch was wie eine Binsenweisheit klingt, war im Musikdiskurs des 18. Jahrhunderts eine keineswegs übliche Sicht. So klingt die Aufforderung, »die Arbeit, wie sie in Noten gesetzt ist, anzusehen«, um zu einem Qualitätsurteil zu gelangen, wie ein Appell aus Bachs richtungsweisender Lehrwerkstatt – wie das Echo einer Anweisung an seine Schüler, die ihnen vorgelegte Musik zu analysieren.

Dieses Echo erfasst auch den Betrachter des Haußmann-Porträts und den Leser von Bachs Visitenkarte. Der unaufhörliche Tripelkanon, dessen Musik nur endet, wenn sie willentlich gestoppt wird, ist nicht für eine Aufführung gedacht, lädt aber zum ernsthaften Nachdenken darüber ein, was der Komponist wohl im Sinn hatte, als er sich gegen Ende eines langen schöpferischen Lebens seinen derzeitigen und künftigen Freunden vorstellte mit einem kleinen Musikstück, das symbolisieren sollte, wofür er stand: die Kunst der kontrapunktischen Polyphonie, deren Vorrang und Allgegenwart in seinem musikalischen Denken. So mag der kleine Kanon in seiner genialen Konzeption und tiefgründigen Ausformung wohl eine erhellende Pointe abgeben, kann aber in keiner Weise Bachs musikalisches Lebenswerk umreißen oder abbilden, geschweige denn adäquat dafür stehen.

Kapitel 1

Umrisse eines musikalischen Universums

Das erste Werkverzeichnis von 1750

Der Nekrolog auf Johann Sebastian Bach wurde von Lorenz Christoph Mizler, dem Herausgeber der *Musikalischen Bibliothek*, bei Bachs zweitältestem Sohn Carl Philipp Emanuel in Auftrag gegeben. Dieser wiederum teilte sich die Aufgabe mit seinem Berliner Kollegen Johann Friedrich Agricola: Letzterer steuerte die allgemeine Würdigung des Wirkens seines viel bewunderten Lehrers bei, während Carl selbst den eröffnenden und wesentlich umfangreicheren biografischen Teil übernahm.[1]

Seit der Veröffentlichung des Nekrologs spielt der biografische Abschnitt mit seinen vielen spezifischen Details, aber auch mit seinen zahlreichen Auslassungen eine entscheidende Rolle in Bachs Biografik. Ein zweiseitiger Katalog – platziert zwischen der Geschichte des beruflichen und familiären Lebens des Komponisten und Agricolas zusammenfassender Würdigung – stellt die erste öffentliche Nachricht über sein schöpferisches Lebenswerk dar. Dieser in der Forschung am wenigsten beachtete Abschnitt (Abb. 1-1), steht nicht am Ende als Anhang, sondern vielmehr im Zentrum des Nachrufs. Sein einleitender Satz – »Die Wercke, die man diesem grossen Tonkünstler zu danken hat, sind [...] folgende« – deutet darauf hin, dass der Bach-Sohn das ehrfurchtgebietende Gewicht des Erbes spürte, sicherlich wegen seines schieren Umfangs, mehr aber noch bezogen auf seine Vielfalt, Substanz und Außergewöhnlichkeit.

Dass dieses Herzstück des Nekrologs seine ganz eigene Geschichte erzählt, mag den Mitgliedern der Familie Bach mehr oder weniger bewusst gewesen, doch über seine Bedeutung als Dokumentation eines historischen Vermächtnisses waren sie sich jedenfalls völlig im Klaren. Bach selbst hatte sich seit Langem bemüht, Werke seiner Vorfahren aus dem 17. Jahrhundert aufzuspüren, zu sammeln und praktisch nutzbar zu machen, vor allem die der kompositorisch besonders begabten Brüder Johann Christoph Bach (1642–1703) und Johann Michael Bach (1648–1694). Einige dieser Kompositionen überlebten in einer bemerkenswerten, wenn auch kleinen Sammlung von 27 Werken, die Bachs Sohn Carl Philipp Emanuel als »Alt-Bachisches Archiv« erbte. Mit der nunmehr hinzukommenden Hinterlassenschaft des produktivsten Familienmitglieds war das musikalische Erbe der Familie Bach schlagartig zu riesigen Ausmaßen angewachsen. Dass der Nachlass des Thomaskantors jedoch unter keinen Umständen zusammengehalten werden konnte, sondern auf zehn Erben (die Witwe und neun Kinder) aufgeteilt werden musste, war ein weiterer Grund, im Nekrolog auf den Komponisten auch dessen Lebenswerk darzustellen, solange noch eine konkrete Vorstellung von Bachs Schaffen als intaktem Korpus vorhanden war.

Carl Philipp Emanuel Bachs summarischer Katalog der Werke seines Vaters bot den ersten – und für mehr als ein Jahrhundert einzigen – publizierten Überblick über das Gesamtschaffen seines Vaters (Tab. 1-1). Dabei handelt es sich nicht um ein Werkverzeichnis im modernen Sinne, sondern um eine systematische Auflistung, die sich aus der Sichtung der Notenregale in Bachs Arbeitszimmer in der Thomasschule ergab und die Aufteilung des musikalischen Nachlasses unter den Erben vorbereitete. Anders als beim Haushaltsinventar gab es zur Dokumentation von Bachs Kompositionen und zum Bestand seiner Musikbibliothek keine offiziellen Unterlagen. Als der Bach-Sohn mit der Abfassung des Nekrologs beauftragt wurde, war er längst aus Leipzig nach Berlin zurückgekehrt und musste daher im Wesentlichen aus dem Gedächtnis arbeiten.[2] Dies mag erklären, warum er in seinem späteren Briefwechsel mit Johann Nikolaus Forkel von 1774 einige Werke anführt, die im Werkkatalog von 1750 noch fehlen.[3]

Tabelle 1-1 Carl Philipp Emanuel Bach, Verzeichnis der Werke seines Vaters (1750, ergänzt 1774)*

Veröffentlichte Werke

1. Erster Theil der Clavier Uebungen, bestehend in sechs Sviten.
2. Zweyter Theil der Clavier Uebungen, bestehend in einem Concert und einer Ouvertüre für einen Clavicymbal mit 2. Manualen.
3. Dritter Theil der Clavier Uebungen, bestehend in unterschiedlichen Vorspielen, über einige Kirchengesänge, für die Orgel.
4. [Vierter Theil der Clavier-Uebungen] Eine Arie mit 30 Variationen, für 2 Claviere.
5. Sechs dreystimmige Vorspiele, vor eben so viele Gesänge, für die Orgel.
6. Einige canonische Veränderungen über den Gesang: Vom Himmel hoch da komm ich her.
7. Zwo Fugen, ein Trio und etliche Canones, über das obengemeldete von seiner Majestät dem Könige in Preussen, aufgegebene Thema; unter dem Titel: musikalisches Opfer.
8. Die Kunst der Fuge. Diese ist das letzte Werk des Verfassers, welches alle Arten der Contrapuncte und Canonen, über einen eintzigen Hauptsatz enthält. [...] Dieses Werk ist erst nach des seeligen Verfassers Tode ans Licht getreten.

Unveröffentlichte Werke

1. Fünf Jahrgänge von Kirchenstücken, auf alle Sonn- und Festtage.
2. Viele Oratorien, Messen, Magnificat, einzelne *Sanctus*, Dramata, Serenaden, Geburts- Namenstags- und Trauermusiken, Brautmessen, auch einige komische Singstücke.
3. Fünf Paßionen, worunter eine zwechörige befindlich ist.
4. Einige zwechörige Moteten.
5. Eine Menge von freyen Vorspielen, Fugen, und dergleichen Stücke für Orgel, mit dem obligaten Pedale.

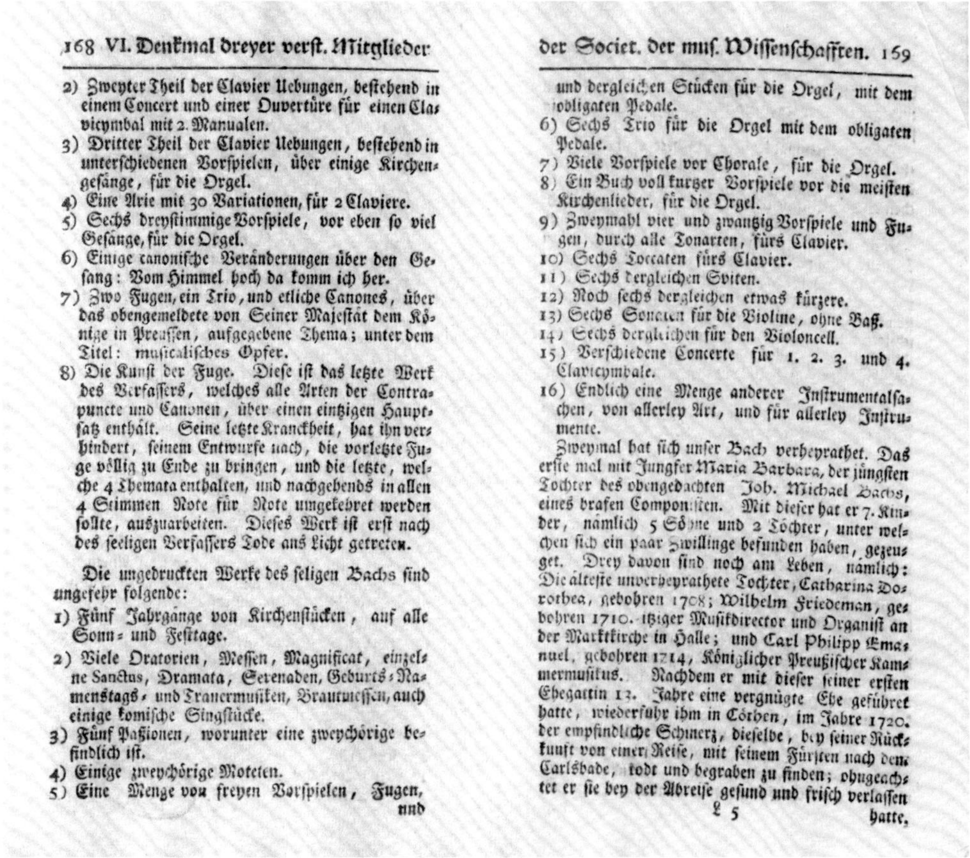

2) Zweyter Theil der Clavier Uebungen, bestehend in einem Concert und einer Ouverture für einen Clavicymbal mit 2 Manualen.
3) Dritter Theil der Clavier Uebungen, bestehend in unterschiedenen Vorspielen, über einige Kirchengesänge, für die Orgel.
4) Eine Arie mit 30 Variationen, für 2 Claviere.
5) Sechs dreystimmige Vorspiele, vor eben so viel Gesänge, für die Orgel.
6) Einige canonische Veränderungen über den Gesang: Vom Himmel hoch da komm ich her.
7) Zwo Fugen, ein Trio, und etliche Canones, über das obengemeldete von Seiner Majestät dem Könige in Preußen, aufgegebene Thema; unter dem Titel: musicalisches Opfer.
8) Die Kunst der Fuge. Diese ist das letzte Werk des Verfassers, welches alle Arten der Contrapuncte und Canonen, über einen einzigen Hauptsatz enthält. Seine letzte Kranckheit hat ihn verhindert, seinem Entwurfe nach, die vorletzte Fuge völlig zu Ende zu bringen, und die letzte, welche die 4 Themata enthält, und nachgehends in allen 4 Stimmen Note für Note umgekehret werden sollte, auszuarbeiten. Dieses Werk ist erst nach des seeligen Verfassers Tode ans Licht getreten.

Die ungedruckten Werke des seligen Bachs sind ungefehr folgende:
1) Fünf Jahrgänge von Kirchenstücken, auf alle Sonn- und Festtage.
2) Viele Oratorien, Messen, Magnificat, einzelne Sanctus, Dramata, Serenaden, Geburts-Namenstags- und Trauermusiken, Brautmessen, auch einige komische Singstücke.
3) Fünf Paßionen, worunter eine zweychörige befindlich ist.
4) Einige zweychörige Moteten.
5) Eine Menge von freyen Vorspielen, Fugen, und

und dergleichen Stücken für die Orgel, mit dem obligaten Pedale.
6) Sechs Trio für die Orgel mit dem obligaten Pedale.
7) Viele Vorspiele vor Chorale, für die Orgel.
8) Ein Buch voll kurzer Vorspiele vor die meisten Kirchenlieder, für die Orgel.
9) Zweymahl vier und zwanzig Vorspiele und Fugen, durch alle Tonarten, fürs Clavier.
10) Sechs Toccaten fürs Clavier.
11) Sechs dergleichen Sviten.
12) Noch sechs dergleichen etwas kürzere.
13) Sechs Sonaten für die Violine, ohne Baß.
14) Sechs dergleichen für den Violoncell.
15) Verschiedene Concerte für 1. 2. 3. und 4. Clavicymbale.
16) Endlich eine Menge anderer Instrumentalsachen, von allerley Art, und für allerley Instrumente.

Zweymal hat sich unser Bach verheyrathet. Das erste mal mit Jungfer Maria Barbara, der jüngsten Tochter des obengedachten Joh. Michael Bachs, eines braven Componisten. Mit dieser hat er 7 Kinder, nämlich 5 Söhne und 2 Töchter, unter welchen sich ein paar Zwillinge befunden haben, gezeuget. Drey davon sind noch am Leben, nämlich: Die älteste unverheyrathete Tochter, Catharina Dorothea, gebohren 1708; Wilhelm Friedeman, gebohren 1710. itziger Musikdirector und Organist an der Marktkirche in Halle; und Carl Philipp Emanuel, gebohren 1714. Königlicher Preußischer Kammermusikus. Nachdem er mit seiner ersten Ehegattin 12. Jahre eine vergnügte Ehe geführet hatte, widerfuhr ihm in Cöthen, im Jahre 1720. der empfindliche Schmerz, dieselbe, bey seiner Rückkunft von einer Reise, mit seinem Fürsten nach dem Carlsbade, todt und begraben zu finden; obgeachtet er sie bey der Abreise gesund und frisch verlassen hatte.
L 5

Abbildung 1-1 Erstes Werkverzeichnis im Nekrolog auf J. S. Bach (Leipzig 1750), Ausschnitt aus Lorenz Mizlers *Musikalische Bibliothek*, Bd. 4 (Leipzig 1754)

6. Sechs Trio für die Orgel mit dem obligaten Pedale.
7. Viele Vorspiele vor Chorale, für die Orgel.
8. Ein Buch voll kurtzer Vorspiele vor die meisten Kirchenlieder, für die Orgel.
9. Zweymahl vier und zwanzig Vorspiele und Fugen, durch alle Tonarten, fürs Clavier.
10. Sechs Toccaten fürs Clavier.
11. Sechs dergleichen Sviten.
12. Noch sechs dergleichen etwas kürtzere.
[a] 15 zweystimmige Inventiones u. 15 dreystimmige Sinfonien.
[b] 6 kurze Vorspiele [Sechs Präludien für Anfänger auf dem Clavier].
13. Sechs Sonaten für die Violine, ohnc Baß.
14. Sechs dergleichen für den Violoncell.
[c] 6 Claviertrio [Sechs Sonaten für Cembalo und Violine]
15. Verschiedene Concerte für 1. 2. 3. und 4. Clavicymbale.
16. Endlich eine Menge anderer Instrumentalsachen, von allerley Art, und für allerley Instrumente.

* Auszug aus dem Nekrolog, mit Ergänzungen [a]–[c] aus C. P. E. Bach, Briefe an J. N. Forkel (1774), in: Dok VII, S. 106.

Der erste Teil des durchnummerierten Werkverzeichnisses enthält die veröffentlichten Werke, ist im Wesentlichen vollständig und enthält alle Titel in chronologischer Reihenfolge.[4] Der zweite und weitaus größere Teil, der die handschriftlich überlieferten Werke umfasst, trennt die Vokal- von der Instrumentalmusik und listet die Stücke in verschiedenen Werkgruppen auf – offenbar in der Reihenfolge, in der sie für den praktischen Gebrauch in den Regalen aufbewahrt wurden. Zuerst kamen die Regale für die Kirchenkantaten, das größte Einzelsegment von Bachs musikalischem Schaffen, anschließend die geistlichen und weltlichen Werke für besondere Anlässe, wobei Passionen und Motetten getrennt aufbewahrt wurden. Es folgten die Orgelmusik mit freien und choralgebundenen Werken, Musik für Clavier (Cembalo und andere Tasteninstrumente), unbegleitete Solostücke für Streicher, Kammermusiken und Orchesterwerke. Entsprechend der summarischen Funktion des Katalogs sind keine Details und keine spezifischen Titel angegeben, auch nicht für Hauptwerke wie die *Matthäus-Passion* oder das *Wohltemperierte Clavier*. Sie wären auch für eine weithin uninformierte Leserschaft bedeutungslos gewesen, wohingegen Angaben wie »zweychörig«, »zweymahl vier und zwanzig Vorspiele und Fugen durch alle Tonarten«, »ohne Baß« oder »für 1., 2., 3. und 4. Clavicymbale« unmittelbar auf die Besonderheiten dieser Werke verwiesen.

Die ersten vier Nummern innerhalb unveröffentlichten Musik umfassen die Vokalwerke, die grob nach ihrer Funktion beschrieben sind. Nummer 1 stellt nicht nur die bei Weitem größte Gruppe der Vokalmusik dar, sondern auch das Repertoire, das das ganze Jahr über Sonntag für Sonntag am häufigsten genutzt wurde. Nummer 2 fasst im Prinzip alle Werke für besondere Anlässe zusammen, trennt jedoch auffälligerweise nicht die weltlichen von den geistlichen Stücken. Anstatt bestimmte Werke hervorzuheben, betont die Auflistung den Reichtum und die Bandbreite dieses Repertoires – von lateinischen liturgischen Werken auf der einen Seite bis hin zu dramatischen Szenen und komischen Stücken auf der anderen. Die Nummern 3 und 4 umfassen zwei geistliche Gattungen mit bestimmten Funktionen: die Passionen und die Motetten, jeweils unter Hervorhebung der doppelchörigen Anlage.

Der instrumentale Teil der Liste enthält dagegen deutlich mehr Unterteilungen als der vokale. Er beginnt mit der Orgelmusik – für einen Nachruf auf den »im Orgelspielen Weltberühmten« nur angemessen – und trennt die choralgebundenen Werke (7 und 8) von den freien Stücken (5 und 6), von denen es außer den »sechs Trios« noch »eine Menge« gibt. Zwei besondere Spezialitäten des Orgelvirtuosen Bach, obligates Pedal- und Triospiel, werden ausdrücklich erwähnt. Das eigens genannte »Buch« (8), identifizierbar als das *Orgel-Büchlein*, war vielleicht das einzige gebundene Werk unter den Manuskriptmaterialien. Alles andere, Vokal- und Instrumentalpartituren und Stimmen, wurde aus praktischen Gründen ungebunden in Umschlägen bzw. Mappen aufbewahrt. Die folgenden Nummern 9 bis 12 und [a] bis [c] umfassen verschiedene Sammlungen von Clavier-Musik unterschiedlicher Größe und Art und sind als solche identifizierbar: die Nummern 11 und 12 als die sogenannten *Englischen* bzw. *Französischen Suiten* und [b] als die *Kleinen Präludien* BWV 933–938 aus dem Clavier-Büchlein für Johann Christian Bach.

Die letzte Gruppe hebt weiterhin Kompositionen ungewöhnlicher Natur hervor, indem sie die unbegleiteten Violin- und Cellosoli an die Spitze stellt (13 und 14), gefolgt von Konzerten für ein und mehrere Cembali (15) – sämtlich Werkgruppen ohne Parallele. Das gilt auch für den ergänzten Eintrag [c], der 1774 als »6 Claviertrio[s]« bezeichnet ist. Andere Sonaten und Kammermusik für zwei und mehr Instrumente sowie Werke für größere Besetzungen wie die *Brandenburgischen Konzerte* oder die Konzerte für Soloinstrumente außer für Clavier, Suiten, Sonaten usw. sind als »eine Menge anderer Instrumentalsachen, von allerley Art, und für allerley Instrumente« zusammengefasst (16) – gewöhnliche Stücke also, wie sie viele andere Komponisten auch geschrieben haben. Mit der konsequenten Trennung des Besonderen vom Gewöhnlichen sollte der Katalog vor allem den Eindruck eines einzigartigen musikalischen Vermächtnisses vermitteln.

Vergleicht man Bachs Nekrolog mit den beiden anderen Nachrufen, die im selben Band der *Musikalischen Bibliothek* veröffentlicht wurden – demjenigen auf Georg Heinrich Bümler (1669–1745), Kapellmeister am Hof von Brandenburg-Ansbach, und auf Gottfried Heinrich Stölzel (1690–1749), Kapellmeister am herzoglichen Hof von Sachsen-Gotha –, so zeigen sich in den Informationen über das musikalische Schaffen dieser Komponisten deutliche Unterschiede.[5] Bei den beiden letztgenannten werden die jeweiligen Werke innerhalb des biografischen Textes aufgezählt. Über Stölzel heißt es beispielsweise, er habe während seiner dreißigjährigen Dienstzeit bei zwei Herzögen »eine Menge von poetischen und harmonischen Werken verfertiget«, »nehmlich acht doppel [Kantaten-] Jahrgänge, ohngefehr vierzehn Paßions und Weyhnachts Oratorien, vierzehn Operetten, sechszehn Serenaten, etliche und achtzig Tafelmusiken, und fast eben so viel ausserordentliche Kirchenstücke auf hohe Geburtstage, Landtäge etc. [...], der Menge an Missen, Ouverturen, Sinfonien, Concerten und dergleichen, die er aufgeführet, nicht zu gedenken«.[6]

Carl Philipp Emanuel Bachs Verzeichnung der Vokalwerke seines Vaters zeigt eine ähnlich pauschale Herangehensweise, abgesehen von der ausdrücklichen Hervorhebung der Doppelchörigkeit bei den entsprechenden Stücken. Weitere Unterscheidungsmerkmale zu nennen schien ihm jedoch für den Zweck einer Übersicht offenbar entbehrlich. Die wesentlich detailliertere Katalog-Aufnahme der veröffentlichten und unveröffentlichten Instrumentalwerke lässt jedoch das Interesse erkennen, zumindest einige ihrer hervorstechenden Eigenschaften aufzuführen. Ob auf das Erfordernis von »2. Manualen« bei Cembalowerken oder auf den Einsatz eines »obligaten Pedales« bei Orgelstücken hingewiesen wird, ob Spezifika wie »alle Arten von Kontrapunkten und Kanons [...] über ein einziges Hauptthema« erwähnt oder Angaben wie »durch alle Tonarten«, »ohne Baß« hinzugesetzt werden oder ob die Besetzung »für 1. 2. 3. und 4. Clavicymbale« genannt wird: Immer steht hinter diesen Präzisierungen die Absicht, die ungewöhnlichen Züge und singulären Qualitäten der betreffenden Kompositionen hervorzuheben. In dieser Hinsicht ist der Katalog von 1750 der erste seiner Art überhaupt und ein frühes Modell für die späteren systematischen und thematischen Verzeichnisse, wie sie etwa der jüngere Bach von seinen eigenen Werken erstellte.[7]

Eine kritische Durchsicht des Katalogs lässt unter Berücksichtigung seines summarischen Charakters einige weitere Aspekte zutage treten, die insbesondere den Umfang von Bachs musikalischem Nachlass und das Schicksal der Originalmaterialien betreffen und auf die kurz eingegangen werden soll.

Umfang des Nachlasses

Bachs imposantes Œuvre entstand über einen Zeitraum von etwa einem halben Jahrhundert. Zu einigen Teilen aber ist sein Umfang unbekannt. Dieser bedauerliche Umstand resultiert vor allem daraus, dass relativ wenige Werke zu seinen Lebzeiten veröffentlicht wurden und die überwiegende Mehrheit nur in Abschriften existierte. Die Werkverluste sind beträchtlich, doch der komprimierte Übersichtskatalog erlaubt keine umfassende, geschweige denn zuverlässige Schätzung der Anzahl der Werke, die vor und nach dem Tod des Komponisten verloren gingen. Zu den Verlusten gehören dokumentierte Werke wie die *Markus-Passion* und zahlreiche geistliche und weltliche Kantaten, von denen zwar die veröffentlichten Texte, nicht aber die Partituren überliefert sind. Dazu gehören auch Stücke, die durch archivalische Hinweise belegt sind, wie die *Lateinische Ode* BWV 1155, und Werke, die in verstümmelter Form überlebt haben, wie die Fantasie und (fragmentarische) Fuge in c BWV 562, oder in unvollendetem Zustand, wie die letzte Fuge aus der *Kunst der Fuge*. Dann gibt es instrumentale Ensemblewerke, von denen man nur ihre Transkriptionen kennt, etwa im Falle der Orgelsonaten BWV 525–530. Und für den Großteil von Bachs Kammermusik gilt: Was der Werkkatalog in seinem Eintrag 16 als »eine Menge anderer Instrumentalsachen, von allerley Art, und für allerley Instrumente« erwähnt, ist in keiner Weise aussagekräftig, weder in Bezug auf die Anzahl der Werke noch auf die Vielfalt der instrumentalen Besetzungen.

Abgesehen von den Werken, die Bach für den Weimarer und Köthener Hof komponierte und möglicherweise dort zurücklassen musste, resultieren die meisten Verluste, die den Umfang des bekannten Œuvres des Komponisten schmälern, aus der Erbteilung vom Herbst 1750. Zu einem früheren Zeitpunkt jedoch dürfte er selbst eine nicht bezifferbare Anzahl von meist frühen Kompositionen, die er für unreif hielt, und wohl auch noch weitere Stücke vernichtet haben. Das fast völlige Fehlen von autographen Manuskripten aus der Zeit vor 1708 lässt auf gründliche Aufräumarbeiten schließen. Wohl mehr noch als Carl Philipp Emanuel Bach, der später genau das Gleiche tat, weil ihm viele seiner frühen Werke »zu jugendlich« vorkamen und seinen ästhetischen Ansprüchen nicht mehr genügten, war wohl auch der Vater auf das Aussortieren von Werken minderer Güte im Blick auf sein musikalisches Vermächtnis bedacht (vgl. Kapitel 7, S. 238).

Dass Teile des Nachlasses fehlen, verhindert unwiderruflich den Einblick in manche Details und entscheidende Aspekte von Bachs künstlerischem Leben, insbesondere was seine Erziehung betrifft, seine ersten Schritte als Komponist und seinen engagierten Einsatz für die Kammermusik als Weimarer Konzertmeister und Köthener Kapellmeister. Andererseits jedoch hat die beschädigte Integrität des Nachlasses nur begrenzte

Auswirkungen auf das Gesamtbild, gemäß der traditionellen Formel, dass das Ganze größer sei als die Summe seiner Teile. Denn auch in dem unvollständig erhaltenen Œuvre erweist sich ganz ohne Zweifel die Zielsetzung und historische Relevanz von Bachs künstlerischem Beitrag.

Überlieferung der Originalmanuskripte

Die Auflistung der unveröffentlichten Werke im summarischen Werkkatalog basiert ausschließlich auf jenen Manuskripten, die sich im Arbeitszimmer des Komponisten befanden, als seine Bibliothek physisch noch intakt war. Das Vokalrepertoire und die instrumentalen Ensemblestücke lagen wohl ausnahmslos in autographen Partituren und handschriftlichen Aufführungsmaterialien vor, die vom Komponisten Korrektur gelesen und regelmäßig verwendet wurden. Die Musik für Tasteninstrumente bestand meist aus autographen Manuskripten und Originaldrucken. Die Katalogeinträge für die Vokalwerke sind zu knapp, um festzustellen, wie viele Kompositionen insgesamt verloren gegangen sind. Für den Großteil der heute bekannten Vokalkompositionen – etwa zwei Drittel des einstigen Bestandes – sind originale Quellen erhalten, oft sowohl Partituren als auch Stimmen. Von den »zweychörigen Moteten« der Gruppe 4 sind jedoch nur für *Singet dem Herrn ein neues Lied* und *Der Geist hilft unsrer Schwachheit auf* die beiden autographen Partituren und einige Originalstimmen überliefert. Wesentlich unerfreulicher ist der Befund im instrumentalen Bereich, da die Originalhandschriften vieler Sammlungen verloren sind und ihre Musik nur aus nicht-autographen Quellen bekannt

Tabelle 1-2 Erhaltene Autographe instrumentaler Einzelwerke aus Bachs Nachlass

Gruppe	Werk	BWV
5	Präludium und Fuge in G-Dur	541
	Präludium und Fuge in h-Moll	544
	Präludium und Fuge in e-Moll (Teilautograph)	548
	Fantasie und (fragmentarische) Fuge in c-Moll	562
7	Achtzehn Choräle (Teilautograph)	651–668
16	Fantasie und Fuge in c-Moll für Cembalo	906
	Sonata in G-Dur für Cembalo und Viola da gamba	1027
	Sonata in h-Moll für Cembalo und Flauto traverso	1030
	Sonata in A-Dur für Cembalo und Flauto traverso	1032
	Sonata in G-Dur für Flauto traverso, Violine und Continuo	1038
	Sonata in G-Dur für zwei Flauti traversi und Continuo	1039
	Concerto in a-Moll für Violine, Streicher und Continuo	1041
	Concerto in d-Moll für zwei Violinen, Streicher und Continuo	1043
	Concerto in D-Dur für Cembalo, Flauto traverso und Streicher	1050
	Ouvertüre in h-Moll für Flauto traverso, Streicher und Continuo	1067
	Ouvertüre in D-Dur für drei Trompeteten, Pauken, zwei Oboen, Streicher und Continuo	1068

ist, so bei den sechs Toccaten (10), den sechs *Englischen Suiten* (11), den sechs Suiten für Cello solo (14), den sechs kleinen Präludien [b] und den sechs Cembalo-Violin-Sonaten [c]. Autographe Manuskripte sind für die Nummern 8, 9, 12, 13, 15 und [a] erhalten, daneben eine unvollständige Fassung von fünf der *Französischen Suiten* im *Clavier-Büchlein* für Anna Magdalena Bach von 1722.

Von den drei großen Sammelrubriken in der Kategorie unveröffentlichter Werke haben sich relativ wenige autographe Manuskripte aus dem Nachlass erhalten, wie Tab. 1-2 zeigt:[8] für die Gruppe 5 nur vier, für Gruppe 7 nur das Teilautograph der *Achtzehn Choräle* und für Gruppe 16 nicht mehr als zehn,[9] davon einige in fragmentarischer Form. Hätten sich nicht insbesondere die zahlreichen Bach-Schüler Abschriften für den eigenen Gebrauch gesichert, wäre von diesem Repertoire weit weniger überliefert.

Referenzwerke

Wenn Bach Reinschriften seiner Kompositionen anfertigte, so spiegelt dies den paradigmatischen Rang dieser Werke und die Bedeutung wider, die er ihnen beimaß. Die Manuskripte selbst bezeugen in der Regel die große Sorgfalt, mit der er sie herstellte, und belegen die konzeptionelle Hingabe, die er ihrem Inhalt widmete. Die meisten der im vorigen Abschnitt erwähnten Manuskripte sind Autographe solch besonderer Vokal- und Instrumentalwerke, seien es Einzelkompositionen oder Gruppen und geplante Sammlungen. Rein äußerlich betrachtet kommt ihre Bestimmung als Prüfstein wohl nirgends deutlicher zum Ausdruck als in den sechs Soli für unbegleitete Violine, im ersten Teil des *Wohltemperierten Claviers* und in den Inventionen und Sinfonien: Die eindrucksvolle kalligraphische Gestaltung dieser drei autographen Partituren kennt keine Parallelen unter den Manuskripten des Komponisten.

Von den veröffentlichten und unveröffentlichten Instrumentalsammlungen, in denen Stücke einer bestimmten Art oder Gattung versammelt sind, hat eine auffallend große Zahl »Opus-Charakter«, was darauf hindeutet, dass Bach sie mit besonderer Sorgfalt vorbereitet hat. Nicht weniger als elf Werkgruppen[10] folgen dem üblichen Schema der Opus-Sammlungen, das Corelli, Vivaldi und andere italienische Komponisten des 17. Jahrhunderts eingeführt hatten und nach dem sie ihre Sonaten oder Konzerte in Zwölfer- oder Sechser-Gruppen publizierten. Bach selbst verwendete den Begriff »Opus« nur ein einziges Mal (1731 für den Eröffnungsband der *Clavier-Übung*), hielt sich aber in seinen Manuskriptsammlungen verwandter Werke an das etablierte Schema, indem er die meisten von ihnen in Reihen von sechs zusammengehörigen Stücken anordnete. Von diesem Schema weichen nur diejenigen opusartigen Sammlungen ab, die ein inhaltlich eigens definiertes Ziel verfolgen, darunter das *Orgel-Büchlein* (mit 44 Orgelchorälen), die kontrapunktischen Inventionen und Sinfonien (je 15, in den Tonarten bis zu vier ♯ und ♭ – außer cis-Moll und As-Dur), die beiden Bände des *Wohltemperierten Claviers* (mit je 24 Präludien und Fugen in allen Dur- und Moll-Tonarten), die Teile II bis IV der *Clavier-Übung* (als verschiedenartige Sammlungen von Tastenmusikwerken), das *Musikalische Opfer* und die *Kunst der Fuge* (mit monothematischen kanonischen und fugierten Sätzen).

Bach hat die Intention seiner opusartigen Sammlungen nirgends erläutert. Im Hintergrund jedoch stand zweifellos die Absicht der systematischen Ausbildung homogener und in sich geschlossener Gruppen unterschiedlicher Art, sowohl im vokalen als auch im instrumentalen Bereich. Jede der Sammlungen umfasst exemplarische Werke einer bestimmten Gattung und setzt gleichzeitig neue Maßstäbe für die kompositorische Bandbreite und die jeweils erzielten individuellen Leistungen. Mit solchen bewusst angelegten maßstabsetzenden Projekten scheint Bach um 1708 begonnen zu haben, als er als Hoforganist und Kammermusiker nach Weimar ging. Die Stelle gab ihm mehr Zeit als zuvor, um ambitionierte kompositorische Projekte zu verfolgen. Die beiden ältesten opusartigen Sammlungen, die sechs Toccaten (10) und das *Orgel-Büchlein* (8), stammen beide aus der Zeit um 1708 und den folgenden Jahren. Obwohl sie sich in Art und Umfang stark voneinander unterscheiden, lassen beide deutlich ihre verbindende Konzeption erkennen – ein Grundprinzip, das der Komponist in seinen Instrumentalsammlungen bis hin zur *Kunst der Fuge* konsequent weiterverfolgt hat.

Das große Vokalrepertoire folgt diesen Mustern nicht, weil die Art von geistlichen und weltlichen Kantaten, die Bach zu schreiben pflegte, sich für veröffentlichungs- und vermarktungsfähige Sammlungen im Opus-Stil nicht eignete. So wandte er sich weder dem Typus der kleinformatigen »Gebrauchskantate« zu, wie sie Telemann als Jahrgang von Kirchenstücken unter dem Titel *Harmonischer Gottes-Dienst* (Hamburg 1725/26) veröffentlichte, noch dem Typus der Kammerkantate für Solostimme, die dieser unter dem Titel *Sechs moralische Kantaten* (Hamburg 1736/37) herausgab. Gleichwohl gibt es innerhalb des großen Korpus von Bachs Kirchenkantaten eine singuläre Gruppe von Stücken, die nach einer vereinheitlichenden Idee – den Melodien und Texten des lutherischen Gesangbuchs – gestaltet wurden. Diese mehrere Dutzend Choralkantaten aus dem Leipziger Jahrgang von 1724/25 beruhen nicht nur auf sorgfältiger Planung, sondern als eine Reihe von exemplarischen Modellen haben sie innerhalb des Kantatenrepertoires paradigmatische Bedeutung. Auch wenn Bach von diesen Werken (anders als bei den Sammlungen mit Instrumentalmusik) keine Reinschriften anfertigte, ist seine besondere Vorliebe für diese Choralkantaten erkennbar, die er häufiger als alle anderen aufführte und bei denen er auch sehr genau auf die verlässliche Qualität ihrer Aufführungsstimmen achtete, wie ein späterer Vermerk »ist völlig durchgesehen«[11] ausdrücklich andeutet. Nur wenige Wochen nach Bachs Tod bot Bachs Witwe Anna Magdalena der Thomasschule den kompletten Stimmensatz dieser Choralkantaten zum Kauf an. Einige dieser Werke wurden in den folgenden Jahrzehnten für Aufführungen in den beiden Leipziger Hauptkirchen St. Thomas und St. Nikolai verwendet und begründeten dort zusammen mit den Motetten eine fortdauernde Bach-Tradition.

Größere Vokalwerke wie Oratorien besitzen von Natur aus Opus-Charakter, der sich aus ihrem beträchtlichen Umfang und ihrer thematischen Ausrichtung ergibt. Bachs hohe Wertschätzung seiner groß angelegten Vokalwerke zeigt sich nicht zuletzt in den Reinschriften, die er von ihnen anfertigte. So ersetzte er in den 1730er-Jahren die Kompositionspartituren der *Matthäus-* und der *Johannes-Passion* sowie des *Oster-Oratoriums* durch neue autographe Reinschriften, während *Weihnachts-* und *Himmelfahrts-Oratorium* von vornherein als Reinschriften entstanden. Auch wenn von der *Markus-Passion* keine Partitur erhalten ist, kann man davon ausgehen, dass die gesamte Gruppe der oratorischen Werke eine besondere Einheit exemplarischer Werke innerhalb des kirchenmusikalischen Schaffens bildete. In diesem Sinne fungiert auch die h-Moll-Messe als ein Paradigma. Wie kein anderes Werk in Bachs Œuvre stellt diese Messe eine groß angelegte, in sich geschlossene Komposition dar und dient gleichzeitig als thematisch definierte Sammlung von Stücken für vier verschiedene liturgische Abschnitte – einzeln nummeriert: 1. »Missa«, 2. »Symbolum Nicenum«, 3. »Sanctus«, 4. »Osanna, Benedictus, Agnus Dei, et Dona nobis pacem« –, wie die späte autographe Partitur deutlich macht.

*

Die mehr oder weniger systematische Ordnung des im Arbeitszimmer des Komponisten aufbewahrten Materials – mit den veröffentlichten Werken getrennt von allem Handschriftlichen, und Letzteres wiederum unterteilt in vokale, instrumentale und weitere Unterkategorien – scheint es Carl Philipp Emanuel Bach ziemlich leicht gemacht zu haben, eine gut strukturierte, brauchbare und informative Übersicht zu erstellen. Die spezifische Bibliotheksanordnung mag es auch erleichtert haben, die Referenzwerke und paradigmatischen Sammlungen von der großen Menge an Instrumentalwerken aller Art zu unterscheiden, die nicht einzeln verzeichnet wurden. Zu letzteren gehörten immerhin so prominente Einzelstücke wie die Passacaglia c-Moll BWV 582 für Orgel, die *Fantasia chromatica* BWV 903 für Cembalo, das Tripelkonzert a-Moll BWV 1044 für Cembalo, Traversflöte, Violine und Orchester und die Ouvertüre C-Dur BWV 1066 für zwei Oboen, Fagott, Streicher und Continuo – um nur einige zu nennen. Das Hauptaugenmerk des Gesamtkatalogs lag freilich auf den beschreibenden Titelangaben, die die Neugier von Lesern wecken sollten, die die Werke als solche nicht kannten, und auf diese Weise eine genauere Vorstellung von der ungewöhnlichen Bandbreite von Bachs musikalischem Gesamtwerk vermitteln. In seiner selektiven Herangehensweise und Fokussierung liefert das erste Werkverzeichnis von 1750 daher weit mehr als einen summarischen Überblick über Bachs musikalisches Schaffen. Es bietet ein von der Biografie des Komponisten völlig unabhängiges Narrativ und vermittelt eine Vorstellung von Bachs »musikalischem Universum« im Sinne eines Ganzen »mit Einschliessung aller darzu gehörigen Theile«.[12]

Ob instrumental oder vokal: Die opusartigen Sammlungen und die Referenzwerke insgesamt bilden echte Meilensteine im Schaffen des Komponisten und offenbaren einen fortschreitenden Prozess der Erweiterung und Vertiefung musikalischer Erfahrungen. Darüber hinaus spiegeln sie Bachs ureigene Art und Weise wider, einen sich immer weiter ausdehnenden Raum abzustecken, der ein musikalisches Universum verkörpert, das sein gesamtes Schaffen umfasst, aus dem jedoch nicht wenige bedeutsame »Glanznummern« hervorstechen. Ihr Auftauchen im Kontext von Bachs verschiedenen Lebensstationen, Tätigkeiten und Verpflichtungen ist weder zufällig noch mit

Aufträgen oder Bestellungen verbunden. Im Gegenteil: Diese Referenzwerke offenbaren ausnahmslos den eigenständigen Geist eines Komponisten, der kontinuierlich und methodisch neue Entdeckungen für sich macht und sich damit eine weite und tiefe musikalische Landschaft erschließt, die alles andere als vorgegeben ist. Die Referenzwerke liefern eindrucksvolle Belege für eine sich fortgesetzt intensivierende Aneignung musikalischen Neulands in Bezug auf Techniken, Stile, Gattungen und Aufführungsarten. Sie geben einen Komponisten zu erkennen, der selbstbewusst absteckt, kalibriert, formt und dadurch normative Standards ständig neu definiert.

Dieses Narrativ von opusartigen Werken in annähernd chronologischer Folge offenbart eine musikalische Biografie, die veranschaulicht, wie sich der Komponist weiterentwickelt, seinen Wirkungskreis stetig erweitert und sich immer wieder neuen Herausforderungen stellt. Es gibt kein Erstarren in irgendeiner Art von musikalischer Routine. So geht er das Kapitel der Claviersuiten im Wesentlichen in drei entschiedenen Schritten an, von den sechs *Englischen* über die sechs *Französischen Suiten* zu den sechs *Partiten*, und belässt es dann dabei, ohne je zu dieser Gattung zurückzukehren. In drei ähnlich markanten Schritten, von der *Johannes-* über die *Matthäus-* zur *Markus-Passion*, nähert er sich dem Kapitel der oratorischen Passion und schließt es ab, ohne sich konzeptionell zu wiederholen.

Die durch das Werkverzeichnis von 1750 nahegelegte Vogelperspektive kann nicht darüber hinwegtäuschen, dass jede einzelne Komposition auf ihre Weise ein integraler Bestandteil der schöpferischen Gesamtleistung des Komponisten ist. Und da die Werkverluste ebenso beträchtlich wie nicht messbar sind, wird der eigentliche Umfang von Bachs Gesamtschaffen kaum je bekannt werden.

Die Konzentration auf Referenzwerke wirft schließlich auch ein Licht darauf, wie spätere Generationen Bachs musikalisches Erbe verstanden haben und damit umgegangen sind. Anders als sein eng befreundeter Kollege Georg Philipp Telemann, den er bewunderte und als ebenbürtig betrachtete, agierte Bach zu keiner Zeit als Protagonist neuer stilistischer Strömungen und einer progressiven Ästhetik oder als Akteur auf dem musikalischen Marktplatz seiner Zeit. Zwar war er sich wohl bewusst, welche Art von Musik gerade in Mode war, und leicht hätte er im Stil der vorherrschenden Trends komponieren können – was er auch hin und wieder tat, besonders charakteristisch etwa in Pans komischer Arie »Zu Tanze, zu Sprunge, so wackelt das Herz« im *Dramma per musica* BWV 201. Seine wahren Vorlieben und Prioritäten jedoch waren anders gelagert. Agricolas zusammenfassende Einschätzung aus dem Jahr 1750, die das Phänomen der »Vollstimmigkeit« hervorhebt, fängt die grundsätzliche Orientierung des Komponisten gut ein. Bach bot wegweisende Beispiele für modernen Kontrapunkt, fortschrittliche harmonische Tonalität, formale Disziplin und ausgeprägte Originalität. Diese Charakteristika kulminieren in seinen höchst ausgefeilten Fugen, reichen aber auch bis hinunter zum vierstimmigen Choral und beeinflussten tatsächlich fast alles dazwischen. Es waren diese ausgesprochen leistungsstarken Modelle, die spätere Generationen nachhaltig beeinflussen sollten.

Kapitel 2

Transformative Ansätze für Kompositions- und Spielpraxis

Drei Werkbücher für Tasteninstrumente

Betrachtet man Bachs Œuvre aus der Vogelperspektive, so fällt vor allem seine transformative Natur und sein ausgesprochen origineller Charakter auf. Es ist diese wahrhaft gestaltwandelnde Herangehensweise, die Bachs Schaffen von seinen frühen bis zu den späten Werken prägt, die seiner Kunst eine solche Kraft und dauerhafte Geltung verleiht und die der weiteren Kompositionsgeschichte Orientierung und neue Anregungen gegeben hat. Wenn Bach aber einem Umdenken in den kompositorischen Grundprinzipien weit über die konventionellen Kategorien der instrumentalen und vokalen Stile und Gattungen hinaus die Richtung gewiesen hat, dann stellt sich die Frage, wie, wo und wann sich diese prägende Linie seines musikalischen Denkens in den eigenen Werken herauskristallisierte.

Bachs reflektierte Haltung und sein intensives Nachdenken über kompositorische Fragen, die zuvor gar nicht gestellt worden waren – zumindest nicht auf solch *kühne Weise* –, zeigt sich besonders eindrucksvoll in drei Sammlungen von Tastenkompositionen, die in den 1710er-Jahren entstanden. Aus Gründen, auf die später noch einzugehen sein wird, erhielten sie erst um die Jahreswende 1723 die Titel, unter denen sie bekannt wurden: *Orgel-Büchlein* (mit gut 40 kurzen Choralvorspielen über lutherische Kirchenlieder), *Das Wohltemperierte Clavier* (mit 24 Präludien und Fugen in allen Tonarten) und *Aufrichtige Anleitung* (mit je 15 zweistimmigen Inventionen und dreistimmigen Sinfonien). Die Entstehungsgeschichte der drei Werke lässt vermuten, dass der Komponist an jeder dieser Sammlungen mehrere Jahre gearbeitet hat, ohne jedoch von Beginn an ihre Doppelfunktion zu benennen: einerseits als attraktive Spielstücke und andererseits als Arbeitsmaterial zum Studieren und Lernen. Für Bach, der schon früh als brillanter Orgel- und Tastenvirtuose auftrat, wurden die beiden sich ergänzenden Aspekte des Spielens und Komponierens zunehmend wichtiger. Alle drei Werkbücher behandeln darum beide Aspekte, geben aber grundlegenden kompositorischen Prinzipien eindeutig den Vorrang: der Etablierung und Aufrechterhaltung der inneren Logik eines musikalischen Satzes sowie dem Formen einer musikalischen Sprache von höchst flexiblem Ausdrucksgehalt. Doch auch wenn Bachs intellektuelle Beherrschung der Kompositionskunst überwiegt, tragen alle drei Sammlungen auch entscheidend zur Weiterentwicklung der Spieltechnik bei.

Aufschlussreiche Nachträge: Drei singuläre Titelblätter

Im Herbst 1722 dachte der Köthener Kapellmeister Bach ernsthaft über einen größeren Karriereschritt nach und beschloss, sich auf die angesehene Stelle des Thomaskantors und Musikdirektors in Leipzig zu bewerben. Am Hof von Anhalt-Köthen schien er sich anfangs sehr wohlgefühlt zu haben, denn in Fürst Leopold hatte er einen äußerst wohlgesinnten Förderer und Gönner. Fünf Jahre später aber sahen die Dinge ganz anders aus. Eine neue Steuererhebung des benachbarten Königreichs Preußen belastete das Budget des Hofes schwer und ging vor allem auf Kosten der Musik. Außerdem lockte die Leipziger Stelle mit dem weithin anerkannten Ruf des Thomaskantorats und den damit verbundenen vielfältigen Tätigkeitsfeldern, ferner mit dem allgemeinen Reiz des Lebens in einer Großstadt und vor allem mit wesentlich besseren Bildungsmöglichkeiten für die heranwachsenden Kinder der Familie Bach. Kurzum: Nach dem Tod seiner ersten Frau Maria Barbara im Jahr 1720 und seiner Wiederverheiratung mit Anna Magdalena fühlte sich Bach offensichtlich bereit für einen Neuanfang.

Er war in Leipzig kein Unbekannter: 1717 hatte er die neue große Orgel der Universitätskirche abgenommen und reiste wohl auch später aus dem nahen Köthen zu Gastauftritten in die Stadt.[1] Bei seiner Bewerbung an St. Thomas konnte er davon ausgehen, dass seine Kapellmeistererfahrung, sein guter Ruf in Köthen sowie seine Erfahrungen als Organist und Konzertmeister in Weimar für ihn sprechen würden. Zugleich muss ihm aber auch klar gewesen sein, dass ihm ohne universitäre Ausbildung eine wichtige Voraussetzung für die Eignung als potenzieller Stelleninhaber fehlte. Das Kantorat war in erster Linie eine Schulstelle, die eine Lehrbefähigung voraussetzte, und seit dem 16. Jahrhundert hatten alle bisherigen Kantoren der angesehenen Thomasschule eine Universität besucht – einige von ihnen hatten sogar einen höheren Abschluss. Zwei Hauptbewerber für die Stelle, Georg Philipp Telemann und Christoph Graupner, hatten in den frühen 1700er-Jahren an der Universität Leipzig studiert. Im Gegensatz dazu hatte Bach zwar eine solide humanistische Ausbildung genossen und die renommierte Lateinschule von St. Michael in Lüneburg absolviert, eine Universität jedoch hatte er nicht besucht. Er musste also seine akademische Bildung und Lehrbefähigung gegenüber den Behörden in St. Thomas nachweisen. Zwar konnte er belegen, dass er seit etwa 1705 mehr als ein Dutzend Privatschüler unterrichtet hatte,[2] von denen die meisten später in respektablen beruflichen Positionen gelandet waren, doch war fraglich, ob ein solcher Hintergrund als ausreichend gelten würde. Vorzulegen waren vielmehr handfeste

Belege seines wissenschaftlichen Engagements und seiner Unterrichtserfahrung – dies umso mehr, als der langjährige Rektor der Schule, Johann Heinrich Ernesti, ein angesehener und vielfältig publizierender klassischer Philologe, Philosoph, Theologe und Professor für Poetik an der Universität Leipzig war.

Im Hinblick darauf sah Bach seinen Werkbestand offenbar auf Kompositionen durch, die seine Gelehrtheit, seine Interessen, seine didaktischen Fähigkeiten und seine Lehrmethoden belegten. Er reichte seine Bewerbung für das Leipziger Kantorat im November 1722 ein, nachdem ihn die Nachricht von Telemanns Ablehnung der Stelle erreicht hatte, und wurde nach seiner Kantoratsprobe am 8. Februar 1723 ernsthaft für die Stelle in Betracht gezogen. Allerdings musste er offenbar innerhalb weniger Monate weitere Unterlagen einreichen, die seine Kompetenz belegten. In diesem knappen Zeitfenster brachte Bach nun eilig drei Claviersammlungen in eine vorzeigbare Form. Die Sammlung mit Choralvorspielen war bereits in einem zufriedenstellenden Zustand, von den beiden anderen Werkmanuskripten aber mussten noch Reinschriften angefertigt werden. Außerdem musste er alle drei Sammlungen mit aussagekräftigen Titelblättern versehen, die ihren pädagogischen Nutzen erklärten und die Leipziger Behörden beeindrucken konnten – ein Schritt, der ihm schließlich wohl half, das prestigeträchtige Amt zu erhalten.[3]

Die Thomasschule war nicht nur eine exklusive Lateinschule. Sie war zu dieser Zeit auch – und das schon seit mehr als einem Jahrhundert – das herausragende »geheime« Konservatorium für Musik in den deutschen Landen.[4] In Anbetracht der zahlreichen wissenschaftlichen Publikationen seiner potenziellen künftigen Kollegen entschied sich Bach für drei spezielle Tastenwerke, die nichts mit seinen Dienstpflichten an den Höfen in Weimar und Köthen zu tun hatten und die sich sowohl vom traditionellen Aufführungsrepertoire als auch von den konventionellen Lehrbüchern abhoben. Alle drei dokumentierten zweifelsfrei sein ausgeprägtes Profil als ideenreicher musikalischer Lehrer und eigneten sich, sowohl was die pädagogische Zweckmäßigkeit als auch die didaktische Vielfalt betrifft, hervorragend als Ausbildungsmaterial für die Thomaner. Eine dieser drei Werksammlungen war ein unvollständiges Buch, die beiden anderen waren Arbeitsmanuskripte. Allen dreien fehlten nur noch beschreibende Titel, die sie als pädagogische Werke klassifizierten.

(1)   Ein gebundenes Manuskript mit gut 40 kurzen Choralvorspielen für Orgel, begonnen zwischen 1708 und 1710, war nur teilweise gefüllt, doch schien sein Inhalt ausreichend repräsentativ zu sein. Die Titelseite war noch leer und viele Jahre lang so belassen worden, vielleicht weil der Komponist warten wollte, bis das Projekt abgeschlossen war. Nun beschriftete es Bach mit einem recht neutralen Haupttitel: *Orgel-Büchlein*. Die folgenden Zeilen führen jedoch Konzept und Funktion der Sammlung weiter aus und enden mit einem gereimten geistlichen Widmungscouplet (Abb. 2-1). Ganz am Schluss bezieht sich der Komponist bemerkenswerterweise auf sich selbst, bezeichnet sich erstmalig als »Author« und gliedert sich damit stolz als Urheber eines geschriebenen Werkes in die akademische Gesellschaft ein.[5]

Die beiden späteren Sammlungen waren deutlich weniger präsentabel als das *Orgel-Büchlein* und existierten nur in teilweise schwer lesbaren Arbeitsmanuskripten. Bach fertigte deshalb in den Wintermonaten 1722/23 Reinschriften von ihnen an – bemerkenswerte und nahezu korrekturlose Prachtstücke seiner Notenkalligraphie.

(2) Das aus der Zeit vor 1720 stammende Arbeitsmanuskript mit 24 Präludien und 24 Fugen in allen Dur- und Molltonarten wurde durch eine autographe Reinschrift ersetzt, die den originellen Haupttitel *Das Wohltemperirte Clavier* erhielt, gefolgt von dem Untertitel »Praeludia und Fugen durch alle Tone und Semitonia« (Abb. 2-2).

(3) Arbeitsmanuskripte aus der Zeit um 1721/22 im *Clavier-Büchlein* für Wilhelm Friedemann Bach, die vorwiegend Kompositionsniederschriften von 30 kompakten kontrapunktischen Stücken – 15 zweistimmigen Präludien und 15 dreistimmigen Fantasien – enthielten, wurden durch eine autographe Reinschrift mit einem ausführlichen Titel ersetzt. Sie trägt die Hauptüberschrift *Auffrichtige Anleitung*, gefolgt von einer Beschreibung der Unterrichtsfunktion (Abb. 2-3). Außerdem wurden die Stücke umbenannt, von »Praeambulum« zu »Inventio« und von »Fantasia« zu »Sinfonia«.

Alle drei Sammlungen blieben unter den autographen Musikmanuskripten des Komponisten einzigartig in ihren aufeinander abgestimmten und aufwendigen Titelblättern, die in den letzten Monaten seiner Anstellung am Fürstenhof von Anhalt-Köthen entstanden (den sorgfältig ausgearbeiteten Wortlaut der vollständigen Titel bietet Tab. 2-1).

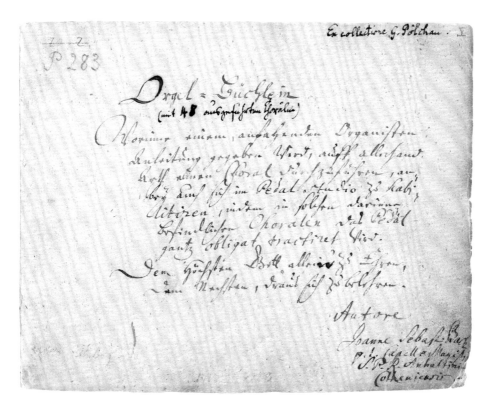

Abbildung 2-1 *Orgel-Büchlein* BWV 599–644, autographes Titelblatt (1723), zweite Zeile »mit 48 ausgeführten Chorälen« hinzugefügt von Johann Christoph Friedrich Bach (1750)

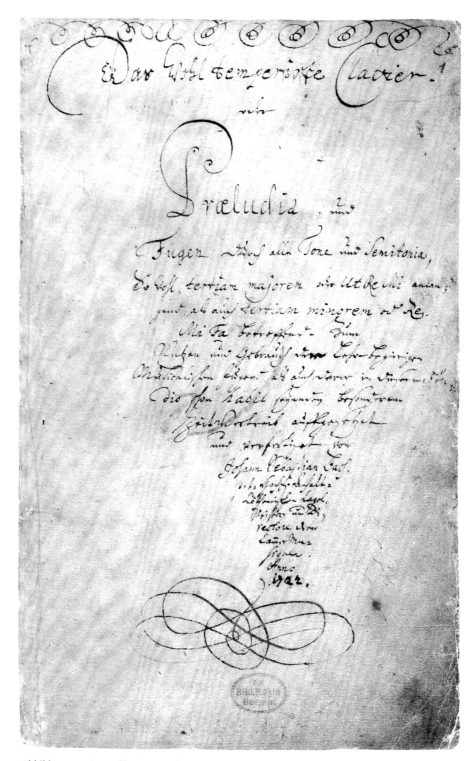

Abbildung 2-2 *Das Wohltemperirte Clavier* BWV 846–869, autographes Titelblatt (1722)

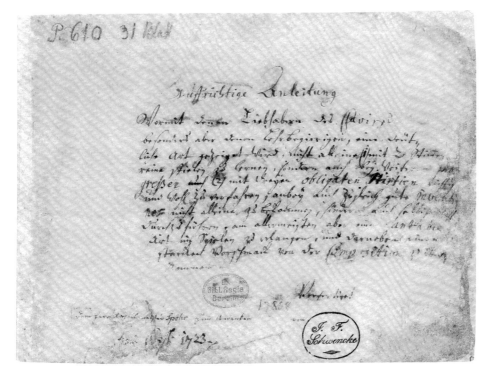

Abbildung 2-3 *Aufrichtige Anleitung* (Inventionen und Sinfonien) BWV 772–801, autographes Titelblatt (1723)

Tabelle 2-1 Drei in Lehrbücher verwandelte Clavierwerke: Neue Titel, 1722/23

1. Orgel-Büchlein

Orgel-Büchlein,
Worinne einem anfahenden Organisten Anleitung gegeben wird, auff allerhand Arth einen Cho-
ral durchzuführen, an-bey auch sich im Pedal studio zu habilitiren, indem in solchen darinne
befindlichen Choralen das Pedal gantz obligat tractiret wird.
Dem Höchsten Gott allein zu Ehren,
Dem Nechsten, draus sich zu belehren.
Autore Joanne Sebast: Bach p[ro]. t[empore]. Capellae Magistri S[erenissimi]. P[rincipis].
R[egnantis]. Anhaltini-Cotheniensis.

2. Das Wohltemperierte Clavier

Das Wohltemperirte Clavier.
oder Praeludia, und Fugen durch alle Tone und Semitonia, So wohl tertiam majorem oder Ut Re
Mi anlangend, als auch tertiam minorem oder Re Mi Fa betreffend. Zum Nutzen und Gebrauch
der Lehr-begierigen Musicalischen Jugend, als auch derer in diesem studio schon habil seyenden
besonderem ZeitVertreib – auffgesetzet und verfertiget von Johann Sebastian Bach. p[ro].
t[empore]: HochFürstlich Anhalt-Cöthenischen Capel-Meistern und Directore derer Cammer-
Musiquen. Anno 1722.

Auffrichtige Anleitung,
Wormit denen Liebhabern des Clavires, besonders aber denen Lehrbegierigen, eine deütliche
Art gezeiget wird, nicht alleine (1) mit 2 Stimmen reine spielen zu lernen, sondern auch bey
weiteren progreßen (2) mit dreyen obligaten Partien richtig und wohl zu verfahren, anbey
auch zugleich gute inventiones nicht alleine zu bekommen, sondern auch selbige wohl durchzuführen, am allermeisten aber ein cantable Art im Spielen zu erlangen, und darneben einen
starcken Vorschmack von der Composition zu überkommen. Verfertiget von Joh: Seb: Bach.
Hochfürstlich Anhalt-Cöthenischer Capellmeister. Anno Christi 1723.

Die in ihrem gewundenen Wortlaut typisch barocken Titel sind so formuliert, dass sich
die didaktischen Inhalte gegenseitig ergänzen. So steht der Begriff »Anleitung« in den
Titeln 1 und 3 an prominenter Stelle; die Titel 2 und 3 sind ausdrücklich an die »Lehrbegierigen« gerichtet, während 1 und 2 sich an »anfahende Organisten« und die »musicalische Jugend«, aber auch »derer in diesem studio schon habil seyenden«, also an
fortgeschrittenere Musiker, wenden. Alle drei Titel bekräftigen die Vielfalt der Gattungen und Tonarten (verschiedene Arten von Choralbearbeitungen, Präludien und Fugen,
Stücke mit zwei und drei kontrapunktischen Stimmen) und betonen auch Aspekte des
Vortrags und des Fortschritts darin – unter anderem das saubere (»reine«) und gesangliche (»cantable«) Spiel sowie den obligatorischen Einsatz des Orgelpedals. Nicht zuletzt
stellt Bach in allen drei Werktiteln auch den doppelten Zweck der Sammlungen deutlich
heraus: Die Anthologien bieten praktische Spielstücke, aber eben auch Material für das
Studium allgemeiner Kompositionsprinzipien, für die Behandlung von Choralsätzen,
für das Schreiben im freien und im strengen Stil und für das Erfinden und Entwickeln
guter musikalischer Gedanken (»inventiones«).

In den drei substanziell ganz unterschiedlichen Claviersammlungen – so wie sie
ursprünglich angelegt und wie sie 1722/23 umgestaltet wurden – verfolgte Bach das gleiche Ziel: exemplarische musikalische Gestaltungsweisen zu finden, für die es bislang
keine Entsprechungen gab. In ihrer methodischen Ausrichtung zeigen sie Bach so, wie
er sich vorzustellen gedachte: als ein erfahrener Lehrer und als Autor innovativer, phantasievoller, praktischer und vielseitiger Tastenmusiktexte für Vortrag und Komposition.
Die ausführlichen Überschriften mit ihrer explizit didaktischen Ausrichtung – ohne Parallele in Bachs Werk – waren das Ergebnis nachträglicher Überlegungen und standen
mit ihrer spezifischen Formulierung in keinem Zusammenhang mit der ursprünglichen
Konzeption der Werke. Gleichwohl verraten die nachträglichen Titel viel über die ursprüngliche Motivation ihres Verfassers. Sie spiegeln Bachs natürliche Veranlagung als
Lehrer wider, der kein trockenes Übungsmaterial, sondern echte anspruchsvolle Kompositionen bereitstellen wollte – nicht zuletzt, um daran selbst zu lernen.

Orgel-Büchlein: Eine Sammlung kurzer Choralvorspiele

Trotz seines kleinen Querformats (19 × 15,5 cm) zählt das *Orgel-Büchlein* zu den größten Sammlungen erhaltener Autographe von Bachs Orgelmusik. Es enthält 45 Choralvorspiele (BWV 599–644) und den Anfang eines 46. Vorspiels (BWV 1167).[6] Die 182 Seiten enthalten jedoch Überschriften für insgesamt 164 Choräle, zwei Drittel des Buches aber blieben leer – abgesehen von den vorbereiteten Notensystemen (Abb. 2-4). Die große Anzahl von Choralüberschriften deutet darauf hin, dass die zunächst unbenannte Sammlung als ein umfangreiches Projekt geplant war, das bei seinem Abschluss Orgelchoralbearbeitungen über eine Vielzahl der klassischen lutherischen Kirchenlieder des 16. und 17. Jahrhunderts enthalten sollte. Eine derart ambitionierte Zusammenstellung von kurzen Choralvorspielen war, abgesehen von ihrem ausgefeilten und innovativen kompositorischen Konzept, bis dahin noch nie unternommen worden – und ist es auch seitdem nicht. So erweist sich die Sammlung als eine Art Proklamation, mit der der selbstbewusste Weimarer Hoforganist sein Können unter Beweis stellte.

Das Projekt *Orgel-Büchlein* geht auf den Beginn der Anstellung des Komponisten als Organist und Kammermusiker am herzoglichen Hof in Weimar mit Wirkung vom 1. Juli 1708 zurück.[7] Handschriftliche und stilistische Zeugnisse legen nahe, dass Bach die Sammlung bald nach seinem Amtsantritt in Weimar in Angriff nahm. Ihm war sicher von Anfang an bewusst, dass das Schreiben von 164 Choralvorspielen in der Art, wie sie ihm vorschwebte, keine Angelegenheit von Wochen oder Monaten, sondern ein langfristiges Unternehmen war. In der Tat belegt das Manuskript, dass die Orgelchoräle in unregelmäßiger Folge und über einen Zeitraum von mehreren Jahren in Weimar eingetragen wurden, wahrscheinlich bis 1714/15. Es gibt keine Hinweise auf Einträge, die viel später als 1715 vorgenommen wurden; jedoch fügte Bach in Leipzig noch zwei Stücke hinzu (BWV 613 und das Fragment BWV 1167) und überarbeitete zwei Vertonungen (BWV 620 und BWV 631), die er früher niedergeschrieben hatte.[8]

Die Überschrift »Orgel-Büchlein« (Tab. 2-1; Abb. 2-1) oder auch »Orgel-Buch« war für Sammlungen von Orgelmusik in Deutschland keineswegs üblich. Vielmehr hebt sich dieser Titel von den Bezeichnungen anderer Orgelmusik-Sammlungen ab und wurde offensichtlich in Anlehnung an die französische Tradition des Livre d'orgue gewählt. Bach besaß Exemplare von mindestens drei solcher Livres d'orgue – von André Raison (1688), Nicholas de Grigny (1699) und Pierre Du Mage (1708) – und kannte höchstwahrscheinlich noch einige mehr. Sie enthalten alle überwiegend kurze und verschiedenartige liturgische Stücke, vor allem Vertonungen lateinischer Hymnen und Sätze aus Orgelmessen. Dass Bach sich für das Diminutiv »Büchlein« entschied, bezog sich jedoch nicht nur auf die kleinen Abmessungen des Buches, sondern auch auf das für die Sammlung vorgesehene Format der Choralbearbeitungen, die meist noch kürzer sind als die typischen französischen Stücke.

Der Grundgedanke des *Orgel-Büchleins* als Sammlung »kurzer Vorspiele« wird nur im summarischen Werkverzeichnis des Nekrologs ausdrücklich genannt (Tab. 1-1). Der autographe Titel erwähnt seltsamerweise zwar die »Anleitung [...], auff allerhand Arth einen Choral durchzuführen«, nicht aber das Kleinformat der Stücke. Bei der Vorbereitung des Projekts und bevor er eine einzige Note niederschrieb, verteilte Bach jedoch die Überschriften der 164 Kirchenlieder so über das gesamte Manuskript, dass das kompakte Format jedes einzelnen Stücks durch die Länge der Choralmelodie vorgegeben war. Für die überwiegende Mehrzahl der Choralvorspiele sah er eine einzige Seite vor, die mit sechs Notensystemen rastriert wurde. Nur sechzehn längere Melodien wurden auf zwei Seiten verteilt; eine, die in ihren drei Strophen variiert, erhielt drei Seiten (BWV 627), und eine einzige sehr kurze Melodie wurde auf zwei Drittel einer Seite beschränkt, was zusätzlichen Platz für die folgende längere Choralmelodie ließ (Abb. 2-4). Dieses Schema zeigt, wie Bach die gesamte Sammlung weitgehend im Voraus plante und sich dadurch zwang, jede Vertonung so zu gestalten, dass sie in den vorgesehenen Raum passte und ihn ausfüllte. Diese strenge Disziplin scheiterte nur in wenigen Fällen, bei denen er am Ende des Stückes ein oder zwei Takte in platzsparender Tabulatur hinzufügen musste. Im Allgemeinen jedoch erreichte Bach sein vorgegebenes Ziel mit bemerkenswerter Konsequenz – ein Ergebnis, das kaum möglich gewesen wäre, hätte er das Manuskript lediglich mechanisch vorbereitet, ohne jede einzelne Choralbearbeitung im Voraus zu planen.

Die grundlegende verbindende Idee dieser ambitionierten Sammlung ist eine phantasievolle Erforschung des Potenzials, das jede Choralmelodie und jeder Text bietet. Und um das Prinzip der Vielfalt (»auff allerhand Arth«) zu demonstrieren, hätte Bach kein besseres Projekt wählen können, als auf 164 unterschiedliche Melodien und die entsprechenden Texte zurückzugreifen. Sie bieten eine breite Palette von Funktionen und eine Vielzahl ausgeprägter Themen, darunter Choräle für die verschiedenen Perioden des Kirchenjahres, Katechismusgesänge zur dogmatischen Unterweisung sowie Lieder zum Gotteslob und zur Jesus-Liebe. Viele spiegeln zudem ein breites Spektrum menschlicher Ausdrucksformen wider, vom Fröhlichen bis zum Traurigen, indem sie die vielfältigen Erfahrungen christlichen Lebens abbilden. Die Idee, textinspirierte Bilder einzubeziehen und bestimmte sprachliche Ausdrücke in rein instrumentale Vertonungen zu übernehmen, hat auch direkte Rückwirkungen auf die Vokalkomposition, bei der die Beziehung von Text und Musik entscheidende Bedeutung hat. Im Gegensatz zu den beiden späteren Werkbüchern fungiert das *Orgel-Büchlein* daher als allgemeiner Leitfaden für die textgebundene Komposition, wobei das Augenmerk auf konkreten Wort-Ton-Beziehungen und inhaltsspezifischem musikalischem Ausdruck liegt.

Choralbearbeitungen verschiedener Art gehören traditionell zum Handwerkszeug jedes Organisten. Bach wuchs mit Choralvorspielen, -variationen und -fantasien unterschiedlichster Art auf und zeigte schon früh ein besonderes Interesse an den groß angelegten Formen. Sein frühestes erhaltenes autographes Notenmanuskript bezeugt die Kenntnis des 13- oder 14-jährigen Ohrdrufer Schülers von Dieterich Buxtehudes längster, komplexester und technisch anspruchsvollster Choralfantasie »Nun freut euch, lieben Christen g'mein« BuxWV 210.[9] Einige sehr frühe kurze Orgelchoräle Bachs, vor allem aus der sogenannten Neumeister-Sammlung, zeigen bereits gewisse Tendenzen zu einheitlichem Aufbau und motivischer Steuerung. Dennoch fehlt ihnen das kompakte

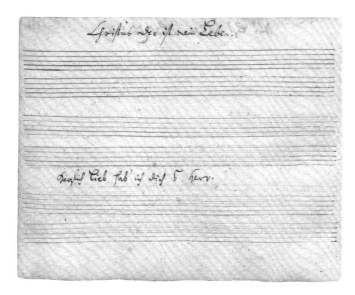

Abbildung 2-4a »Christus, der ist mein Leben« und »Herzlich lieb hab ich dich, o Herr«, autographe Titel mit kalkuliertem Raum für die projektierten Choralvorspiele (S. 152)

Abbildung 2-4b Reservierter Platz für »Herzlich lieb hab ich dich, o Herr« (S. 153)

Design, die ausgefeilten polyphonen Texturen, die expressiven Mittel und insbesondere die Anforderungen des obligaten Pedalspiels der Stücke im *Orgel-Büchlein*.[10] Obwohl diese Sammlung also nicht ganz ohne Vorgeschichte ist, gibt es in der Orgelliteratur keinen wirklichen Präzedenzfall für eine so umfangreiche Produktion von exemplarischem Material, das einer einheitlichen Idee folgt. Bach hatte Neuland betreten – und gleich im ersten Anlauf ein vollendetes Meisterwerk geschaffen.

In jedem Choralvorspiel dient das Kirchenlied als Stimulus für die kompositorische Gestalt des kompakten Satzes – sei es durch ein Motiv, das aus der gegebenen Choralmelodie abgeleitet oder extrahiert ist, sei es durch eine Begleitfigur, die den thematischen Inhalt des geistlichen Liedes illustriert oder interpretiert, oder, wenn möglich, durch beides. Kurz gesagt: Bach beabsichtigte, einen Choral »auff allerhand Arth [...] durchzuführen«, indem er Melodie und Text eines Liedes zum Ausgangspunkt wählte und jeweils eine ganz individuelle instrumentale Ausarbeitung entwickelte, um die geistliche Poesie musikalisch zu vertiefen und ihre hermeneutische Botschaft zu vermitteln. Vier repräsentative Beispiele aus dem ersten Abschnitt der Sammlung mögen Bachs Ziele und Verfahrensweise veranschaulichen.

»Gott, durch deine Güte oder: Gottes Sohn ist kommen« BWV 600

Die Kirchenliedmelodie von 1544, die diesem zweiten Vorspiel im *Orgel-Büchlein* (Abb. 2-5) zugrunde liegt, dient zwei verschiedenen Texten, wie die Doppelüberschrift erkennen lässt. Beide Choräle sind Adventslieder. Da Bach die kontrapunktische Eignung der Melodie für einen Kanon in der Oktave erkannte, notiert er die F-Dur-Melodie in ganzen

Abbildung 2-5 »Gott, durch deine Güte oder: Gottes Sohn ist kommen« BWV 600, autographe Kompositionsniederschrift

und halben Noten und setzt dieselbe Melodie noch einmal einen Takt später und eine Oktave tiefer an. So bilden die Sopran- und die Tenorstimme (die auf dem Orgelpedal gespielt wird) den kanonischen Rahmen der Vertonung. Die Alt- und die Bassstimme vervollständigen die Textur als unabhängige Kontrapunkte in Achtel- und Viertelnotenbewegung – also in kontrastierenden Geschwindigkeiten zur langsamen Bewegung des Choral-Kanons. Da die Vertonung zwei verschiedene Kirchenliedtexte bedient, bleibt das Wort-Ton-Verhältnis unbestimmt. Durch die intrikate Struktur dreier rhythmischer Schichten entsteht jedoch ein unverkennbar fröhliches Stück, das als Lobgesang für die Adventszeit dem allgemeinen Charakter beider Choräle entspricht.

»Herr Christ, der ein'ge Gottes Sohn oder: Herr Gott, nun sei gepreiset« BWV 601

Als weiteres Choralvorspiel auf zwei verschiedene Texte für die Adventszeit vermittelt auch diese Vertonung (Abb. 2-6) den allgemeinen Charakter eines Lobgesangs. Im Gegensatz zum Eintrag für BWV 600, der eine Reihe von Korrekturen aufweist, handelt es sich bei diesem um eine Reinschrift, was darauf hindeutet, dass das Stück bereits vor der Anlage des *Orgel-Büchleins* existierte. Die Melodie von 1524, eine der ältesten unter

Abbildung 2-6 »Herr Christ, der ein'ge Gottes Sohn oder: Herr Gott, nun sei gepreiset« BWV 601, autographe Reinschrift

den lutherischen Kirchenliedern, folgt der üblichen Barform (AAB) und besteht aus zwei kürzeren, wiederholten »Stollen« (A), die zusammen den »Aufgesang« bilden, und einem längeren »Abgesang« (B). Bach ändert diese Abfolge jedoch eigenmächtig in eine AABB-Form, sodass die Choralbearbeitung einem Satz aus einer Tanzsuite mit zwei ungleich langen, jeweils wiederholten Hälften ähnelt, ohne dass freilich im A-Teil die Dominante erreicht würde. Dennoch überwiegt eindeutig das Tanzmodell mit einer dominierenden Melodie und einer durchgängigen motivischen Begleitung. Zusätzlich gibt Bach der Choralmelodie eine neue rhythmische Wendung, indem er bei den meisten Choralzeilenanfängen die Takt-Eins durch Punktierung hervorhebt. Die Originalmelodie beginnt mit einer Terz (a^1-cis^2), die der Komponist in ein motivisches Modell verwandelt, das die gesamte dreistimmige Begleitung durchdringt. Auch die Pedalstimme beteiligt sich aktiv an diesem Modell und verstärkt damit den Ausdruck von Lebendigkeit und Frische, wie es einem Loblied gebührt.

»Das alte Jahr vergangen ist« BWV 614

Dieses Stück (Abb. 2-7), das auf einem Neujahrslied von 1588 basiert, hebt die Choralmelodie hervor, indem es sie besonders nuanciert und elegant ausschmückt. Sie ist einem eigenen Manual der Orgel zugeordnet – mit einer Kombination von ausdrucksstarken Registern, deren Klangfarbe sich von den tieferliegenden Begleitstimmen unterscheidet. Diese spielen aber aufgrund der kontrapunktischen Gestaltung des Werkes dennoch eine wichtige Rolle bei der musikalischen Interpretation des Textes. Der Vierzeiler der ersten Strophe, die normalerweise die inhaltliche Ausrichtung des Kirchenliedes bestimmt, lautet:

> Das alte Jahr vergangen ist,
> wir danken dir, Herr Jesu Christ,
> dass du uns in so groß'r Gefahr
> behütet hast lang Zeit und Jahr.

Wie in BWV 601 modifiziert Bach die Vierzeiler-Struktur, in diesem Fall durch die Wiederholung der ersten und letzten Melodiezeile, wodurch das Lied und seine Bearbeitung verlängert werden. Er tut dies nicht nur, um die Seite im autographen Manuskript zu füllen, sondern auch, um die gewichtige dritte Zeile der Strophe inhaltlich hervorzuheben. Dort sind die Melodieschritte zu den Worten »so groß'r Gefahr« umgeformt zu einem (hier aufsteigenden) chromatischen Tetrachord *a-b-h-c-cis-d*, der traditionellen »Lamento«-Formel. Diese musikalisch-rhetorische Figur veranlasst das langsame Tempo des Stücks und bestimmt die gesamte dreistimmige Begleitung in raffinierter Polyphonie, insbesondere durch die gleichzeitige Verwendung des chromatisch aufsteigenden Motivs und seiner absteigenden Umkehrung vom allerersten Takt an. So verwandelt der Komponist das Choralvorspiel in einen ausdrucksstarken Satz, der Dankbarkeit ausspricht für die Behütung vor all den Gefahren des alten Jahres.

Abbildung 2-7 »Das alte Jahr vergangen ist« BWV 614, autographe Reinschrift

»In dir ist Freude« BWV 615

Unmittelbar auf BWV 614 folgt im *Orgel-Büchlein* ein völlig andersartiger Neujahrs-choral (Abb. 2-8). Das Kirchenlied spricht von der Liebe zu Jesus und mündet mit Jubel, Triumph und Alleluja in einen zuversichtlichen Ausblick auf das neue Jahr. Bach wer-tet die freudige Melodie im Dreiertakt von 1588, eine deutsche geistliche Parodie eines weltlichen italienischen Madrigals von Giovanni Gastoldi, durch eine besonders tem-peramentvolle, ja geradezu forsche Vertonung in lebhafter Bewegung auf. Die Melodie verläuft vornehmlich in der Oberstimme, wird aber in unterschiedlicher Weise aufge-brochen, von kurzen Schnipseln und akkordischen Einschüben bis hin zu verschiedenen auf- und abwärts laufenden Figuren, die auch von den ausgefeilten und abwechslungs-reichen Begleitstimmen aufgegriffen werden. Kurze Abschnitte der Melodie erscheinen auch immer wieder an anderer Stelle des durchweg vierstimmig-polyphonen Satzes. Ein besonderes Element prägt jedoch den gesamten Satz überaus deutlich: eine markante eintaktige Ostinato-Figur im Pedal, die gleich zu Beginn eingeführt und während des gesamten Satzes beibehalten wird. Sie fungiert als kontrastierender, aber sehr passen-der Gegenpart zur Choralmelodie und unterstreicht deren freudigen Ton.

Diese Art phantasievoller motivischer Erfindung – voll von affekthaltigen, figurati-ven, metaphorischen und symbolischen Implikationen, die Bachs textlose musikalische

Botschaft vermitteln – veranlasste einst Albert Schweitzer zur scharfsinnigen Bezeichnung des *Orgel-Büchleins* als »Wörterbuch der Bachschen Tonsprache«, das den Schlüssel zum Verständnis seiner Musik überhaupt liefere.[11] Zwar fasst der Begriff »Wörterbuch« die Sammlung als Quasi-Verzeichnis illustrativer musikalischer Motive zu eng, betont aber ihre zentrale Funktion als Anleitung, »auff allerhand Arth einen Choral durchzuführen«. Bach erreicht dies, indem er den kompositorischen Ansatz von Stück zu Stück variiert, um die unverwechselbaren melodischen Qualitäten jeder einzelnen Choralmelodie und die Bedeutung der geistlichen Dichtung als Ganzer oder zumindest ihres poetischen Hauptgedankens hervorzuheben. Diese instrumentalen Choralvorspiele stellen in der Tat einen Meilenstein in der Weiterentwicklung, Entfaltung und Fokussierung von Bachs Kompositionskunst dar – mit unmittelbaren Auswirkungen auch auf den Bereich der Vokalkomposition (siehe Kapitel 4).

Die stark verdichteten und konzentrierten Satzgebilde der Choralvorspiele sind so konzipiert, dass sie eine obligate Pedalstimme vollständig integrieren, ein Merkmal, wie man es anderswo nicht so konsequent verwirklicht findet, auch nicht in Bachs eigenen frühen Orgelwerken. Daher ist die zusätzliche zweite Funktion der Choralvorspiele als Pedalstudien auf dem nachträglich beigefügten Titelblatt ausdrücklich vermerkt. Doch das sorgfältig zusammengestellte Repertoire des *Orgel-Büchlein* deutet darauf hin, dass es nicht speziell oder primär für den liturgischen Gebrauch gedacht war. Der Weimarer Hoforganist Bach hätte es als erfahrener Improvisator wohl kaum nötig gehabt, solche Stücke für das gottesdienstliche Spiel aufzuschreiben. Seine Motivation, solch aufwendige Vertonungen zu Papier zu bringen, ging also weit über derartige Bedürfnisse hinaus. Offensichtlich ging es ihm vordringlich darum, ein Werkbuch zur Anregung und Erprobung der musikalischen Phantasie zusammenzustellen, und zwar in Form kompakter Kompositionen, die nicht auf freier thematischer Erfindung beruhen. Vielmehr schöpfen sie aus einem umfassenden Vorrat vorhandener modaler und Dur-Moll-tonaler Choralmelodien, die mit ihren dazugehörigen Texten zu vielfältigen musikalischen Ausdrucksformen einladen. Durch die selbst auferlegte kompositorische Schwierigkeit, alles in ein Miniaturformat zu pressen, zwang sich Bach zudem gezielt zu originellen Lösungen – nicht nur bei der Gestaltung der differenzierten, komprimierten und meist vierstimmigen kontrapunktischen Satzformen, sondern auch bei der Integration der innovativen Orgelpedaltechnik als Kernelement jedes Stücks.

In dieser Hinsicht bietet das *Orgel-Büchlein* wahrhaft transformative Perspektiven, in erster Linie für Bach als Interpret-Komponist zum Selbststudium und eigenen Gebrauch. Seine Methode, kurze Stücke mit maximalem musikalischem Gehalt zu füllen, war ebenso genial wie einzigartig und überdies absolut folgerichtig in seiner kompositorischen Entwicklung. Keine andere Reihe nahezu allumfassender Kompositionsübungen wirkte so unmittelbar und nachhaltig auf Bach ein, stimulierte den musikalischen Intellekt des Komponisten und schärfte seine Vorstellungskraft, sodass die tiefgehende Beschäftigung mit musikalischen Details in kleineren oder größeren Partituren schließlich zur Routine wurde. Dieser Umstand mag auch erklären, warum er das ehrgeizige Projekt des *Orgel-Büchleins* nicht vollendete und die Notensysteme für mehr als hun-

Abbildung 2-8 »In dir ist Freude« BWV 615, autographe Reinschrift

dert Choralvorspiele leer ließ. Nachdem er 45 exemplarische Werke geschrieben und nur etwa ein Viertel der Seiten des Buches gefüllt hatte, mag er gespürt haben, dass er sein Ziel erreicht hatte, und war erpicht darauf, sich neuen Vorhaben zuzuwenden. Doch selbst in seinem unvollendeten Zustand konnte das *Orgel-Büchlein* seinen Zweck mehr als erfüllen und ohne Weiteres seine neu zugewiesene Doppelfunktion als Lehrbuch für Komposition und Spielpraxis übernehmen.

Das Wohltemperierte Clavier: Präludien und Fugen in allen Tonarten

Ein neues Werkbuch-Projekt, das Bach um 1717 begann, verband sich mit einem gewagten Experiment, nämlich dem bis dahin noch nie unternommenen Versuch, gewichtige Stücke sowohl im freien als auch im strengen Stil auf der Grundlage zweier aufkommender musikalischer Systeme zu komponieren, lange bevor sie zur akzeptierten Norm wurden: zum einen die moderne harmonische Tonalität, die auf zwölf Dur- und zwölf Moll-Tonarten basiert, und zum anderen eine neue Temperierung, die die traditionelle mitteltönige Stimmung ablöste und es ermöglichte, auf Tasteninstrumenten in allen 24 Dur- und Moll-Tonarten zu spielen.

In den 1680er-Jahren hatte der deutsche Organist, Mathematiker und Musiktheoretiker Andreas Werckmeister verschiedene Stimmungen vorgestellt, die er »wohltemperiert« nannte. Die neuen Verfahren sollten die alte und nur sehr eingeschränkt nutzbare mitteltönige Stimmung ersetzen, die in den gebräuchlichen Tonarten rein gestimmte große Terzen vorsah, weiter entfernte Dreiklänge aber unspielbar machte. Zu den Komponisten von Tastenmusik, die im späten 17. Jahrhundert eifrig mit der erweiterten Dur-Moll-Tonalität experimentierten, gehörte vor allem Dieterich Buxtehude, ein enger Freund Werckmeisters. Der junge Bach folgte dessen Beispiel schon früh, als er ab 1703 in Arnstadt eine Orgel in wohltemperierter Stimmung zur Verfügung hatte. Voll entwickelt wurde das Konzept des Quintenzirkels, das die harmonischen Beziehungen zwischen den zwölf Stufen der chromatischen Tonleiter, ihren Tonarten in Dur und Moll und den dazugehörigen Vorzeichen regelt, aber erst um 1710. Johann David Heinichen schrieb den Quintenzirkel im folgenden Jahr erstmals auf (Abb. 2-9).[12]

Wie einige seiner frühen Clavierwerke zeigen, hatte Bach bereits in den Arnstädter Jahren mit der tonalen Harmonik experimentiert und ihre Grenzen ausgelotet. Doch es dauerte eine geraume Zeit, sich systematisch mit diesen Fragen auseinanderzusetzen und das Konzept zu verfolgen, das den Namen *Das Wohltemperierte Clavier* erhielt. Sein Autograph von 1722 ist eine Reinschrift,[13] die keinen Aufschluss über die Werkgeschichte gibt, deren Beginn unklar ist, da die Kompositionsmanuskripte nicht erhalten sind. Die früheste erhaltene Quelle – das 1720 begonnene *Clavier-Büchlein für Wilhelm Friedemann Bach* – überliefert nur elf Präludien (ohne Fugen), die meisten in Friedemanns Handschrift und notiert um 1721.[14] Diese Stücke weichen von ihren Pendants

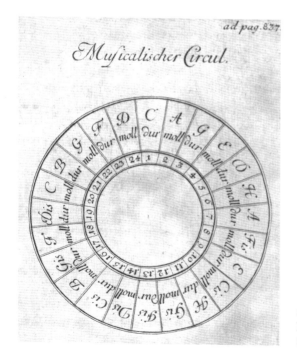

Abbildung 2-9 »Musicalischer Circul«, Johann David Heinichen, *Der Generalbass in der Composition* (Dresden 1728)

in der späteren autographen Reinschrift erheblich ab und entstammen offensichtlich einer älteren Fassung des Werkes. Weitere Hinweise auf die Entstehungsgeschichte des *Wohltemperierten Claviers* liefern einige andere Handschriften,[15] insbesondere die früheste erhaltene vollständige Abschrift des Werkes von Bernhard Christian Kayser, einem Bach-Schüler aus Köthen, der mit seinem Lehrer später nach Leipzig zog.[16] Um 1722/23 kopierte Kayser offenbar direkt von Bachs Kompositionspartitur, die stark korrigiert worden sein muss, nachdem Friedemann einige Teilabschriften angefertigt hatte. Kaysers Manuskript bildet somit eine Zwischenstufe des Werkes auf dem Weg zur autographen Reinschrift.

Zusätzliche und recht genaue Informationen über die Geschichte der Sammlung finden sich im Bach-Artikel des *Historisch-Biographischen Lexicons der Tonkünstler* (Leipzig 1790) von Ernst Ludwig Gerber, dessen Vater Heinrich Nicolaus Gerber ab 1724 zwei Jahre lang bei Bach studiert hatte. Der jüngere Gerber berichtet, Bach habe das *Wohltemperierte Clavier* »nach einer gewissen Tradition [...] an einem Orte geschrieben, wo ihm Unmuth, lange Weile und der Mangel an jeder Art musikalischen Instrumenten diesen Zeitvertreib abnöthigte«.[17] Auch wenn der genaue Ort und die Umstände ungenannt bleiben, wird die Geschichte seit jeher in Verbindung gebracht mit Bachs vierwöchiger Haft, die der Weimarer Herzog »wegen seiner Halßstarrigen Bezeügung v. zu erzwingenden *dimission*«[18] verhängt hatte, unmittelbar vor Antritt der Kapellmeisterstelle in Köthen. Nimmt man diese Überlieferung als wahr an, so wurde das *Wohltemperierte Clavier* im Wesentlichen zwischen dem 6. November und dem 2. Dezember 1717 komponiert, also während Bachs Haftzeit in einer Arrestzelle ohne Tasteninstrument, aber offenbar nicht ohne Papier und Schreibutensilien. Während dieser 26 Tage hätte Bach dann ungefähr ein Präludium und eine Fuge pro Tag geschrieben – kein unrealistisches Tempo für diesen Komponisten. Auch das Entbehren eines Tasteninstruments spricht nicht gegen die Geschichte, denn Gerber erwähnt das Werk als Beispiel im Zusammenhang mit der Mitteilung, dass Bach »nie gewohnt war, beym Komponieren sein Klavier um Rath zu fragen«.[19] Carl Philipp Emanuel bestätigte später diese Aussage, wenn er erklärte, sein Vater habe – abgesehen von den aus der Improvisation hervorgegangenen Stücken – »alles ohne Instrument componirt, jedoch nachher auf selbigem probirt«.[20] Die 24 Präludien und Fugen befanden sich vielleicht schon vor Bachs Haftzeit in einem konzeptionellen Planungsstadium, aber möglicherweise hatte er bis zum verhängten Arrest nicht genügend Zeit zur Ausarbeitung. Jedenfalls setzte sich die weitere Entstehungsgeschichte des Werkes über den Dezember 1717 hinaus fort, wobei Bach offenbar ständig Verbesserungen an den Kompositionspartituren vornahm. Mit der Reinschrift von 1722 wurden diese jedoch entbehrlich und haben sich nicht erhalten.

Die Idee, in allen 24 Tonarten zu komponieren, lag offensichtlich in der Luft, wie sich an Johann Matthesons *Organisten-Probe* (Hamburg 1719) zeigt, in der sich erstmals zweimal 24 sehr kurze Generalbassübungen (»Prob-Stücke«) in allen Tonarten finden.[21] Ein noch früherer Versuch, das erweiterte Tonsystem zu erproben, stammt von Johann Caspar Ferdinand Fischer. In seiner weit verbreiteten *Ariadne musica neo-organoedum* (Schlackenwerth / Ostrov 1702; Nachdruck Wien 1713 und 1715) legte Fischer eine zwar bescheidene, aber zweckdienliche Sammlung von 20 schlichten Präludien und Fugen (»Viginti Praeludia, todidem Fugas«) in ebenso vielen Tonarten und in aufsteigender Reihenfolge vor, doch es fehlten Proben in es-Moll, Fis-Dur, gis-Moll und h-Moll. Somit fiel Bach die Aufgabe zu, zu demonstrieren, dass tatsächlich alle 24 Dur- und Moll-Tonarten auch für weiter ausgearbeitete Kompositionen und für ein anspruchsvolleres Spiel auf Tasteninstrumenten verwendet werden konnten. Bach folgte dem Prototyp Fischers, den er sehr schätzte,[22] entschloss sich aber, auf noch nicht dagewesene Weise die Notwendigkeit und Konsequenz dieser Entwicklung hin zur gleichschwebenden Temperatur aufzuzeigen und die unanfechtbare Geltung und das kompositorische Potenzial eines ausgereiften Dur-Moll-Tonsystems nachzuweisen.

Die ornamentale Gestaltung des kalligraphischen Titelblatts für *Das Wohltemperierte Clavier* (Abb. 2-2) stellt also in der Hauptüberschrift den Kerngedanken der Sammlung heraus, nämlich ihre Beziehung zur zentralen Neuerung in der Geschichte der Tasteninstrumente. Noch bis weit ins 18. Jahrhundert hinein galt die mitteltönige Stimmung als Standard für Orgeln und besaitete Tasteninstrumente wie Cembalo und Clavichord. Diese Stimmung, die im 16. Jahrhundert für Tasteninstrumente eingeführt worden war, eignete sich für das traditionelle System der Kirchentonarten und ermöglichte sowohl strahlende Dur-Dreiklänge als auch markante, aber doch brauchbare Dissonanz-Klänge. Doch konnte sie nicht mehr Schritt halten mit der stetig fortschreitenden Ausbreitung der Dur-Moll-Tonalität sowie mit der Forderung nach flexibleren Modulationen und einer differenzierteren harmonischen Sprache, die auf allen Tonstufen verwendbare Dur- und Moll-Harmonien verlangte.

Der Begriff »wohltemperiert«, den Bach von Werckmeister entlehnte, bezieht sich auf eine Stimmung, die von der gleichstufigen Stimmung abweicht und dennoch das Spiel in allen Tonarten ermöglicht. Welche der verschiedenen Varianten der wohltemperierten Stimmungen Bach bevorzugte und welche Modifikationen er im Laufe der Jahrzehnte vorgenommen haben mag, bleibt unbekannt. Entsprechende Äußerungen des Komponisten sind nur indirekt, ohne konkrete Angaben und nur aus seinen späteren Jahren überliefert. So heißt es im Nekrolog: »Die Clavicymbale wußte er, in der Stimmung, so rein und richtig zu temperiren, daß alle Tonarten schön und gefällig klangen. Er wußte, von keinen Tonarten, die man, wegen unreiner Stimmung, hätte vermeiden müssen«.[23] Ergänzend zu diesem Zeugnis berichtet Carl Philipp Emanuel in einem Brief von 1774, dass seinem Vater niemand »seine Instrumente zu Dancke stimmen« konnte. »Er that alles selbst.«[24] Sein Vater folgte also keinem der veröffentlichten, wissenschaftlich abgeleiteten Stimmsysteme einschließlich der gleichschwebenden Stimmung, sondern folgte seiner eigenen Methode.[25] Dies scheint im Einklang mit Johann Philipp Kirnbergers Bericht zu stehen, sein Lehrer Bach habe »ausdrücklich von ihm verlanget, alle großen Terzen scharf zu machen«.[26] Aus solchen Informationen eine exakte Temperatur abzuleiten ist nicht möglich, doch bevorzugte Bach bis in die frühen 1740er-Jahre offenbar immer noch die Kompromisslösung einer leicht ungleichstufigen Temperatur, bei der die verschiedenen Tonarten zumindest einen gewissen (wenn auch abgeschwächt) individuellen Charakter behielten.

Unmittelbar unter der Überschrift »Das Wohltemperierte Clavier« führt Bachs Reinschrift den Untertitel »Praeludia und Fugen durch alle Tone und Semitonia« ein (siehe vorne Abb. 2-2 und Tab. 2-1). Der Langtitel erwähnt aber nicht nur die beiden Gattungen, aus denen sich die Sammlung zusammensetzt, sondern auch die chromatische Abfolge der Stücke durch die Oktave sowie die Organisation nach den beiden Tongeschlechtern, Dur vor Moll. Das Prinzip einer aufsteigenden Tonartenfolge war nicht neu und findet sich etwa in Johann Caspar Kerlls *Modulatio organica super Magnificat octo ecclesiasticis tonis* (München 1686) und in Johann Pachelbels etwas späteren Magnificat-Fugen – beide nach Kirchentonarten geordnet. Ein moderneres Äquivalent, bezogen auf die Dur-Moll-Tonalität, findet sich in Johann Kuhnaus *Neuer Clavier-Übung*, deren je sieben Partiten von C-Dur über D-, E-, F-, G-, A- nach B-Dur im ersten Teil (Leipzig 1689) bzw. von c-Moll über d-, e-, f-, g-, a- nach h-Moll im zweiten Teil (Leipzig 1692) aufsteigen. Mit seinen 20 kurzen Präludien und Fugen wies Fischers *Ariadne musica* (wie oben erwähnt) eine noch größere Bandbreite an Tonarten auf und beeinflusste wahrscheinlich auch Bachs Wahl eines griffigen Titels. Doch während Fischers emblematischer Titel den Mythos von Ariadnes Faden mit einem Tastenlabyrinth assoziierte, wählte Bach – prosaischer, aber nicht weniger treffend – das konkrete Bild eines virtuellen Tasteninstruments namens »Wohltemperiertes Clavier«.

Wiederum im Anschluss an Fischer ordnete auch Bach seine Präludien und Fugen in aufsteigender Tonartfolge, beginnend mit C-Dur, aber, wie die autographe Reinschrift zeigt, in streng chromatischer Abfolge und mit der Dur- immer vor der Moll-Tonart. Dies scheint jedoch nicht von Anfang an der Fall gewesen zu sein, denn im *Clavier-Büchlein* für Friedemann Bach stehen die elf Präludien in der Tonartenfolge: C-Dur, c-Moll, d-Moll, D-Dur, e-Moll, E-Dur, F-Dur, Cis-Dur, cis-Moll, es-Moll, f-Moll. Mit anderen Worten: Dreiklänge mit ihren natürlichen Terzen auf den weißen Tasten der aufsteigenden Tonleiter von *c* bis *f* hatten Vorrang bei der Festlegung der Tonartenfolge. Auch die bereits erwähnte Gesamtabschrift des Werkes von Kayser weist noch eine Tonartenfolge auf, bei der die nicht-alterierten Terzen Vorrang haben: also d-Moll vor D-Dur, e-Moll vor E-Dur usw. In einigen Fällen verwendet Kaysers Abschrift auch die sogenannte dorische Notation für Moll-Tonarten mit ♭-Vorzeichnung, das heißt mit einem ♭ weniger als in moderner Vorzeichnung. Im Gegensatz dazu spiegelt Bachs Reinschrift von Ende 1722 eine gründliche Überarbeitung dieser Details in Organisation und Notation wider. Bei den Vorzeichen ging Bach, auch im Vergleich zu Matthesons *Organisten-Probe*, seinen eigenen Weg und verwendete konsequent null bis sechs ♯ und ♭-Vorzeichen. Damit etablierte er den bis heute gültigen Notationsstandard.

Neben den Fragen von Stimmung und Tonalität geht es im *Wohltemperierten Clavier* um das Nebeneinander zweier grundverschiedener Arten freier und strenger Komposition: von improvisatorischem Präludium und kontrapunktischer Fuge. Auch wenn in der 24-teiligen Sammlung auf jedes Präludium eine Fuge in der entsprechenden Tonart folgt, sind die beiden gegensätzlichen Typen nicht unbedingt als Einheit zu verstehen – trotz der vielen Hinweise »verte, sequitur fuga« (»Seite umblättern, Fuge folgt«) in Bachs Reinschrift, die nahelegen, das Präludium als freie Einleitung zur strengen

Fuge zu spielen. Gleichzeitig aber sind die Präludien und Fugen in der autographen Reinschrift unmissverständlich und konsequent getrennt nummeriert, und zwar nicht mit der Überschrift »Präludium und Fuge« (wie in den meisten modernen Ausgaben),[27] sondern mit separaten Überschriften wie »Praeludium 1.« und »Fuga 1. à 4« (Abb. 2-10). Mit anderen Worten: Bach betont den starken Kontrast in Aufbau und Grundprinzipien zwischen den beiden Kompositionsarten. Obwohl nebeneinanderstehend und zusammengespielt, bilden sie durchweg individuelle Einheiten, deren Gemeinsamkeiten lediglich auf den gleichen Vorzeichen beruhen. Dass die Präludien im *Clavier-Büchlein für Wilhelm Friedemann Bach* ganz ohne Fugen eingetragen wurden (wie oben erwähnt), stützt die Behauptung, dass im *Wohltemperierten Clavier* jedes Präludium und jede Fuge als eine Komposition für sich verstanden werden soll und ebenso als eine Demonstration, dass alle Tonarten in freien und strengen Kompositions- und Aufführungsstilen verwendet werden können.

Bevor er die Sammlung konzipierte, hatte der Organist und Tastenvirtuose Bach viele Präludien und Fugen gespielt, improvisiert wie auch komponiert. Mit den beiden komplementären Gattungen gründlich vertraut, hatte er mit der ehrgeizigen neuen Sammlung viel mehr vor, als nur die Brauchbarkeit des neuen Dur-Moll-System in allen chromatischen Tonarten zu beweisen. So präsentierte er eine abwechslungsreiche Zusammenstellung exemplarischer Modelle, die von den seinerzeit üblichen längeren oder kürzeren Formaten abweichen. Wie schon bei den Chorälen im *Orgel-Büchlein* dachte Bach an eine prägnante und unverwechselbare Gestaltungsart, die das Wesen und den Modellcharakter jedes einzelnen Stückes unterstreichen sollte. Die Standardlänge für jedes Präludium und jede Fuge beträgt im autographen Manuskript etwa zwei vollbeschriebene Seiten. Sechzehn Präludien mit den korrespondierenden Fugen passen in das Schema mit der für beide fast gleichen Länge. In fünf Fällen (Nr. 3, 4, 8, 12 und 20) sind die Fugen etwa doppelt so lang wie die Präludien gleicher Tonart, während zwei der Präludien (Nr. 7 und 10) etwa doppelt so lang sind wie die entsprechenden Fugen. Ganz am Ende der Sammlung finden sich mit dem Präludium Nr. 24 und der Fuge Nr. 24 die umfangreichsten Stücke in beiden Kategorien. Ungeachtet der geringfügig unterschiedlichen Längen bietet jedoch jedes einzelne Stück einen Modellfall kompakter und fokussierter musikalischer Struktur und charakteristischer Ausprägung, womit es sich von zuvor komponierten Stücken abhebt – beispielsweise den Toccaten oder den Eröffnungssätzen der *Englischen Suiten* (Kapitel 3).

Das auffallendste technische Gestaltungsmerkmal der Präludien ist ihr einheitlicher motivischer Aufbau, der an das Konstruktionsprinzip des *Orgel-Büchleins* erinnert, jedoch in einem größeren Maßstab. In den meisten Fällen bestimmt ein einziger kurzer und markanter motivischer Gedanke – nicht nur eine melodische Phrase, sondern immer ein Muster, das beide Hände des Spielers einbezieht – die Tonart und legt somit gleich zu Anfang das musikalische Erscheinungsbild des Präludiums fest, wie zum Beispiel in BWV 848/1 (Abb. 2-10). Bisweilen leitet freies Passagenwerk in die Schlusskadenz über und verleiht dem Stück einen virtuosen Zug. Grundlegende improvisatorische Ideen wie Arpeggio-Figuren und andere Dreiklangsmodelle spielen eine wichtige Rolle

Abbildung 2-10 Präludium in Cis-Dur BWV 848/1, autographe Reinschrift

für die Funktion des Präludiums, die Tonart festzulegen und zu bestätigen. Solche akkordischen Texturen sind in erstaunlicher Vielfalt in den Präludien 1–3, 5, 6, 11, 15 und 21 vorhanden. Doch wie die Präludien 7, 19 und 24 zeigen, tritt auch imitative Kontrapunktik auf. Weitere Parameter wie Tempo, Rhythmik und metrische Differenzierung tragen ebenfalls zur kompositorischen Vielfalt bei. Die meisten Präludien stehen im Vierertakt, darüber hinaus aber nutzt Bach die ganze Palette metrischer Schemata: $\frac{2}{2}$ (alla breve), $\frac{3}{2}$, $\frac{3}{4}$, $\frac{3}{8}$, $\frac{6}{4}$, $\frac{6}{8}$, $\frac{9}{8}$, $\frac{12}{8}$, $\frac{12}{16}$ und $\frac{24}{16}$. Als Beispiele für phantasievolle Improvisation und freie Komposition und mit ihrer hochdifferenzierten und konzentrierten Verschmelzung verschiedener Komponenten repräsentieren diese Werke einen neuartigen, ja höchst originellen Typus von Präludium, der in mancher Hinsicht die expressiven Charakterstücke einer späteren Generation vorwegnimmt.

Was die Fugen betrifft, so liegt ihr Schwerpunkt in erster Linie auf der prozessualen Herangehensweise, die der fugierten Schreibart innewohnt – im Gegensatz zu der kapriziösen improvisatorischen Phantasie, von der die Präludien geprägt sind. In ihrer Gesamtheit präsentieren sie die Gattung der Fuge in einer zuvor nicht gekannten Systematik, die alle theoretischen und praktischen Aspekte der Fugenkomposition miteinbezieht. Traditionell erfordert die Fuge als Spezialfall des imitativen Kontrapunkts die strikte Beibehaltung der Stimmenzahl. In der ersten Exposition wird das Thema aufgestellt und in der Dominante beantwortet, wobei die Beantwortung – je nach Thema – entweder real (tongetreu) oder tonal (mit bestimmten Intervallmodifikationen) erfolgt. Aufstellung (Dux) und Antwort (Comes) wechseln durchweg einander ab, ebenso Durchführungen und Episoden oder Zwischenspiele. Kontrapunktische Techniken wie thematische Umkehrung oder Engführung (sich überlappende Themen), Gegenthemen oder mehrere Themen können verwendet werden. All dies ist im *Wohltemperierten Clavier* Standard, aber die bestehenden Konventionen werden auf ein neues Niveau kompositorischen Raffinements und musikalischer Vielfalt gehoben. Weitgehend bestimmt werden diese Verfahrensweisen durch individuell formulierte Themen unterschiedlicher Länge, melodischer Charakteristik und rhythmischer Kontur, aber auch durch nichtthematische Episoden, die mit motivisch gebundenem oder kontrastierendem Material gefüllt sind. Die zwei-, drei-, vier- und fünfstimmigen Fugen des *Wohltemperierten Claviers* stellen die erste überragende Leistung des Komponisten dar, der dem Bericht Carl Philipp Emanuels zufolge allein durch »eigenes Nachsinnen [...] schon in seiner Jugend zum reinen und starcken Fugisten« wurde.[28] Indem er alle Möglichkeiten der Fugenkomposition gründlich durchdachte, bot Bach hier einen erschöpfenden Überblick über die Fugenkomposition und begründete damit den Standard für die Gattung.

Mehr noch als in den Präludien konnte Bach in den Fugen seine Stärken in mehrfacher Hinsicht demonstrieren: in der Verbindung von musikalischem Einfallsreichtum, intellektueller Beherrschung der kompositorischen Aufgabenstellung und spielerischer Virtuosität. Doch beiden Kompositionsarten wird die Sammlung in ihrer gründlich revidierten autographen Reinschrift von 1722 vollauf gerecht. Kleinere Verbesserungen, die Bach in den Folgejahren von Zeit zu Zeit vornahm, lassen seinen feinen Sinn für musikalische Details erkennen, wie zwei Beispiele unterschiedlichen Charakters zeigen:

- Im Präludium 3 (Cis-Dur) betrifft die Revision eine lokal begrenzte, primär technische Angelegenheit, und zwar hauptsächlich kontrapunktische Logik, Stimmführung und Textur (Abb. 2-10): Bach vertauschte lediglich die ersten drei Töne in der Oberstimme von *gis¹-cis²-eis²* zu *eis²-cis²-gis¹* (parallele Korrekturen in T. 17 und T. 55) und änderte in der Unterstimme von Takt 8 den Übergang zum Anfangsmotiv von drei Achteln *cis¹-h-ais* zu *cis¹-h-ais-gis-ais* (Parallelen in T. 16, 24 und 54). Durch diese Korrekturen – mittels sauberen Ausradierens und Überschreibens – erreichte der Komponist eine elegantere Stimmführung. Ziel dieses Eingriffs war es offenbar, die in Takt 9 von Anfang an vorhandene Lesart (Unterstimme) zu übernehmen und damit nachträglich alle Parallelstellen zu vereinheitlichen.
- Die Überarbeitung in Fuge 1 (C-Dur) betrifft den rhetorischen Prozess und folgt der formalen Logik, eine abwechslungsreichere, expressivere Diktion und eine zielgerichtete harmonische Bewegung herzustellen: Bach änderte die Noten 4–6 des Fugenthemas in Takt 1 und in allen späteren Einsätzen, indem er die Achtelnote punktierte und die folgenden Sechzehntel zu einer Zweiunddreißigstel änderte. Damit schärfte er das rhythmische Profil des Themas – eine Korrektur, die erst Mitte der 1730er-Jahre vorgenommen wurde (frühere Abschriften vom Autograph zeigen alle die ursprüngliche Lesart).

Spätere Rhythmus-Korrektur:

Notenbeispiel 2-1 Fuge in C-Dur BWV 846/2, Thema mit rhythmisch-melodischer Verbesserung

Weitere kleine Änderungen und sicher auch zusätzliche Verzierungen mag Bach – ohne die autographe Partitur zu verändern – beim Vorspielen für seine Schüler vorgenommen haben, die das Gehörte dann in ihre Kopien eintrugen. Von einer solchen Darbietung berichtet der bereits erwähnte Heinrich Nicolaus Gerber, der sich erinnert, dass sein Lehrer ihm die Sammlung »mit seiner unerreichbaren Kunst dreymal durchaus [d. h. vollständig] vorgespielt« habe. Er zähle es »zu seinen seligsten Stunden, wo sich Bach, unter dem Vorwande, keine Lust zum Informiren zu haben, an eines seiner vortreflichen Instrumente setzte und so diese Stunden in Minuten verwandelte«.[29]

Das Wohltemperierte Clavier ist das erste wirklich bedeutende Werk des Komponisten und das auffällig verzierte Titelblatt unterstreicht die Bedeutung, die er selbst diesem beimaß. Zur Entstehungszeit des Werkes war sich der Komponist und Virtuose, damals in seinen Dreißigern, wohl bewusst, wie es um die Kunst des Komponierens für Tasteninstrumente stand und was ihm darüber hinaus zu leisten möglich war. So gab er sich selbst die nötigen Lektionen, um sich auf das Großprojekt vorzubereiten, und nährte seinen Ehrgeiz, um dann mit einem Schlag gleich mehrere transformative Ideen in Angriff zu nehmen, für die die Zeit reif war: die konsequente Durchsetzung der Dur-Moll-Tonalität, die Aufstellung neuer Normen für freies und strenges Komponieren, die uneingeschränkte Nutzung der chromatischen Tastatur von vier Oktaven und den stringenten Einsatz eines gereiften idiomatischen Clavier-Satzes – all dies zu verstehen im Sinne des intellektuellen Geistes einer Epoche, die begeistert war von systematischen, enzyklopädischen Bestrebungen.

Aufrichtige Anleitung: Zwei- und dreistimmiger Kontrapunkt

Anders als beim *Orgel-Büchlein* und beim *Wohltemperierten Clavier* lässt die Entstehungsgeschichte und Chronologie der zweistimmigen Inventionen und dreistimmigen Sinfonien – unter dem Titel *Aufrichtige Anleitung* – wenig Raum für Spekulationen. Die früheste handschriftliche Quelle der zweimal 15 Stücke ist wiederum das *Clavier-Büchlein für Wilhelm Friedemann Bach* von 1720. Die autographe Reinschrift der *Aufrichtigen Anleitung* wurde spätestens am 13. April 1723 fertiggestellt – denn nach diesem Datum seines Entlassungsgesuches hätte Bach den Köthener Hoftitel nicht mehr neben seinen Namen setzen können (Tab. 2-1; Abb. 2-3). Die Inventionen und Sinfonien sind zufällig die einzigen größeren Instrumentalwerke Bachs, von denen sowohl die autographen Kompositionsniederschriften als auch die Reinschriften überliefert sind – eine Quellenlage, die einige wichtige Fakten offenbart:

* Zunächst belegt die ältere Quelle den direkten Bezug der Sammlung zu einem konkreten Unterrichtsprogramm. Erster Adressat war der älteste Sohn des Komponisten; das 144 Seiten starke gebundene Buch wurde am 22. Januar 1720 begonnen, genau zwei Monate nach Friedemanns neuntem Geburtstag.
* Die verschiedenen Einträge von Vater und Sohn in Friedemanns *Clavier-Büchlein* erfolgten nicht in strenger chronologischer Reihenfolge. Die zweistimmigen Inventionen, jeweils mit »Praeambulum« überschrieben und von 1 bis 15 durchnummeriert, nehmen die Seiten 71–103 ein; die dreistimmigen Stücke, jeweils mit »Fantasia« betitelt und ebenfalls von 1 bis 15 nummeriert, folgen auf den Seiten 118–144 als eigener Block. Gleichwohl wurden die 30 Stücke innerhalb eines relativ kurzen Zeitraums eingetragen, und zwar nach und nach im Verhältnis zu den raschen Fortschritten, die der zehn- bis elfjährige Knabe im Laufe des Jahres 1721 und vielleicht noch Anfang 1722 machte.
* Die Eintragungen des Vaters stellen durchweg Kompositionsniederschriften dar (Abb. 2-11), enthalten aber erstaunlich wenig einschneidende Änderungen: Die C-Dur-Fantasie BWV 787 beispielsweise sieht fast wie eine Reinschrift aus. Das saubere Notenbild verweist auf Bachs Fähigkeit, komplexe zwei- und dreistimmige kontrapunktische Stücke im Kopf zu entwerfen und fehlerfrei niederzuschreiben. Friedemanns eigene Eintragungen innerhalb dieser beiden Blöcke beschränken sich auf die Präambeln 4–7. Nur diese vier Stücke wurden von den autographen Kompositionsmanuskripten abgeschrieben. Sie waren nicht direkt ins *Clavier-Büchlein*, sondern offenbar auf separaten Blättern notiert worden und belegen, dass auch das Abschreiben von Musik ein wichtiger Teil von Friedemanns Ausbildung war.[30]

* Die autographe Reinschrift von Anfang 1723 vereint die zwei- und dreistimmigen Stücke erstmals in einer geschlossenen Sammlung unter dem Titel *Aufrichtige Anleitung.*

Die gesamte Kompositionsgeschichte des Werkes von den ersten Entwürfen in Friedemanns *Clavier-Büchlein* bis zur autographen Reinschrift umfasst einen Zeitraum von weniger als zwei Jahren. Auch sind die Unterschiede zwischen den Notentexten der beiden Manuskripte relativ gering: In der Reinschrift wurden nur wenige Stellen in einigen Stücken ausgebessert, hier und da ein paar Noten im Sinne einer besseren Stimmführung geändert, und an bestimmten Stellen wurde die Artikulation präzisiert. Auffälliger, aber immer noch auf Einzelfälle beschränkt sind die viertaktige Erweiterung der 8. Invention BWV 779 und die Modifikationen am Ende einiger Sätze, insbesondere in der 11. Invention BWV 782 (T. 21–23), der 14. Invention BWV 785 (T. 19) und der 10. Sinfonia 10 BWV 796 (T. 32). In erster Linie verleihen diese den Schlusskadenzen Nachdruck und spiegeln Bachs Sinn für rhetorische Schlusswirkungen wider.[31] Die letzten drei Takte des Praeambulum 10 BWV 782.1 (Abb. 2-11) bzw. seiner ausgefeilten Endfassung, der Invention 11 BWV 782.2 (Abb. 2-12) zeigen, wie der Komponist die beiden Oktavsprünge im vorletzten Takt der frühen Fassung entfernte, um so die rhythmische, melodische und harmonische Spannung auf die verzögerte Schlusskadenz hin zu intensivieren.

Praeambulum B-Dur / Inventio 14 (BWV 785)

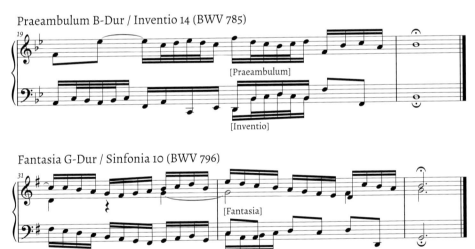

Fantasia G-Dur / Sinfonia 10 (BWV 796)

Notenbeispiel 2-2 BWV 785 und BWV 796, Korrekturen zur Erweiterung der motivischen Kontinuität

Ungleich größere Bedeutung für das Gesamtwerk hat jedoch die völlige Umgestaltung der Tonartendisposition, die ursprünglich in Friedemanns *Clavier-Büchlein* angelegt war. Im Unterschied zum *Wohltemperierten Clavier* mit seiner chromatisch aufsteigenden Anordnung blieb der Tonartenplan grundsätzlich innerhalb des konventionellen Rahmens der 15 Tonarten mit bis zu vier ♭- oder ♯-Vorzeichen – eine Entscheidung, die den spezifischen Charakter jeder Tonart stärker bewahrte. Bach wollte seinem Sohn offensichtlich zunächst den Respekt vor der älteren Praxis der Dur-Moll-Harmonik und die damit verbundene Stimmmethode vermitteln. So ist im *Clavier-Büchlein* jede der beiden 15-teiligen Reihen kreisförmig angeordnet, beginnend mit der aufsteigenden diatonischen Skala von *c* bis *a* samt den natürlichen Grunddreiklängen (C-Dur, d-Moll usw. bis a-Moll) und nach Passieren des Drehpunktes der Tonarten (und Dreiklänge) h-Moll/B-Dur gefolgt von der absteigenden diatonischen Skala von *a* bis *c* mit den alterierten, durch Vorzeichen modifizierten Dreiklängen (A-Dur, g-Moll usw. bis c-Moll).

In gewisser Hinsicht ist diese Tonartendisposition verwandt mit der ursprünglichen Anordnung im *Wohltemperierten Clavier* mit der Folge: C-Dur, c-Moll, d-Moll, D-Dur, e-Moll, E-Dur usw., also mit dem Dreiklang auf den weißen Tasten jeweils vor dem alterierten Dreiklang (wie im *Clavier-Büchlein* notiert). In der Reinschrift des *Wohltemperierten Claviers* von 1722 änderte der Komponist dann die Reihenfolge in ein Schema, das die Dur- vor die Moll-Tonarten konsequent in eine einzige aufsteigende chromatische Skala stellt. Da Bach die Reinschriften der beiden Sammlungen kurz nacheinander anfertigte, nahm er in beiden Fällen ähnliche Anpassungen vor, sodass die Anordnung der Inventionen und Sinfonien nun nach Möglichkeit dem in einer Richtung aufsteigenden Schema des *Wohltemperierten Claviers* entspricht. Infolgedessen weichen sowohl die Nummerierung als auch der Tonartenplan der *Aufrichtigen Anleitung* von dem ursprünglichen Ordnungsschema der Präambeln und Fantasien im *Clavier-Büchlein* ab (Großbuchstaben = Dur; Kleinbuchstaben = Moll):

1721 (Präambeln 1–15, Fantasien 1–15):   C-d-e-F-G-a-h-B-A-g-f-E-Es-D-c
1723 (Inventionen 1–15, Sinfonien 1–15):   C-c-D-d-Es-E-e-F-f-G-g-A-a-B-h

Die andere, nicht weniger wichtige Änderung, die zur gleichen Zeit vorgenommen wurde, betrifft die Terminologie. Keiner der vier Begriffe »Praeambulum«, »Fantasia«, »Inventio« und »Sinfonia« hat hier spezifische Gattungsbezüge, und es gab keinen Präzedenzfall für die Benennung solcher zwei- und dreistimmiger kontrapunktischer Clavierkompositionen, wie sie zuerst in Friedemanns *Clavier-Büchlein* erscheinen. Letzteres enthält jedoch auch einige frühere Einträge von separaten Präambeln und Präludien, darunter elf Stücke unter der Überschrift »Praeludium«, die später einen Platz im *Wohltemperierten Clavier* fanden. Bach unterschied in Friedemanns *Clavier-Büchlein* also zwischen den beiden konzeptionell unterschiedlichen Arten von Präludien, indem er der zweistimmigen kontrapunktischen Variante die Überschrift »Praeambulum« gab. Als er später die ursprünglich gewählten, eher neutralen Titel »Praeambulum« und »Fantasia« für derart spezielle kontrapunktische Tastenstücke überdachte, kam er auf die sinnreichen und originellen Benennungen »Inventio« und »Sinfonia«, die zudem einen deutlichen Bezug herstellen zu der ausgefeilten Formulierung des Titelblatts für die Reinschrift von 1723.

Der Titel »Aufrichtige Anleitung« ergibt wenig Sinn ohne eine Erklärung, was sie leisten soll (Tab. 2-1). Daher beschreibt Bach sorgfältig die Ziele, die durch das Spielen und Studieren der praktisch-musikalischen Beispiele dieser pädagogischen Sammlung erreicht werden sollen. Wie im Fall des *Wohltemperierten Claviers* unterscheidet sich der

Abbildung 2-11 Praeambulum in g-Moll BWV 782.1, autographe Kompositionsniederschrift
(T. 11b bis Ende)

Abbildung 2-12 Invention g-Moll BWV 782.2, autographe Reinschrift (mit überarbeitetem Schluss) in der
Aufrichtigen Anleitung

Inhalt deutlich von »Trockenübungen« und ist für »Liebhaber des Clavires, besonders aber denen Lehrbegierigen« bestimmt. Und ebenso wie beim *Orgel-Büchlein* und dem *Wohltemperierten Clavier* ist das äußere Format der Stücke auch in der *Aufrichtigen Anleitung* vorgegeben, nur noch straffer, weil jede einzelne Komposition auf genau zwei gegenüberliegende Manuskriptseiten beschränkt ist, wodurch ein Umblättern vermieden wird.[32] Eine solch strikte Begrenzung setzt eine disziplinierte kompositorische Logik voraus und verlangt nach einer tragfähigen musikalischen Idee zu Beginn eines jeden Stückes, die zur treibenden Kraft für den Verlauf des konzentrierten kontrapunktischen Satzes werden kann. Im Zentrum eines jeden Werkes steht daher das rhetorische Konzept von »guten inventiones«, also die »Erfindung« von klar umrissenen musikalischen Subjekten: melodisch-einstimmige oder kontrapunktisch-zusammengesetzte Themen, die als Ausgangspunkt für das Werk dienen. Bach unterstrich dieses entscheidende Moment des kreativen Prozesses, indem er die zweistimmigen »Präambeln« in »Inventionen« umbenannte – eine damals keineswegs übliche Bezeichnung für Musikstücke.

Der lateinische Begriff »inventio« bezieht sich auf den Entstehungsprozess einer Rede in der klassischen Rhetorik, spielt aber auch in der Musiktheorie eine Rolle. Bemerkenswerterweise bezeichnete der Terminus im italienischen Sprachgebrauch auch ein ungewöhnliches Soggetto oder Thema, so in den *Invenzioni da camera* (Bologna 1712) für Violine und Basso continuo von Antonio Bonporti, einer Sammlung, die Bach 1723 nachweislich gekannt hat.[33] Auch wenn es sich um ein Werk ganz anderer Art handelt, hat der Titel Bach wahrscheinlich inspiriert und zur Umbenennung veranlasst. Jedenfalls richtet sich die Wahl des Begriffs »Invention« direkt an die Nutzer der *Aufrichtigen Anleitung*, die »einen starcken Vorschmack von der Composition« erhalten und lernen sollten, »gute inventiones nicht alleine zu bekommen, sondern auch selbige wohl durchzuführen«. Diese Sätze unterstreichen nachdrücklich die für Bach wichtigste Grundvoraussetzung für das Kompositionsstudium, wie später Carl Philipp Emanuel berichtet: »Was die Erfindung der Gedancken betrifft, so forderte er gleich anfangs die Fähigkeit darzu, u. wer sie nicht hatte, dem riethe er, gar von der Composition wegzubleiben.«[34] Konzeptionell könnten auch die Fantasien als kompositorische Studienobjekte unter dem Titel »Inventionen« subsumiert werden, da sie im Wesentlichen demselben Zweck dienen. Nachdem Bach jedoch die zwei- und dreistimmigen Stücke im *Clavier-Büchlein für Friedemann* unterschiedlich benannt hatte, wollte er die terminologische Unterscheidung zwischen »Präambeln« und »Fantasien« nicht nur beibehalten, sondern sie noch weiter präzisieren. Indem er die Letzteren in »Sinfonien« umbenannte – eine ebenfalls ungewöhnliche Bezeichnung innerhalb des Repertoires für Tasteninstrumente –, betonte er in der Tat ihren besonderen kontrapunktischen Aufbau: Ihr neuer Name (von griechisch »symphonia«, Zusammenklang) hebt ausdrücklich das harmonische Zusammenklingen von drei separaten Stimmen hervor. So wie die Inventionen zeigen, dass »Vollstimmigkeit« auch in einem zweistimmigen Satz möglich ist, demonstrieren die Sinfonien die durch eine dritte Stimme erweiterten melodischen und harmonischen Möglichkeiten.

In ihrer Originalität entsprechen die neu gewählten Überschriften »Inventio« und »Sinfonia« der innovativen Gestaltung der Stücke selbst. Bach war sich gewiss bewusst, dass er mit den beiden Serien zwei- und dreistimmiger kontrapunktischer Sätze völliges Neuland betreten hatte. Das *Orgel-Büchlein* und das *Wohltemperierte Clavier* knüpften in gewisser Weise an allgemeine, wenngleich unspezifische Vorläufer im Bereich der Orgel-choräle bzw. der Präludien und Fugen an. Die Stücke der *Aufrichtigen Anleitung* hingegen demonstrieren paradigmatisch die Entwicklung frei erfundener prägnanter und origi-närer Ideen, die in kontrapunktischen Sätzen von höchster motivischer Geschlossenheit verarbeitet werden – wobei die zwei bzw. drei unabhängigen Stimmen gleich wichtig sind, weil sie alle konsequent aus dem Material der ersten Takte abgeleitet werden. Jedes einzelne Stück unterstreicht Bachs Prämisse, dass nur ein guter musikalischer Gedanke es wert ist, entwickelt zu werden, dass nur eine klar umrissene Idee – oft geformt durch das Zusammenspiel eines prägnanten Themas mit einem Gegenmotiv – Weiterführung verdient. Somit verstehen sich die Stücke als Demonstration der endlosen Möglichkei-ten kontrapunktischer Instrumentalpolyphonie jenseits der traditionellen Fuge und ihres obligatorischen Prinzips von Themen-Aufstellung und Quint-Beantwortung.

Eine Demonstration stellt auch der geschmeidige und elegante Einsatz des kom-plexen umkehrbaren, sogenannten doppelten Kontrapunktes dar, wie etwa in der drei-stimmigen Sinfonia 9 (bzw. Fantasia 11) in f-Moll BWV 795 (Abb. 2-13). Der dreifache Stimmtausch findet erst im Laufe der Komposition statt, die zunächst in den ersten vier Takten drei verschiedene kontrapunktische Motive einführt: das Seufzermotiv (suspi-ratio) in der Mittelstimme (a), begleitet von dem chromatischen Tetrachord (b), gefolgt

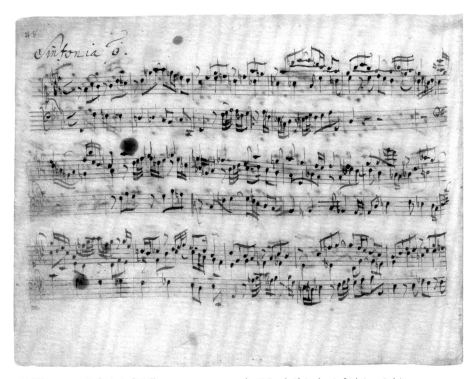

Abbildung 2-13 Sinfonia in f-Moll BWV 795.2, autographe Reinschrift in der *Aufrichtigen Anleitung*

von Motiv c mit seinem spitzen und scharfkantigen Rhythmus, das sofort mit den Motiven a und b kombiniert wird (Tab. 2-3). Alle drei Motive treten durchgängig im gesamten Stück auf (und weitere acht Mal gleichzeitig) – eine bemerkenswerte Vielfalt von Kombinationen und Umkehrungen sowie von unterschiedlichen Tonart-Bereichen.

Tabelle 2-3 Sinfonia 9 (Fantasia 11) BWV 795, Abschnitte im doppelten Kontrapunkt mit den Motiven a–c

Takte	1–2	3–4	7–8	11–12	13–14	18–19	24–25	26–27	31–32	33–34
1. Stimme	–	a	b	c	a	B	b	a	A	c
2. Stimme	a	b	c	a	b	A	c	b	B	a
3. Stimme	b	c	a	b	c	C	a	c	C	b
Tonstufen	f	c	f	As	Es	C	f	As	F	f

Die Sinfonia 9 bietet nur eines von zahlreichen Beispielen für transformative Ansätze, bei denen kontrapunktische Techniken und Kunstgriffe in einer frei konzipierten neuen Art von streng zwei- und dreistimmigem Claviersatz angewendet sind. Einzeln und gemeinsam zeigen die Inventionen und Sinfonien die Kunst des Kontrapunkts in der ganzen Bandbreite thematischer und motivischer Imitation: mit Variation, Umkehrung, Kanon, Engführung und anderen Verfahren, die oft unmerklich in die zwei- und dreistimmigen Strukturen einer gänzlich einzigartigen instrumentalen Polyphonie eingebettet sind.

Nie wieder hat Bach solche Instrumentalsätze wie in dieser Sammlung komponiert. Gleichwohl wurden die dort angewandten Prinzipien kontrapunktischer Schreibweise in seinen späteren Instrumental- und Vokalwerken zunehmend wichtiger. Die zweistimmigen und dann die dreistimmigen Sätze entstanden nach und nach als Unterrichtslektionen für seinen ältesten Sohn, spiegeln aber zugleich das Endergebnis eines eigenen Lernprozesses wider. Dieser motivierte ihn dazu, die im Laufe der Zeit gesammelten Erfahrungen in der musikalisch-rhetorischen Erfindungskunst (ars inveniendi) zu veranschaulichen und die gewonnene Expertise anhand attraktiver kontrapunktischer Beispielsätze in einer systematischen Folge von Originalstücken zu dokumentieren.[35]

Im Wortlaut des Titels der *Aufrichtigen Anleitung* gehen Bachs Bemerkungen zum kompositorischen Ansatz einige spezifische Spielanweisungen voran, die an sein lebenslanges Eintreten für die Verknüpfung von Musizierpraxis und Kompositionsstudium erinnern. In den kontrapunktischen Sätzen der beiden Serien spiegeln sich die beiden lerntechnischen Modi der Aufführungspraxis direkt wider, nämlich »nicht alleine (1) mit 2 Stimmen reine spielen zu lernen, sondern auch bey weiterer progreßen (2) mit dreyen obligaten Partien richtig und wohl zu verfahren«. Die Ober- und Unterstimmen der Inventionen erfordern absolute physische Unabhängigkeit und gleiche Gewandtheit von linker und rechter Hand des Spielers, unterstützt durch eine neue Methode des Fingersatzes, die den Daumen als unverzichtbaren fünften Finger beider Hände einbezieht. Denn der traditionelle Fingersatz beschränkte den Einsatz des Daumens auf das

Akkordspiel und setzte ihn in der Regel nicht im linear-stimmigen Satz ein, und zwar weder bei virtuosem Passagenwerk noch bei polyphonen Clavierstücken.[36] Daher ist das Kopfmotiv von Invention 1 in gleichsam programmatischer Weise so beschaffen, dass es genau in das fortschrittliche Fingersatzmuster passt, das auf dem gleichmäßigen Einsatz aller fünf Finger beruht:

Fingersatz rechte Hand: 1-2-3-4-2-3-1-5
Melodische Line: c-d-e-f-d-e-c-g
Fingersatz linke Hand: 5-4-3-2-4-3-5-1

Invention 1 ist auch insofern bemerkenswert, als Bach durchweg und mit größtem Einfallsreichtum die vielfältigen Möglichkeiten demonstriert, wie sich aus einem gegebenen Kopfmotiv durch Umkehrung, Vergrößerung, Fragmentierung, Rekombination usw. Material gewinnen lässt. Zudem verrät das Stück noch einiges mehr darüber, wie man ein kompositorisch zufriedenstellendes Ergebnis erzielt. Es bietet ein kompaktes, aber sehr anschauliches Beispiel für den Umgang mit der Form: Der erste sechstaktige Abschnitt bewegt sich in Richtung Dominante, gefolgt von einer sorgfältig abgestimmten Modulation in die Regionen der Mollparallele. Mit diesem Tonartwechsel geht eine Intensivierung der Aktivität in beiden Stimmen und eine Erweiterung des Tonumfangs einher. So findet sich der Höhepunkt des Stückes etwa nach zwei Dritteln seiner Gesamtlänge (T. 14) – ein Modell, das im späteren 18. Jahrhundert und darüber hinaus zu einem allgegenwärtigen formalen Archetyp werden sollte.

Die besondere Herausforderung der dreistimmigen Stücke entsprach im Wesentlichen den Erfordernissen des akkuraten Spiels polyphoner Musik auf der Orgel, das Bach im *Orgel-Büchlein* mit dem systematischen Einsatz des Pedals für die Bassstimme verlangte. Neben dem unabhängigen Gebrauch beider Hände erfordern die dreistimmigen Sinfonien zusätzlich die physiologisch geschickte Aufteilung der dritten Stimme zwischen den Händen. Die Beteiligung aller fünf Finger beider Hände am Spiel der Mittelstimme ist eine Technik, die bis zu diesem Zeitpunkt noch nicht gelehrt worden war, und diente der Einübung des Manualspiels polyphoner Musik von mehr als drei Stimmen auf allen Tasteninstrumenten. Bachs Schüler sollten erklärtermaßen nicht nur »reine spielen lernen« und mit dem Notentext »richtig und wohl verfahren«, sondern auch und vor allem »eine cantable Art im Spielen erlangen«, das heißt, eine Musizierweise anstreben, die einem Duo oder Trio menschlicher Stimmen gleichkommt, von denen jede für sich auf eine gut artikulierte und ausdrucksvolle Manier gestaltet werden soll. Diese Vorstellung führte zu einer völlig neuen und nachmals maßgeblichen ästhetischen Kategorie, die für das Tastenspiel von entscheidender Bedeutung werden sollte – ein Aspekt, der bei der Titelformulierung des *Orgel-Büchleins* und des *Wohltemperierten Claviers* noch nicht ausdrücklich erwähnt wird, geschweige denn in Aufführungsanweisungen anderer Komponisten. So nimmt dieser Gedanke jene Spielweise vorweg, für die Carl Philipp Emanuel Bach eine Generation später eintreten sollte und die er in seinem *Versuch über die wahre Art das Clavier zu spielen* (Berlin 1753) darstellt.[37]

*

Als Bach 1722/23 im Blick auf die mögliche Berufung zum Leipziger Thomaskantor die Reinschriften der drei musikalischen Werkbücher anfertigte, um seine didaktische Kompetenz zu untermauern, nahm er sich offenbar die *Aufrichtige Anleitung* als Letztes vor und zweifellos, weil die Inventionen und Sinfonien nur wenig zusätzliche Arbeit oder weitere Korrekturen erforderten. Als er jedoch tatsächlich in Leipzig zu unterrichten begann, verwendete er gerade sie als grundlegendes Unterrichtsmaterial für die künftigen Musiker unter den Thomanern und seine vielen Privatschüler. Heinrich Nicolaus Gerber erinnerte sich an die elementare Funktion der *Aufrichtigen Anleitung* als Ausgangspunkt dafür, was offenbar ein typischer Studienverlauf bei Bach wurde: »In der ersten Stunde legte er ihm [Gerber] seine [zwei- und dreistimmigen] Inventiones vor. Nachdem er diese zu Bachs Zufriedenheit durchstudirt hatte, folgten eine Reihe Suiten [die *Französischen*, danach die *Englischen*] und dann das temperierte Klavier.«[38] Gerber schilderte nur seinen Instrumental- und Kompositionsunterricht auf dem Cembalo, weshalb das *Orgel-Büchlein* unerwähnt blieb. Da er aber später Hoforganist in Sondershausen wurde, nahm er gewiss auch Orgelunterricht, bei dem das *Orgel-Büchlein* gewiss eine große Rolle spielte.

Als Bach ursprünglich die drei Werkbücher konzipierte, konnte er kaum ahnen, welche Auswirkungen sie schließlich auf die Integration von Komposition und praktischer Ausführung haben sollten, welche transformative Funktion und darüber hinaus welchen Wert als Quelle musikalischer Rekreation und intellektueller Nahrung sie für zukünftige Generationen von Schülern besitzen würden. Für ihn als Tastenvirtuosen und Praktiker-Komponisten war der Akt des Komponierens mit dem des Aufführens untrennbar verbunden. Seine innovativen Ansätze beim Komponieren von Orgelchorälen dienten dazu, die musikalischen Ausdrucksmittel wie auch die Technik des Pedalspiels weiterzuentwickeln. Ebenso demonstrierten die Präludien und Fugen in allen Tonarten nicht nur das Wesen der modernen harmonischen Tonalität, exemplarisch vorgeführt im freien und strengen Stil, sondern auch die allmähliche, wenn auch vorerst unvollständige Verschiebung hin zur gleichstufigen Stimmung. Zudem erlaubten die Freiheiten eines neuen Fingersatzes mit dem systematischen Einsatz des Daumens das chromatische Spiel in allen Tonarten mit gleicher Leichtigkeit. Schließlich förderte seine geniale Idee dicht konzentrierter zwei- und dreistimmiger kontrapunktischer Sätze die eng miteinander verknüpften Ziele von kompositorischem und analytischem Studium, während er gleichzeitig das transparente Spiel polyphoner Musik in ästhetisch ansprechender kantabler Manier einführte.

Alle drei Werkbücher unterscheiden sich von herkömmlichen Tastenmusik-Anthologien. Es bilden individuell gestaltete Sammlungen, jede mit einem eindeutigen Zweck und einer stringenten Ausrichtung, und ohne anderweitige direkte Parallele. Darüber hinaus setzten alle drei neue Standards sowohl für die Komposition als auch für die praktische Ausführung, und zwar in unterschiedlichen Bereichen. Sie etablierten Prinzipien, die Bach in anderen Referenzwerken innerhalb der verschiedenen instrumentalen und vokalen Gattungen weiterverfolgte, wobei er all diese Prinzipen und Gattungen miteinander in Beziehung setzte – im Sinne eines sich ausdehnenden musikalischen

Universums und mit der Tastenkunst gleichsam als Gravitationszentrum. Seine Veranlagung zum »Vollblut-Instrumentalisten« prägte durchdringend das »Mind-Set« des Praktiker-Komponisten, bei dem die dynamische Wechselbeziehung von Musizierpraxis und Komposition Grundbedingung war. So blieb auch seine wachsende und sich beständig vertiefende Hingabe ans Komponieren in jeder Hinsicht entscheidend von seiner Tastenkompetenz beeinflusst, insbesondere mit Blick auf die kontinuierliche Steigerung von genialisch-krafvoller Originalität, technischer Meisterschaft und intellektueller Beherrschung. All dies waren konstituierende Elemente von Bachs musikalischer Sprache – mit ihrem Endziel, das Herz zu rühren.

Kapitel 3

Auf der Suche nach der autonomen Instrumentalform

Toccata, Suite, Sonate, Konzert

Bei der musikalischen Gestaltung der drei im vorigen Kapitel besprochenen Werkbücher schenkte Bach den verwandten Tastenmusik-Gattungen seiner Zeit wenig Beachtung und ließ sich nur begrenzt von ihnen inspirieren. Die Typen von Orgelchoral, Präludium, Fuge, Invention und Sinfonia, die er geschaffen hat, hatten wenige Vorgänger oder Parallelen. Freilich setzte er sich auch mit dem vorherrschenden Repertoire, das Clavierspieler und Komponisten seit Langem beschäftigte, intensiv auseinander. Hierzu zählten zunächst und vor allem die großen Toccaten nach Art seiner bewunderten norddeutschen Vorbilder Dieterich Buxtehude und Johann Adam Reincken. Auch die immer beliebter werdenden Gattungen Suite, Sonate und Konzert, die in der ersten Hälfte des 18. Jahrhunderts die europäische Instrumentalmusik dominierten, zogen ihn an. Anders aber als im *Orgel-Büchlein*, im *Wohltemperierten Clavier* und in der *Aufrichtigen Anleitung* folgen Bachs Beiträge zu diesen Gattungen im Wesentlichen den Konventionen der bestehenden Vorbilder, ohne grundsätzliche Veränderungen oder grundlegend neue Prämissen. Dabei betonte Bach jedoch in den verschiedenen opusartigen Sammlungen, mit denen er seine sorgsam ausgewählten Beiträge zu den bestehenden Gattungen präsentierte, nachdrücklich die Idiome seiner ausgeprägt eigenen musikalischen Sprache, wie sie sich in den frühen 1700er-Jahren herausgebildet hatte. In dieser Hinsicht bietet die frühe Serie von sechs Toccaten BWV 910–915 ein erstes eindrucksvolles Zeugnis innerhalb einer nach und nach entstehenden Reihe bahnbrechender Werke, in denen Bach die Konventionen der Instrumentalmusik überdachte und sein Bedürfnis nach einer originalen und autonomen Sprache einbrachte – mit dem Ziel, ureigene musikalische Schöpfungen vorzulegen.

    In der Art und Weise, wie diese Referenzsammlungen zustande kamen – zunächst mit der Erweiterung des Clavierrepertoires um zwei Suitenserien, sodann mit zwei Heften unbegleiteter Soli für Violine und Violoncello und schließlich mit Orchesterkonzerten –, zeichnet sich ein Weg ab, den Bach offenbar sehr bewusst wählte. Natürlich gibt es für eine solche Vorausplanung – angesichts all der unvorhersehbaren Wendungen seines Berufslebens – nicht den geringsten Nachweis. Im Rückblick jedoch stellt sich die Werkreihe und ihr Gesamtzusammenhang als eine konsequente Entwicklung dar, die die Schritte des Komponisten im stetigen Streben nach Erweiterung und Vertiefung seiner Erfahrung dokumentiert. Jedenfalls schloss Bach die einzelnen Opus-Sammlungen sukzessive ab und legte mit ihnen bewusste methodische Zusammenfassungen seiner Errungenschaften in der jeweiligen Kategorie vor.

In dem postum erstellten Werkkatalog (Tab. 1-1) verzeichnete Carl Philipp Emanuel Bach alle Instrumentalwerke, die sein Vater in opusmäßigen Manuskriptsammlungen zusammengestellt hatte. Zu den wenigen Ausnahmen gehören die Konzerte für ein und mehrere Cembalos, die zu einer eigenen Gruppe zusammengefasst sind, und die soge-nannten *Brandenburgischen Konzerte*, die in der Liste fehlen. Was Erstere betrifft, so galt das Cembalokonzert als eine besondere Spezialität Bachs, und daher ist die ausdrückli-che Erwähnung dieser Konzerte für ein bis vier Soloinstrumente ein noch stärkerer Hin-weis auf deren Besonderheiten. Was Letztere angeht, so existierten die sechs Konzerte in dieser Zusammenstellung nur in der Widmungspartitur, die dem Markgrafen Chris-tian von Brandenburg überreicht wurde. In Bachs Notenregal hingegen wurden sie als Einzelstücke aufbewahrt und bildeten somit kein greifbares Opus.[1] Es ist unwahrschein-lich, dass es seinerzeit mehrere solcher Widmungspartituren oder ähnliche Zusammen-stellungen gab, da vollständige Werksammlungen weitaus seltener verloren gingen. Gleichwohl machen die bekannten Manuskriptsammlungen nur einen Bruchteil von Bachs Instrumentalmusik aus, wie die erhaltenen Einzelwerke zeigen – eine Situation, die sich durch die unbestimmbaren Verluste infolge der Teilung von Bachs Nachlass im Jahr 1750 noch verschärfte. Leider ist der pauschale Verweis auf »eine Menge ande-rer Instrumentalsachen, von allerley Art, und für allerley Instrumente« am Ende des postumen Werkverzeichnisses für eine numerische Schätzung unbrauchbar. Anderer-seits wäre es kaum möglich gewesen, angesichts des an Umfang kaum überschaubaren musikalischen Nachlasses die zahlreichen und vermutlich unschätzbar wertvollen Ein-zelwerke sinnvoll zu erfassen. Sehr wahrscheinlich spiegelt darum die klare Trennung der aufgeschlüsselten Werksammlungen von der nicht näher spezifizierten Menge von Stücken eine Unterscheidung wider, die der Komponist selbst getroffen hatte und die im Bach'schen Haushalt bekannt war.

Wie das Werkverzeichnis von 1750 nahelegt, beabsichtigte Bach offenbar, seine Kompilationen exemplarischer Stücke von verwandten, aber verstreuten Einzelwerken abzusetzen. Diese Einteilung lässt nicht zwangsläufig auf eine Unterscheidung nach musikalischer Qualität schließen. Dennoch waren die opusmäßigen Sammlungen nicht nur kompositorisch als solche konzipiert, sondern – wie erhaltene autographe Partitu-ren zeigen – auch als separate physische Einheiten zusammengestellt, was vermuten lässt, dass der Komponist damit eine bestimmte Aussage treffen wollte. Anscheinend betrachtete er seine instrumentalen Opus-Sammlungen als mehr oder weniger letztes Wort in der betreffenden Gattung und beschloss, es dabei zu belassen und kein weiteres ähnliches Opus hinzuzufügen. Eine Ausnahme bildet nur Teil II des *Wohltemperierten Claviers*: Etwa 20 Jahre nach der Fertigstellung von Teil I verspürte der Pädagoge Bach offenbar das dringende Bedürfnis – sowohl um seiner Schüler als auch um seiner selbst willen –, sein wichtigstes Lehrbuch für Tasteninstrumente zu aktualisieren, zu modernisieren und nach neuen Lösungen für die anspruchsvolle Aufgabe des Komponierens in allen 24 Tonarten zu suchen.

Der Komponist Bach konkurrierte ständig mit sich selbst, und die vielen Überarbeitungen seiner Werke lassen erkennen, dass er selbst sein schärfster Kritiker war. Zugleich jedoch ließ ihn seine Lust am Wettbewerb auch Arbeiten anderer Komponisten – zeitgenössischer und älterer Meister gleichermaßen – aufmerksam studieren, um neue Musik und alternative kompositorische Ansätze kennenzulernen, schließlich aber seinen eigenen Weg einzuschlagen. Die gründliche Auseinandersetzung mit den Lösungen anderer ermöglichte ihm freilich, eine entschieden originale Musik zu schreiben, die sich erkennbar von allem anderen unterschied. Im Gegensatz zu seinen Zeitgenossen Telemann, Vivaldi und Couperin hat jedoch Bach die konzeptionellen und formalen Schemata von Suiten, Sonaten und Konzerten nie umgestaltet, um sie seinem eigenen Stil anzupassen.[2] Er bewegte sich vielmehr innerhalb der vorgegebenen Parameter. Gleichwohl reagieren seine Beiträge zu den verschiedenen Instrumentalgattungen durchaus als Erwiderungen auf das jeweils bestehende Repertoire. Sie bezeugen den Ehrgeiz, die Vorbilder in Bezug auf kompositorische Verfeinerung, strukturellen Reichtum und Ausdruckstiefe zu übertreffen. In diesem Sinne spielte Bach auf dem Gebiet der autonomen und originellen kompositorischen Gestaltung eine wahrhaft zukunftsträchtige Rolle, und sein tiefgreifender Einfluss weist deutlich über seine eigene Zeit hinaus.

Nicht nur Orgel und Clavier

Schon ein kursorischer Blick auf Bachs instrumentales Gesamtwerk zeigt sein phasenweise wechselndes Engagement, was meist mit sich ändernden Dienstpflichten und eigenen Prioritäten zusammenhing. Wichtige Wendepunkte stellen Bachs Berufungen dar: als Stadtorganist in Arnstadt (1703) und Mühlhausen (1707), als Hoforganist und Kammermusiker in Weimar (1708) mit der Beförderung zum Konzertmeister (1714), gefolgt von der Stelle als fürstlicher Kapellmeister in Köthen (1717), und schließlich die Position des Kantors und Musikdirektors in Leipzig (1723). Dort wirkte er mehr als ein Jahrzehnt auch als Leiter des herausragenden Leipziger Collegium Musicum, dem Vorläufer des Gewandhausorchesters.[3] Diese Stellungen wirkten sich auf die Gesamtbilanz seiner Produktion von instrumentalen Ensemblekompositionen und Vokalwerken aus, tangierten aber nie die Komposition von Orgel- und Clavierwerken – die größte Konstante in Bachs musikalischem Leben und ein Bereich, in dem er sich ständig weiterentwickelte. Der Praktiker-Komponist war von der Orgel und den übrigen Tasteninstrumenten geradezu besessen, sodass sie stets im Zentrum seines Interesses standen – in der Tat beschäftigten sie ihn bis etwa 1714 fast ausschließlich.

Schon sehr früh spielte Bach auch Violine und Viola, wohl auch Violoncello. Als jüngstes Mitglied im Haushalt des Direktors der Eisenacher Stadtmusik war er in die dritte Generation von Berufsmusikern hineingeboren, mit verschiedenen Instrumenten im Haus aufgewachsen und hatte so von Kindesbeinen an die Grundlagen ihrer Handhabung und ihres Spiels gelernt. Da sein Vater Johann Ambrosius Bach (1645–1695) ein versierter Geiger und Leiter des Instrumentalensembles an der Georgenkirche war, dürfte Johann Sebastian schon vor seinem zehnten Lebensjahr zur Geige gegriffen und unter der Anleitung des Vaters gelernt haben; die wertvolle Stainer-Geige in seinem Besitz hatte er wahrscheinlich vom Vater geerbt.[4] Ambrosius Bach spielte auch regelmäßig am Hof von Sachsen-Eisenach unter dem Kapellmeister und bedeutenden Geiger Daniel Eberlin (dem späteren Schwiegervater Telemanns), und sicherlich kannte er den berühmten, in Italien ausgebildeten Virtuosen Johann Paul von Westhoff (1656–1705) vom benachbarten Hof von Sachsen-Weimar – vielleicht sogar persönlich. Einer der führenden Geiger seiner Zeit, war Westhoff noch 1703, also zu Beginn von Johann Sebastians dortiger sechsmonatiger Beschäftigung, an der Weimarer Kapelle tätig. Später, zumal als Weimarer Konzert- und Köthener Kapellmeister, aber auch in seinen verschiedenen Leipziger Funktionen, leitete Bach seine Ensembles oft, wenn nicht vorwiegend von der Violine aus und spielte regelmäßig auch die Bratsche. Carl Philipp Emanuel Bach berichtete 1774: »Als der größte Kenner u. Beurtheiler der Harmonie spielte er am liebsten die Bratsche, mit angepaßter Stärcke und Schwäche. In seiner Jugend bis zum ziemlich herannahenden Alter, spielte er die Violine rein u. durchdringend u. hielt dadurch das Orchester in einer größeren Ordnung, als er mit dem Flügel [Cembalo] hätte ausrichten können.«[5] Es gibt keine konkreten Hinweise auf Bachs Cellospiel, sein sachkundiger und idiomatischer Umgang mit dem Instrument als Komponist aber deutet stark auf seine gründliche Vertrautheit auch mit dem Cello hin.

Bach war zeitlebens ein leidenschaftlicher Instrumentalist und erwarb sich seinen Ruf zunächst und vor allem als überragender Orgel- und Cembalospieler. Der herzogliche Hof in Weimar erkannte die Ausnahmebegabung schon früh und bedachte Bach regelmäßig mit großzügigen Gehaltserhöhungen. Auch außerhalb seiner beruflichen Stellung waren seine Leistungen als Virtuose anerkannt: Oft war er als Gastkünstler unterwegs, vor allem in Thüringen und Sachsen, gelegentlich aber auch in Kassel, Hamburg und Berlin. Spätestens 1717 hatte er sich einen Namen gemacht, sodass Johann Mattheson auf »den berühmten Organisten zu Weimar« verweisen konnte.[6] Ins selbe Jahr fiel auch der letztlich ausgefallene Cembalo-Wettstreit: Denn der Mann, der als Bachs Gegner auftreten sollte, der berühmte französische Virtuose Louis Marchand, floh mitten in der Nacht aus dem Wettbewerbsort Dresden, vielleicht in der Befürchtung, dass seine Fähigkeiten für eine solche Auseinandersetzung nicht ausreichten. So trat Bach am nächsten Tag allein auf und erntete den Beifall des distinguierten Hofpublikums. Nur ein Bruchteil von Bachs häufigen Claviervorträgen und -konzerten, oft im Zusammenhang mit seinen zahlreichen Orgelprüfungen, ist im Detail überliefert. Sie reichen von dem gut besuchten Orgelkonzert 1720 in der Hamburger Katharinenkirche über mindestens drei öffentliche Orgelkonzerte in Dresden (1725, 1731 und 1736) bis hin zu seinem berühmten Auftritt vor König Friedrich II. von Preußen im Jahr 1747. Alle diese Auftritte wurden einhellig gepriesen; das Lobgedicht in einer Dresdner Zeitung von 1731 schließt mit der Zeile: »Weil Er, so bald er spielt, ja alles staunend macht.«[7] Die Erprobung neuer Einsatzmöglichkeiten von Cembalo, Orgel und später auch des Hammerflügels blieb bei Bach zeitlebens eine Konstante. Nicht von ungefähr und gewiss auch aufgrund der allgemeinen Wahrnehmung über Leipzig hinaus wird er in der Überschrift seines gedruckten Nekrologs nicht als »Komponist«, sondern als der »im Orgelspielen Weltberühmte« bezeichnet.[8]

Bachs sehr frühe und überaus bemerkenswerte Fortschritte als Tastenmusiker sind anekdotisch überliefert in der bekannten Geschichte über »ein Buch voll Clavierstücken von den damaligen berühmtesten Meistern, Frobergern, Kerl[l]en, Pachelbeln«, das der Knabe unerlaubterweise von seinem Bruder und Lehrer auslieh. Der junge Johann Sebastian holte das Notenbuch nachts heraus, »schrieb es [...] bey Mondscheine ab« und suchte es sich »insgeheim mit ausnehmender Begierde, zu Nutzen zu machen«.[9] Wenn der Zehn- oder Elfjährige aber bereits die komplizierten Toccaten und kontrapunktischen Werke Frobergers spielte und der Dreizehnjährige die Herausforderungen von Buxtehudes höchst anspruchsvoller Choralfantasie »Nun freut euch, lieben Christen g'mein« BuxWV 210 meisterte, dann bahnte sich schon vor 1700, noch in den Ohrdrufer Jahren, eine vielversprechende Virtuosenkarriere an. So verwundert es kaum, dass der 17-Jährige kurz nach seinem Abschluss an der Lüneburger Lateinschule 1702 zum Stadtorganisten in Sangerhausen berufen wurde. Die Stelle entging ihm freilich, da der regierende Herzog das Votum des Stadtrates überstimmte und seinen eigenen Schützling einsetzte. Doch schon 1703 bekam Bach einen noch begehrteren Posten in Arnstadt, wo ihm in der Neuen Kirche eine nagelneue Orgel von höchster Qualität zur Verfügung stand. 1705 besuchte er für drei Monate sein Idol Dieterich Buxtehude, den Komponisten des technisch und musikalisch anspruchsvollsten Orgelrepertoires seiner Zeit. Bach eignete sich den Stil des Lübecker Komponisten an und begann sodann, eigene Stücke im Geiste Buxtehudes zu schreiben.

Initial-Opus: Sechs Toccaten für Clavier

Angesichts des Selbstbewusstseins und der Ambitionen des jungen Tastenvirtuosen erscheint es durchaus plausibel, dass Bach sein »Debüt-Werk« im beeindruckenden Format der norddeutschen Toccata vorlegte, um der Welt seine Fähigkeiten mit einer überzeugenden Geste anzukündigen. Mit der Zusammenstellung von sechs groß angelegten, virtuosen Stücken etablierte er sich als der wahre Erbe seiner norddeutschen Vorbilder, als ein ebenbürtiger Interpret und Komponist phantasievoller, musikalisch abwechslungsreicher und technisch anspruchsvoller Clavierwerke. Die entsprechenden Vorbilder – vor allem Buxtehude, Johann Adam Reincken und Nicolaus Bruhns – waren Bach seit seiner Lüneburger Zeit (in unmittelbarer und inspirierender Nachbarschaft zu Georg Böhm), seinem Abstecher zu Reincken nach Hamburg und seinem Aufenthalt bei

Buxtehude in Lübeck 1705 gut bekannt. Die norddeutsche Claviertoccata erreichte ihren grandiosen Höhepunkt in der Orgeltoccata bzw. dem Orgelpräludium, deren besonders imposante Wirkung vor allem auf den außergewöhnlichen klanglichen Möglichkeiten der hanseatischen Orgel beruhte, dem größten und mächtigsten Musikinstrument der Epoche, das Struktur und Inhalt des zeitgenössischen Tastenrepertoires nachhaltig prägte.

In verschiedenen frühen Orgelwerken, am deutlichsten in der Toccata in E-Dur BWV 566 und im Präludium in a-Moll BWV 551, eiferte Bach dem norddeutschen Modell nach, auch wenn die mitteldeutsche Orgellandschaft über keine Instrumente verfügte, deren Größe den hanseatischen Beispielen vergleichbar war. Als Bach sich nun seiner eigenen Realisierung der Claviertoccata als dem Inbegriff des Stylus fantasticus des 17. Jahrhunderts zuwandte, hielt er folglich die Manualiter-Toccata für Cembalo für das Medium der Wahl. Dadurch konnte er sich auf kompositorische und strukturelle Details konzentrieren, ganz unabhängig von den vielfältigen klanglichen Effekten einer großen Orgel. Seine Überschriften zu den Toccaten in den frühen Quellen enthalten ausnahmslos den Hinweis »manualiter« und verdeutlichen damit ihre explizite Bestimmung für pedallose Tasteninstrumente – insbesondere also Cembali –, wobei sie durchaus auch auf der Orgel gespielt werden können.

Da Bachs Orgelwerke aus der Pedaliter-Kategorie in der Regel das obligate Pedal erforderten, war eine Zusammenstellung von Manualiter-Toccaten eine kluge Wahl, die die paradigmatischen Qualitäten der Sammlung zur Geltung kommen ließ, einschließlich der fortschrittlichen harmonischen Gestaltung, die eine wohltemperierte Stimmung erforderte. Doch als Bach seine kreativen Bemühungen in diesen einzigartig attraktiven Typus großformatiger Musik für Tasteninstrumente investierte, ahnte er kaum, dass er sich auf ein Genre ohne Zukunft einließ; dass diese Werke nicht nur den Höhepunkt dieses Toccatentyps, sondern zugleich den Endpunkt einer ehrwürdigen Tradition darstellen würden. Offenbar erkannte er jedoch bald diesen Umstand, wie die begrenzte Überlieferung der Toccaten und ihrer Quellen nahelegt. Die Werke blieben nicht lange in seinem Spiel- und Lehrplan und wurden bald durch ein aktuelleres Repertoire ersetzt.

Bachs Toccaten haben sich weder in einer autographen Partitur noch in einer vollständigen Abschrift erhalten. Der einzige Hinweis auf die Sammlung, wie sie einst existierte, findet sich in dem Eintrag »Sechs Toccaten, fürs Clavier« im Werkverzeichnis von 1750 unter den unveröffentlichten Kompositionen. Dieser Vermerk deckt sich jedoch nicht mit der Gesamtzahl von sieben überlieferten Cembalotoccaten, jede in einer anderen Tonart (Tab. 3-1). Die ersten sechs Werke, BWV 910–915, folgen streng der typisch mehrteiligen Anlage der norddeutschen Toccata. Doch die Form von BWV 916 ist ganz anders: Sie ist vom italienischen Konzertstil beeinflusst und besteht aus drei klar voneinander abgegrenzten Sätzen mit langsamem Mittelsatz. In ihrer stilistischen und strukturellen Verwandtschaft bilden BWV 910–915 also eine homogene und in sich geschlossene Gruppe von sechs Toccaten, entsprechend dem Eintrag im Werkverzeichnis; die überzählige Toccata BWV 916 entstand vermutlich unabhängig und wurde der Sechsergruppe später hinzugefügt.

Tabelle 3-1 Sechs Toccaten BWV 910–915 und BWV 916

Toccata fis-Moll BWV 910	Toccata c-Moll BWV 911	Toccata D-Dur BWV 912	Toccata d-Moll BWV 913	Toccata e-Moll BWV 914	Toccata g-Moll BWV 915
Passaggio C: T.1–18 / [Adagio] $\frac{3}{2}$: T.19–48	Passaggio C: T.1–12 / Adagio C: T.12–33	Passaggio C: T.1–10 / Allegro C: T.11–67	Passaggio C: T.1–15 / [Adagio] – Presto C: T.15–32	Passaggio – Allegro $\frac{3}{2}$: T.1–13	Passaggio $\frac{24}{16}$: T.1–4 / Adagio $\frac{3}{2}$: T.5–17
Fuge – Presto e staccato C: T.49–107	Fuge – Allegro C: T.34–83	Adagio C: T.68–79	Fuge C: T.33–120	Fugato – Un poco allegro C: T.14–41	Fugato – Allegro C: T.18–67
[Adagio] C: 108–135	Adagio C: T.84–86	Fuge C: T.80–111	Adagio – Presto C: T.121–145	Adagio C: T.42–70	Adagio $\frac{3}{2}$: T.68–78
Fuge $\frac{6}{8}$: T.135–189a	Fuge – Allegro C: 86–170	Con discrezione C: 111–126	Fuge Allegro $\frac{3}{4}$: T.146–294	Fuga C: T.71–138	Fuga C: T.79–189
Finale $\frac{6}{8}$: T.189b–199	Finale – Adagio–Presto C: T.171–175	Fuge $\frac{6}{16}$: T.127–275		Finale C: T.138–142	Finale $\frac{24}{16}$: T.189–194
		Finale C: T.276–277			

Toccata G-Dur BWV 916

[1.] C: T.1–56; [2.] Adagio (e-Moll) – C: T.57–80; [3.] Presto [Fuge] – $\frac{6}{8}$: T.81–177

Das verlorene Autograph – höchstwahrscheinlich eine Mappe mit den sechs Werken in separaten Faszikeln oder ein geschlossenes Buch mit der Titelaufschrift »sechs Toccaten« (wie im Werkverzeichnis von 1750) – teilt sein Schicksal mit etlichen anderen Musikalien, die infolge der Teilung des Nachlasses des Komponisten verschwanden. Über den genauen Inhalt und Aufbau liegen daher keine Informationen vor. Einige bemerkenswerte Details liefert jedoch die frühe, wenngleich verstreute handschriftliche Überlieferung innerhalb des engeren Bach-Kreises – einschließlich der Abschriften, die von Bachs älterem Bruder Johann Christoph aus Ohrdruf in zwei handschriftliche Anthologien eingetragen wurden und die als »Möllersche Handschrift«[10] und »Andreas-Bach-Buch«[11] bekannt geworden sind. Diese Abschriften enthalten sowohl ältere Fassungen von BWV 912 und BWV 913 aus der Zeit um 1704 als auch gründlich überarbeitete Fassungen aus der Zeit um 1708 und repräsentieren chronologisch wie stilistisch offenbar die früheste Schicht der Toccaten. Überdies deutet die latinisierte Überschrift der Frühfassung »Toccata Prima. ex Clave D.ᵇ. manualiter per J. S. Bachium«[12] – ein typisches Merkmal der frühesten Bach-Quellen – darauf hin, dass dieses Stück im traditionellen »modus primus« (dem dorischen D-Modus ohne Vorzeichen) wohl als erstes komponiert wurde. Mit fast 300 Takten ist sie die bei Weitem längste der Toccaten und könnte durchaus als Eröffnungsstück der Reihe gedient haben. Da die revidierte Fassung mit den Quellen der vier anderen Toccaten den italienisierten Autorennamen »Giov[anni].

Bast[iano]. Bach« teilt – eine später bevorzugte Namensangabe des Komponisten –, stammt die Zusammenstellung eines Opus von sechs Toccaten in revidierten und redigierten Fassungen höchstwahrscheinlich aus der Zeit um 1707/08, wobei BWV 916 um oder nach 1710 hinzugefügt wurde. (Die schematischen Strukturangaben in Tab. 3-1 beziehen sich auf die Endfassungen der Toccaten.)[13]

Die norddeutsche Toccata, insbesondere ihr Prototyp für große Orgel mit Pedal, stellt die eindrucksvollste Gattung der großformatigen Tastenmusik um 1700 dar. Die Gattung umfasst ein breites Spektrum an kompositorischen Ideen, Techniken, Texturen und virtuosem Passagenwerk ebenso wie unterschiedliche Tempi und vielfältige Ausdrucksweisen, die durch farbige Registrierungen unterstrichen werden – insgesamt entsprechend der Manier, die Johann Mattheson als »stylus fantasticus« bezeichnete.[14] Der Lübecker Meister Buxtehude hatte dieser Gattung, die so eng mit der einzigartigen nordeuropäischen Orgellandschaft der großen drei- und viermanualigen Instrumente mit 50 und mehr Registern verbunden war, seinen unverwechselbaren Stempel aufgedrückt. Auch sein befreundeter Hamburger Kollege Johann Adam Reincken und Buxtehudes Schüler Nicolaus Bruhns trugen maßgeblich zur Entwicklung der mehrteiligen Toccata bei. Der junge Bach griff deren Werke als inspirierende Vorbilder auf und experimentierte dann ausgiebig mit seinem eigenen Ansatz, Orgelwerke in dieser extrovertierten musikalischen Manier zu komponieren, wie sie für hochkarätige Virtuosen besonders geeignet ist.

Dass Bachs Toccaten-Opus in erster Linie für Cembalo bestimmt war, wird besonders deutlich an der D-Dur-Toccata BWV 912 (Abb. 3-1a), deren Beginn sich von der überraschenden Pedalskala des Orgelpräludiums BWV 532 in derselben Tonart herleitet (Abb. 3-1b). In ihren unterschiedlichen Ausarbeitungen demonstrieren die beiden Werke Bachs Absicht, zwischen Orgel- und Cembalo- bzw. zwischen Pedaliter und Manualiter-Idiomen zu differenzieren, das heißt zwischen Werken, die speziell für Tasteninstrumente mit Pedal und solchen ohne Pedal gedacht sind.

Abbildung 3-1a Toccata in D-Dur BWV 912, Abschrift von Johann Christoph Bach (ca. 1710), Beginn

Abbildung 3-1b Präludium in D-Dur BWV 532/1, Abschrift von Leonhard Sichard (ca. 1740), Beginn

Innerhalb des norddeutschen Repertoires an Manualiter-Toccaten, das Bach zugänglich war, diente nur Reinckens Toccata in G mit ihren beiden eingebetteten Fugen als eigentliches Vorbild, auch wenn sie eher klein dimensioniert ist. Nach seiner Rückkehr aus Lüneburg scheint Bach seinen älteren Bruder Johann Christoph auf das Werk aufmerksam gemacht zu haben, der es dann zusammen mit BWV 910 und 911 in eine seiner Anthologien eintrug.[15] Auch zwei kleinere Manualiter-Toccaten von Buxtehude, BuxWV 164 und 165, mit jeweils nur einer Fuge, gingen durch Bachs Hände,[16] aber die großen Pedaliter-Orgelpräludien des Lübecker Komponisten, von denen die meisten zwei Fugenabschnitte enthalten, beeinflussten ihn in weit höherem Maße. Wie die schematische Übersicht in Tab. 3-1 zeigt, übernehmen Bachs sechs Toccaten lose den konzeptionellen Rahmen ihrer Vorbilder und übertreffen sie zugleich in jeder Hinsicht: an schierer technischer Virtuosität, im deutlich erweiterten Format, in der Anzahl der kontrastierenden Abschnitte, in der allgemeinen kontrapunktischen Dichte und insbesondere in der Komplexität der Fugen, von denen einige Themenumkehrungen und feste Kontrasubjekte aufweisen. Auch wenn sie grundsätzlich Buxtehudes Pedaliter-Orgelstücken ähneln, folgen Bachs Manualiter-Gegenentwürfe keinem einheitlichen Muster mehrteiliger Gliederung und bieten im Ergebnis sechs eigene und betont verschiedene musikalische Lösungen.

Unterschiede zu ihren norddeutschen Vorbildern zeigen bereits die Anfänge jeder Toccata. In den ausgedehnten Passaggio-Eröffnungsgesten bietet Bach eine ungewöhnliche Bandbreite an melodisch und rhythmisch differenzierten Mitteln: Läufe, Skalen, Arpeggien und figurative Muster. Besonders wirkungsvoll sind die Adagio-Abschnitte mit ihrer geradezu abenteuerlichen Harmonik, kühnen Chromatik und überraschenden rhetorischen Effekten. In dieser Hinsicht erreicht die Toccata in fis-Moll BWV 910 ein nie dagewesenes Niveau (Abb. 3-2). Ihre ausgeweiteten figurierten Abschnitte dominieren den formalen Rahmen, und jede einzelne Fuge entfaltet sich in einem experimentellen Balanceakt, indem »phantastisch« ausgedehnte Themen mit kontrastierenden Gegenthemen in streng kontrapunktischen Verarbeitungen kombiniert werden. Das phantasievolle Wechselspiel von freier Figuration und dezenten Sequenzmodellen gegen Ende der zweiten Fuge bereitet das emphatische Finale vor.

Insgesamt belegen die sechs Toccaten Bachs Faszination für die Großform – Stücke mit einer Spieldauer von mehr als zehn Minuten – und den Ehrgeiz, seine verschiedenen Vorbilder zu übertreffen. Dieses Ziel hat Parallelen in seinem übrigen Instrumentalschaffen und findet deutlichen Widerhall etwa in einigen Pedaliter-Orgelwerken aus derselben Zeit. Einen besonders prominenten Fall in dieser Hinsicht bildet die Passacaglia in c-Moll BWV 582, ein Werk von 12–13 Minuten Dauer (der durchschnittlichen Länge auch der Toccaten). Es stellt ein weiteres charakteristisches Beispiel dafür dar, wie Bach von Buxtehude gelernt und dann versucht hat, ihn zu übertreffen[17] sowie im gleichen Zuge das spieltechnische Niveau anzuheben und ein neues kompositorisches Paradigma aufzustellen.

Abbildung 3-2 Toccata in fis-Moll BWV 910, Abschrift von Johann Christoph Bach (ca. 1710), Ausschnitt

Opus-Sammlungen aus Weimar und Köthen

Wenn für den jungen Tastenvirtuosen sechs anspruchsvolle Toccaten die naheliegende Wahl für ein erstes Opus waren, scheinen Bachs nachfolgende Opus-Sammlungen von einem solch unzeitgemäßen Ausgangspunkt zunächst völlig losgelöst zu sein. Noch immer vor die Herausforderung gestellt, großformatige Instrumentalwerke zu meistern, aber nicht unbedingt erpicht darauf, die Richtung der ungewöhnlichen dreisätzigen Toccata in G-Dur BWV 916 weiterzuverfolgen, wandte er sich von der unmodern gewordenen Toccata vollständig ab und widmete sich den zunehmend in Mode kommenden Suiten, Sonaten und Konzerten mit ihrer neuartigen Anlage von drei oder mehr klar voneinander getrennten Sätzen. Die Suite oder Partita bestand von Anfang an aus einer Reihe von Tänzen und bildete als solche eine Abfolge in sich geschlossener Sätze, während sich Sonate und Konzert erst nach 1700 zu einer geschlossenen und selbstständigen Einheit von drei oder vier Sätzen entwickelten.

Zweimal sechs Cembalosuiten, mit und ohne Präludien

Stets interessiert an dem, was musikalisch en vogue war, spielte und komponierte der junge Bach um die Zeit, als er die Toccaten schrieb, natürlich auch Suiten. Dies bestätigen die beiden »Möller«- und »Andreas Bach«-Anthologien, die von seinem älteren Bruder Johann Christoph Bach zusammengestellt wurden – größtenteils aus Material, das er von Johann Sebastian erhalten hatte, meist aus der Zeit vor 1710. Sie enthalten nicht nur vier Toccaten, sondern auch drei Suiten: Ouvertüre in F-Dur BWV 820 (Ouvertüre – Entrée – Menuet/Trio – Bourrée – Gigue), Suite in A-Dur BWV 832 (Allemande – Air – Sarabande – Bourrée – Gigue), und Praeludium et Partita in F-Dur BWV 833 (Praeludium – Allemande – Corrente – Sarabande/Double – Air).[18] Diese Stücke repräsentieren die beiden Arten von Suiten, die sich im französischen Repertoire herausgebildet hatten: die Suite »avec prélude« bzw. »sans prélude«, also mit oder ohne freie Einleitung in Form einer Ouvertüre oder eines Präludiums. Die Satzorganisation von BWV 820, 832 und 833 folgt allerdings keinem konsistenten Formplan; und uneinheitlich ist auch ihre kompositorische Gestaltung. Andererseits zeigen diese Werke eine Kombination aus experimenteller Kühnheit und einem hoch entwickelten Verständnis für rhythmisch-metrische Deklamation, abwechslungsreiche Textur und pointierte musikalische Charakterisierung. Die drei frühen Suiten stehen in den beiden Manuskripten neben einer beträchtlichen Anzahl von Suiten Johann Adam Reinckens, Georg Böhms und anderer, die ausnahmslos das einheitlich viersätzige Formschema »Allemande – Courante – Sarabande – Gigue« aufweisen. Obwohl diese Satzfolge in Norddeutschland Standard war, wollte Bach zunächst einen eigenen Weg einschlagen, inspiriert vermutlich von der Vielfalt der Suitentypen in genuin französischen Suitensammlungen wie den *Pièces de clavecin* (Paris 1677) von Nicolas Lebègue. Die besonders einflussreichen Werke Lebègues waren in Deutschland weit verbreitet und finden sich auch in den Ohrdrufer Clavier-Anthologien. Bekanntermaßen besaß Bach auch Zugang zu anderen genuin französischen Sammlungen, darunter Jean-Henri d'Angleberts *Pièces de clavecin* (Paris 1689), denen er die Verzierungstabelle für Wilhelm Friedemanns *Clavier-Büchlein* entnahm, und die *Six Suites de clavecin* (Amsterdam 1701) von Charles François Dieupart, von denen er zwischen 1709 und 1715 Abschriften anfertigte.[19]

Angesichts der Bedeutung der höfischen Tanzmusik, ihres Einflusses auf die sich verbreitende galante Kultur in bürgerlichen Kreisen und der daraus resultierenden Nachfrage nach Claviersuiten durch eine wachsende Zahl von geübten Amateurspielern schenkte Bach dieser beliebten Instrumentalgattung in den 1710er- und frühen 1720er-Jahren seine größte Aufmerksamkeit. Er brachte insgesamt drei exemplarische Folgen von jeweils sechs Suiten heraus, stellte dann aber um 1725 fest, dass er mit dieser Gattung im Wesentlichen fertig war. Das letzte Opus stellt zudem einen Sonderfall dar, da es den Auftakt zu seiner Reihe von *Clavier-Übungen* bildete, aber schon in den beiden früheren opusartigen Suitensammlungen lässt der Komponist seine transformativen Ziele im Sinne musikalischer Umgestaltung erkennen. Später unter den Namen *Englische* und *Französische Suiten* bekannt, repräsentieren die beiden Sammlungen die zwei Haupttypen von Suiten: Die frühere Sammlung besteht aus Ouvertürensuiten (das heißt aus Tanzfolgen mit einleitenden Präludien), die spätere aus Suiten ohne solche Eröffnungen.

Die erste der beiden Sammlungen ist schwer zu datieren, da kein autographes Manuskript der *Englischen Suiten* überliefert ist. Eine Abschrift der ersten Suite in A-Dur BWV 806 mit der Überschrift »Prelude avec les Svites composeé par Giov: Bast: Bach« in der Handschrift von Bachs Weimarer Freund und Kollegen Johann Gottfried Walther[20] belegt jedoch eindeutig eine Entstehung vor 1717. Der gemischt französisch-italienische Titel verweist nicht nur auf die relativ frühen Weimarer Jahre, sondern betont vor allem den Rang des Kopfsatzes (»Prélude avec ...«) innerhalb der einzelnen Suite. Für die *Französischen Suiten* ist deren Köthener Herkunft durch die Kompositionspartituren der Suiten I–V im *Clavier-Büchlein für Anna Magdalena Bach* von 1722 zweifelsfrei belegt.[21] Dieses Büchlein ist allerdings nur in fragmentarischem Zustand überliefert; viele der autographen Eintragungen einschließlich der ersten drei Suiten sind leider verloren. Schülerabschriften deuten jedoch darauf hin, dass Bach die beiden Sammlungen um 1724 in Leipzig redaktionell überarbeitete,[22] höchstwahrscheinlich im Zusammenhang mit der Vorbereitung der definitiven Fassungen der Partiten von *Clavier-Übung* I.

Der Originaltitel für die Sammlung der *Englischen Suiten* kann mangels autographer Überlieferung nicht bestimmt werden, aber Formulierungen in den maßgeblichen Abschriften wie »Six Svittes avec leurs Préludes pour le Clavecin composées par Jean Sebast: Bach« dürften dem Original recht nahekommen. Der spätere Beiname taucht erstmals in Berliner Manuskripten aus der Mitte der 1750er-Jahre auf, und zwar in Überschriften wie »Sechs Suiten für das Clavier [...], die Englischen Suiten, genannt«.[23] Die Bezeichnung »englisch« entstammt offenbar einem Exemplar, das der junge Johann Christian Bach besaß[24] und das bei seinem Halbbruder Carl in Berlin verblieb, als er 1755 nach Italien ging. Dort wird der Kopftitel »Suite I. avec Prelude pour le Clavecin« durch den Vermerk »Fait pour les Anglois« (für die Engländer gemacht) ergänzt.[25] Der

Hinweis als solcher ist unspezifisch und mehrdeutig, reicht jedenfalls nicht aus, um die spätere Erklärung von Johann Nicolaus Forkel zu untermauern, die Sammlung heiße deshalb »Englische Suiten«, »weil sie der Componist für einen vornehmen Engländer gemacht« habe.[26] Da keine diesbezüglichen Umstände dokumentiert sind, erklärt sich der Beiname möglicherweise ganz anders, nämlich aus der Beschaffenheit der Suiten und ihrer engen Verwandtschaft zu François Dieuparts *Six Suittes De Clavecin Divisés en Ouvertures, Allemandes, Courantes, Sarabandes, Gavottes, Menuetts, Rondeaux & Gigues* (Amsterdam 1701), von denen Bach nach 1709 in Weimar aus Abschriften Kopien anfertigte.[27] Dieupart war seit etwa 1702/03 in London ansässig und wurde von seiner englischen Klientel sehr geschätzt.[28]

Auch die *Französischen Suiten* erhielten ihren Beinamen in Berlin nach 1750, offenbar in Analogie zu den *Englischen Suiten* und allein zu dem Zweck, beide voneinander zu unterscheiden – allerdings ohne stilistische Implikationen. Erstmals erwähnt ist der Name »Französische Suiten« in einer Abschrift, die Mitte der 1750er-Jahre von Carl Friedrich Christian Fasch,[29] einem Mitglied des Berliner Kreises um Carl Philipp Emanuel Bach, angefertigt wurde. Ein anderes Mitglied desselben Kreises, Friedrich Wilhelm Marpurg, spricht 1762 ebenfalls von »VI franz. Suiten vom seel. Herrn Capellm. Bach«.[30] Immerhin sind die beiden Beinamen klarer und brauchbarer als die neutrale Bezeichnung der beiden Sammlungen im ersten Werkverzeichnis von 1750 als »Sechs Suiten« und »Sechs weitere derselben, etwas kürzer« (Tab. 1-1).

Dass die *Englischen Suiten* mit besonders markanten Präludien beginnen, ist wohl kein Zufall. Improvisatorische Manieren und polyphone Techniken dieser Einleitungssätze sind aus der vorangegangenen Toccatensammlung zwar nicht unmittelbar übernommen, stellen aber doch die Verbindung zu ihr her (Abb. 3-3). Auch mit ihrer Länge von bis zu 213 Takten ähneln sie den Toccaten. Allerdings verzichten sie auf deren vielgliedrige Struktur und etablieren einen fokussierteren Ansatz mit der Betonung imitatorischer Motive und Themen – Texturen, die die polyphonen Prinzipien der Inventionen und Sinfonien BWV 772–801 vorwegnehmen. Das Präludium zur Suite 6 kommt dem Modell einer erweiterten Toccata tatsächlich am nächsten, wenngleich es von einem durchgehenden $\frac{9}{8}$-Takt geprägt ist und nur aus zwei Teilen besteht: einem improvisatorischen Eröffnungsabschnitt, der mit einem Adagio-Kadenztakt endet, und einem ausgedehnten fugierten Abschnitt mit eingestreuten freien Figurationen – ein Ansatz, den Bach später im *Wohltemperierten Clavier* vollständig aufgab. Das Präludium zur Suite 3 hingegen stellt mit seiner Ritornell- und Episodenstruktur einen modernen ausgefeilten Konzertsatz dar, und das Präludium zur Suite 1 knüpft an den französischen Prototyp des »Prélude non mesuré« (taktfreies Präludium) an, bei dem die Dauer der Notenwerte weitgehend dem Spieler überlassen bleibt. Insgesamt verleihen die Präludien jeder Suite ein ausgeprägtes individuelles Profil.

Die Tänze, die auf die Präludien der *Englischen Suiten* folgen, etablieren einen Formplan, der auf der verbindlichen Abfolge »Allemande – Courante – Sarabande – Gigue« basiert, wobei zwischen Sarabande und Gigue ein zusätzliches Satzpaar eingefügt ist, das nach Da-capo-Art ausgeführt wird (zum Beispiel Bourrée I–II–I; vgl. Tab. 3-2). Hier

Abbildung 3-3 Prélude der *Englischen Suite* in a-Moll BWV 807/1, Abschrift von Johann Gottfried Walther (um 1720)

Tabelle 3-2 *Sechs Englische Suiten*

Suite 1 in A-Dur BWV 806		Suite 2 in a-Moll BWV 807		Suite 3 in g-Moll BWV 808		Suite 4 in F-Dur BWV 809		Suite 5 in e-Moll BWV 810		Suite 6 in d-Moll BWV 811	
Prélude	$\frac{12}{8}$	$\frac{3}{4}$		$\frac{3}{8}$		¢		$\frac{6}{8}$		$\frac{9}{8}$	
Allemande	¢	¢		¢		¢		¢		¢	
Courante I	$\frac{3}{2}$	$\frac{3}{2}$		$\frac{3}{2}$		$\frac{3}{2}$		$\frac{3}{2}$		$\frac{3}{2}$	
Courante II[1]	$\frac{3}{2}$	–		–		–		–		–	
Sarabande	$\frac{3}{4}$	$\frac{3}{4}$		$\frac{3}{4}$		$\frac{3}{4}$		$\frac{3}{4}$		$\frac{3}{4}$[5]	
		$\frac{3}{4}$[2]		$\frac{3}{4}$[2]							
Bourréc I	2	Bourrée I	2	Gavotte I	2	Menuet I	3	Passepied I[4] $\frac{3}{8}$		Gavotte I	2
Bourrée II	2	Bourrée II (A-Dur)	2	Gavotte II[3] (G-Dur)	2	Menuet II	3	Passepied II $\frac{3}{8}$		Gavotte II	2
Gigue	$\frac{6}{8}$	$\frac{6}{8}$		$\frac{12}{8}$		$\frac{12}{8}$		$\frac{3}{8}$		$\frac{12}{16}$	

[1] avec deux Doubles   [2] Les agréments de la même Sarabande   [3] ou la Musette   [4] en Rondeau   [5] avec Double

folgt Bach dem Grundmodell der Suiten von Dieupart mit der Satzfolge »Ouverture – Allemande – Courante – Sarabande – Gavotte, Menuet oder Passepied – Gigue«,[31] von der er allerdings leicht abweicht, indem er als eingeschobene Tanzpaare zwischen Sarabande und Gigue auch Bourrées verwendet: Bourrées in den Suiten 1 und 2, Gavotten in den Suiten 3 und 6, Menuette in Suite 4 und Passepieds in Suite 5.

Im Vergleich zu den *Englischen Suiten* mit ihren gewöhnlich sieben Sätzen sind die Formate und Strukturen der *Französischen Suiten* nicht nur kompakter, sondern auch vielfältiger und unregelmäßiger (Tab. 3-3). Unter Beibehaltung des gleichen Grundschemas von vier Kernsätzen (Allemande – Courante – Sarabande – Gigue) variiert die Anzahl der Zusatztänze, die nach der Sarabande eingefügt sind, von einem Da-capo-Paar bis hin zu zwei oder drei Tanzeinschüben – nicht nur Menuette, Gavotten und Bourrées, sondern zusätzlich drei neue, modischere Typen: Air, Loure und Polonaise. In beiden Serien ähnlich ist die Behandlung der Gigue als markanter, längerer und aufwendig gearbeiteter Schlusssatz. Mit Ausnahme der zweiten *Englischen Suite* enthalten alle Giguen imitatorische Fugato-Texturen, die für die zweite Hälfte des Stückes eine melodische Umkehrung des Themas vorsehen.

Die Entstehung der *Französischen Suiten* ist untrennbar mit Bachs zweiter Ehefrau Anna Magdalena verbunden, die er am 12. Dezember 1721 heiratete, nachdem Maria Barbara Bach im Sommer 1720 gestorben war. Zu einem nicht näher bezeichneten Zeitpunkt und Anlass im Jahr 1722 schenkte der Komponist seiner jungen Frau ein schönes, mit Lederrücken und -ecken gebundenes Büchlein, dessen grüner Einband mit Blumenmustern verziert ist. Innen ist es mit »Clavier-Büchlein vor Anna Magdalena Bachin ANNO 1722« beschriftet. Die *Französischen Suiten* eröffneten das Buch (wie erwähnt, ist dieser Teil nur unvollständig erhalten), und die Tatsache, dass viele Sätze direkt in das Büchlein hineinkomponiert wurden (Abb. 3-4), spricht dafür, dass diese besonders eleganten Werke für Anna Magdalena geschrieben und ihr gewidmet wurden. Wenn man davon ausgeht, dass ihr Ehemann die Stücke nicht nur eingetragen, sondern auch für sie gespielt hat, wird sie den neuartigen Charakter, die Intimität der verschiedenen Tanzstücke und die große Bandbreite des nuancierten musikalischen Ausdrucks – von ernst, traurig, schmerzlich und melancholisch bis hin zu tröstlich, schmeichelnd, beschwingt und unverhohlen lustig – gewiss verstanden und geschätzt haben.

Die Suiten, wie sie im *Clavier-Büchlein* notiert waren, dienten in erster Linie dem Praktiker-Komponisten zum eigenen Gebrauch und benötigten darum sicherlich keine Hinweise für Verzierungen, wenn er für seine Familie spielte. Für den Unterricht aber fertigte Bach eine neue Vorlage mit sorgfältig verzierten Fassungen an, die auch einige Erweiterungen in den Notentexten sowie für BWV 813, BWV 814 und BWV 815 neue Menuette enthielten. Bachs Kopiervorlage ist leider verloren, aber alle diese Details sind sorgfältig in einem Manuskript von Bernhard Christian Kayser festgehalten, der Bachs Schüler in Köthen war und in Leipzig bei ihm weiterstudierte (Tab. 3-3 gibt die überarbeiteten Fassungen wieder).[32] Anna Magdalena kopierte später die ersten beiden »ihrer« Suiten (in den revidierten Fassungen) in ihr zweites *Clavier-Büchlein* (1725),[33] dies aber erst nach 1735, als sie die Stücke wahrscheinlich schon spielen konnte.

Abbildung 3-4 Sarabande der *Französischen Suite* in c-Moll BWV 813, Kompositionsautograph im *Clavier-Büchlein für Anna Magdalena Bach* 1722

Tabelle 3-3 *Sechs Französische Suiten*

Suite 1 in d-Moll BWV 812		Suite 2 in c-Moll BWV 813	Suite 3 in h-Moll BWV 814	Suite 4 in Es-Dur BWV 815	Suite 5 in G-Dur BWV 816	Suite 6 in E-Dur BWV 817
Allemande	₵	₵	₵	₵	₵	₵
Courante	$\frac{3}{2}$	$\frac{3}{4}$	$\frac{6}{4}$	$\frac{3}{4}$	$\frac{3}{4}$	$\frac{3}{4}$
Sarabande	$\frac{3}{4}$	$\frac{3}{4}$	$\frac{3}{4}$	$\frac{3}{4}$	$\frac{3}{4}$	$\frac{3}{4}$
		Air ₵	Gavotte $[\frac{2}{2}]$	Gavotte 2	Gavotte ₵	Gavotte ₵
Menuet I	$\frac{3}{4}$	Menuet I $\frac{3}{4}$	Menuet I $[\frac{3}{4}]$	Air ₵	Bourrée ₵	Polonaise $[\frac{3}{4}]$
Menuet II	$\frac{3}{4}$	Menuet II $\frac{3}{4}$	Menuet II $[\frac{3}{4}]$	Menuet $\frac{3}{4}$	Loure $\frac{6}{4}$	Menuet $[\frac{3}{4}]$
						Bourrée $[\frac{2}{2}]$
Gigue	₵	$\frac{3}{8}$	$\frac{3}{8}$	$\frac{6}{8}$	$\frac{12}{16}$	$\frac{6}{8}$

Trotz des Abstandes von vielleicht einem Jahrzehnt lassen die beiden Opus-Samm-lungen vergleichbare musikalische Ziele erkennen, die über die Errungenschaften des Toccaten-Opus weit hinausgehen. Immer noch mit dem Problem der Beherrschung der instrumentalen Großform befasst, konzentrierte sich Bach nun auf eine Folge klar definierter kleinerer Einheiten, die jeweils in derselben Dur- oder Molltonart stehen und formal demselben zweiteiligen Muster ||: — :||: — :|| folgen, wobei der zweite Teil ebenso lang oder länger ist als der erste. Jeder Satz erhält jedoch seinen eigenen Charakter, der durch die rhythmisch-metrische Beschaffenheit einer Melodie definiert wird, die die besondere choreographische Schrittfolge des jeweiligen Tanzes erkennbar werden lässt.

Die Melodie mit ihrem rhythmisch-metrischen Aufbau ist die treibende Kraft des Tanzes. Tanzmeister an den Adelshöfen in ganz Europa brachten ihren Schülern die verschiedenen Tanzarten bei, meist zur Melodie einer kleinen Fiedel oder »Tanzmeis-ter-Geige«, wie es im wichtigsten zeitgenössischen Tanzhandbuch beschrieben wird.[34] Der Name des Weimarer Tanzmeisters zu Bachs Zeit ist nicht bekannt, aber in Köthen war es der Franzose Jean François Monjou. In allen seinen Suiten achtet Bach auf diesen entscheidenden melodischen Aspekt der Tanzweisen, auf ihre ausgeprägten, sich wie-derholenden Schrittfolgen und ihre meist zwei- oder viertaktigen Phrasen. Ganz anders als in seinen frühesten Tanzsuiten – wie BWV 820 und anderen oben erwähnten – folgte er in den *Englischen Suiten* dem Dieupart-Modell, bei dem die Bassstimme als kontra-punktische Stimme aktiviert wird, um zumindest in gewisser Hinsicht als Gegenpart zur Oberstimmen-Melodie[35] zu dienen, während Mittelstimmen intermittierend die harmonische Auffüllung übernehmen (Abb. 3-5).

Bach ging allerdings weit über Dieupart hinaus, nicht nur in seinen umfangreiche-ren und stärker ausgearbeiteten Préludes für die *Englischen Suiten*, sondern vor allem auch in seiner Konzentration auf die Führung einer singulären Melodie in der Ober-stimme für jeden Tanztyp, jeweils mit klar konturierten Phrasen und Perioden. Eine Begleitung der dominierenden Melodielinie mit einem streng drei- oder vierstimmigen Satz würde freilich gegen den »style brisé« oder »style luthé« (gebrochener oder Lauten-stil) verstoßen, der dem arpeggierten Satz französischer Tänze zueigen ist. Bach gelingt es jedoch, der Begleitung stilistisch seinen eigenen Stempel aufzudrücken, indem er im-mer wieder kontrapunktische Spannungen einfließen lässt. Meist handelt es sich dabei um kurze Motive, die aus der Tanzmelodie abgeleitet sind und oft in Gegenbewegung verlaufen. Bach entfaltet die Harmonik mit regelmäßigen motorischen Akzenten und führt zuweilen überraschende Wendungen ein. So erzeugt er auf raffinierte und eigen-willige Weise eine hochdynamische und unmittelbar erkennbare Bewegungsstruktur. Dieses Verfahren wurde zu Bachs Markenzeichen und fand später auf ähnliche Weise auch Eingang in Sonaten- und Konzertsätze.

Die *Französischen Suiten* profitierten von dem früheren Werk und gehen in der rhyth-misch-kontrapunktischen Belebung der Tanztypen noch einen Schritt weiter – so ist ihr individueller Charakter geschärft und noch zwingender. Ein Beispiel dafür findet sich in der Sarabande der Suite in d-Moll BWV 812, wo Bach einen doppelten Kontrapunkt ein-

Abbildung 3-5 François Dieupart, Suite in F-Dur, Abschrift von Johann Sebastian Bach (um 1708)

führt, indem er die Basslinie des zweiten Abschnitts (T. 9–13) die Oberstimme des ersten Abschnitts fast tongetreu wiederholen lässt.

In den metrischen Ausprägungen der Tänze lotete Bach ein Maximum an Optionen aus. So beachtete er ganz bewusst den Unterschied zwischen der mäßig schnellen Allemande und der schnellen Courante, beide mit ihren charakteristischen kurzen Auftakten. Ebenso hielt er sich an den auftaktlosen Beginn der expressiven Sarabande im langsamen Dreiertakt, mit ihrer Betonung der zweiten Zählzeit und den verschiedenen Möglichkeiten, diese zu gestalten. In den Giguen setzte er verschiedene zusammengesetzte Taktarten ein und schuf so sprühende Finalsätze im schnellen Dreiermetrum oder im raschen triolischen Zweiertakt, typischerweise mit einem kurzen Auftakt. In einigen der Gigue-Sätze griff Bach auf die norddeutsche Tradition der Orgeltoccaten und -präludien zurück, die mit einer Gigue-Fuge schließen.[36] Jede der beiden Suitenserien enthält drei Gigue-Finalsätze im strengen Fugato-Stil (BWV 808, 810 und 811 sowie BWV 812, 815 und 816) mit ausgedehnten virtuosen Themen und deren Umkehrung nach dem Doppelstrich. Auch in den übrigen Gigue-Sätzen finden sich imitative Texturen mit kontrapunktischen Umkehrungen.

Während die meisten Komponisten nicht über die regulären Schemata des $\mathbf{C}$-, $\frac{3}{2}$-, $\frac{3}{4}$- und $\frac{6}{8}$-Takts für die jeweiligen Tanztypen hinausgingen, erweiterte Bach das metrische Spektrum sowohl in den *Englischen* als auch in den *Französischen Suiten* erheblich, indem er auch $\mathbf{\mathbb{C}}$-, $\frac{6}{4}$-, $\frac{9}{8}$-, $\frac{12}{8}$- und $\frac{12}{16}$-Takt verwendete (Tab. 3-2 und 3-3). Darüber hinaus enthalten die Werke auch Gegenrhythmen und andere unerwartete Abweichungen von den metrischen Normen. So ergibt sich insgesamt eine unendliche Vielfalt an Ausgestaltungen, nicht nur in den Kernsätzen der Suiten, sondern auch in den Zusatztänzen.

Die Claviersuiten prägten zudem unmittelbar Gestaltungsweisen, die in den Vokalwerken der Weimarer Jahre nach 1714 an Bedeutung gewannen, später auch in Köthen. In dieser Hinsicht erwies sich Bachs Umgang mit einer Vielzahl von Tanzsätzen als entscheidende Quelle für die technische Ausformung und ausdrucksvolle charakterliche Profilierung von Arien und Chören. Folgerichtig hielt er auch seine Schüler dazu an, ihre Kompositionsübungen mit Menuetten und anderen einfachen Tänzen zu beginnen, um zu lernen, wie man Melodien durch regelmäßige Metrik, Phrasen und Perioden gliedert und sie durch eine geeignete Begleitung stützt. Die beiden *Clavier-Büchlein für Anna Magdalena Bach* enthalten eine Reihe von aufschlussreichen und reizvollen Beispielen von Märschen, Menuetten und Polonaisen, aus denen die ersten Schritte der heranwachsenden Bach-Söhne[37] in der Formulierung musikalischer Ideen und in der Niederschrift kleiner Kompositionen zu ersehen sind.

Zwei Bände mit Soli für Violine und für Violoncello

Die weit verbreiteten Solo- und Triosonaten mit Basso continuo von Arcangelo Corelli, die in den letzten beiden Jahrzehnten des 17. Jahrhunderts als Opus I–V veröffentlicht und häufig nachgedruckt wurden, legten den Grundstein für das Kammermusikrepertoire, das sich in den folgenden Jahrzehnten in ganz Europa ausbreitete. Bach war mit der Kammermusik von Corelli und seinen Nachfolgern gründlich vertraut, entschied sich aber in seinem ersten nicht für Tasteninstrumente gedachten Opus dagegen, solche Werke für ein oder mehrere Streichinstrumente mit Generalbass nachzuahmen. Stattdessen traf er den ungewöhnlichen Entschluss, unbegleitete Soli für Violine und für Violoncello zu komponieren. Bis 1720 hatte er den ersten Teil mit sechs Violinsoli fertiggestellt, dem sich alsbald ein Schwesterwerk mit sechs Cellosoli anschloss.

Es ist schwer vorstellbar, dass Bach in Weimar in seiner Doppelrolle als Hoforganist und Kammermusiker nicht auch Soli und Trios mit Basso continuo komponiert haben sollte, und tatsächlich deutet die phantasievolle Instrumentalbesetzung seiner Weimarer Kantaten stark in diese Richtung.[38] Doch von dem, was er zu dieser Zeit an Kammermusik komponiert haben mag, ist nur eine einzige Fuge in g-Moll BWV 1026 für Violine und Continuo erhalten: ein einsätziges Stück, dessen Violinstimme vom ersten der 181 Takte an umfangreiche und höchst anspruchsvolle polyphone Figuren aufweist. Dieses Werk zeigt, dass der Komponist weniger an der Begleitung interessiert war als vielmehr daran, die Behandlung der Violinstimme als solche zu erkunden und mit ihr zu experimentieren.

Es verwundert nicht, dass der Tastenvirtuose und Komponist den Orgelspieltisch in der Kirche und das Cembalo zu Hause in ein Experimentierlabor verwandelte. Er ließ sich dazu inspirieren, Konzerte für Violine und Orchester von Vivaldi und anderen für Orgel oder Cembalo zu arrangieren und Triosonaten, die für mehrere Spieler konzipiert waren, in eine »One-Man-Show« zu verwandeln. Er tat dies jedoch nicht um der physischen Akrobatik willen, sondern um die Grenzen des Möglichen im Rahmen einer autonomen instrumentalen Gestaltung, frei von jeglicher Unterstützung durch eine Begleitung, auszuloten. Offensichtlich mit der gleichen Entschlossenheit behandelte er Violine und Violoncello als musikalisch eigenständige Studienobjekte und konzentrierte sich auf diese beiden dominierenden Streichinstrumente des Barockorchesters – mit ihren unterschiedlichen Größen, Spieltechniken und Klangfarben sowie ihren unterschiedlichen Funktionen als Außenstimmen eines Instrumentalsatzes. Der neugierige, innovationsfreudige und einfallsreiche Musiker suchte ganz für sich selbst – im alleinigen Umgang mit dem jeweiligen Instrument – nach aufführungspraktischen Lösungen, die ihn zugleich in seinen kompositorischen Zielvorstellungen voranbringen konnten.

Der Hauptimpuls für Bachs Beschäftigung mit Musik für unbegleitete Violine war sehr wahrscheinlich ausgegangen von dem Weimarer Geiger Paul von Westhoff, dessen Name und Musik ihm schon vor seiner Ankunft in Weimar vertraut gewesen sein dürften. Westhoff hatte eine Sammlung von Suiten unter dem Titel *Erstes Dutzend Allemanden, Couranten, Sarabanden und Giguen Violino Solo sonder Basso Continuo* (Dresden 1682) veröffentlicht und diese später durch eine zweite Folge mit sechs Partiten (Dresden 1696) ergänzt.[39] Die Wahl von Tanzsuiten lag nahe, denn es gab eine lange Tradition von Tanzmeistern im Dienste des Adels, die beim Tanzunterricht auf einer Pochette-Violine, einer kleinen »Taschen«-Geige, improvisierten. Westhoff hob nun solche unbegleiteten improvisatorischen Praktiken auf eine neue und wahrhaft kunstvolle Ebene. Die letzten Jahre seiner Karriere verbrachte er am herzoglichen Hof in Weimar, wo Bach von Januar bis Juni 1703 seine allererste, wenn auch nur kurze Anstellung erhielt. In Anbetracht dieses Umstandes und der Beflissenheit des jungen Musikers, seine talentiertesten Zeitgenossen zu treffen und von ihnen zu lernen, ist der direkte persönliche Kontakt mit dem gefeierten Geiger mehr oder weniger vorauszusetzen. Zweieinhalb Jahre später reiste Bach nach Lübeck zu einem dreimonatigen Aufenthalt bei Dieterich Buxtehude. Es scheint, dass der junge Bach die Fackel von Westhoff und Buxtehude, den beiden herausragenden deutschen Meistern der Violine und der Orgel, geradewegs übernommen hat.

Gab Westhoff den wesentlichen Impuls für die Idee der Violinsoli, so ist für die Suiten für Violoncello kein Modell bekannt. In Bezug auf die technische und stilistische Beschaffenheit beider Werkreihen war Bach ohnehin völlig auf sich allein gestellt. Höchstwahrscheinlich improvisierte und experimentierte er einige Zeit, bis er ein Niveau erreichte, das ihn in die Lage versetzte, seine Musik zu Papier zu bringen. Für keine der beiden Werkreihen sind Entwürfe oder Kompositionsniederschriften erhalten geblieben. Die autographe Reinschrift der »Sei solo. a Violino senza Basso accompagnato. Libro primo«, ein Manuskript von außerordentlicher Sauberkeit und kalligraphischer Schönheit, lässt keinen Zweifel daran, dass der Komponist diese Stücke nicht zum ersten Mal niederschrieb, sondern nach Entwürfen arbeitete. Er verzichtete darauf, Westhoffs raffinierte, wenn auch eigenartige Notation mit mehreren Schlüsseln und Notensystemen mit acht Linien (Abb. 3-6) zu übernehmen, sondern verwendete das übliche

Notensystem mit fünf Linien, das ihm trotz seiner komplexen polyphonen Schreibweise vollkommen genügte (Abb. 3-7). Die originale Datierung des Autographs auf 1720 fällt in die Mitte der Köthener Zeit – eine Periode, in der Bachs Aufgaben als Kapellmeister vergleichsweise überschaubar waren und in der er als Komponist mehr zeitlichen Spielraum hatte und flexibler war als je zuvor oder danach. Bezeichnenderweise sind Manuskripte von vergleichbarer kalligraphischer Qualität nur aus dieser Zeit bekannt. Auch wenn sich keine Skizzen für diese Solovioliwerke erhalten haben, lassen die Herausforderungen des Projekts eine ziemlich lange Entstehungszeit vermuten, vielleicht ein Jahrzehnt. Stilistische Hinweise deuten jedoch darauf hin, dass die eigentliche Komposition der Violinsonaten und -partiten kaum vor 1718/19 begonnen haben kann: Der Satztypus der Siciliana beispielsweise kommt in der g-Moll-Sonate BWV 1001 erstmals in Bachs Musik vor. Im Übrigen lässt der Vermerk »Libro Primo« (erstes Buch) auf dem Titelblatt der Violinsoli annehmen, dass das zweite Buch – der Band mit den Cellosoli –, wenn nicht bereits fertiggestellt, so zumindest in der Arbeit weit fortgeschritten war.

In Ermangelung einer autographen Partitur muss die Datierung der Cellosuiten offenbleiben. Ihre Komposition wurde sicher nach 1720, aber noch vor Bachs Umzug nach Leipzig im Frühjahr 1723 abgeschlossen. Die einzige erhaltene direktAbschrift des verlorenen Autographs stammt von der Hand Anna Magdalena Bachs.[40] Sie entstand auf Wunsch von Georg Heinrich Ludwig Schwanenberger (1696–1774), einem Kammermusiker am herzoglichen Hof in Braunschweig-Wolfenbüttel, der 1727/28 mehrere Monate bei Bach in Leipzig studierte. Frau Bach fertigte Abschriften sowohl der Soli für Violine als auch der für Violoncello in einem einzigen zweiteiligen Manuskript an,[41] wobei »Pars 2« von Schwanenbergers Hand den Titel trägt: »6 Suiten a Violoncello Solo senza Basso composes par S.ʳ J. S. Bach. Maitre de Chapelle«. Die alleinige Verwendung des Köthener Hoftitels des Komponisten bestätigt, dass das Werk tatsächlich dort und nicht später in Leipzig vollendet wurde. Anna Magdalenas Abschrift der Cellosuiten und

Abbildung 3-6 Johann Paul von Westhoff, Partita in a-Moll für Violine solo, Allemande (Dresden 1696)

Abbildung 3-7 Fuga der Sonata in g-Moll für Violine solo BWV 1001/2, autographe Reinschrift (1720)

andere erhaltene frühe Abschriften weisen eine Reihe von Ungereimtheiten auf – das verlorene Autograph war also wohl keine kalligraphische Reinschrift wie die der Violinsoli. Dies wiederum deutet darauf hin, dass Bach keine Zeit fand, eine Reinschrift anzufertigen, bevor er Köthen verließ, und dass auch er nie dazu kam, dies in Leipzig zu tun. Ab und zu nahm er wahrscheinlich kleine Ergänzungen und Änderungen vor, wie die Abschriften nahelegen. Das Schicksal des Autographs bleibt jedoch völlig ungewiss. Wahrscheinlich war es mit einem verschollenen Manuskript identisch, das sich einst im Besitz von Carl Philipp Emanuel Bach befand.[42] Dieses Manuskript muss die Vorlage für die Abschrift gewesen sein, die nach 1757 von Johann Nicolaus Schober, Kopist der Berliner Hofkapelle, angefertigt wurde, der vor der Übersiedlung des Bach-Sohnes nach Hamburg im Jahr 1768 viel aus dessen Bibliothek kopierte. Schobers Abschrift bildet auch das Bindeglied zu der handschriftlichen Überlieferung, die – höchstwahrscheinlich über Jean-Pierre Duport (1741–1818), ab 1773 preußischer Hofcellist – schließlich zur Erstausgabe (Paris, um 1824) führte.[43]

In Anbetracht von Bachs Ruf primär als Organist und Autorität auf dem Gebiet der Tasteninstrumente ist es höchst bemerkenswert, dass seine Violin- und Cellosoli bereits vor 1800 weit verbreitet waren, wenn auch in relativ geringer Anzahl von gut 20 erhaltenen Abschriften. Die Violinsoli erschienen 1801/02 im Druck, fast zeitgleich mit der Erstausgabe des *Wohltemperierten Claviers*. Beide Sammlungen wurden gemeinsam von Simrock in Bonn und seinem Verlagspartner in Paris herausgegeben, die Cellosuiten folgten zwei Jahrzehnte später.

Zu jener Zeit war Bachs Kompetenz und Erfahrung mit Streichinstrumenten vor allem mit diesen beiden Sammlungen unbegleiteter Solowerke nachgewiesen. Carl Philipp Emanuel Bachs Zeugnis von 1774 erhellt den Hintergrund: »Er verstand die Möglichkeiten aller Geigeninstrumente vollkommen. Davon zeugen seine *Soli* für die Violine und für das Violoncell ohne Bass. Einer der größten Geiger sagte mir einmahl, daß er nichts vollkommeneres, um ein guter Geiger zu werden, gesehen hätte u. nichts beßeres den Lehrbegierigen anrathen könnte, als obengenannte Violinsoli ohne Baß.«[44] Bachs Sohn betonte ausdrücklich, dass sein Vater sowohl Geige als auch Bratsche spielte; das Cello hingegen wird nicht explizit erwähnt. Allerdings spiegelt sich Bachs intensive und langjährige Beschäftigung mit den verschiedenen vier- und fünfsaitigen Instrumenten, die auf unterschiedliche Weise gehalten und gespielt wurden, in den beiden Bänden unbegleiteter Soli deutlich wider. Darüber hinaus unterstreicht die Formulierung »er verstand die Möglichkeiten aller Geigeninstrumente vollkommen« seine profunde Kenntnis dieser Instrumente und ihrer wirkungsvollsten Anwendungen. Eigentlich ist Carl Philipp Emanuels Aussage sogar noch untertrieben, wenn man bedenkt, dass die unbegleiteten Soli technische und ästhetische Maßstäbe setzten, die nie übertroffen wurden.

Carl Philipp Emanuel hat den im obigen Zitat erwähnten Zeugen (»einer der größten Geiger«) nicht namentlich genannt, aber es kommen eigentlich nur drei plausible Kandidaten infrage. Einer von ihnen ist der Berliner Konzertmeister Johann Gottlieb Graun (1703–1771), mit dem Carl 1740 in die preußische Hofkapelle eintrat. Auch Johann Sebastian kannte Graun, ein herausragender Schüler sowohl von Johann Georg Pisendel in Dresden als auch von Giuseppe Tartini in Padua, und schickte seinen Sohn Wilhelm Friedemann zum Unterricht zu ihm. Es ist kaum darum vorstellbar, dass Graun die Violinsoli nicht kannte. Infrage käme auch der Berliner Hofmusiker Franz Benda (1709–1786), ein Schüler Grauns, ebenfalls ein exzellenter Geiger und ein Freund Carl Philipp Emanuels. Der dritte Kandidat wäre der brillante Geigenvirtuose Johann Peter Salomon (1745–1815) aus Bonn, der 1765 von Prinz Heinrich von Preußen als Konzertmeister für seine Ensembles in Rheinsberg und Berlin angestellt wurde. Emanuel Bach kannte ihn aus dieser Zeit gut und blieb auch nach seinem eigenen Umzug nach Hamburg mit ihm in Kontakt.[45]

Doch unabhängig davon, wen Carl Philipp Emanuel im Sinn hatte: Die emphatische Charakterisierung der Violinsoli – übertragbar auch auf die Soli für Cello – als »nichts vollkommeneres, um ein guter Geiger zu werden« verweist auf ihren unübertroffenen pädagogischen Wert. Es ist wohl kein Zufall, dass die Titelblätter der erwähnten Erstausgaben der Soli für Violine und für Violoncello, die beide auf Manuskripten des 18. Jahrhunderts aus dem Berliner Bach-Kreis beruhen, auf »studio« bzw. »études« anspielen und damit die Studienzwecke dieser Werke bestätigen. Tatsächlich weisen bereits die beiden frühesten Abschriften der Violinsoli in genau diese Richtung. Die eine wurde 1720 oder kurz danach von einem Köthener Kopisten für den Gebrauch der dortigen fürstlichen Kapelle angefertigt, die andere 1723 von dem Thomaner Johann Andreas Kuhnau für Bachs Leipziger Ensembles.[46] Der Praktiker-Komponist scheint diese kompromisslos anspruchsvollen Soli den Streichern, mit denen er zusammenarbeitete, unabhängig von ihrem Können vorgelegt zu haben, ganz ähnlich wie er seine Clavierschüler mit höchst anspruchsvollem Unterrichtsmaterial ausstattete. Es waren keine bloßen Übungen zum Ausbau technischer Fertigkeiten, sondern exquisite Kreationen, die Kopf und Herz ansprechen sollten, unvergleichliche Musterbeispiele dafür, wie Handwerk und Kunst verschmelzen und eins werden konnten.

Dass Darbietungen dieser Solowerke nirgends dokumentiert sind, darf nicht zu Fehlschlüssen verleiten. Aufführungsmöglichkeiten am Fürstenhof in Köthen oder innerhalb des Leipziger Collegium Musicum gab es genug. Gewiss hat Bachs Köthener Konzertmeister, der angesehene Geiger Joseph Spieß, oder der befreundete Dresdner Violinist Johann Georg Pisendel das eine oder andere Mal ein unbegleitetes Solostück vorgetragen – ganz zu schweigen vom Komponisten selbst. Sicher ist auch, dass der bereits erwähnte Johann Peter Salomon die Violinsoli über Jahrzehnte hinweg regelmäßig in Konzerten in Berlin und anderswo spielte. Der preußische Kapellmeister Johann Friedrich Reichardt erinnerte sich in seinen Memoiren an eine Begebenheit aus der Karnevalssaison 1774 in Berlin:

> »Die interessanteste Künstlerbekanntschaft war für mich die mit dem vortrefflichen Violinisten *Salomon* [...]. Durch ihn lernte ich zuerst die herrlichen Violinsolo's ohne Begleitung von *Seb. Bach* kennen, in welchen der Satz oft zwei- und dreistimmig durchgeführt und auch einstimmig so köstlich erfunden ist, daß jedes weitere Accompagnement überflüssig erscheint. Die große Kraft und Sicherheit, mit welcher *Salomon* diese Meisterwerke vortrug, war auch mir ein neuer Antrieb, das Vielstimmige auf der Violine, das ich schon längst mit Vorliebe geübt hatte, immer zu vervollkommnen.«[47]

Salomon übersiedelte 1781 über Paris nach London, wo er für den Rest seines Lebens verblieb. Auch spielte er weiterhin die Bach-Soli, wie Ernst Ludwig Gerber 1790 berichtete: »Alles vereiniget sich, in Deutschland und England, diesen großen Meister auf der Violine zu rühmen. Sowohl das Adagio als das Allegro soll er mit der gleichen Kunst auszuführen wissen. Ja sogar Fugen von Johann Sebastian Bach soll er mit Präcision und Ausdruck auf der Violine spielen.«[48] Bemerkenswert ist hier der Hinweis auf das ausdrucksvolle Spiel der Fugen, der auf Salomons hinreißende Vortragsweise verweist. Noch 1819, vier Jahre nach seinem Tod, zählte ihn der Verfasser eines Berichtes über die Musik in England zu den »Wenigen, die Sebastian Bachs bekannte Solos öffentlich spielen konnten und mochten«[49] – was darauf hindeutet, dass es außer ihm noch andere Interpreten gab und diese Werke tatsächlich das ganze erste Jahrhundert nach ihrer Niederschrift gespielt wurden. Über die frühe Aufführungstradition der Cellosuiten gibt es leider keine vergleichbaren Informationen.

In ihrem formalen Aufbau zeigen die beiden Sammlungen gleichermaßen originelle Ansätze. Band I mit den Violinsoli (Tab. 3-4) betont das kontrastierende Nebeneinander zweier unterschiedlicher Gattungen und wechselt zwischen viersätzigen Sonaten und sehr unregelmäßig strukturierten Suiten im italienischen Gewand der Partita,[50] die Sätze wie Preludio, Allemanda, Corrente, Sarabanda, Borea oder Giga enthalten. Sonaten und Partiten bilden keine getrennten Dreiergruppen, sondern wechseln sich ab, was durch die originale Nummerierung unterstrichen wird, und stellen auf diese Weise die beiden vorherrschenden Instrumentalgattungen gleichberechtigt nebeneinander. Für die Sonaten bevorzugte Bach den Corelli-Typus mit vier Sätzen (langsam – schnell – langsam – schnell), wobei die ersten drei Sätze aller Sonaten polyphon konzipiert sind und der vierte ein einstimmiger schneller Finalsatz ist. Die zweiten Sätze sind als Fugen komponiert, und die warmen lyrischen dritten Sätze wechseln in eine verwandte Tonart. Innerhalb des viersätzigen Sonatenzyklus zeigt jeder einzelne Satz ein höchst individuelles Profil. Die fugierten Sätze fungieren als exemplarische Vertonungen imitatorischer Mehrstimmigkeit, auch wenn die Stimmen – ausgeführt mit Doppel- und Dreifachgriffen sowie mit arpeggierten Akkorden – die Illusion strenger drei- und vierstimmiger Mehrstimmigkeit nicht dauerhaft und nur andeutungsweise erzeugen können. Expositionen mit klar artikulierten Themeneintritten, Fortspinnungen von Motiven, die meist von den fugierten Themen abgeleitet sind, und freie figurative Zwischenspiele wechseln sich ab und erzeugen die formalen Strukturen echter Fugen.

Im Gegensatz zu den Sonaten hat keine der drei Partiten die gleiche Satzfolge; auch folgt keine einem konventionellen Muster. In dieser Hinsicht, in ihrer Freiheit der Satzwahl, unterscheiden sich die Violinpartiten auch erheblich von Bachs Claviersuiten. In dem Bestreben, originelle Lösungen zu finden und den Anschein jeglicher Uniformität zu vermeiden, gab Bach jeder Partita eine andere Gestalt und eine andere Anzahl von Sätzen. Partita 1 bietet vier Tanztypen mit jeweils einem Variationssatz. Partita 2 präsentiert als einzige die typische Abfolge von »Allemande – Courante – Sarabande – Gigue«, zwar ohne eingeschobene Tänze nach der Sarabande, stattdessen aber mit einer übergroßen Schluss-Ciaccona. Partita 3 schließlich beginnt mit einem Präludium beachtlichen Ausmaßes, gefolgt von sechs Tänzen in einer Abfolge ohne Parallele. Im Gegensatz zu den Sonaten dienen hier die durch Doppel- und Dreifachgriffe erzeugten Akkordstrukturen nicht dem Zweck, kontrapunktische Mehrstimmigkeit zu suggerieren. Vielmehr präsentieren sie eine große Vielfalt an harmonischen Akzentuierungen und überraschenden Wendungen, die den unterschiedlichen rhythmischen Mustern der verschiedenen Tanzcharaktere entgegenkommen und ihre expressive Wirkung verstärken.

Tabelle 3-4 Sechs Sonaten und Partiten für Violine solo

Sonata 1 in g-Moll BWV 1001	Partita 1 in h-Moll BWV 1002	Sonata 2 in a-Moll BWV 1003	Partita 2 in d-Moll BWV 1004	Sonata 3 in C-Dur BWV 1005	Partita 3 in E-Dur BWV 1006
Adagio $\mathbf{c}$	Allemanda $\mathbf{c}$ Double $\mathbf{\phi}$	Grave $\mathbf{c}$	Allemanda $\mathbf{c}$	Adagio $\frac{3}{4}$	Preludio $\frac{3}{4}$
Fuga $\mathbf{\phi}$	Corrente $\frac{3}{4}$ Double $\frac{3}{4}$	Fuga $\frac{2}{4}$	Corrente $\frac{3}{4}$	Fuga $\mathbf{\phi}$	Loure $\frac{6}{4}$
Siciliana $\frac{12}{8}$ (B-Dur)	Sarabande $\frac{3}{4}$ Double $\frac{9}{8}$	Andante $\frac{3}{4}$ (C-Dur)	Sarabanda $\frac{3}{4}$	Largo $\mathbf{c}$ (F-Dur)	Gavotte en Rondeau $\mathbf{\phi}$
Presto $\frac{3}{8}$	Tempo di Borea $\mathbf{\phi}$ Double $\mathbf{\phi}$	Allegro $\mathbf{\phi}$	Giga $\frac{12}{8}$	Allegro assai $\frac{3}{4}$	Menuet I $\frac{3}{4}$
			Ciaccona $\frac{3}{4}$		Menuet II $\frac{3}{4}$
					Bourrée 2
					Gigue $\frac{6}{8}$

Innerhalb der Partiten ragt die Ciaccona in jeder Hinsicht heraus, nicht nur als ein Satz, der in Bachs Instrumentalschaffen keine Entsprechung hat, sondern auch im Blick auf seine schiere Länge von 257 Takten – und vor allem durch seine stupende Virtuosität.[51] Die ausgedehnte Satzform besteht aus 64 Variationen über einen achttönigen Ostinato-Bass: eine meisterliche Übung in der Verbindung von formaler Disziplin mit origineller Phantasie und in der Gegenüberstellung extrovertierter Effekte mit beredten Momenten introspektiven Charakters. Nicht nur als Höhepunkt der Partita, sondern durchaus repräsentativ für die Sammlung als solche, steht die Ciaccona für den Komponisten, den Johann Friedrich Reichardt 1805 mit seiner treffenden Metapher als den »großen Meister« beschrieb, der »mit Freyheit und Sicherheit [...] sich auch in Ketten zu bewegen weiß«.[52]

Band II enthält sechs Soli für Violoncello, bei denen es sich ausschließlich um Suiten handelt (Tab. 3-5). Sie lehnen sich in der Disposition eng an die *Englischen Suiten* an, nicht nur in der Wahl des Typus »avec prélude« und in der konsequenten Verwendung von deutlich unterschiedenen Eröffnungssätzen und markanten Gigue-Finali, sondern auch in der systematischen Platzierung paariger Menuette, Bourrées und Gavotten zwischen den Sarabanden und Giguen. Die Sammlung als Ganzes weist unter Bachs Instrumentalsuiten die regelmäßigste und konsequenteste Satzorganisation überhaupt auf. Dennoch

Tabelle 3-5 Sechs Suiten für Violoncello solo

	Suite 1 in G-Dur BWV 1007	Suite 2 in d-Moll BWV 1008	Suite 3 in C-Dur BWV 1009	Suite 4 in Es-Dur BWV 1010	Suite 5 in c-Moll BWV 1011 discordable	Suite 6 in D-Dur BWV 1012 a cinque cordes
Prélude	𝄴	$\frac{3}{4}$	$\frac{3}{4}$	¢	¢-$\frac{3}{8}$	$\frac{12}{8}$
Allemande	¢	𝄴	𝄴	¢	¢	𝄴
Courante	$\frac{3}{4}$	$\frac{3}{4}$	3	$\frac{3}{4}$	$\frac{3}{2}$	$\frac{3}{4}$
Sarabande	$\frac{3}{4}$	$\frac{3}{4}$	$\frac{3}{4}$	$\frac{3}{4}$	$\frac{3}{4}$	$\frac{3}{2}$
	Menuet I $\frac{3}{4}$	Menuet I $\frac{3}{4}$	Bourrée I ¢	Bourrée I ¢	Gavotte I ¢	Gavotte I ¢
	Menuet II $\frac{3}{4}$	Menuet II 3	Bourrée II ¢	Bourrée II 𝄴	Gavotte II ¢	Gavotte II 2
Gigue	$\frac{6}{8}$	$\frac{3}{8}$	$\frac{3}{8}$	$\frac{12}{8}$	$\frac{3}{8}$	$\frac{6}{8}$

stellen der Aufbau und der Reiz der einzelnen Sätze die bemerkenswerten Ergebnisse der Suche des Komponisten nach Lösungen für ein nie zuvor angegangenes Problem dar: ein einzelnes Violoncello in die Lage zu versetzen, auf idiomatische Weise die unterschiedlichen Charakteristika einer Vielzahl von Satztypen hervorzubringen, ohne den Eindruck entstehen zu lassen, dass der Komposition etwas fehlt. In diesem Sinne kann das Arpeggiando-Präludium der Suite 1 in G BWV 1007 als kongeniale Antwort des Cellos auf das eröffnende Präludium in C des *Wohltemperierten Claviers* verstanden werden, und die eröffnende Geste des Präludiums zur C-Dur-Suite BWV 1009 – mit ihrer ausladenden Skala über zwei Oktaven von c^1 bis C – als Demonstration, dass das Cello ohne Weiteres das gesamte Tonspektrum bedienen kann.

Im Blick auf die Parameter der Cellotechnik setzte Bach Doppel- und Dreifachgriffe sparsamer ein als in den Violinsoli. Der Fugenabschnitt des Präludiums von Suite 5 zum Beispiel (die einzige Fuge innerhalb der Cellosuiten) besteht aus einer einstimmigen Linie, innerhalb derer das Thema in standardmäßiger fugierter Manier gestaltet ist: In der Exposition steht die Aufstellung des Themas in der Tonika und die Beantwortung in der Dominante. Jedoch verbindet sich das Thema nie mit einem Kontrapunkt, wie es in der mehrstimmigen Behandlung der Violinfugen immer der Fall ist. Stattdessen hat Bach die vertikale Partitur auf kunstvolle Weise in eine lineare Partitur umgewandelt. Andererseits wandte er in einer Reihe von Tanzsätzen sehr effektiv Doppelgriff-Texturen an, vor allem in den Sarabanden von fünf der sechs Suiten. Im Gegensatz dazu bietet die außergewöhnliche Sarabande der 5. Suite in c-Moll, die von den akkordischen Klängen der Courante und der Gavotte umrahmt wird, eine ungewöhnlich intime und melancholische Melodie – die abstrakteste und zugleich überzeugendste Darstellung dieses gravitätischen Solotanzes, die Bach je ersonnen hat (Abb. 3-8a und 3-8b). Die melodische Linie verschleiert das sonst allgegenwärtige rhythmische Muster der Sarabande mit seiner Betonung auf dem zweiten Schlag, insbesondere durch die scheinbar falsch platzierte Viertelnote am Ende der ersten beiden Takte in beiden Abschnitten des Stücks. Tatsächlich erscheint Schlag 2 – der typische Sarabanden-Schritt – während des ganzen Satzes fast wie eingeebnet, soll aber dennoch in den wechselnden auf- und abwärtsgerichteten Appoggiaturen sanft betont werden. Die symmetrische Gestaltung von Schlag 2 mit den Halbtonschritten *H-c, e-f, e-f, H-c* in den ersten vier Takten zeigt eine außerordentlich subtile und zwingende rhythmisch-melodische Strategie. Insgesamt bieten die Cellosuiten bemerkenswert originelle und sensible Ausdeutungen der verschiedenen Tanztypen mit ihren unterschiedlichen emotionalen Charakteren – und dies innerhalb eines musikalischen Idioms, wie es weder ein Tasteninstrument noch eine Violine nachahmen könnte.

Abbildung 3-8a Sarabande der Suite in c-Moll für Cello solo BWV 1011/4, Abschrift von Anna Magdalena Bach (ca. 1728), Ausschnitt

Abbildung 3-8b Sarabande der Suite in c-Moll für Cello solo BWV 1011/4, Abschrift eines Berliner Schreibers, der für Johann Nicolaus Schober arbeitete (nach 1759), Ausschnitt

Ein weiterer Aspekt von Band II betrifft die Anweisung »discordable« bzw. »à cinque cordes« in den letzten beiden Suiten. Für die Suite 5 in c-Moll muss das Instrument in einer sogenannten Skordatur gestimmt werden – eine Technik, die häufiger bei der Violine angewendet wird und eine vom Üblichen abweichende Stimmung bezeichnet. In diesem Fall wird statt der regulären Stimmung des Cellos *C-G-d-a* der »Akkord« *C-G-d-g* verwendet. Diese »Fehlstimmung« soll das Spielen bestimmter Passagen erleichtern und ermöglicht zudem spezielle Klangeffekte.

Die D-Dur-Suite erfordert laut der Anweisung »à cinque cordes« den Einsatz eines fünfsaitigen Instruments mit einer zusätzlichen *e¹*-Saite über der *a*-Saite. Die häufige Verwendung des Alt- und sogar des Sopranschlüssels deutet darauf hin, dass Bach hier ein anderes Instrument im Sinn hatte als für die anderen fünf Suiten, höchstwahrscheinlich ein kleineres Cello, das unter drei Namen rangierte: Violoncello piccolo, Viola da basso[53] und Viola pomposa – Letzteres ein Instrument, dessen »Erfindung« Bach selbst zugeschrieben wurde.[54] Im Gegensatz zur Violine war das Cello in der ersten Hälfte des 18. Jahrhunderts nicht standardisiert, sondern existierte in unterschiedlichen Größen und Bauweisen. Die verschiedenen mittelgroßen bis großen Bass-Streichinstrumente erforderten teilweise besondere Spielpositionen, so die auf dem Arm gehaltene Viola da braccio oder die mit einem Schultergurt gestützte Viola da spalla. Die vertikal positionierten Instrumente wurden entweder mit Über- oder Unterhand-Bogengriff gespielt. Bachs eigene Instrumentensammlung umfasste drei Bratschen, ein »Bassetgen« (Violoncello piccolo oder Viola pomposa) und zwei Violoncelli[55] – diese Information gibt zwar keine Antwort auf die Frage, welches Instrument er für die letzten beiden Suiten im Sinn hatte, spiegelt aber die zeitgenössische Vielfalt an Saiteninstrumenten in tiefer Lage wider. Die sechs Cellosuiten deuten denn auch darauf hin, dass Bach einer Situation Rechnung tragen wollte, die sich instrumentenbaulich im Fluss befand, ohne genaue Vorschriften zu machen. Im Lichte der oben zitierten Bemerkung Carl Philipp Emanuels (»er verstand die Möglichkeiten aller Geigeninstrumente vollkommen«) erweitern diese beiden besonderen Suiten am Ende von Band II die Vielfalt der Sammlung, sodass Band I und II zusammen tatsächlich Spieler »aller Geigeninstrumente« ansprechen. In vielerlei Hinsicht erforderte dieses Streicherprojekt tatsächlich jene Flexibilität, die Bach aus seiner Erfahrung mit Tasteninstrumenten kannte – nämlich Orgeln, Cembali und Clavichorde gleichermaßen zu beherrschen, vom Lautenwerk (als Variante des Cembalos mit Darm- statt Metallsaiten) ganz zu schweigen.

In der Kategorie von Stücken für unbegleitete Soloinstrumente schrieb Bach nur ein weiteres Werk, das »Solo pour la flûte traversière« in a-Moll BWV 1013 (Allemande – Corrente – Sarabande – Bourrée Anglaise). Seltsamerweise bildet seine einzige Quelle einen Anhang zum erwähnten Köthener Manuskript der Violinsoli.[56] Die zeitliche Einordnung legt nahe, dass der Komponist mit der Komposition eines Stücks für Solo-Traversflöte die Absicht hatte, sich selbst – wie auch die mit ihm arbeitenden Musiker – mit den Möglichkeiten eines neuen Instruments bekannt zu machen, das gerade in ihr Blickfeld getreten war. Denn in Bachs Schaffen taucht die Traversflöte erstmals im *Brandenburgischen Konzert* Nr. 5 und in den Köthener Gückwunschkantaten *Durchlauchtster*

Leopold BWV 173.1 und *Erwünschtes Freudenlicht* BWV 184.1 auf; regelmäßig setzte er die Traversflöte aber erst ab Frühjahr 1724 ein. Zu diesem Zeitpunkt scheint er weder Zeit noch Interesse gehabt zu haben, die beiden Bände für Violine und Violoncello durch weitere Werke für Solobläser zu ergänzen. Diese Aufgabe überließ er seinem Freund und Kollegen Georg Philipp Telemann, der schließlich eine erfolgreiche Sammlunge mit zwölf mehrsätzigen »Fantasies [...] sans Basse« für Traversflöte (1733) – gefolgt von eben solchen für Violine (1735) und für Viola da gamba (1736) – veröffentlichte.

Anders als Telemann aber, der in seinen Solofantasien Sätze im Sonaten- und Suiten-stil adaptierte und vermischte, verzichtete Bach auf »Cross-over«-Experimente. Er hielt sich strikt an das Format und die Konventionen der traditionellen Gattungen, verband sie aber, wo immer möglich, mit seiner stilistischen Erkennungsmarke der kontrapunk-tischen Polyphonie. Bachs konsequenter Tastenempirismus zielte eindeutig auf »Voll-stimmigkeit« (vgl. Prolog, S. 19). Diese generelle Anreicherung von Textur und Klang, die weit über das hinausging, was in Fugen und streng kontrapunktischen Formen üblich war, beeinflusste seine Neufassung und Erweiterung der Möglichkeiten des Streicher-satzes in hohem Maße. Wohl wissend um die instrumentalen Beschränkungen von vier oder fünf Saiten und einem Bogen, prägte Bach einen beispiellosen idiomatischen Stil des polyphonen Spiels. In diesem Zusammenhang liefern einige spätere Bearbeitun-gen der unbegleiteten Streichersoli – die Cembalosonate BWV 964 (auf Grundlage von BWV 1003), die Lautensuite BWV 995 (die auf BWV 1011 basiert) und die Kantatensin-fonie BWV 29/1 (mit Rückgriff auf BWV 1006/1) – lehrreiche Beispiele, die die inneren Zusammenhänge zwischen verschiedenen Realisierungen ein und desselben Musik-stücks verdeutlichen. Bachs Schüler Johann Friedrich Agricola sprach genau diesen Aspekt und das allgemeine Prinzip der »Vollstimmigkeit« an, als er 1775 zu den unbegle-iteten Soli bemerkte: »Ihr Verfasser spielte sie oft selbst auf dem Clavichorde, und fügte ihnen Harmonien so viel bey, als er für nöthig befand. Er erkannte auch hierinn die Nothwendigkeit einer klingenden Harmonie, die er bey jener Composition nicht völliger erreichen konnte«.[57]

Das Streben nach Vollstimmigkeit – hier freilich erzeugt durch Auslassungen und Illusionseffekte – zeigt sich implizit nicht nur in den akkordischen und polyphonen Strukturen der Streichersoli, sondern auch in den ausschweifenden Linien, die verti-kale Harmonien – gleichermaßen konsonante wie dissonante – suggerieren. Der Bach-Schüler Johann Philipp Kirnberger wies 1771 auf einige der technischen Schwierigkeiten hin, die mit dieser Herausforderung einhergehen: »Noch schwerer ist es, ohne die ge-ringste Begleitung einen einfachen Gesang so harmonisch zu schreiben, dass es nicht möglich sey, eine Stimme ohne Fehler beyzufügen: nicht zu rechnen daß die hinzuge-fügte Stimme höchst unsingbar und ungeschickt seyn würde. In dieser Art hat man von J. S. Bach, ohne einiges Accompagnement, 6 Sonaten für die Violin und 6 [Suiten] für das Violoncell.«[58]

Mit den beiden Bänden der Violin- und Cellosoli hob Bach sowohl die Komposi-tion als auch die Aufführungspraxis solcher Stücke in nie dagewesene Höhen. In ihrer einzigartigen Gestaltung, ihrer Vielseitigkeit und ihrer Vielfalt an Ausdruckscharakteren profitieren beide Sammlungen von den Erfahrungen, die der Komponist mit dem *Orgel-Büchlein*, dem *Wohltemperierten Clavier*, der *Aufrichtigen Anleitung* und den beiden Suitensammlungen für Tasteninstrumente gesammelt hatte. Mit Violine und Cello im Fokus errichten sie ein bemerkenswert vollständiges Grundgerüst für instrumentale Polyphonie, und zwar im Hinblick auf die idiomatische Handhabung der höheren und tieferen Registerlagen, die breite Palette an Klangfarben und die höchst unterschiedlichen Ausdrucksweisen.

Sechs Konzerte für verschiedene Instrumente

So bemerkenswert das Opus der als *Brandenburgische Konzerte* bekannten Werke auch sind: Nachhall und Wirkung dieser Sammlung blieben lange aus. Die sechs Konzerte existierten nur in einer einzigen Partitur, die Bach für Markgraf Christian Ludwig von Brandenburg-Schwedt (1677–1734), den Bruder des ersten Königs in Preußen, anfertigte und ihm widmete. Nach dem Tod des Markgrafen im Jahr 1734 schlummerten die Kompositionen über Generationen in verschiedenen Bibliotheksregalen, bis sie anlässlich des Bach-Jubiläums 1850 erstmals veröffentlicht wurden.[59] Bach hatte das Aufführungsmaterial aller sechs Werke für seinen eigenen Gebrauch natürlich aufbewahrt, aber offenbar nicht als zusammenhängende Gruppe. So fielen sie schließlich im Katalog des Nekrologs von 1750 mit zahlreichen weiteren Werken unter die pauschale Rubrik der »Menge anderer Instrumentalsachen, von allerley Art, und für allerley Instrumente« (Tab. 1-1).

Die Werke, die Bach 1721 für den Markgrafen als »Six Concerts avec plusieurs instruments« (sechs Konzerte für verschiedene Instrumente) auswählte, rangieren jenseits der Standardtypen von Konzerten und Concerti grossi und wurden als eine Sammlung von Konzerten mit verschiedenen Kombinationen von Soloinstrumenten zusammengestellt (Tab. 3-6). Sie gehörten offenbar zu einem größeren Korpus von verschiedenen Einzelkonzerten aus der Weimarer und Köthener Zeit, einem Repertoire, das als solches nicht mehr existiert und daher eine genauere Beschreibung nicht zulässt.[60] Da zudem keine Kompositionspartituren der *Brandenburgischen Konzerte* überliefert sind, lässt sich auch ihre Entstehungszeit nicht sicher bestimmen. Chronologische Anhaltspunkte gibt es nur für zwei von ihnen, für BWV 1046 und BWV 1050. Das erste Konzert existiert in einer etwas kürzeren dreisätzigen Sinfonia-Fassung BWV 1046.1 (Allegro – Adagio – Menuett mit zwei Trios), die ursprünglich als Ouvertürensuite für die *Jagdkantate* BWV 208 fungierte, eine Serenade, die im Auftrag des Hofes von Sachsen-Weißenfels zum Geburtstag von Herzog Christian in dessen Jagdschloss im Februar 1713 aufgeführt (und 1716 in Weimar wiederaufgeführt) wurde. Für das fünfte Konzert sind autographe Aufführungsstimmen aus der Zeit um 1720 überliefert, die bis in die 1740er-Jahre hinein verwendet wurden. Diese Datierung macht eine Entstehung im Zusammenhang mit Bachs Besuch in Berlin wahrscheinlich, wo er im Frühjahr 1719 ein neues Cembalo des Berliner Instrumentenbauers Michael Mietke abholte. Bei dieser Reise könnte sich auch die Gelegenheit für ein Treffen mit dem Markgrafen und seiner Privatkapelle ergeben haben, eine denkbare Voraussetzung für die Widmung von 1721.

Die Verluste an Weimarer und Köthener Quellen machen es unmöglich, den Umfang, geschweige denn die Art des Konzertrepertoires abzuschätzen, dessen Kernelement die *Brandenburgischen Konzerte* darstellen. Jedes erfordert ein singuläres Ensemble von Soloinstrumenten, das Streicher, Blechbläser, Holzbläser oder Cembalo auf jeweils unterschiedliche und unverwechselbare Weise kombiniert. Es gibt kein Äquivalent für derart gewagte Kombinationen, auch wenn Bachs befreundeter Kollege Georg Philipp Telemann bereits vor 1721 Konzerte für gemischte Sologruppen von Streichern und Holzbläsern komponiert hatte. Diese entstanden während dessen Eisenacher und Frankfurter Periode, und gewiss waren die beiden Komponisten zumindest in Umrissen mit dem Schaffen des jeweils anderen vertraut.

Wohl wissend um Typologie und Repertoirebreite der zeitgenössischen Konzertproduktion, zumal der veröffentlichten Sammlungen, verfolgte Bach eine neuartige und weitgehend originelle Strategie, indem er aus seinem vorhandenen Vorrat sechs Konzerte auswählte und zu einem Opus zusammenfasste. Diese Werke waren ursprünglich nicht als Reihe entstanden, sondern wurden zu einem späteren Zeitpunkt gezielt zusammengestellt. Allerdings ähnelt der Widmungsband für den Markgrafen von Brandenburg in seiner inhaltlichen Alleinstellung den Köthener Schwestersammlungen der Violin- und Cellosoli, dem *Wohltemperierten Clavier* und den Inventionen und Sinfonien.

Tabelle 3-6 *Six Concerts avec plusieurs instruments* (»Brandenburgische Konzerte«)

Konzert 1 in F-Dur BWV 1046	Konzert 2 in F-Dur BWV 1047	Konzert 3 in G-Dur BWV 1048	Konzert 4 in G-Dur BWV 1049	Konzert 5 in D-Dur BWV 1050	Konzert 6 in B-Dur BWV 1051
Cor. da cacc. I–II., Ob. I–III, Fag., Vl. picc.; Vl. I–II, Va., Bc.	Tr., Fl., Ob., Vl. princ.; Vl. I–II, Va., Bc.	Vl. I–III, Va. I–III, Vc. I–III, Bc.	Fl. d'ecco I–II, Vl. princ.; Vl. I–II, Va., Bc.	Fl. trav., Vl. princ., Cemb. conc.; Vl., Va., Bc.	Va. I–II, Vc., Va. da gamba I–II, Vne./Vc., Bc
[Allegro] $\mathreferto{C}$	[Allegro] $\mathbf{C}$	[Allegro] $\mathbf{C}$	Allegro $\frac{3}{8}$	Allegro $\mathbf{C}$	[Allegro] $\mathbf{C}$
Adagio $\frac{3}{4}$ (d-Moll^{V})	Andante $\frac{3}{4}$ (d-Moll)	Adagio $\mathbf{c}$ (e-Moll^{V})	Andante $\frac{3}{4}$ (e-Moll^{V})	Affetuoso $\mathbf{c}$ (h-Moll)	Adagio ma non tanto $\frac{3}{2}$ (Es-Dur^{V})
Allegro $\frac{6}{8}$	Allegro assai $\frac{2}{4}$	Allegro $\frac{12}{8}$	Presto $\mathbf{C}$	Allegro $\frac{2}{4}$	Allegro $\frac{12}{8}$
Menuet $\frac{3}{4}$ – Trio $\frac{3}{4}$ (d-Moll) – Polonaise $\frac{3}{8}$ (F-Dur) – Trio $\frac{2}{4}$ (F-Dur)					

Bc. = Basso continuo; Fg. = Fagott; Cemb. conc. = konzertierendes Cembalo; Cor. da cacc. = Corno da caccia; Fl. = Flöte; Fl. d'ecco = Blockflöte; Fl. trav – Traversflöte; Ob. = Oboe; Tr. = Trompete; Va. = Viola; Vc. = Violoncello; Vl. = Violine; Vl. picc. = Violino piccolo (gestimmt eine kleine Terz höher als eine Violine); Vl. princ. = Violino principale (Solo-Violine); Vne. = Violone
Das hochgestellte V kennzeichnet Kadenzen, die auf der Dominante enden. Vier Mittelsätze enden mit phrygischen Kadenzen auf V. In Konzert 3 ist anstelle des Mittelsatzes lediglich die Kadenz angegeben. In Konzert 6 steht der Satz in Es-Dur, aber die phrygische Kadenz steht auf D (V. Stufe von G-Dur).

Sicherlich basieren die farbenreichen Instrumentalkombinationen der *Brandenburgischen Konzerte* auch auf Bachs Erfahrung als Organist und auf seiner Vorliebe für Registermischungen, die das reiche Klangpotenzial der Orgel für expressive Zwecke nutzten, vor allem in Choralvorspielen. Diese Tendenz macht sich auch in den ungewöhnlichen Besetzungen einiger seiner Weimarer Kantaten bemerkbar. Ein Beispiel dafür ist die Kantate *Gleichwie der Regen und Schnee vom Himmel fällt* BWV 18 mit ihrer Sinfonia in tiefer Lage für vier Bratschen und Basso continuo, die dem Effekt im sechsten *Brandenburgischen Konzert* ähnelt, oder auch die Kantate *Tritt auf die Glaubensbahn* BWV 152 mit ihrer farbigen Sinfonia, die Blockflöte, Oboe, Viola d'amore, Viola da gamba und Continuo vereinigt und damit an die vier verschiedenen Soloinstrumente im zweiten *Brandenburgischen Konzert* erinnert. Um die Ankündigung von »plusieurs instruments« im Titel der Sammlung für den Markgrafen einzulösen, hätte Bach neben der obligatorischen Besetzung mit Ripieno-Streichern keine mannigfaltigere und buntere Palette an Soloinstrumenten vorsehen können: Violino piccolo, Violine, Viola, Violoncello und Viola da gamba, Corno da caccia und Trompete, Blockflöte, Traversflöte, Oboe und schließlich Cembalo. Ob freilich das markgräfliche Residenzensemble den Anforderungen Bachs gerecht werden konnte, steht auf einem anderen Blatt.

Die schiere Anzahl verschiedener Instrumente ist jedoch nur ein Teil des Bildes. Denn die Instrumentenkombinationen der jeweiligen Konzerte – bisweilen selbst in den einzelnen Sätzen wechselnd – bestimmen wesentlich deren formale Gestalt. So weisen die beiden Konzerte mit reiner Streicherbesetzung deutlich unterschiedliche Solistengruppen auf: Die zehnstimmige Besetzung des dritten Konzerts stellt drei Gruppen von drei Violinen, drei Bratschen und drei Celli über einem Basso continuo nebeneinander, woraus sich eine konzertierende Beziehung von drei Triogruppen unterschiedlicher Register ergibt. Dagegen stellt die sechsstimmige Besetzung des sechsten Konzerts zwei Concertino-Gruppen kontrastierender Streichinstrumentenfamilien gegenüber: zwei Bratschen und Cello (»moderne« Streichinstrumente) und zwei Viole da gamba und Violone (»altmodische« Streichinstrumente). In ähnlicher Weise verbindet das vierte Konzert zwei gegensätzliche Soloprinzipien, indem hier Elemente des Concerto grosso episodisch mit denen eines Solokonzerts abwechseln: Ein dreistimmiges Concertino aus zwei Blockflöten bzw. »Flauti d'echo« (4'-Instrumente)[61] und einer Violine (8'-Instrument) als »Bassetto« (Hochbass) alterniert mit einem weit ausholenden Violinpart, der an Dominanz und Virtuosität in keinem anderen Violinkonzert Bachs eine Entsprechung hat.

Auch der innovative Einsatz des konzertierenden Cembalos im fünften Konzert, das erste Beispiel dieser Art in der Geschichte, führt zu einer hybriden Form: Hier verbindet Bach ein Concertino von Traversflöte, Violine und Cembalo mit dem solistisch dominierenden Solocembalo. Im Mittelsatz sind die Instrumente des Concertinos (ohne Ripieno-Begleitung) vollkommen gleichgewichtig, dagegen verschiebt die ausgedehnte Solo-Kadenz des Kopfsatzes das Gewicht eindeutig zugunsten des Cembalos. Allerdings wird die Ausgewogenheit in der für den Markgrafen bestimmten Fassung negativ beeinträchtigt: Hier, in der Widmungspartitur von 1721, ersetzte Bach die ursprünglich

17-taktige Kadenz der früheren Fassung[62] durch eine neue, 78 Takte lange Kadenz, um die eigene Virtuosität herauszustellen und den Widmungsträger zu beeindrucken. Indem die Kadenz aber nun ein Drittel des gesamten Satzes einnimmt, geht die Ergänzung eindeutig auf Kosten der Proportionen – offensichtlich eine Fehleinschätzung der ästhetischen Wirkung.

Das zweite Konzert zeichnet sich durch die ungewöhnliche Kombination von vier Diskantinstrumenten aus, die die vier Instrumentenfamilien Blechbläser, Labialbläser, Rohrblattbläser und Streicher repräsentieren. Das größte Ensemble aber führt das erste Konzert vor: Es stellt drei kontrastierende Instrumentalchöre gegeneinander (ein Effekt, der auch in der Kantate *Was mir behagt, ist nur die muntre Jagd* BWV 208 eine Rolle spielt) und verlangt dazu zwei Corni da caccia, drei Oboen und ein Fagott sowie eine volle Streicherbesetzung, gekrönt von einer Piccolo-Violine. Die mehrteilige Menuett-Suite am Ende fasst die Möglichkeiten wirkungsvoll zusammen, indem sie zwischen Trios aus zwei Oboen und Fagott, dann drei Streichern und schließlich zwei Hörnern mit einer »Bass«-Partie aus Unisono-Oboen differenziert. Das Konzert zeigt Bachs feinen und vorausschauenden Sinn für Instrumentation, der besonders – und wiederum im Zusammenhang mit seiner organistischen Erfahrung – in den vier Schlusstakten des zweiten Satzes mit seinem Halbschluss in der Tonika d-Moll zur Wirkung kommt. Die absteigenden Kadenzschritte im Bass (*d-c-B-A*) entfalten sich im Piano sukzessive mit jeweils drei Akkorden pro Takt im Wechsel gegensätzlicher Schattierungen der Instrumentalfarben und vereinigen sich dann mit einem entschiedenen Forte im abschließenden A-Dur-Akkord.

Notenbeispiel 3-1 Adagio BWV 1046/2, kontrastierende Klänge und komplementäre Harmonik

Die eigentümliche Instrumentation der Schlusskadenz dieses Adagio-Satzes ist nur ein Beispiel für Bachs meisterhafte Beherrschung orchestraler Effekte – eine Bestätigung der Meisterschaft, die insgesamt diesem Opus innerhalb des großen barocken Konzertrepertoires seinen besonderen Platz zuweist. Das erste *Brandenburgische Konzert* signalisiert dabei den Grad der Innovation gleich zu Beginn, wenn die beiden Jagdhörner in den Takten 2 f. des Eröffnungssatzes im Gegenrhythmus dreier triolischer Achtelnoten gegen die vier regulären Sechzehntelnoten der übrigen Instrumente aufspielen – ein launiges und ins Ohr fallendes Motiv sich absetzender Hornrufe, das sogleich Aufmerksamkeit erregt. Und Bach, wohl gewohnt, vor einem teilweise abgelenkten und gelangweilten Publikum aufzutreten, hat noch wesentlich mehr auf Lager, um sich die Aufmerksamkeit seiner Hörer zu sichern. Nur ein weiteres Beispiel: Im schnellen dritten Satz führt die virtuose Piccolo-Violine nacheinander Solodialoge mit dem ersten Horn, der ersten Oboe und der ersten Violine, um dann den Allegro-Satz auf einem dissonanten Fermatenakkord plötzlich zum Stillstand zu bringen. Dieser skurrile musikalische »Hingucker« unterbricht abrupt den Fluss der Musik, die dann unerwartet mit einer kurzen lyrischen Adagio-Kadenz fortfährt, bevor das Allegro wieder aufgenommen wird und sich das letzte Drittel des Satzes anschließt.

Bach hielt sich zwar in allen seinen Konzertkompositionen an den im Grunde standardisierten Konzerttypus der Vivaldi-Generation, insbesondere an dessen Prinzipien tonaler Gliederung. Allerdings bieten die *Brandenburgischen Konzerte* als eine Gruppe unterschiedlicher Stücke, deren Entstehung grob in die Jahre 1713–1720 fällt, eine einzigartige Perspektive auf einen der prägendsten Lebensabschnitte des Komponisten. Der Zeitraum fällt zusammen mit Bachs Entscheidung, sich tiefer in die musikalische Komposition zu versenken. Er beschloss, sein Augenmerk nicht mehr vornehmlich auf das Clavierspiel und auf die Tastenmusikgattungen zu richten, sondern mit dem neuen Typus des Konzerts zu experimentieren und die Möglichkeiten und das Potenzial des Orchesters systematisch zu erkunden. Es war eine Zeit, in der er alles an musikalischer Vorstellungskraft aufbot und beträchtliche Anstrengungen unternahm, um kompositorische Kontrolle über das musikalische Material zu gewinnen, das ihm zur Verfügung stand – ebenso wie über dessen theoretische Grundlagen. Die wesentlichen Parameter seines Personalstils wurden durch einen Prozess des Lernens geformt: Er lernte, »musikalisch zu denken«, wie es in Forkels Biografie von 1802 heißt. Die Idee musikalischen Denkens[63] dreht sich in erster Linie um Fragen der »Ordnung« im Sinne der Organisation des musikalischen Materials, des »Zusammenhangs« im Sinne der Verbindung und Kontinuität musikalischer Gedanken und des »Verhältnisses« im Sinne der Korrelation musikalischer Elemente. Für Bach bedeutete musikalisches Denken in der Tat nicht weniger als die bewusste Anwendung generativer und formend-gestaltender Verfahren, das heißt die gewissenhafte Rationalisierung des schöpferischen Aktes. Mehr als jede andere Art des musikalischen Satzes konkretisierte die Konzertkomposition diese scheinbar abstrakten Prinzipien und erwies sich für Bach als ideales Vehikel, um überzeugende Modalitäten musikalischen Denkens zu erproben und zu entfalten. Diese Ansätze durchdrangen rasch auch andere instrumentale und vokale Formen und Gattungen, einschließlich Fuge und Arie.

Ein gutes Beispiel hierfür bietet das Ritornell-Thema des Eröffnungssatzes des dritten *Brandenburgischen Konzerts* (Abb. 3-9). Sein melodisch-rhythmisches Profil offenbart das Zusammenspiel von Ordnung, Zusammenhang und Proportion als bestimmende Faktoren für den Entwicklungsprozess, der aus diesem Ausgangsmaterial erwächst: Das Thema wird zunächst aufgestellt, dann in kleinere Einheiten zerlegt und schließlich in andere Tonartenbereiche überführt. Auf diese Weise verleiht das Anfangsthema dem gesamten Satz seine musikalische Identität, einschließlich der Bausteine für einen abgerundeten Tonartenplan (G-Dur – e-Moll – h-Moll – D-Dur – G-Dur), der dennoch viele weitere Momente harmonischer Abwechslung einschließt.

Abbildung 3-9 Allegro des *Brandenburgischen Konzerts* in G-Dur BWV 1048/1, autographe Reinschrift (1721)

Die *Brandenburgischen Konzerte* vermitteln einen guten Einblick in Bachs geschickte Anwendung des Concerto-Modells, die durch die singuläre Besetzung jedes einzelnen Werks besonders attraktiv und vielfältig ausfiel. Zusätzlich zu der gewohnten Einbindung kontrapunktischer Züge zur Bereicherung der Satzfaktur führte er regelmäßig auch auffallendere kontrapunktische Techniken ein, so etwa mit der imitativen Behandlung der verzierten Hauptmelodie im Adagio des ersten Konzerts. Weitere Beispiele sind die dichten Imitationen im polyphonen Andante des zweiten Konzerts, die Abschnitte im doppelten Kontrapunkt zwischen Basso continuo und Solovioline im Andante des vierten Konzerts und die fugierte Gestaltung der Hauptabschnitte im Finalsatz desselben Stücks.

Seltsamerweise kehrte Bach nach der Komposition der *Brandenburgischen Konzerte* nie mehr zu diesem Typus des »Konzerts für verschiedene Instrumente« zurück, zumindest nicht in vollwertigen Originalkompositionen. Nach 1730 und definitiv im Revisionsmodus schuf er das Tripelkonzert in a-Moll BWV 1044, das ebenso wie das fünfte *Brandenburgische Konzert* für eine Concertino-Gruppe mit den drei Instrumenten Traversflöte, Violine und Cembalo komponiert ist – allerdings mit vier- statt dreistimmigem Streicher-Ripieno. In gewisser Weise übertrifft BWV 1044 sein älteres Schwesterwerk an kompositorischer Raffinesse, vor allem in seinem noch eindrucksvolleren Cembalo-Solopart. Allerdings basieren alle drei Sätze auf bereits früher komponierter Musik oder verwenden diese: Präludium und Fuge BWV 894 für Clavier (für Satz 1 und 3) und das Adagio der Sonate BWV 527 für Orgel (für Satz 2). Ein ähnlicher Fall vom Ende der 1730er-Jahre ist die Umarbeitung des vierten *Brandenburgischen Konzerts*, in der ein Solocembalo die Solovioline ersetzt (vgl. Tab. 7-3).

Frühe Leipziger Nachklänge

Als Bach das Amt des Kantors und Director Musices in Leipzig antrat, änderten sich seine Aufgaben und Aktivitäten drastisch. Die vergleichsweise entspannten Arbeitsbedingungen, die ihm in Köthen viel Spielraum für musikalische Projekte abseits seiner unmittelbaren Kapellmeisterpflichten gegeben hatten, gab es hier nicht. Trotz seines vollen Terminkalenders in Leipzig aber verfolgte Bach weiterhin auch unabhängige Projekte. Außerdem bot die gewerbliche Atmosphäre dieser Stadt, die sich längst als Zentrum des Drucks- und Verlagswesens und des Buchhandels etabliert hatte, die Anregung für Bach, die Veröffentlichung ausgewählter Werke in Erwägung zu ziehen. 1726 startete er mit der ersten Folge seiner *Clavier-Übung* einen Versuchsballon auf dem Markt (vgl. Kapitel 5).

Der Wechsel auf die Stelle in Leipzig mit ihrem klaren Schwerpunkt auf Vokalmusik führte allerdings nicht dazu, dass Bach die Komposition von Instrumentalwerken einstellte. Im Gegenteil: Die meisten seiner erhaltenen Ensemble- und Orchesterwerke datieren in die Leipziger Zeit und entstanden hauptsächlich für die Konzerte des Collegium Musicum, das Bach von 1729 bis 1741 leitete. Hierzu gehören unter anderem die vier Orchestersuiten BWV 1066–1069, das Violinkonzert in a-Moll BWV 1041, das Doppelvioinkonzert in d-Moll BWV 1043, das Tripelkonzert in a-Moll BWV 1044 sowie mehrere Sonaten für Violine, Flöte und Viola da gamba mit obligatem Cembalo oder Generalbass. Doch auch wenn einige davon zu den besten Werken in ihrer jeweiligen Gattung zählen, gibt es bei keinem Anzeichen dafür, dass es als Teil einer Opus-Sammlung gedacht war. Ihre handschriftliche Überlieferung zeigt keine Gruppierungsmuster – mit der einzigen Ausnahme der sechs Sonaten für Violine und obligates Cembalo BWV 1014–1019, die jedoch dem eigentlichen Repertoire des Collegium Musicum zeitlich vorausgehen.

Erwähnenswert ist allerdings, dass Bachs Leipziger Komposition von instrumentalen Ensemblestücken in keiner Weise mit den expansiven Projekten seines Hamburger Kollegen Telemann zu vergleichen ist, dessen reiche und vielfältige Produktion von Kammermusik und Orchesterwerken in allen denkbaren Kategorien unerreicht bleibt – gipfelnd in den großen gedruckten Sammlungen wie der dreibändigen *Musique de Table* von 1731 und den *Nouveaux Quatuors* von 1738 (den sogenannten Pariser Quartetten). Bach, der Telemanns Werke in Leipzig häufig aufführte, blieb generell im Hinblick auf alle Arten von Solo- und Ensemblesonaten und Konzerten hinter seinem Freund zurück, und zwar nicht nur quantitativ, sondern vor allem, was den Abwechslungsreichtum formalen Experimentierens und die modischen stilistischen Ansätze betrifft. In nur drei Fällen engagierte sich Bach nach 1723 wirklich in außergewöhnlichen Werksammlungen innerhalb der traditionellen Sonaten- und Konzertgattungen. Diese drei innovativen Reihen wurden alle mit einem besonderen Fokus auf das Tasteninstrument geschaffen – jene Domäne, in der Bach Telemann mit Leichtigkeit übertraf und tatsächlich eine Vormachtstellung beanspruchen konnte. Die Cembalo-Violin-Sonaten und die Triosonaten für Orgel entstanden in den früheren Leipziger Jahren, während die Cembalokonzerte aus den späten 1730er-Jahren stammen (vgl. Kapitel 7). All diese Kompositionen beziehen sich unmittelbar auf den Kern von Bachs instrumentaler Kompetenz und spiegeln sein ungebrochenes Interesse für kompositorische Experimente und die Anhebung der Aufführungsstandards wider.

Sechs Sonaten für Cembalo und Violine

Ebenso wie die *Brandenburgischen Konzerte* sind auch die sechs Sonaten für Cembalo und Violine im Werkverzeichnis des Nekrologs von 1750 nicht eigens aufgeführt; sie tauchen erst in einer späteren Ergänzung von Carl Philipp Emanuel Bach auf. Ein Autograph hat sich nicht erhalten, auch ein authentischer Werktitel ist nicht überliefert, ja es ist nicht einmal klar, ob sich zum Zeitpunkt von Bachs Tod überhaupt ein Exemplar der Sammlung in seinen Notenregalen befand. Die früheste erhaltene Abschrift, die um 1725 entstand und größtenteils von seinem Neffen und Schüler Johann Heinrich Bach stammt (mit autographen Ergänzungen), trägt die Überschrift »Sei Sounate â Cembalo certato è Violino Solo«.[64] Eine wichtige Rolle in der Geschichte dieser Sonaten kommt einer Abschrift von Bachs Schüler und späterem Schwiegersohn Johann Christoph Altnickol aus den späten 1740er-Jahren zu, denn sie weist sorgfältig ausgeführte Korrekturen auf, die der Komponist am Text aller Sonaten vornahm.[65] Diese Abschrift deutet auch darauf hin, dass das etwa 20 Jahre alte Opus weiterhin gespielt wurde und dass der Komponist auch in späteren Lebensphasen beharrlich an weiteren Verbesserungen arbeitete. Diese Tatsache wird durch einen kuriosen Vermerk bestätigt, den Bachs zweitjüngster Sohn, Johann Christoph Friedrich, auf dem Altnickol-Manuskript eintrug: »NB. Diese Trio hat er vor seinem Ende componiret« (zum Begriff »Trio« siehe die Anmerkung zum folgenden Zitat). Diese Notiz des Bach-Sohnes, der das Elternhaus Ende 1749 verließ, erfolgte im Zusammenhang mit der Ordnung des väterlichen Nachlasses (vgl. auch Abb. 2-1) und besagt offenbar, dass Johann Christoph Friedrich sich daran erinnerte, seinen Vater um 1748/49 bei der Arbeit an diesen Stücken gesehen zu haben, und irrtümlich annahm, dass es sich dabei um Neukompositionen handelte. Johann Sebastian selbst muss erkannt haben, dass diese Werke, die Mitte der 1720er-Jahre völlig neuartig waren, auch in den 1740er-Jahren noch nichts von ihrer Aktualität eingebüßt hatten – sonst wäre er nicht mit solcher Sorgfalt auf sie zurückgekommen. Carl Philipp Emanuel Bach empfand dies selbst noch drei Jahrzehnte später so, wenn er in einem Brief von 1774 bezeugte: »Die 6 Clavirtrio[s] [...] klingen noch jetzt sehr gut, u. machen mir viel Vergnügen, ohngeacht sie über 50 Jahre alt sind. Es sind einige *Adagii* darin, die man heut zu Tage nicht sangbarer setzen kann.«[66]

Die langsamen Sätze dieser Sonaten mit ihrer ausgeprägten empfindsamen und affekthaltigen Melodik waren von Anfang an die modernsten Vertonungen innerhalb des Opus, und da jede Sonate zwei davon enthält, übernehmen sie in jedem Werk eine bedeutende Rolle (Tab. 3-7). Die schnellen Sätze sind stilistisch zwar weniger zukunftsweisend, zeichnen sich aber durch ihre diskursive thematisch-motivische Entwicklung aus. Sie sind ausnahmslos kontrapunktisch konzipiert und enthalten sowohl im Cembalo als auch in der Violinstimme reichlich virtuose Effekte. In fünf der sechs Sonaten hielt sich Bach an das traditionelle viersätzige Formschema (langsam – schnell – langsam – schnell) und wich lediglich in der letzten Sonate BWV 1019 von dieser Norm ab. Weitere Abschriften aus dem Bach-Kreis deuten darauf hin, dass die Satzfolge dieses sechsten Stückes um 1730 und nochmals in den späten 1730er-Jahren größere Veränderungen erfuhr.[67] Bach dachte offenbar zunächst an eine Mischform aus Sonaten- und Suitensätzen, ähnlich wie im ersten *Brandenburgischen Konzert*, das auf ganz ähnliche Weise Uniformität und Vorhersehbarkeit zu vermeiden sucht. In der zweiten Fassung von BWV 1019 stellte Bach den reinen Sonatencharakter wieder her und ließ den Eröffnungssatz am Ende wiederholen, um in der dritten und letzten Fassung das ausgesprochen unkonventionelle Element eines Cembalosolos in einem neu komponierten Satz in der Mitte des Werks wieder einzuführen.

Von elementarer Bedeutung bei diesen Cembalo-Violin-Werken ist die Abweichung von der konventionellen Gestaltung von Sonaten für ein Soloinstrument mit Basso continuo – also mit Begleitung durch eine Continuo-Gruppe, die üblicherweise aus einem Tasteninstrument oder einer Laute und einem Violoncello oder einem ähnlichen Instrument besteht, das die Bassstimme verstärkt. Bach hingegen reduziert nicht nur die Begleitung der Violine auf das Cembalo allein, sondern weist diesem Instrument eine partnerschaftliche Funktion zu, indem es der Violine nun auch in der Diskantlage gleichberechtigt an die Seite tritt. Damit erhalten die Sonaten im Wesentlichen eine Trio-Grundstruktur, bei der dem Cembalo die Hauptrolle zugewiesen ist, was sich auch in der Formulierung des Titels niederschlägt. Ausgangspunkt dieser neuen Gestaltungsweise ist eine ganz simple Aufführungseinrichtung: Die rechte Hand des Cembalisten übernimmt gleichsam die Partie einer zweiten Violine aus einem Trio für zwei Violinen und Continuo. Die Triostruktur (zwei Diskantstimmen und Bassfundament) – laut Johann Mattheson »das grösste Meister-Stück der Harmonie«[68] – war in der ersten Hälfte des 18. Jahrhunderts die vorherrschende und als ideal geltende Kompositionsweise für instrumentale und vokale Kammermusik. Tatsächlich sind alle schnellen und einige der langsamen Sätze der Cembalo-Violin-Sonaten in dieser Weise angelegt. Die Stimmen der rechten Hand des Cembalos und der Violine bilden ein Diskantduo, während die linke Hand des Cembalos den Basso continuo liefert, bei manchen Satzeröffnungen sogar nach Art eines bezifferten Basses, bevor die rechte Hand ihre obligate Funktion übernimmt.

Der Titel des ältesten, oben erwähnten Manuskripts von 1725 enthält von der Hand von Bachs Neffen Johann Heinrich die Aufführungsanweisung »col Basso per Viola da Gamba accompagnato se piace« – was darauf hindeutet, dass die Verwendung eines verstärkenden Streichinstruments, das sich der linken Hand des Cembalos anschließt, ad libitum erlaubt ist. Gleichzeitig weist diese Angabe auf die enge Verbindung zwischen der neuen Art von »Duo«-Sonate und dem traditionellen Trio mit Basso continuo hin. Diese Beziehung bleibt auch in der Bezeichnung »Claviertrio« erhalten, die um die Mitte des Jahrhunderts – vor allem in der Bach-Schule – für Cembalo- bzw. Fortepiano-Sonaten mit Beteiligung von Violine oder Flöte üblich wurde und die Mitwirkung eines weiteren Bassinstruments, das die linke Hand des Clavierspielers verdoppelt, nicht zwangsläufig

Tabelle 3-7 Sechs Sonaten für Cembalo und Violine

Sonate 1 in h-Moll BWV 1014	Sonate 2 in A-Dur BWV 1015	Sonate 3 in E-Dur BWV 1016	Sonate 4 in c-Moll BWV 1017	Sonate 5 in f-Moll BWV 1018	Sonate 6 in G-Dur BWV 1019*
Adagio $\frac{6}{4}$	Dolce $\frac{6}{8}$	Adagio c	Largo† $\frac{6}{8}$	Lamento* 3	Allegro c
Allegro ¢	Allegro assai $\frac{3}{4}$	Allegro 2	Allegro c	Allegro c	Largo $\frac{3}{4}$ (e-Moll)
Andante c (D-Dur)	Andante un poco c (fis-Moll)	Adagio ma non tanto $\frac{3}{4}$ (cis-Moll)	Adagio $\frac{3}{4}$ (Es-Dur)	Adagio c (c-Moll – As-Dur)	Allegro (Cembalo solo) c (e-Moll)
Allegro	Presto 2	Allegro $\frac{3}{4}$	Allegro $\frac{2}{4}$	Vivace $\frac{3}{8}$	Adagio c (h-Moll)
					Allegro $\frac{6}{8}$

*   Drei Fassungen von Sonate 6 (3.–5. Satz):
Fassung I (um 1725): 3. Courante $\frac{3}{8}$ (e-Moll) = BWV 830/3; 4. Adagio c (h-Moll); 5. Gavotte (Violin solo) 2 (g-Moll) = BWV 830/6 Fassung II (um 1730): 3. Cantabile, ma un poco Adagio $\frac{6}{8}$ = BWV 120/4; 4. Adagio (wie in Fassung III); 5. Wiederholung des 1. Satzes Fassung III (vor 1739/40): wie hier angegeben
†   Überschrieben mit »Siciliano« (Fassung I, 1725)
‡   Überschrieben mit »Adagio« (Fassung I) bzw. »Lamento« (Fassung II)

einschließt. Vielmehr verdeutlicht die Titelformulierung »Sei Sonate a Cembalo concertato e Violino solo« in späteren Handschriften von BWV 1014–1019,[69] dass die Verwendung eines zusätzlichen Streicherbasses nicht mehr als Option angesehen wurde. Die Ausführung dieser Sonaten allein durch Cembalo und Violine war in den späten 1720er-Jahren tatsächlich zur neuen Norm geworden und diente auch als Modell für verwandte Kompositionen von Bachs Schülern und insbesondere seines Sohnes Carl Philipp Emanuel.[70]

In den bahnbrechenden Passagen der langsamen Sätze gehen die stilistisch freien, gemischten Texturen der Cembalopartie weit über die gängigen Triokonventionen hinaus: Polyphone Elemente verleihen nun dem Part des Tasteninstruments eine möglichst unabhängige Funktion. Mit einer solchen freien Behandlung konnte Bach die unterschiedlichen Klangeigenschaften von Cembalo und Violine nutzen und die kurzlebigen Klänge des Cembalos gegenüber dem ausgehaltenen Ton der Violine ausspielen, woraus ein differenzierter und idiomatischer Schreibstil für beide Instrumente resultiert. Dieser Kontrast wird gleich zu Beginn der ersten Sonate in h-Moll und noch markanter im ersten Satz der fünften Sonate herausgestellt (vgl. Abb. 3-10). Andererseits demonstriert ein Satz wie das cis-Moll-Adagio der dritten Sonate, wie kompatibel die beiden Instrumente sind und sich gegenseitig unterstützen können, wenn sie nämlich ihre Rollen tauschen und abwechselnd rhythmisch gesteuerte Melodielinien oder akkordische Begleitharmonien übernehmen (vgl. Abb. 3-11). Diese Art der wahrhaft autonomen Handhabung beider Partnerinstrumente bildet den Ausgangspunkt für einen neuen Typus von Duo-Sonate mit ausgearbeitetem Clavierpart – in der Terminologie der

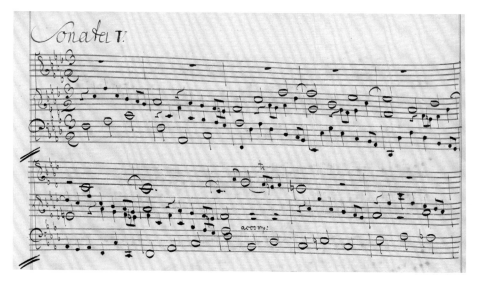

Abbildung 3-10 Lamento der Sonate Nr. 5 in f-Moll für Violine und obligates Cembalo BWV 1018/1, Abschrift von Johann Christoph Altnickol (1747 oder später), Ausschnitt

Bach-Schule ein »Claviertrio«. Nachdem sein künstlerisches Geschick dieser neuen Gattung einen vielversprechenden Weg gewiesen hatte, hielt der Komponist selbst allerdings ihr Potenzial offenbar für ausgereizt und fügte seinem Œuvre keine weiteren derartigen Violinstücke mehr hinzu. Gleichwohl veranlassten ihn nicht näher bekannte Kontakte mit versierten Instrumentalisten in den 1730er- und 1740er-Jahren, drei Sonaten für Flöte BWV 1030–1032 und drei für Viola da gamba BWV 1027–1029 zu komponieren, die sich als Einzelwerke verstehen und keine in sich geschlossenen Werkgruppen bilden.

Sechs Triosonaten für Orgel

Die Sonaten für Cembalo und Violine gehören zwar zur Gattung des Instrumentaltrios, repräsentieren dieses jedoch nicht in seiner reinen Form. Auf der andern Seite erfüllen die Orgelsonaten – im Werkverzeichnis von 1750 sachgerecht als »Sechs Trio[s] für die Orgel mit dem obligaten Pedale« bezeichnet – genau die Erwartungen, wie sie Mattheson beschreibt: Es müssen »alle drey Stimmen, iede für sich, eine feine Melodie führen, und doch dabey, so viel möglich, den Dreiklang behaupten, als ob es nur zufälligerweise geschähe«.[71] Fast zwei Jahrzehnte vor Matthesons Darstellung hatten Bachs dreistimmige Sinfonien die Anforderungen der Triostruktur in ihrer reinsten Form erfüllt, indem sie sowohl die linear-kontrapunktischen als auch die vertikal-harmonischen Aspekte streng beachteten. Allerdings unterscheiden sich die Parameter eines konventionellen Trios mit paarigen Diskantstimmen über einem bezifferten Generalbass grundlegend von den kontrapunktischen Idealvorstellungen, die in den dreistimmigen Sinfonien der *Aufrichtigen Anleitung* umgesetzt sind. Die Orgelsonaten hingegen repräsentieren nicht nur ein reguläres mehrsätziges Trioformat (Tab. 3-8), sondern sollen zugleich demons-

Abbildung 3-11 Adagio der Sonate Nr. 3 in E-Dur für Violine und obligates Cembalo BWV 1016/3, Abschrift von Johann Christoph Altnickol (1747 oder später), Ausschnitt

trieren, dass ein Trio von nur einem Spieler ausgeführt werden kann. Während reguläre Kammertrios mindestens drei Ausführende – je einen pro Stimme – erfordern, sollen hier die beiden Diskantstimmen von der linken und rechten Hand des Spielers auf zwei separaten Manualen und die Bassstimme von beiden Füße auf dem Orgelpedal gespielt werden – eine ähnlich heikle Technik, wie sie Bach in Weimar für die Orgelbearbeitung von Orchesterkonzerten perfektioniert hatte (BWV 592–596).

Die erhaltene autographe Reinschrift der sechs fortlaufend nummerierten Trios mit dem Titel »Sonata 1[–6]. à 2 Clav: et Pedal« erlaubt die Datierung der Sammlung in die Zeit um 1730 (Abb. 3-12);[72] ein zweites Manuskript mit zusätzlichen autographen Eintragungen wurde um 1732 von Wilhelm Friedemann und Anna Magdalena Bach daraus abgeschrieben.[73] Ob Bach sie tatsächlich »für seinen ältesten Sohn, Wilh. Friedemann, aufgesetzt« hat, der sich damit »zu dem großen Orgelspieler vorbereiten mußte, der er nachher geworden ist«,[74] wie Forkel schreibt, bleibe dahingestellt. Spätere Schüler-Abschriften belegen jedoch, dass sie jedenfalls dem Orgellehrer Bach als Prüfstein für

Tabelle 3-8 Sechs Triosonaten für Orgel

Sonate 1 in Es-Dur BWV 525	Sonate 2 in c-Moll BWV 526	Sonate 3 in d-Moll BWV 527	Sonate 4 in e-Moll BWV 528	Sonate 5 in C-Dur BWV 529	Sonate 6 in G-Dur BWV 530
[Allegro] ¢	Vivace ¢	Andante $\frac{2}{4}$	Adagio – Vivace **c** | $\frac{3}{4}$	Allegro $\frac{3}{4}$	Vivace $\frac{2}{4}$
Adagio $\frac{12}{8}$ (c-Moll)	Largo $\frac{3}{4}$ (Es-Dur)	Adagio $\frac{6}{8}$ (F-Dur)	Andante **c** (h-Moll)	Largo $\frac{6}{8}$ (a-Moll)	Lente $\frac{6}{8}$ (e-Moll)
Allegro $\frac{3}{4}$	Allegro 2	Vivace $\frac{3}{8}$	Un poc' Allegro $\frac{3}{8}$	Allegroe $\frac{2}{4}$	Allegro ¢

seine Eleven dienten. Dennoch ist es möglich, dass diese Orgelsonaten ursprünglich als Vortragsstücke für Orgelkonzerte Bachs entstanden waren. Triosätze verschiedener Art – darunter Transkriptionen von Sonaten für zwei Diskantinstrumente und Basso continuo, frei komponierte Sonaten und Choraltrios – waren eine Spezialität des Organisten Bach. Schon früh hatte er sich auf die Technik spezialisiert, mit zwei Händen und zwei Füßen so zu spielen, dass sich die drei Stimmen auf den beiden Manualen und dem Pedal der Orgel völlig unabhängig und gleichberechtigt bewegen. Leider lässt sich nur ein einziger Sonatensatz, das Largo der fünften Sonate, bis in die Weimarer Jahre zurückverfolgen, und zwar durch eine frühe Abschrift eines eingefügten Mittelsatzes zu Präludium und Fuge C-Dur BWV 545, unter der Überschrift »Preludio con Fuga e Trio«.[75] Darüber hinaus liefert eine Anzahl von frühen Choraltrios aus der Zeit vor 1714, die in der revidierten Sammlung der *Achtzehn Choräle* (Tab. 7-1) enthalten sind, relevante Belege für frühe Orgeltrios.

Während die drei obligaten Stimmen der Choraltrios vielfach relativ gleichmäßig auf Oberstimme (rechte Hand), Mittelstimme (linke Hand) und Bassstimme (Füße) verteilt sind, weisen die Orgelsonaten in der Regel zwei Oberstimmen vergleichbaren Stimmumfangs auf. Nach dem Vorbild der Kammertrios kombinieren sie typischerweise zwei Diskantstimmen, die wie ein thematisches Duo agieren, mit einer begleitenden Bassstimme, die gelegentlich Material aus den Oberstimmen aufnimmt. Die Orgelsonaten halten sich im Allgemeinen an dieses Prinzip der Stimmenverteilung, was am deutlichsten durch das Unisono-Thema in den beiden Oberstimmen des Kopfsatzes der sechsten Sonate demonstriert wird (siehe Abb. 3-12). Im Interesse eines ausgewogenen Klangs und einer anatomisch günstigen Handhaltung wird die linke Manualstimme allerdings in der Regel als etwas tiefere Stimme geführt. Auch darin zeigt sich Bachs Streben nach einer möglichst individuellen Behandlung der drei Stimmen. Darüber hinaus wird diese Individualität der einzelnen Stimmen des Trios durch unterschiedliche Register herausgestellt. Die technischen Anforderungen dieser Sonaten sowohl für das Manual- als auch für das Pedalspiel waren seinerzeit ohne Beispiel – und der Komponist war sich gewiss bewusst, dass er damit neue Maßstäbe in der Kunst des Orgelspiels setzte.

Abbildung 3-12 Allegro der Sonate in G-Dur für Orgel BWV 530/1, autographe Reinschrift (um 1730)

Die konzeptionelle Ableitung der Orgelsonaten von Ensembletrios zeigt sich auch ganz praktisch daran, dass zumindest einige der Orgelsonaten Transkriptionen von Sonaten für zwei Soloinstrumente und Basso continuo zu sein scheinen oder auf solchen basieren. Allerdings lässt sich nur einer der insgesamt 18 Sätze konkret auf eine frühere Fassung zurückführen: Die instrumentale Einleitung in e-Moll für Oboe d'amore, Viola da gamba und Basso continuo zum zweiten Teil der Kantate *Die Himmel erzählen die Ehre Gottes* BWV 76 (1723) wurde von Bach zum eröffnenden Adagio-Vivace der vierten Sonate in derselben Tonart umgearbeitet. Da diese Sinfonia BWV 76/8 von 1723 ihrerseits einer vollständigen Kammersonate entlehnt sein könnte, basiert vielleicht die gesamte vierte Sonate in e-Moll auf ein und demselben Stück. Dass alle Sätze aus derselben Sonate stammen, ist freilich nicht zu belegen, Kompilationen aus verschiedenen Werken sind durchaus möglich, und diese Vermutung gilt für die ganze Serie der Orgeltrios. Insgesamt kann man wohl davon ausgehen, dass eine Reihe von Sätzen der Sonaten 1–5 eine Auswahl von geeigneten und besonders qualitätvollen bereits existierenden Kammermusikwerken darstellen – wobei Veränderungen vorgenommen wurden, um den Umfang der Oberstimmen den Griffmöglichkeiten der beiden Hände anzupassen und die typische Linienführung von Violin- oder Holzbläserstimmen zu vermeiden. Es steht außer Frage, dass das autographe Manuskript der Orgelsonaten insgesamt drei Aspekte übermittelt: (1) die Praxis von Bachs Orgelkonzerten, (2) seine Faszination für die Darbietung von Ensemblestücken wie Konzerten und Sonaten auf einem Instrument allein und (3) das Bearbeiten und Ausfeilen dreistimmiger Partituren ohne bezifferten Bass, mit dem Ziel, ein ganz neuartiges Opus zu schaffen.

Da keinerlei Kompositionsniederschriften erhalten sind, bleibt die tatsächliche Entstehungsgeschichte der Orgelsonaten im Dunkeln. Die sechste Sonate scheint jedoch von vornherein für Orgel komponiert worden zu sein (ebenso wie die Ecksätze der zweiten und fünften Sonate). Darauf deutet das ungewöhnliche Unisono-Hauptthema des ersten Satzes hin (vgl. Abb. 3-12) wie auch die durchgängig idiomatische Tastenfiguration. Überdies sprechen der moderne $\frac{2}{4}$-Takt und der konzertante Charakter dieser Sonate eher für eine Entstehung um 1730 als für einen früheren Zeitpunkt. Die erste Partiturseite des Werkes veranschaulicht perfekt das Konzept eines idealen Trios: Nach den ersten acht Takten wird vorgeführt, wie zwei unabhängige, aber kontrapunktisch verwandte Stimmen aus einem Unisono-Thema herauswachsen und aufeinander reagieren können. Nach der Tonika-Kadenz in Takt 20 führen die beiden Oberstimmen einen Dialog mit dem Seitenmotiv, unterstützt von einer Basslinie, die ein eigenes motivisches Profil aufweist. Ab Takt 37 bewegen sich alle drei Stimmen in verschiedenen komplementär-rhythmischen Figuren, in gleichbleibenden Sechzehntel-, Achtel- und Viertelbewegungen.

Insgesamt sind die Ecksätze der Sonaten polyphoner konzipiert als die langsamen Mittelsätze mit ihren gefühlvollen und verzierten melodischen Linien. Diese Ecksätze stellen durchweg Hauptthemen (oft fugenmäßig eingeführt) und untergeordnete thematische Ideen nebeneinander und enthalten in den Mittelteilen oft einen durchführungsartigen Abschnitt. Diese formale Gestaltung führt zu einer arienmäßig abgerundeten

ABA-Struktur, die in Bachs Autograph für die Ecksätze der dritten Sonate und das eröffnende Allegro der fünften Sonate nicht ausgeschrieben, sondern durch eine einfache Da-capo-Anweisung gekennzeichnet ist. Kontrapunktische Techniken wie Themenumkehrung (etwa in der zweiten Hälfte des Finalsatzes der ersten Sonate) oder doppelter Kontrapunkt (besonders deutlich ganz am Schluss der vierten Sonate) werden durchgängig verwendet. Die Pedalstimme der Orgelsonaten weist strukturell deutliche Unterschiede zu den Manualstimmen auf, wobei Bach die Basspartien generell aktiver gestaltet und enger mit den beiden Oberstimmen verzahnt, als es sonst bei einem Generalbass üblich ist. Da in den Orgeltrios außerdem ein bezifferter Bass fehlt – im Gegensatz zu den Ensemblesonaten –, müssen sich die drei Stimmen so zueinander verhalten, dass eine harmonische Auffüllung überflüssig ist. Somit stellen die Orgeltrios eine ganz eigenständige Alternative zu herkömmlichen Sonaten mit beziffertem Bass dar. In gewisser Weise nimmt der Ausschluss des bezifferten Basses in der Partitur von Bachs Orgeltrios die Entwicklung der unbezifferten (akkordlosen) Bassstimme in der späteren Kompositionsgeschichte vorweg – wie sie sich zum Beispiel im Streichquartett manifestiert, wo Haydn und seine Nachfolger auf die Begleitung durch ein Tasteninstrument ganz verzichteten.

Die Orgelsonaten heben sich von Bachs übrigen Sonatenkompositionen durch ihre Satzfolge »schnell – langsam – schnell« deutlich ab. Bachs bevorzugte Abfolge bei Sonaten ist eigentlich der viersätzige Zyklus »langsam – schnell – langsam – schnell«, ein Typus, der im gesamten Repertoire der Sonaten für Violine, Flöte und Viola da gamba (mit Ausnahme von BWV 1029)[76] und auch in den Ensemble-Triosonaten vorherrscht. Noch in seinem letzten Werk in dieser Gattung, der Triosonate des *Musikalischen Opfers* (1747), griff Bach darauf zurück, obwohl der preußische Hof den damals modischeren Sonatentypus mit der Satzfolge »schnell – langsam – schnell« favorisierte. Da sich der dreisätzige Typus eng an die gängige Konzertform anlehnt, nannte ihn Johann Adolph Scheibe 1740 »Sonate auf Concertenart«.[77] Diese neue Art der Sonate mit weitgehend homophonen Kopfsätzen wurde um diese Zeit populär. Telemann und andere komponierten solche Werke, Bachs Orgelsonaten aber zeigen – abgesehen von ihrer dreisätzigen Struktur – keine Ähnlichkeit mit diesem Typus. Als er Mitte bis Ende der 1720er-Jahre sein Opus von sechs Orgeltrios konzipierte, übernahm er keine etablierten Modelle, sondern folgte in jedem der insgesamt 18 Sonatensätze seinen eigenen Vorstellungen. Die Werkreihe insgesamt war daher ebenso neuartig wie die Idee einer Triosonate für Orgel überhaupt. Bach war sich gewiss bewusst, dass es keinen Präzedenzfall für diesen flexiblen Sonatenstil gab, der in vielerlei Hinsicht die verschiedenen Ansätze widerspiegelt, die sich auch in dem Opus für Cembalo und Violine finden. Diese beiden verwandten und doch gegensätzlichen Sonatensammlungen gerieten ihm dabei ganz unverwechselbar, sowohl in der Komposition als auch in ihrer Aufführungsweise. Darüber hinaus könnte die Tatsache, dass sich die Zusammenstellung der Orgeltrios zeitlich mit der Schlussphase der Veröffentlichung von *Clavier-Übung* I überschnitt, vermuten lassen, dass Bach zeitweilig erwogen haben mag, dieses neue Paradigma für die Kunst der Orgelmusik in sein Projekt einer mehrbändigen *Clavier-Übung* einzubeziehen.

*

Rückblickend betrachtet, erinnern die beiden in den frühen Leipziger Jahren vollende ten Sonatensammlungen – tatsächlich Bachs einzige opusartige Sonatengruppen – an die Vergangenheit des Komponisten als höfischer Kammermusikus in Weimar und als Direktor der Kammermusik in Köthen. Tatsächlich könnte er mit dem Cembalo-Violin-Opus bereits in Köthen begonnen haben; vollendet wurde es um 1725 in Leipzig. Ebenso dürften einige Sätze der Orgelsonaten auf Weimarer Vorbilder zurückgehen, auch wenn das Werk als solches definitiv in Leipzig entstand. Jedenfalls bilden die fünf Instrumentalsammlungen der 1720er-Jahre, beginnend mit den Violin- und Cellosoli, gefolgt von den *Brandenburgischen Konzerten*, den Cembalo-Violin-Sonaten und den Orgelsonaten, eine Reihe von musterhaften Werken in verwandten instrumentalen Werkgruppen. Sie blieben allerdings ohne Fortsetzung, mit der einzigen Ausnahme des unvollendeten späteren Projekts der Cembalokonzerte (siehe Kapitel 7). Ab den späten 1720er-Jahren und insbesondere während seiner Collegium-Musicum-Periode komponierte Bach von Zeit zu Zeit Werke für Instrumentalensemble, die verfügbaren Belege weisen jedoch eindeutig auf ein insgesamt zurückgehendes Engagement im Bereich der Kammer- und Orchestermusik hin. Dies hielt Bach nicht davon ab, gelegentlich auch noch nach 1730 Kompositionen von außergewöhnlicher Qualität und stilistischem Raffinement zu schaffen, vom Violin-Doppelkonzert BWV 1043 über die Orchesterouvertüren BWV 1067–1068 bis hin zur Triosonate des *Musikalischen Opfers* BWV 1079/3. Keines dieser Werke aber weist die hochgradigen Neuerungen auf, die Bach im Bereich der Vokalkomposition und auf seinem fortwährenden Spezialgebiet der Tastenmusik verfolgte.

Kapitel 4

Das ambitionierteste aller Projekte

Choralkantaten durchs Kirchenjahr

Den Choralkantaten-Jahrgang von 1724/25[1] als Bachs ambitioniertestes Kompositionsprojekt zu bezeichnen, mag zunächst übertrieben erscheinen. Doch schon ein flüchtiger Blick auf diese Werkreihe bestätigt diese Charakterisierung. Rein statistisch gesehen bildet dieser zweite Kantatenjahrgang mit seinen mehreren Dutzend zusammengehörigen Werken die mit Abstand größte Einheit in Bachs Schaffen. Sie besteht aus einer Kette komplexer und höchst eindrucksvoller Kompositionen über ausgewählte lutherische Kirchenlieder[2] und entstand in einem Zeitraum von nur etwa zehn Monaten. Zu keiner anderen Zeit hat Bach ununterbrochen so viele Kantaten komponiert, mindestens eine pro Woche. Und weder vorher noch nachher widmete er sich einem Kantatenjahrgang, der auf einer übergreifenden Idee als Grundlage einer »Opus«-Produktion beruhte – ein Modell, das Bach im Wesentlichen von seinem befreundeten Kollegen Georg Philipp Telemann übernahm.

Bis zum Ende seines ersten Amtsjahres als Leipziger Thomaskantor hatte Bach einen durchaus nennenswerten Bestand an geistlicher und weltlicher Vokalmusik geschaffen. Obgleich er seine Laufbahn als Organist und Instrumentalvirtuose begonnen hatte, komponierte er bereits in Arnstadt und Mühlhausen Vokalmusik, hauptsächlich Kirchenkantaten – damals eine neue Gattung, die in protestantischen Kirchen gerade in Mode kam. Für den herzoglichen Hof in Weimar komponierte er solche Stücke dann regelmäßig, vor allem nach seiner Beförderung zum Konzertmeister 1714, die ihm die Möglichkeit bot, monatlich eine Kantate zu präsentieren. Demgegenüber schrieb Bach als Köthener Kapellmeister im Dienst eines calvinistischen Hofes von 1717 bis 1723 praktisch keine Kirchenkantaten, sondern widmete sich vor allem der weltlichen Kammerkantate. Doch nie zuvor hatte er sich so intensiv mit Vokalmusik beschäftigt wie während der ersten Leipziger Jahre.

Es gehörte zu seinen vornehmsten Pflichten, an den etwa 60 Sonn- und Festtagen des Kirchenjahres Kantaten aufzuführen, mit Ausnahme der drei Sonntage nach dem

1. Advent und der siebenwöchigen Fastenzeit nach dem Sonntag Estomihi. Die regelmäßig vorzutragenden Kantaten mussten nicht unbedingt aus eigener Feder stammen, doch gleich zu Beginn entschloss sich Bach, in den ersten Jahren seiner Amtszeit ein Repertoire an eigener Musik aufzubauen, das er in den Folgejahren wieder aufführen konnte. Ganz offenkundig betrachtete er diese Kantaten nicht als bloße Gebrauchsmusik, sondern investierte aus vollem Herzen in Werke von kompositorischer Exzellenz, einheitlicher musikalischer Qualität und spiritueller Tiefe. Auch in aufführungspraktischer Hinsicht ging er keine Kompromisse ein, sondern verlangte den Vokalisten und Instrumentalisten ein Höchstmaß an technischem Können und professioneller Finesse ab.

Zwischen der Beendigung seines Dienstes am fürstlichen Hof in Köthen und seinem Leipziger Neuanfang blieb Bach nur wenig Zeit, um seine ehrgeizigen Projekte für die Kirchenmusik in der neuen Stadt vorzubereiten. Und da sein Amtsantritt am 1. Sonntag nach Trinitatis (30. Mai 1723) mit dem Beginn des Schuljahrs der Thomasschule zusammenfiel, geriet er sofort unter einen gewissen Druck. Er reagierte darauf, indem er in diesem ersten Jahr eine eher heterogene Reihe neu komponierter Kantaten auf Texte verschiedener Autoren zusammenstellte, daneben aber auch auf bereits vorhandenes Material zurückgriff, und zwar indem er sowohl Kantaten aus der Weimarer Zeit wiederaufführte als auch neu gefasste geistliche Parodien auf weltliche Köthener Kantaten präsentierte. Vor allem die ganz neu komponierten Werke zeigen jedoch sein Bestreben, die Gattung der geistlichen Kantate auf eine neue Ebene kompositorischer Verfeinerung zu heben, die das in Weimar erreichte Niveau noch deutlich überragen sollte. Schon in der zweiten Gruppe der neuen Kantaten für den 8. bis 10. Sonntag nach Trinitatis – *Erforsche mich, Gott* BWV 136, *Herr, gehe nicht ins Gericht* BWV 105 und *Schauet doch und sehet* BWV 46 – mit ihren intrikaten und opulenten Eingangschören ging er neuen überzeugenden musikalischen Ausdrucksmöglichkeiten nach. Darüber hinaus umfasste sein Schaffen im ersten Jahr zwei groß angelegte Werke: das Magnificat BWV 243 (in einer Normalfassung für die hohen Feiertage und einer erweiterten Fassung speziell für Weihnachten) und die *Johannes-Passion* BWV 245 für den Karfreitag 1724.

Bei der Planung des zweiten Amtsjahrs orientierte sich Bach an dem schon von Telemann umgesetzten Modell, einen kompletten Kantatenjahrgang nach einem übergreifenden Organisationsprinzip zu gestalten. Telemann hatte als Kapellmeister in Eisenach, einem herzoglichen Nachbarhof von Weimar, im Jahr 1710/11 den Kantatenjahrgang *Geistliches Singen und Spielen* komponiert und hierin Texte eines einzigen Dichters, des Theologen Erdmann Neumeister, vertont. Als Musikdirektor in Frankfurt schrieb Telemann dann weitere Kantatenjahrgänge auf Texte von Neumeister und anderen, in denen er zudem gezielt französische, italienische oder andere Musikstile adaptierte: in den Sammlungen *Französischer Jahrgang* (1714/15), *Concertenjahrgang* (1716/17) und *Sicilianischer Jahrgang* (1718/19).[3]

Bach nahm nun für sein zweites Jahr in Leipzig ein Kantatenprojekt in Angriff, das sich auf den reichen Fundus an traditionellen Choraltexten und -melodien des lutherischen Gesangbuchs konzentrierte. Als Organist hatte er auf der Grundlage dieser Melodien zahlreiche und oft höchst kunstvolle Orgelchoräle improvisiert und komponiert, auch nutzte er das Gesangbuch und sein eigenes *Orgel-Büchlein* als zentrales Unterrichtsmaterial. Die lutherischen Choräle, vor allem ihre Melodien, faszinierten ihn zeitlebens. Jedoch markiert die Idee, einen ganzen Kantatenjahrgang über die Melodien und Texte dieser Choräle anzulegen, zumal er nie zuvor etwas auch nur annähernd Ähnliches unternommen hatte, einen bemerkenswerten Wendepunkt in der Entfaltung seines beständig expandierenden musikalischen Universums. Mit dem Gesamtplan, der weit über Telemanns Modelle hinausging, war Bachs Entwurf des Choralkantaten-Jahrgangs ein bemerkenswerter Schritt vorwärts. Er bestimmte nicht nur den Zusammenhang der Kantatenreihe insgesamt mit ihrer Abfolge wechselnder Melodien, sondern auch den inneren Zusammenhang der Kantaten selbst, von denen jede ihre unverwechselbare musikalische Identität aus der jeweils zugrunde liegenden Choralmelodie erhielt. Mit anderen Worten: Jede Kantate ist zu verstehen als selbstständige Einheit und zugleich als Teil der übergreifenden Jahrgangsidee.

Hintergrund, Konzeption und Zeitplan

Die Geschichte vokal-instrumentaler Choralbearbeitungen beginnt eigentlich mit den choralgebundenen geistlichen Konzerten von Johann Hermann Schein, einem Leipziger Amtsvorgänger Bachs; die betreffenden Werke erschienen 1618 und 1626 in zwei Bänden als *Opella Nova* im Druck. Im weiteren Verlauf des Jahrhunderts zählten Dieterich Buxtehude und Johann Pachelbel unter jene protestantischen deutschen Komponisten, die choralgebundene und kantatenartige Werke »per omnes versus« (durch alle Strophen) eines Kirchenliedes schrieben. Dabei handelt es sich um mehrsätzige Stücke mit einer Folge verschiedener Choralbearbeitungen, die jeweils einer Strophe eines vollständigen Kirchenliedes gewidmet sind. Bachs Osterkantate *Christ lag in Todesbanden* BWV 4, sein Probestück von 1707 für die Organistenstelle in Mühlhausen, repräsentiert diesen älteren Typus der reinen Choralkantate. Viele strukturelle und musikalische Details dieses Werkes ähneln der gleichnamigen Kantate von Johann Pachelbel.[4] Bach griff diesen Kantatentypus jedoch nicht wieder auf, bis er 17 Jahre später, am Ostersonntag 1724, erneut auf BWV 4 zurückgriff und die Kantate dann noch einmal 1725, ganz am Ende des Choralkantatenjahrgangs aufführte.

Der Leitgedanke, den Bach für die Choralkantaten seines zweiten Jahrgangs entwickelte, ist von dem »per omnes versus«-Ansatz deutlich unterschieden. Um den formalen Kriterien der modernen Kirchenkantate zu genügen, teilte er die Strophen des gewählten Kirchenliedes so auf, dass jeweils die erste und die letzte in Text und Melodie unverändert beibehalten wurden (Tab. 4-1). Sie bilden auf diese Weise einen festen Rahmen, wobei die gewählte Choralmelodie im Eröffnungssatz der Kantate als musikalische Grundlage einer komplexen Bearbeitung dient und im abschließenden Satz in Form einer schlichten vierstimmigen Harmonisierung vortragen wird – beide Sätze führt das gesamte vokal-instrumentale Ensemble aus. Die Texte der Binnenstrophen, deren Anzahl stark variiert (von zwei oder drei bis zu einem Dutzend und mehr), wurden umgedichtet in die typische madrigalische Poesie der Kantatenlibretti, also in Rezitativ- und Arientexte mit variierenden Versmaßen und Reimordnungen. Diese Solosätze, typischerweise vier oder fünf, konnten direkte Zitate aus dem Kirchenlied enthalten – mit oder ohne zugehörige Melodie – oder sogar eine vollständige solistische Choralbearbeitung einer einzelnen Strophe darstellen. Darüber hinaus verwiesen die Umdichtungen auch auf die liturgisch vorgeschriebenen Evangeliumslesungen des Tages. Die resultierende madrigalische Form für die Choralkantaten des Jahrgangs 1724/25 zeigt das Schema von Tab. 4-1.

Tabelle 4-1 Formschema der Choralkantaten von 1724/25

Kirchenliedstrophen		Kantatensätze
Erste Strophe: Melodie und Text	→	Figurierter Choral (ausgedehnt mehrstimmige Bearbeitung)
Binnenstrophen: Text umgestaltet in madrigalische Dichtung, mit Bezügen zum Evangelium und gelegentlichen Zitaten aus Kirchenliedstrophen und / oder Melodiezeilen	→	Arie Rezitativ Rezitativ Arie Arie oder Rezitativ Rezitativ Arie Arie Rezitativ
Letzte Strophe: Melodie und Text	→	Schlusschoral (vierstimmige Harmonisierung)

Dieses flexible Schema erlaubt Abweichungen, die sich aber im Allgemeinen auf die Anzahl und Reihenfolge der Solosätze beschränken. In einigen Fällen wurde das Modell zu einer längeren Kantate in zwei Teilen erweitert, die vor und nach der Predigt aufgeführt wurden, so zum Beispiel gleich im Eröffnungsstück des Jahrgang 1724/25, der insgesamt elfsätzigen Kantate *O Ewigkeit, du Donnerwort* BWV 20. Ihr erster Teil besteht aus figuriertem Choral, Rezitativ, Arie, Rezitativ, Arie, Arie und Schlusschoral; der zweite Teil aus Arie, Rezitativ, Arie und Schlusschoral.

Um 1690 soll Bachs Leipziger Amtsvorgänger Johann Schelle mit Johann Benedict Carpzov, Pfarrer der Thomaskirche, zusammengearbeitet haben, indem er zu dessen Sonntagspredigten über lutherische Kirchenlieder passende Choralkompositionen vorlegte.[5] Dass eine solche Zusammenarbeit nun auch etwa 30 Jahre später stattfand, ist nirgends belegt, eine Tradition kunstvoller Choralbearbeitungen bestand jedoch – wie oben erwähnt – in der Leipziger Kirchenmusik schon seit den Zeiten des einflussreichen Kantors Johann Hermann Schein in den 1620er-Jahren. Bachs Vertrautheit mit Vokalkonzerten (konzertanten Choralmotetten mit Instrumenten) und anderen vokalen Choralbearbeitungen aus dem reichen Repertoire des 17. Jahrhunderts kann vorausgesetzt werden, da er bereits als Chorknabe in dieser Tradition aufgewachsen war. Die engste nachweisbare Verbindung liegt jedoch in den musikalischen Parallelen zwischen der einzigen vor-Leipziger Choralkantate *Christ lag in Todesbanden* BWV 4 und der gleichnamigen Kantate Johann Pachelbels, des Lehrers von Bachs älterem Bruder Johann

Christoph. Dass BWV 4 vermutlich als Probestück für die Organistenstelle in Mühlhausen entstand, deutet auf die enge Verbindung zum lutherischen Liedgut, dem täglichen Brot eines jeden Organisten. Bach war fasziniert von den zahllosen Möglichkeiten, das polyphone Potenzial und die harmonischen Implikationen einer einzigen Kirchenliedmelodie in unterschiedlichen Orgelwerken zu erproben, und diese Vorliebe konnte er auch hervorragend in dem umfassenden Konzept eines Choralkantatenprojekts ausleben. Darin lag wohl die treibende Kraft für seine Entscheidung, sich für den zweiten Kantatenjahrgang auf Choralmelodien und -texte als Schwerpunkt festzulegen. Seine große Erfahrung als Organist – mehr noch als seine Vertrautheit mit vokalen Vorbildern – ließ ihn die vielfältigen Möglichkeiten, die der große melodische Schatz der lutherischen Kirchenlieder bereithielt, erkennen und nutzen.[6]

Es ist darum keine Überraschung, dass bereits Bachs erster Leipziger Kantatenjahrgang von 1723/24 einige Werke enthält, die mit kunstvollen Chören auf der Grundlage bekannter Kirchenlieder beginnen. Tatsächlich scheint die Idee eines ganzen Kantatenjahrgangs mit dem Schwerpunkt auf Chorälen in Verbindung mit einer Gruppe von fünf Werken entstanden zu sein, die zwischen Ende August und Anfang Oktober 1723 aufgeführt wurden (Tab. 4-2). Diese Werke basieren entweder auf Choraltexten und -melodien (Gruppe a) oder auf biblischen Texten in Kombination mit instrumental vorgetragenen Choralmelodien (Gruppe b). Diese Parameter sollten auch bei der Entstehung des Jahrgangs 1724/25 eine Rolle spielen.

Tabelle 4-2 Kantatenblock mit Choralschwerpunkten im ersten Leipziger Jahrgang (Herbst 1723)

(a) Beruhend auf Choraltexten und -melodien

Warum betrübst du dich, mein Herz BWV 138 (15. Sonntag nach Trinitatis):
Eröffnungschoral mit eingeschobenem Rezitativ; Schlusschoral mit der gleichen Melodie
Christus, der ist mein Leben BWV 95 (16. Sonntag nach Trinitatis):
Eröffnungschoral mit eingeschobenem Rezitativ und kombiniert mit dem zweiten Choral »Mit Fried und Freud ich fahr dahin«; zwei weitere Choräle »Valet will ich dir geben« und »Wenn mein Stündlein vorhanden ist« erscheinen in den Sätzen 2, 3 und 7

(b) Beruhend auf Bibeltexten in Verbindung mit instrumentalen Chorälen ohne Text

Du sollst Gott, deinen Herren lieben BWV 77 (13. Sonntag nach Trinitatis):
Biblischer Eingangschor mit instrumentalem Choral »Dies sind die heilgen zehn Gebot«
Es ist nichts Gesundes an meinem Leibe BWV 25 (14. Sonntag nach Trinitatis):
Biblischer Eingangschor mit Instrumentalensemble-Choral »Ach Herr, mich armen Sünder«
Ich elender Mensch, wer wird mich erlösen BWV 48 (19. Sonntag nach Trinitatis):
Biblischer Eingangschor mit instrumentalem Choral »Herr Jesu Christ, du höchstes Gut«; Schlusschoral mit der gleichen Melodie

Eigentümlicherweise wurden vier dieser fünf Kantaten in einer lückenlosen Abfolge komponiert, und zwar für den 13. bis 16. Sonntag nach Trinitatis. Die beiden in Gruppe (a) genannten, BWV 138 und 95, beginnen mit ganz ähnlich gestalteten Eingangssätzen, bestehend aus Choralstrophen im Wechsel mit interpolierten Rezitativen, die in Bachs

Kantatenrepertoire singulär sind. Insbesondere die Kantate BWV 138 scheint für Bachs Ideen zur formalen Anlage einer madrigalischen Choralkantate von entscheidender Bedeutung gewesen zu sein. Zum einen verwendet diese Kantate eine einzige Choralmelodie als musikalischen Brennpunkt der gesamten Komposition. Zum anderen verbindet sie den strophischen Text des Kirchenliedes mit typisch madrigalischer Dichtung. Und schließlich schafft sie einen Rahmen, indem sie die unveränderte erste und letzte Choralstrophe als Anfangs- und Schlusssatz verwendet. Solche deutlichen konstituierenden Elemente werden in den anderen vier Kantaten nicht exakt reproduziert; diese Kantaten bilden jedoch mit ihren besonderen Merkmalen und als zusammenhängende Gruppe eine Keimzelle für einen Kantatentypus mit Schwerpunkt auf Choralmelodien, der schließlich Bachs kompositorische Aktivitäten von Juni 1724 bis März 1725 wesentlich bestimmte.

Abgesehen von BWV 25 und 77 sind die Dichter der übrigen Kantaten unbekannt. Doch gerade die Texte von BWV 138 und 95 ähneln sich strukturell so sehr, dass sie höchstwahrscheinlich von ein und demselben Autor stammen – möglicherweise von demjenigen, der auch für die Librettoform und die anonymen Texte des Choralkantaten-Jahrgangs verantwortlich zeichnet. Da es in Leipzig keinen Mangel an poetisch aktiven Literaten gab, könnte Bach durchaus von diesem reichen Pool an akademischen Dichtern profitiert haben. Darauf deutet der Fall des Theologiestudenten Christoph Birkmann hin, der 1725/26 Texte für Bach schrieb.[7] Die instrumentalen Choräle in den Kantaten BWV 77, 25 und 48 (Tab. 4-2, Gruppe b) wurden allerdings nicht von ihren Libretti vorgeschrieben, bilden also Bachs eigene Beiträge zum interpretatorischen Gehalt dieser Werke und zeugen von seiner Vorliebe für jene Art von emblematischen Bezügen, die im Jahrgang von 1724/25 so prominent herausgestellt werden sollten.

Wenn das Konzept der madrigalischen Choralkantate – also die Idee zu einer Musik, die Kirchenlied und frei gedichtete Verse miteinander verbindet – tatsächlich über der Komposition der Kantate *Warum betrübst du dich, mein Herz* BWV 138 entstanden sein sollte, dann geschah dies im Zuge von Bachs angestrengtem Bemühen, einen stetigen Fluss von Aufführungen für die Sonn- und Festtage des ersten Jahres seines Kantorates aufrechtzuerhalten. Dabei dürfte zunächst kaum Zeit geblieben sein für ein Reifenlassen der Idee oder für ausführliche Überlegungen, wie ein logisch geformter und zusammenhängender zweiter Kantatenjahrgang zu konzipieren war. Dieser sollte auf ein höchst produktives, reichhaltiges und bemerkenswert breit gefächertes erstes Kirchenmusikjahr folgen, auch wenn dieses eher sprunghaft verlaufen und von Zufälligkeiten geprägt war. So kam es, dass Bach zu Beginn des neuen Schuljahres am 11. Juni 1724, dem 1. Sonntag nach Trinitatis, ohne großes Aufheben jene Reihe von Kantatenaufführungen begann, die das umfangreichste und ehrgeizigste kompositorische Projekt werden sollte, das er jemals in Angriff nahm – am Ende summierte es sich auf mehr als 15 Stunden choralgebundener musikalischer Polyphonie.

Der außerordentlich straffe Zeitplan des Projekts, wie ihn Tab. 4-3 aufweist, ist ohne Präzedenzfall oder Parallele im Berufsleben des Komponisten. Die anstrengende Erfahrung des ersten Kantatenjahrgangs hatte ihm sicherlich bereits einen Vorgeschmack gegeben, auch wenn er sich des Öfteren erlaubt hatte, einen Fertigstellungstermin durch die Wiederaufführung eines Werkes aus dem Weimarer Repertoire zu umgehen. Der zweite Jahrgang dagegen verlangte von ihm in unerbittlicher Folge ein neues Werk nach dem anderen. Das bedeutete, Woche für Woche mehrsätzige Werke völlig neu zu komponieren, alle Aufführungsmaterialien vorzubereiten, sodann die Kantaten einzustudieren und aufzuführen. Und wenn es das Kirchenjahr erforderte, mussten innerhalb einer Woche zusätzlich Kantaten für die Apostel- und Marienfeste oder den Reformationstag vorbereitet und aufgeführt werden. Ein solcher Fall trat zum ersten Mal bereits am 24. und 25. Juni 1724 ein, als zwei neue Kantaten für zwei aufeinanderfolgende Tagen fällig wurden. Besonders dicht gedrängt war die Weihnachtszeit, wenn innerhalb von knapp zwei Wochen nicht weniger als sieben neue Werke erwartet wurden. Die beiden Zeitabschnitte ohne figurale Kirchenmusik, im Advent und in der Fastenzeit, boten kaum Entlastung, denn sie dienten der Vorbereitung für die folgenden Festtage. Wie es Bach gelang, neben all den anderen Aktivitäten seines persönlichen und beruflichen Alltags einen solch strapaziösen Zeitplan einzuhalten, bleibt schwer vorstellbar.

Völlig rätselhaft bleibt, warum Bach die Reihe der Choralkantaten im Frühjahr 1725 abgebrochen hat. Die Kantate *Wie schön leuchtet der Morgenstern* BWV 1, entstanden für das Fest Mariä Verkündigung und am 25. März aufgeführt, bildet somit den Abschluss einer homogenen Reihe von insgesamt 41 Werken, die innerhalb von 37 Wochen in einem Schwung komponiert wurden. Diesem letzten Werk folgte nur wenige Tage später, am Karfreitag, dem 30. März, die zweite Fassung der *Johannes-Passion* (Kapitel 6, S. 202 f.) – mit Anpassungen, die Bach an dem ein Jahr zuvor uraufgeführten Werk vorgenommen hatte, um es in die fortlaufende Reihe der Choralkantaten zu integrieren. An diesem Punkt fand die Serie ein vorzeitiges Ende.

Das Hauptwerk für den Ostersonntag am 1. April 1725 war die Osterkantate *Kommt, gehet und eilet* BWV 249, die Parodie eines weltlichen Werkes, das nur sechs Wochen zuvor am Hof von Weißenfels aufgeführt worden war (Kapitel 6, S. 230). Um dennoch die Kontinuität des Choralkantatenprojekts zu wahren (obwohl es sich eindeutig um eine Notlösung handelte), führte Bach an diesem hohen Festtag eine zweite Kantate auf. Er wählte für diesen Zweck die ältere Kantate *Christ lag in Todesbanden* BWV 4, die er auch schon im Jahr zuvor aufgeführt hatte und die ebenfalls eine Choralkantate war, wenn auch vom Typus der reinen Choraltext-Kantaten. Es scheint, als seien dem Komponisten irgendwann im Frühjahr 1725, nachdem er das Kantatentextheft für die Sonntage nach Epiphanias bis Mariä Verkündigung vorbereitet hatte, die Choralkantaten-Texte ausgegangen. Die Gründe dafür sind völlig unbekannt. Ab Ostermontag 1725 jedenfalls kehrte Bach mit der Kantate *Bleib bei uns, denn es will Abend werden* BWV 6 für die verbleibenden beiden Monate des Schuljahres zu regulären madrigalischen Kantaten zurück. Aber auch diese mussten allesamt neu komponiert werden, zumeist auf Texte von Mariane von Ziegler, sodass der offenbar erzwungene abrupte Wechsel keinerlei Auswirkungen auf den wöchentlichen Produktionsplan hatte. Mit anderen Worten: Die veränderte Situation brachte für den Komponisten keinerlei zeitliche Entlastung.

Tabelle 4-3 Der Choralkantaten-Jahrgang 1724/25, Aufführungskalender

BWV	Kantatentitel	Liturgisches Datum	Erstaufführung
	1. Der ursprüngliche Jahrgang von 1724/25: 41 Kantaten		
20	O Ewigkeit, du Donnerwort	1. Sonntag nach Trinitatis	11. Juni 1724
2	Ach Gott, vom Himmel sieh darein	2. Sonntag nach Trinitatis	18. Juni 1724
7	Christ unser Herr zum Jordan kam	Johannis	24. Juni 1724
135	Ach Herr, mich armen Sünder	3. Sonntag nach Trinitatis	25. Juni 1724
10	Meine Seel erhebt den Herren	Mariä Heimsuchung	2. Juli 1724
93	Wer nur den lieben Gott lässt walten	5. Sonntag nach Trinitatis	9. Juli 1724
—		6. Sonntag nach Trinitatis	16. Juli 1724
107	Was willst du dich betrüben*	7. Sonntag nach Trinitatis	23. Juli 1724
178	Wo Gott der Herr nicht bei uns hält	8. Sonntag nach Trinitatis	30. Juli 1724
94	Was frag ich nach der Welt	9. Sonntag nach Trinitatis	6. August 1724
101	Nimm von uns, Herr, du treuer Gott	10. Sonntag nach Trinitatis	13. August 1724
113	Herr Jesu Christ, du höchstes Gut	11. Sonntag nach Trinitatis	20. August 1724
—		12. Sonntag nach Trinitatis	27. August 1724
33	Allein zu dir, Herr Jesu Christ	13. Sonntag nach Trinitatis	3. September 1724
78	Jesu, der du meine Seele	14. Sonntag nach Trinitatis	10. September 1724
99	Was Gott tut, das ist wohlgetan	15. Sonntag nach Trinitatis	17. September 1724
8	Liebster Gott, wenn werd ich sterben	16. Sonntag nach Trinitatis	24. September 1724
130	Herr Gott, dich loben alle wir	Michaelis	29. September 1724
114	Ach, lieben Christen, seid getrost	17. Sonntag nach Trinitatis	1. Oktober 1724
96	Herr Christ, der ein'ge Gottessohn	18. Sonntag nach Trinitatis	8. Oktober 1724
5	Wo soll ich fliehen hin	19. Sonntag nach Trinitatis	15. Oktober 1724
180	Schmücke dich, o liebe Seele	20. Sonntag nach Trinitatis	22. Oktober 1724
38	Aus tiefer Not schrei ich zu dir	21. Sonntag nach Trinitatis	29. Oktober 1724
—		Reformationstag	31. Oktober 1724
115	Mache dich, mein Geist, bereit	22. Sonntag nach Trinitatis	5. November 1724
139	Wohl dem, der sich auf seinen Gott	23. Sonntag nach Trinitatis	12. November 1724
26	Ach wie flüchtig, ach wie nichtig	24. Sonntag nach Trinitatis	19. November 1724
116	Du Friedefürst, Herr Jesu Christ	25. Sonntag nach Trinitatis	26. November 1724
62	Nun komm, der Heiden Heiland	1. Advent	3. Dezember 1724
91	Gelobet seist du, Jesu Christ	1. Weihnachtstag	25. Dezember 1724
121	Christum wir sollen loben schon	2. Weihnachtstag	26. Dezember 1724
133	Ich freue mich in dir	3. Weihnachtstag	27. Dezember 1724
122	Das neugeborne Kindelein	Sonntag nach Weihnachten	31. Dezember 1724
41	Jesu, nun sei gepreiset	Neujahr	1. Januar 1725

BWV	Kantatentitel	Liturgisches Datum	Erstaufführung
123	Liebster Immanuel, Herzog der Frommen	Epiphanias	6. Januar 1725
124	Meinen Jesum lass ich nicht	1. Sonntag nach Epiphanias	7. Januar 1725
3	Ach Gott, wie manches Herzeleid	2. Sonntag nach Epiphanias	14. Januar 1725
111	Was mein Gott will, das g'scheh allzeit	3. Sonntag nach Epiphanias	21. Januar 1725
92	Ich hab in Gottes Herz und Sinn	Septuagesimae	28. Januar 1725
125	Mit Fried und Freud ich fahr dahin	Mariä Reinigung	2. Februar 1725
126	Erhalt uns, Herr, bei deinem Wort	Sexagesimae	4. Februar 1725
127	Herr Jesu Christ, wahr' Mensch und Gott	Estomihi	11. Februar 1725
1	Wie schön leuchtet der Morgenstern	Mariä Verkündigung	25. März 1725
[245.2	Johannes-Passion »O Mensch, bewein dein Sünde groß«†	Karfreitag	30. März 1725]
4	Christ lag in Todesbanden (1707)‡	Ostersonntag	1. April 725

2. Spätere Ergänzungen: 8 Kantaten zur Schließung liturgischer Lücken

BWV	Kantatentitel	Liturgisches Datum	Erstaufführung
177	Ich ruf zu dir, Herr Jesu Christ*	4. Sonntag nach Trinitatis	6. Juli 1732
9	Es ist das Heil uns kommen her	6. Sonntag nach Trinitatis	1. August 1734
137	Lobe den Herren, den mächtigen König der Ehren*	12. Sonntag nach Trinitatis	19. August 1725
80	Ein feste Burg ist unser Gott	Reformationstag	1728–1731 und 31. Oktober 1739
140	Wachet auf, ruft uns die Stimme	27. (letzter) Sonntag nach Trinitatis	25. November 1731
14	Wär Gott nicht mit uns diese Zeit	4. Sonntag nach Epiphanias	30. Januar 1735
112	Der Herr ist mein getreuer Hirt*	Misericordias Domini	8. April 1731
129	Gelobet sei der Herr, mein Gott*	Trinitatis	8. Juni 1727

3. Spätere Ergänzungen: 4 reine Choraltext-Kantaten ohne liturgische Bestimmung

BWV	Kantatentitel	Liturgisches Datum	Erstaufführung
117	Sei Lob und Ehr dem höchsten Gut*	—	1728–1731
192	Nun danket alle Gott*	—	ca. 1730
100	Was Gott tut, das ist wohlgetan*	—	ca. 1734
97	In allen meinen Taten*	—	1734 (autographe Datierung)

*   Nur Choraltext, keine madrigalische Dichtung
†   *Johannes-Passion*, zweite Fassung von 1725 mit dem Choralchor »O Mensch, bewein dein Sünde groß« (zur Einbettung in den Choralkantaten-Jahrgang)
‡   1707 komponiert, 1724 revidiert, 1725 wiederaufgeführt und in den Choralkantaten-Jahrgang integriert

Während der laufenden Arbeit am Choralkantaten-Jahrgang von 1724/25 ließ Bach nur zwei Sonntage, den 6. und 12. Sonntag nach Trinitatis, ausfallen (Tab. 4-3, Abschnitt 1), offenbar wegen Verpflichtungen außerhalb Leipzigs.[8] Außerdem komponierte er keine Kantate für den 4. Sonntag nach Trinitatis, weil das Fest Mariä Heimsuchung an diesem Tag Vorrang hatte. Auch für den 26. und 27. Sonntag nach Trinitatis sowie den 4. Sonntag nach Epiphanias gibt es keine Kantaten, da diese drei Sonntage im Kirchenjahr 1745/25 entfielen. Um diese Lücken durch entsprechende Ergänzungen zu schließen, begann Bach zwar bereits 1725 mit der Kantate *Lobe den Herren, den mächtigen König der Ehren* BWV 137 für den 12. Sonntag nach Trinitatis, kehrte danach aber nur sporadisch zum Projekt des eigentlichen De-tempore-Zyklus der Choralkantaten zurück (Tab. 4-3, Abschnitt 2). Bis 1734/35 hatte Bach den Jahrgang vom Sonntag Trinitatis (BWV 129) bis zum Fest Mariä Verkündigung im Wesentlichen abgeschlossen.[9] Mit Ausnahme der Kantate *Der Herr ist mein getreuer Hirt* BWV 112 für den Sonntag Misericordias Domini aber scheint er sich dem Zeitabschnitt von Ostern bis Pfingsten nicht mehr zugewandt zu haben. Andererseits komponierte er in den frühen 1730er-Jahren vier reine Choraltext-Kantaten, die dem Modell von BWV 137 folgen, aber keine spezifische liturgische Bestimmung haben (Tab. 4-3, Abschnitt 3). Da die vier gewählten Kirchenlieder liturgisch neutral sind, handelt es sich um Kantaten, die zu jeder Zeit außerhalb der großen Festzeiten des Kirchenjahres aufgeführt und auch für Trauungen verwendet werden konnten. Sie fungierten als pragmatische Erweiterung des eigentlichen Choralkantaten-Jahrgangs, wurden aber wegen ihrer flexiblen Verwendbarkeit getrennt von den De-tempore-Kantaten verwahrt.[10]

Ein Reihen-Opus

Was den unvollendeten Choralkantaten-Jahrgang von Werken wie dem *Wohltemperierten Klavier* oder den *Brandenburgischen Konzerten* unterscheidet, ist nicht allein der schiere Umfang des Projekts, sondern auch sein allmähliches, wochenweises Anwachsen über einen Zeitraum von zehn Monaten. Voraussetzung für diese Kontinuität war Bachs Rückgriff auf ein standardisiertes Kantatenmodell, das (wie in Tab. 4-1 dargestellt) normalerweise aus sechs oder sieben Sätzen besteht. Überdies bezog sich jede Kantate in ihrer Funktion innerhalb des lutherischen Gottesdienstes auf die Evangelienlesung des Tages, die ihr in der Liturgie unmittelbar vorausging. Sie stellte somit eine musikalische Predigt dar, die die Botschaft der geistlichen Dichtung vermitteln und vertiefen sollte. Und schließlich bestimmten die jeweiligen Choralmelodien, die jedem Werk die musikalischen Grundthemen entbieten und als Kernstücke der Rahmensätze dienen, ganz wesentlich den Fokus und Zusammenhang. So bezieht jede Kantate ihre besondere Identität aus der stetigen Präsenz und dem Referenzwert ihrer Choralmelodie.

Was die Planung des Jahrgangs als Reihen-Opus betrifft, so hat Bach dessen Inhalt und Gesamtanlage offensichtlich selbst bestimmt, indem er die Choräle für die verschiedenen Sonn- und Festtage auswählte, bevor er die Texte bei einem oder mehreren Dichtern in Auftrag gab. Angesichts seiner intimen Vertrautheit mit dem lutherischen Gesangbuch war die Melodienwahl eine leichte Aufgabe, die ihm zudem bereits bestimmte musikalische Vorentscheidungen ermöglichte, etwa mit der Bevorzugung solcher Melodien, die hinreichend Potenzial für eine kompositorische Bearbeitung besaßen. Natürlich wählte Bach auch seine Lieblingsmelodien, ebenso solche, die ihm für den beabsichtigten Zweck besonders geeignet schienen, wobei er zugleich unerwünschte Überschneidungen vermied, die dadurch hätten entstehen können, dass sehr viele Melodien des großen lutherischen Liedrepertoires auf mehrere Texte gesungen wurden. Schließlich bemühte er sich innerhalb des Jahrgangs-Opus insgesamt um ausreichende Vielfalt unter den ausgewählten Choralmelodien, sowohl hinsichtlich ihres musikalischen Charakters als auch ihrer kompositorischen Möglichkeiten.

Bezeichnenderweise griff Bach fast ausschließlich auf Choralmelodien aus dem klassischen Bestand von der Reformationszeit bis zur Mitte des 17. Jahrhunderts zurück – ein Schwerpunkt, der seiner persönlichen Vorliebe bei den Choralbearbeitungen für Orgel entsprach. Für den Choralkantaten-Jahrgang nutzte er dies wohl auch als ein vereinheitlichendes Element. Innerhalb dieses Melodienrepertoires (Tab. 4-4) gehen von den aus dem 16. Jahrhundert stammenden Gesängen mehr als die Hälfte auf mittelalterliche Lieder in den alten Kirchentonarten zurück; nur zwei der insgesamt 47 späteren Melodien stammen aus dem frühen 18. Jahrhundert – jene für die Kantaten *Liebster Gott, wenn werd ich sterben* BWV 8 und *Ich freue mich in dir* BWV 133. Wiederholungen von Melodien suchte Bach möglichst zu vermeiden: Innerhalb des ursprünglichen Jahrgangs von 1724/25 wurden lediglich zwei Melodien zweimal verwendet (in BWV 178 und BWV 114 sowie in BWV 111 und BWV 92), und in den insgesamt 53 Choralkantaten nur fünf Melodien zweimal bearbeitet (Tab. 4-5). Dabei veränderte Bach in den entscheidenden Eröffnungssätzen der Zweitbearbeitung einer Melodie Taktart, Tonart und Besetzung gegenüber der früheren Kantate. Darüber hinaus unterstreichen in diesen Kantaten mit »wiederholten« Bearbeitungen weitere strukturelle und kompositorische Elemente den absichtsvollen Kontrast.

Wie alle Kantatenzyklen sollten auch Bachs Choralkantaten-Jahrgang vor allem bewegende musikalische Predigten zur Vertiefung der geistlichen Botschaft bieten, die mit dem liturgischen Charakter jedes Sonn- und Festtags im Kirchenjahr verbunden war. Doch abgesehen von Bachs offenkundiger Selbstverpflichtung zur Betonung des Andachtscharakters einer jeden Kantate war die eigentliche Triebfeder für die Komposition der Choralkantaten rein musikalischer Natur – durchaus vergleichbar den künstlerischen Zielen des *Orgel-Büchleins*, obwohl sich dessen quasi miniaturistische Herangehensweise an die Choralbearbeitung deutlich von den Dimensionen einer mehrsätzigen vokal-instrumentalen Partitur unterscheidet. Beide Opusreihen folgen einem stringenten kompositorischen Konzept, nach dem verschiedenartige Bearbeitungen bekannter Melodien zusammengestellt werden, ausgerichtet auf eine forschend-experimentierenden Gestaltung, die Raum für vielfältigste Lösungsmöglichkeiten eröffnete. Und dennoch blieben die Werke beider Opusreihen durchweg ihren religiösen Funktionen treu, indem sie den Inhalt der geistlichen Dichtung herausstellen.

Tabelle 4-4 Die Melodien (Cantus firmi) der Choralkantaten und ihre Herkunft

Kantate / Melodie (BWV)	Gesangbuch oder Komponist (Primärtext der Melodie)
(1) 16. Jahrhundert	
Ach Gott, vom Himmel sieh darein (BWV 2)	Erfurt 1524*
Christum wir sollen loben schon (BWV 121)	Erfurt 1524*
Herr Christ, der einge Gottessohn (BWV 96)	Erfurt 1524*
Aus tiefer Not schrei ich zu dir (BWV 38)	Erfurt 1524*
Nun komm der Heiden Heiland (BWV 62)	Erfurt 1524*
Gelobet seist du, Jesu Christ (BWV 91)	J. Walter, 1524*
Wär Gott nicht mit uns diese Zeit (BWV 14)	J. Walter, 1524*
Christ lag in Todes Banden (BWV 4)	J. Walter, 1524*
Mit Fried und Freud ich fahr dahin (BWV 125)	J. Walter, 1524*
Christ unser Herr zum Jordan kam (BWV 7)	Wittenberg 1524* (Es woll uns Gott genädig sein)
Es ist das Heil uns kommen her (BWV 9) Sei Lob und Ehr dem höchsten Gut† (BWV 117)	Nürnberg 1524*
Ich ruf zu dir, Herr Jesu Christ (BWV 177)	Wittenberg 1526*
Wo Gott der Herr nicht bei uns hält (BWV 178) Ach, lieben Christen, seid getrost† (BWV 114)	Wittenberg 1529*
Ein feste Burg ist unser Gott (BWV 80)	Wittenberg 1529
Meine Seel erhebt den Herren (BWV 10)	Wittenberg 1529 (Tonus peregrinus*)
Nimm von uns, Herr, du treuer Gott (BWV 101)	Leipzig 1539 (Vater unser im Himmelreich)
Der Herr ist mein getreuer Hirt (BWV 112)	Leipzig 1539* (Allein Gott in der Höh sei Ehr)
Erhalt uns, Herr, bei deinem Wort (BWV 126)	Wittenberg 1543
Allein zu dir, Herr Jesu Christ (BWV 33)	Leipzig 1545*
Herr Gott, dich loben alle wir (BWV 130)	Genf 1551 (Ihr Knecht des Herren allzugleich)
Was mein Gott will, das g'scheh allzeit (BWV 111) Ich hab in Gottes Herz und Sinn† (BWV 92)	J. Magdeburg, 1572
Was willst du dich betrüben (BWV 107)	J. Magdeburg, 1572 (Von Gott will ich nicht lassen)
Jesu, nun sei gepreiset (BWV 41)	Wittenberg 1591
Herr Jesu Christ, du höchstes Gut (BWV 113)	Dresden 1593 (Wenn mein Stündlein vorhanden ist)
Herr Jesu Christ, wahr' Mensch und Gott (BWV 127)	J. Eccard, 1597
Wachet auf, ruft uns die Stimme (BWV 140)	P. Nicolai, 1599
Wie schön leuchtet der Morgenstern (BWV 1)	P. Nicolai, 1599
(2) 17. Jahrhundert	
Ach Herr, mich armen Sünder (BWV 135)	H. L. Hassler, 1601 (Herzlich tut mich verlangen)
Du Friedefürst, Herr Jesu Christ (BWV 116)	B. Gesius, 1601
Das neugeborne Kindelein (BWV 122)	M. Vulpius, 1609
Ach Gott, wie manches Herzeleid (BWV 3)	Leipzig 1625 (Herr Jesu Christ, meins Lebens Licht)

Kantate / Melodie (BWV)	Gesangbuch oder Komponist (Primärtext der Melodie)
Wo soll ich fliehen hin (BWV 5)	J. H. Schein, 1627 (Auf meinen lieben Gott)
Wohl dem, der sich auf seinen Gott (BWV 139) Nun danket alle Gott (BWV 192)	J. H. Schein, 1628 (Machs mit mir, Gott, nach deiner Güt)
Schmücke dich, o liebe Seele (BWV 180)	J. Crüger, 1649
O Ewigkeit, du Donnerwort (BWV 20)	J. Crüger, 1653
Wer nur den lieben Gott lässt walten (BWV 93)	G. Neumark, 1657
Meinen Jesum lass ich nicht (BWV 124)	Zittau 1658
Ach wie flüchtig, ach wie nichtig (BWV 26)	J. Crüger, 1661
Jesu, der du meine Seele (BWV 78)	Frankfurt 1662 (Wacht doch, erwacht ihr Schläfer)
Lobe den Herren, den mächtigen König der Ehren (BWV 137)	Stralsund 1665 (Hast du denn, Jesu, dein Angesicht)
Was Gott tut, das ist wohlgetan (BWV 99) Was Gott tut, das ist wohlgetan (BWV 100)	Nürnberg 1690
Was frag ich nach der Welt (BWV 94) Gelobet sei der Herr, mein Gott† (BWV 129)	Meiningen 1693 (O Gott, du frommer Gott)
Mache dich, mein Geist, bereit (BWV 115)	Dresden 1694 (Straf mich nicht in deinem Zorn)
Liebster Immanuel, Herzog der Frommen (BWV 123)	Darmstadt 1698

(3) 18. Jahrhundert

Liebster Gott, wenn werd ich sterben (BWV 8)	D. Vetter, 1713
Ich freue mich in dir (BWV 133)	J. B. König, um 1714

* Mittelalterliche Melodie   † Gleiche Melodie

Tabelle 4-5 Verschiedene Bearbeitungen derselben Choralmelodie (Eingangssätze)

Choralmelodie	Erste Bearbeitung*	Zweite Bearbeitung*
Wo Gott der Herr nicht bei uns hält	BWV 178: c, a-Moll; Hr., 2 Ob.	BWV 114: 6/4, g-Moll; Hr., 2 Ob.
Was mein Gott will, das g'scheh allzeit	BWV 111: ¢, a-Moll; 2 Ob.	BWV 92: 6/8, h-Moll; 2 Ob. d'am.
O Gott, du frommer Gott	BWV 94: c, D-Dur; Trav., 2 Ob.	BWV 129: c, D-Dur; 3 3 Trp., Pk., Trav., 2 Ob.
Es ist das Heil uns kommen her	BWV 9: 3/4, E-Dur; Trav., Ob. d'am.	BWV 117: 6/8, G-Dur; 2 Trav., 2 Ob.
Was Gott tut, das ist wohlgetan	BWV 99: ¢, G-Dur; Hr., Trav., Ob. d'am.	BWV 100: ¢, G-Dur; 2 Hr., Pk., Trav., Ob. d'am.

* Bei der Besetzung sind nur die Bläser angegeben, nicht die regulären Streicher und der Basso continuo.

In dieser Hinsicht erscheint es vielleicht gar nicht so weit hergeholt, Bachs so engagierte und tieflotende kompositorische Leistungen zu verstehen als seine eigene, nicht weniger sachkundige Erwiderung auf die professoralen Predigten, gehalten von seinen theologischen Kollegen auf den Kanzeln der beiden Leipziger Hauptkirchen St. Thomae und St. Nicolai. Während allerdings den Predigern für ihre homiletischen Auslegungen der Bibeltexte jeweils eine ganze Stunde zur Verfügung stand, war das Zeitkontingent des Kantors in der Regel weniger als halb so lang bemessen. Indes: Mehr als drei Jahrhunderte später sind die Worte der Prediger völlig vergessen, während die Musik ihres Kantors immer noch gehört und studiert wird, auch wenn dies dem Komponisten leider keine postume Genugtuung verschaffen kann.

Am 11. Juni 1724, dem offiziellen Beginn des Schuljahres, eröffnete Bach mit einer beispiellosen Geste seinen zweiten Kantatenjahrgang. Doch wahrscheinlich begriffen die wenigsten der rund 2000 Gottesdienstbesucher die Tragweite dessen, was er initiierte – beginnend mit den ersten Takten der Ouvertüre zu *O Ewigkeit, du Donnerwort* BWV 20 und fortgeführt in den folgenden Sätzen. Offensichtlich hatte er sich viele Gedanken über den Beginn des Projekts gemacht, und seine gründliche Planung lässt sich leicht an den Partituren selbst ablesen. Das erste ungewöhnliche Detail ist die Gebetsformel, die Bach an den Anfang der Kompositionspartitur dieser ersten Kantate setzte, bevor er die erste Note niederschrieb. Üblicherweise schrieb er gleich vielen anderen Komponisten die knappe Anrufungsformel »J. J.« (lat. »Jesu Juva«, »Jesus, hilf«) an den Anfang seiner Partituren. Doch diesmal griff Bach, der sich über die außergewöhnliche Dimension seines neuen Vorhabens zweifellos im Klaren war, zu der aus sechs Buchstaben bestehenden feierlicheren Formel »I. N. D. N. J. C.« (»In Nomine Domini Nostri Jesu Christi«, »Im Namen unseres Herrn Jesus Christus«). Es ist das einzige Mal, dass diese Formel in einem Bach-Autograph auftaucht (Abb. 4-1a), und sie nimmt an dieser Stelle eine Bedeutung an, die sich über die erste Kantate hinaus auf den gesamten Jahrgang bezieht. In der Partitur der zweiten Kantate des Jahrgangs, *Ach Gott, vom Himmel sieh darein* BWV 2 für den 18. Juni, kehrte Bach denn auch zu der gebräuchlichen Kurzform »J. J.« zurück (Abb. 4-2).

Die Gebetsformel in der autographen Partitur von BWV 20 ist zweifellos sehr privater Natur, die musikalische Gestaltung des eröffnenden Kantatensatzes aber lief insgesamt eindeutig auf eine Art öffentliches Statement hinaus, das Aufmerksamkeit erregen sollte. Denn Bach beginnt den neuen Jahrgang mit der bedeutungsvollen Geste einer Französischen Ouvertüre, einem Idiom, das der barocken Operntradition entlehnt ist. In bescheidenerem Umfang hatte er diese Idee bereits zehn Jahre zuvor in Weimar verwendet für die Kantate *Nun komm, der Heiden Heiland* BWV 61, die zur Eröffnung des Kirchenjahres am 1. Advent, dem 2. Dezember 1714, komponiert wurde. Die Ouvertüre von BWV 20 mit ihrer charakteristischen dreiteiligen Form beginnt mit markanten Akkorden und energischen punktierten Rhythmen (Abb. 4-1), geht dann in einen schnellen Abschnitt imitativer Polyphonie über und kehrt im abschließenden langsamen Teil zu den punktierten Rhythmen des Anfangs zurück. Der majestätische, gemessene Vorwärtsdrang der ersten Takte bereitet die Einführung der Choralmelodie mit ihrer ersten

Strophe »O Ewigkeit, du Donnerwort« vor, die in allen drei Abschnitten zeilenweise und in langen Notenwerten vom Sopran dargeboten wird.

Wie die Orchesterpartitur zeigt, wird die symbolische Geste der eröffnenden Ouvertüre durch weitere bildhafte Figuren musikalisch ergänzt, so etwa in der Gegenüberstellung der beiden Schlüsselworte der ersten Choralzeile, »Ewigkeit« und »Donnerwort«. Lang gehaltene und nur langsam wechselnde Akkorde in den Holzbläsern (drei Oboen) symbolisieren die ruhige Aura der Ewigkeit, während die harten Streicherakzente den angsterregenden Klang von Donner heraufbeschwören. Die Korrekturen in der vokalen Bassstimme der ersten Choralzeile belegen Bachs Absicht, die bildhafte Darstellung von Blitz und Donner mit den markanten rhythmischen Streicherfiguren zu assoziieren (Abb. 4-3a: T. 5, obere Akkolade). Der Bezug des Kirchenliedes auf Tod und Ewigkeit korrespondiert mit dem Sonntagsevangelium aus Lukas 16,19–31, dem Gleichnis vom reichen Mann und armen Lazarus, von denen der eine Tod und Hölle und der andere das Paradies zu erwarten hat. Dies bestimmt den Ton der ganzen folgenden Kantate und prägt im weiteren Sinn letztlich den gesamten Jahrgang mit seinem Ziel, eindrückliche choralgebundene musikalische Predigten vorzutragen.

Eingangssätze

Die sorgfältig geplante Gestaltung der ersten Kantate hatte Auswirkungen auf die folgenden Werke, insbesondere auf die Konstruktion ihrer Eröffnungssätze und deren individuell ausgeprägte Profile. Die variable Platzierung der Choralmelodie innerhalb des vierstimmigen Vokalsatzes ermöglicht ein stringentes Schema über die ersten vier Kantaten hinweg, bei dem der Cantus firmus (c. f.) des Chorals systematisch alle vier Stimmlagen durchläuft:

O Ewigkeit, du Donnerwort BWV 20	**S**ATB; Trp. (c. f.), 3 Ob., Str., Bc.
Ach Gott, vom Himmel sieh darein BWV 2	S**A**TB; 4 Pos., 2 Ob., Str. (colla parte), Bc.
Christ unser Herr zum Jordan kam BWV 7	SA**T**B; Solo Vl., 2 Ob. d'am., Str., Bc.
Ach Herr, mich armen Sünder BWV 135	SAT**B**; Pos. (c. f.), 2 Ob., Str., Bc.

Dabei sind zudem die kontrapunktischen Satztechniken mit unterschiedlichen stilistischen Modellen und verschiedenen Orchesterbesetzungen verbunden. Besonders deutlich ist in dieser Hinsicht die polar gegensätzliche Gestaltung der ersten beiden Kantaten, BWV 20 und BWV 2, wie ihre Partituren schon rein äußerlich erkennen lassen (vgl. Abb. 4-1 und 4-2). Solche stark kontrastierenden Passagen zeigen die große Bandbreite an Möglichkeiten, die dem Komponisten zur Verfügung standen. Die vorherrschende »weiße Notation« von BWV 2 lässt erkennen, dass das Stück nach Art der Vokalpolyphonie des 16. Jahrhunderts gesetzt ist, die nur wenige kleinere (»schwarze«) Notenwerte verwendet. Formal handelt es sich hier um eine vierstimmige Choralmotette mit Basso continuo über eine mittelalterliche Melodie in der phrygischen Kirchentonart, mit dem Cantus firmus in der Altstimme. Die Orchesterinstrumente sind – anders als in BWV 20 und in den nachfolgenden Kantaten – nicht eigenständig, sondern »colla parte«

Abbildung 4-1 *O Ewigkeit, du Donnerwort* BWV 20/1, autographe Kompositionspartitur (1724), S.1

Abbildung 4-2 *Ach Gott, vom Himmel sieh darein* BWV 2/1, autographe Kompositionspartitur (1724), S. 1

Abbildung 4-3a/b *O Ewigkeit, du Donnerwort* BWV 20/1, autographe Kompositionspartitur (1724), S. 2–3

geführt, das heißt, sie verdoppeln die Singstimmen. Darüber hinaus verleihen die vier Posaunen dem Gesamtklang einen ausgeprägt retrospektiven Charakter.

Der Eingangschor von BWV 7, der dritten Kantate, verbindet die Idee eines Instrumentalkonzerts, in dem eine Solovioline mit Orchesterbegleitung auftritt, mit der einer frei-polyphonen Choralbearbeitung mit der Melodie in der Tenorstimme. Wenn die Vokalstimmen mit den einzelnen Choralzeilen einsetzen, wird das Orchester jeweils auf eine aufgelockerte Textur im Piano reduziert, wobei die Solovioline die Choralmelodie im Tenor umspielt.

BWV 135 schließlich bringt einen Eröffnungssatz im Dreiertakt und präsentiert die Choralmelodie in der Bassstimme – eine Entscheidung, die auch direkten Einfluss auf den Orchestersatz nimmt, indem der reguläre Generalbass durch einen »Bassetto« oder ein »Bassettchen« (einen hoch gelegenen Bass), ausgeführt von den Violinen und Violen, ersetzt wird. Dieses Bassettchen zitiert vorab die einzelnen Zeilen der Choralmelodie, worüber sich in den Oboen eine Imitation von choralbezogenen Motiven in verkleinerten Notenwerten entfaltet. Dieser ungewöhnliche Orchestersatz bereitet effektvoll jeweils den eigentlichen Einsatz des Cantus firmus vor, der vom Chorbass gemeinsam mit der gesamten Continuo-Besetzung getragen wird.

Nachdem die Choralmelodien in den vier Eröffnungskantaten des Jahrgangs die vier Stimmen vom Sopran bis zum Bass durchwanderten, erscheint es fast unausweichlich, dass Bach für die fünfte Kantate, BWV 10, eine neue Lösung suchte. Er fand sie darin, den Cantus firmus in zwei verschiedenen, aufeinander folgenden Stimmlagen darzubieten.

| *Meine Seel erhebt den Herren* BWV 10 | **SA**TB; Trp. (c. f.), 2 Ob., Str., Bc. |

Der erste Vers der liturgischen Magnificat-Melodie im 9. Psalmton wird vom Sopran, der zweite vom Alt vorgetragen; beide Stimmen werden durch eine Trompete verstärkt. Eine derart außergewöhnliche Doppelinszenierung der Choralmelodie kommt nirgends sonst vor. Und in der Tat wird es ab BWV 93, dem sechsten Werk des Jahrgangs, mehr oder weniger zur Norm, dass die Choralmelodie in den Eingangschören dem Sopran zugewiesen ist, wenn auch die Präsentation häufig zwischen vergrößerten oder regulären Notenwerten variiert. Nur zwei weitere Eingangssätze des Jahrgangs bieten die Melodie in einer anderen Stimme: BWV 96 (Alt) und BWV 3 (Bass).

In der Regel legen die ersten Sätze den Charakter des gesamten nachfolgenden Werkes fest, und die Eröffnungen der ersten fünf Kantaten BWV 20, 2, 7, 135 und 10 umreißen gemeinsam eine Vision für das Jahrgangsprojekt und seine Spannweite. Zusammengenommen kündigen sie eine breite Palette von Choralbearbeitungen an, mit ganz unterschiedlichen polyphonen Techniken, stilistischen Merkmalen und vokalorchestralen Besetzungen. Aus der ursprünglichen Planungsperspektive des Komponisten, wie sie sich im Frühling und Frühsommer 1724 abzeichnete, bildeten die ersten fünf Kantaten naturgemäß nur eine Absichtserklärung (in erster Linie für ihn selbst), eine Festlegung des allgemeinen Rahmens für den Jahrgang. Auch wenn Bach vielleicht bestimmte Leitlinien für das Gesamtprojekt im Voraus skizzierte, wird er schwerlich alle

Details eines im Entstehen befindlichen Opus von etlichen Dutzend mehrsätzigen Stücken vorausgeplant haben.

Der Gefahr, sich bei Anlage der Eingangschöre (und auch aller anderen Satztypen) zu wiederholen, entging Bach vor allem dadurch, dass er für jede Kantate eine andere Choralmelodie wählte. So wird jeder Satz in erster Linie durch die ständig wechselnden formalen Merkmale und musikalischen Qualitäten der verschiedenen Melodien bestimmt. Dies lässt selbst die beiden motettenartigen Eingangschöre von *Aus tiefer Not schrei ich zu dir* BWV 38 und *Christum wir sollen loben schon* BWV 121 recht unterschiedlich erscheinen, obwohl sich beide eng an das retrospektive Modell des Stile antico von BWV 2 anlehnen und mit ihrer phrygischen bzw. dorischen Tonart[11] einen kirchentonalen Charakter gemeinsam haben (zu Bachs Umgang mit Kirchentonarten vgl. S. 172). Das Gleiche gilt für die vielen konzertanten Kantaten mit Soloinstrumenten, die BWV 7 ähneln, wie BWV 96 (Traversflöte), BWV 177 (Violine), BWV 1 (zwei Violinen) und BWV 124 (Oboe d'amore) – ganz zu schweigen von den Werken für die hohen Festtage mit größerem Orchester und voller Bläserbesetzung einschließlich drei Trompeten bzw. zwei Hörnern und Pauken, wie BWV 130, 41 und 129. Für zusätzliche Abwechslung sorgt Bach durch seinen ideenreichen Umgang mit dem Instrumentalensemble. Denn die Werke des Jahrgangs zeigen ein buntes und ständig wechselndes Instrumentarium, besonders innerhalb der verschiedenen Bläserkategorien: Tromba, Tromba da tirarsi (Zugtrompete), Corno, Corno da caccia, Cornetto, Posaune, Blockflöte, Flauto piccolo, Traversflöte, Oboe, Oboe d'amore, Oboe da caccia und Fagott. Auch die regulären Streicher werden mehrfach durch Violino piccolo (BWV 96 und 140) oder Violoncello piccolo ergänzt (BWV 41, 115 und 180).

Strukturelle Vielfalt wird primär durch kompositorische Mittel erzielt. Im Einzelnen variiert Bach seine Behandlung des vierstimmigen Vokalsatzes in jeder Kantate erheblich: durch den Einsatz verschiedener homophoner und imitativ-polyphoner Texturen. Was die Choralmelodie betrifft, gehören dazu entweder simple und geradlinige oder rhythmisch augmentierte oder auch leicht verzierte Präsentationen der führenden Cantus-firmus-Stimme (zumeist Sopran). Der Kopfsatz der Kantate *Jesu, der du meine Seele* BWV 78 unterscheidet sich von allen anderen durch seine Konstruktion in Form einer Chaconne, d.h. einer Folge von Variationen, die auf einem chromatisch absteigenden Melodiemodell (Ostinato) von vier Takten basiert. Es taucht vorwiegend im Basso continuo auf, hier und da aber auch in den höheren Vokal- und Instrumentalstimmen. Der langsam-tänzerische Charakter der Chaconne, der Dreiertakt der Moll-Melodie und die chromatisch absteigende Sechstonfolge des traditionellen Lamento-Basses vereinen sich mit den zahlreichen chromatischen Wendungen der kontrapunktischen Begleitstimmen zu einem Satz von besonders tiefem Ausdruck, der den Verweis der Choralstrophe auf den »bitteren Tod« Jesu dramatisch-eindringlich veranschaulicht.

Das vorletzte Werk des Jahrgangs, die Kantate *Herr Jesu Christ, wahr' Mensch und Gott* BWV 127, stellt einen weiteren Sonderfall dar. Aufgeführt am 11. Februar 1725, dem letzten Sonntag vor der stillen, musikfreien Fastenzeit,[12] gründet sich ihr erster Satz auf die gleichnamige Choralmelodie, fügt ihr aber hinzu die Melodie von »Christe, du Lamm

Gottes«, des deutschen Agnus Dei, das jedoch nicht gesungen, sondern von Violinen bzw. Oboen gespielt wird. Außerdem erklingt wiederholt die erste Zeile einer dritten Melodie, »Herzlich tut mich verlangen« (üblicherweise verbunden mit Paul Gerhardts klassischem Passionslied »O Haupt voll Blut und Wunden«) – markant im Basso continuo, emphatisch artikuliert nach Art eines Seufzermotivs, der musikalisch-rhetorischen Figur der »suspiratio«. Diese ungewöhnliche Kombination von einer gesungenen Hauptmelodie mit zwei komplementären Melodien innerhalb der instrumentalen Partitur spiegelt die Absicht des Komponisten wider, das emotionale Gewicht des Satzes zu verstärken und damit auch eine theologisch bedeutungsvolle Vorausschau zu geben auf die bevorstehende liturgische Zeit des Gedenkens an das Leiden und den Tod Christi. An jenem Februarsonntag wusste jedoch wohl nur Bach selbst, dass einige Wochen später, am Karfreitag, dem 30. März 1725, die geplante Aufführung der *Johannes-Passion* in ihrer zweiten Fassung (BWV 245.2) beschlossen werden würde mit einem neuen Finalsatz, einer ausladenden Choralbearbeitung des traditionellen Agnus-Dei-Liedes »Christe, du Lamm Gottes«. So nahmen in einem bemerkenswerten Beispiel bewusster zyklischer Planung der erste Satz der Estomihi-Kantate und der letzte Satz der Passion aufeinander Bezug, wenn auch nur im Kopf des Komponisten, als großer musikalischer Brückenschlag über die siebenwöchige Passionszeit.

Arien

Die Arientypen des Choralkantaten-Jahrgangs von 1724/25 unterscheiden sich größtenteils nicht von denjenigen der anderen Leipziger Kantaten Bachs. Meist ist das melodische Profil der instrumentalen Einleitungen und Zwischenspiele (Ritornelle) ebenso wie die Führung der Singstimmen vom Choral der jeweiligen Kantate weitgehend unabhängig. Und wie in den meisten anderen Kantaten wird die musikalische Gestaltung auch in den Arien von 1724/25 in der Regel von einer markanten Textzeile, von suggestiven Einzelworten oder gewichtigen Bezugspunkten der Dichtung abgeleitet. Allerdings gibt es eine Reihe von Fällen, bei denen die Melodie des Chorals auf verschiedene Weisen eingeflochten wird – von subtiler Anspielung bis hin zum offenen Zitat.

Die markantesten Choral-Arien, die als Kompositionstypen ihren Ursprung im Kantatenjahrgang von 1724/25 haben, sind diejenigen, die die Hauptmelodie in vollständiger und unveränderter Form in den Mittelpunkt stellen – ähnlich wie in den Orgelchorälen. Daher ist es auch kaum verwunderlich, wenn Bach etwa 20 Jahre später einige von ihnen für Orgel transkribierte. Diese wurden um 1746 veröffentlicht und als »Schübler-Choräle« BWV 645–650 bekannt (Kapitel 7, S. 246). Die ersten beiden Choral-Arien, die Bach später transkribierte, tauchen schon früh im Jahrgang auf und folgen im Juli 1724 unmittelbar aufeinander: BWV 10/5 , ein Duett für Alt und Tenor mit instrumentalem Cantus firmus für zwei Oboen im Unisono oder Trompete und Basso continuo (= BWV 648), und BWV 93/4, ebenfalls ein Duett für Sopran und Alt mit instrumentalem Cantus firmus für Violinen und Violen im Unisono und Continuo (= BWV 647). Zwei weitere Transkriptionen von Choral-Arien stammen aus späteren Ergänzungskantaten: BWV 137/2 für Vokal-Cantus-firmus (Alt), Solovioline und Continuo (= BWV 650) und BWV 140/4 für Vokal-Cantus-firmus (Tenor), Violinen und Violen im Unisono und Continuo (= BWV 645). Merkwürdigerweise enthält die Kantate *Bleib bei uns, denn es will Abend werden* BWV 6 für Ostermontag 1725, die unmittelbar auf die Choralkantatenreihe folgt, ebenfalls eine Choral-Arie (3. Satz) mit exakt demselben Modell für vokalen Cantus firmus (Sopran), Soloinstrument (Violoncello piccolo) und Continuo (= BWV 649; siehe unten). Dies wiederum legt die Vermutung nahe, dass der einzige »Schübler-Choral«, für den es keine Vorlage gibt, *Wo soll ich fliehen hin* BWV 646, auf den Entwurf einer verlorenen Choral-Arie zurückgeht, wenn nicht gar auf die nicht erhaltene Partitur einer kompletten Choralkantate. Es kann kein Zufall sein, dass in den Choralkantatensätzen BWV 178/4, BWV 113/2 und BWV 92/4 ähnliche Choral-Arien zu finden sind, die dem Typus des Orgelchorals entsprechen.

Häufiger finden sich innerhalb des Jahrgangs Arien des modifizierten Da-capo- oder Ritornell-Typs, in denen die Vokal- und / oder Instrumentalstimmen bei der Verarbeitung ihres thematisch-motivischen Materials deutlich erkennbare Elemente der Choralmelodie aufgreifen. Auch Zitate ganzer Choralzeilen tauchen in einigen Arien auf, ebenso gibt es Solosätze, in denen Text- und Melodieausschnitte von Binnenstrophen des Chorals mit freier Dichtung und Arienstrukturen kombiniert werden. Diese bilden in vielerlei Hinsicht die originellsten Sätze, indem sie nämlich besonders eindringlich die Intention verfolgen, die Textaussage zu unterstreichen und zu interpretieren. Ein repräsentatives Beispiel ist die Bass-Arie »Warum willst du so zornig sein« BWV 101/4, begleitet von drei Oboen und Continuo. Der Arientext beginnt mit der Anfangszeile der vierten Strophe des Kirchenlieds von Martin Moller (1584); es folgen fünf Zeilen freier madrigalischer Dichtung:

A **Warum willst du so zornig sein?**
  Es schlagen deines Eifers Flammen
  Schon über unserm Haupt zusammen.
B Ach, stelle doch die Strafen ein
  Und trag aus väterlicher Huld
  Mit unserm schwachen Fleisch Geduld!

Die Musik des A-Teils wechselt zwischen zwei musikalischen Ideen: einem schnellen, energischen, geradezu aggressiven Ritornell für drei Oboen und Continuo, einer lebhaften musikalisch-bildlichen Darstellung von Wut und Racheflammen (Vivace, Forte), und einer beschwichtigenden Bassstimme, die zweimal flehend die Frage der ersten Choralzeile stellt: »Warum willst du so zornig sein?« (Andante, Piano), dies in einem abrupt verlangsamten Tempo mit zurückgenommener Instrumentalbegleitung. Im langsamen B-Teil (Andante und durchgängiges Piano) werden sodann die vokalen und instrumentalen Rollen vertauscht: Es erklingen im nun überraschend sanften Klang der drei Oboen alle sechs Zeilen der Choralmelodie nacheinander. Die Oboen fungieren hier als harmonische Begleitung des Solobasses – eine wortlose Versicherung der Barmherzigkeit Gottes, wie sie von der Bassstimme verkündet wird.

Diese Arie gilt nur als Beispiel für die vielfältigen Möglichkeiten, wie Bach Choraltexte und -melodien einsetzt, um die Funktion der Kantate als musikalische Predigt zu erfüllen – und, aus Sicht der großformalen musikalischen Gestaltung, den äußeren Rahmen des Werkes mit den inneren Sätzen zu verbinden. In dieser Beziehung stellt die Kantate *Nimm von uns, Herr, du treuer Gott* BWV 101 eines der kunstvollsten Beispiele aus dem Jahrgang dar und kann als konkrete Illustration des in Tab. 4-1 skizzierten Schemas dienen, wobei die Choralmelodie in sechs von sieben Sätzen zu hören ist:

1. Figurierter Choral: Fugierte Bearbeitung der Choralmelodie in den Vokalstimmen mit intermittierenden Melodiezitaten im Orchester.

2. Arie: Kein Bezug zur Choralmelodie.

3. Choral-Rezitativ: Das Sopransolo zitiert zeilenweise den verzierten Choral im Wechsel mit rezitativischen Abschnitten in freier deklamatorischer Dichtung.

4. Arie: Im ersten Teil zitiert der Solobass zweimal interpolierend die erste Choralzeile, im zweiten Teil spielen die Holzbläser die vollständige Choralmelodie (siehe oben).

5. Choral-Rezitativ: Das Tenorsolo zitiert zeilenweise die Choralmelodie abwechselnd mit rezitativischen Abschnitten in freien Versen.

6. Arie (Duett): Die sechs Zeilen der Choralmelodie durchdringen alle vier Solostimmen, sowohl das vokale Duett (Sopran und Alt) als auch das instrumentale Duo (Flauto traverso und Oboe da caccia).

7. Choral: Vierstimmige Choralharmonisierung.

Ein singuläres Phänomen im Jahrgang von 1724/25 ist die Häufung von Arien mit Solopartien für Traversflöte während der Trinitatiszeit. Dieses Instrument fehlte in Bachs Leipziger Kirchenmusik während des gesamten Jahres 1723 und noch in den ersten Monaten des Jahres 1724 völlig, während als Holzbläser Blockflöten und verschiedene Arten von Oboen durchweg präsent sind. Das plötzliche, prominente und häufige Auftreten von Solo-Arien mit Traversflöte von Mitte Juli bis Ende November überrascht daher. Nicht weniger als 13 Kantaten (BWV 107, 94, 101, 113, 78, 99, 8, 130, 114, 96, 180, 115 und 26; vgl. Tab. 4-3) enthalten Flötenpartien mit beträchtlichen technischen und musikalischen Anforderungen, was darauf hindeutet, dass der Komponist sie für einen versierten Spieler schrieb, der ihm vorher nicht zur Verfügung stand – wahrscheinlich ein Musiker, der sich zeitweilig in Leipzig aufhielt. Dies zeigt, dass der Komponist besondere Gelegenheiten spontan zu nutzen wusste, wenn sie sich boten. Ein weiterer Part für Soloflöte erscheint drei Monate später in der Kantate *Mit Fried und Freud ich fahr dahin* BWV 125, und von diesem Zeitpunkt an wird die Traversflöte allmählich zu einem festen Bestandteil von Bachs Orchester – wie es scheint, konnte er nunmehr regelmäßig mit fähigen Spielern rechnen. Gleichwohl bleibt die plötzliche Hochphase der Flötensoli im Jahr 1724 in jeder Hinsicht außergewöhnlich. Sie hatte gewiss einen wichtigen Einfluss auch auf Bachs späteren Einsatz des Instruments insofern, als er sich hier mit der Idiomatik der Flöte und ihren klangfarblichen und expressiven Möglichkeiten bestens vertraut machen konnte – zu hören vor allem in den delikaten Duo-Kombinationen mit Oboe d'amore und Oboe da caccia (BWV 9, 99, 101 und 125) oder mit Violoncello piccolo (BWV 115).

Rezitative

Der frei-deklamatorische Rezitativstil ist für die Integration von streng mensurierten Choralmelodien bzw. einzelnen Choralzeilen von Natur aus ungeeignet. Die Lust am Experimentieren mit dem Choralkantaten-Konzept inspirierte Bach aber dazu, mit Konventionen zu brechen und Neuland zu betreten. Einzelne Choralzeilen und längere Melodieabschnitte oder melodische Anspielungen darauf in das Taktmetrum einzupassen – eine Voraussetzung für die korrekte Deklamation eines Cantus firmus –, ist die häufigste Art und Weise, wie Bach in Vokal- oder Instrumentalstimmen aus dem Choral zitiert. Doch schon in der zweiten Kantate des Jahrgangs, *Ach Gott, vom Himmel sieh darein* BWV 2, bezieht er im Secco-Rezitativ Nr. 2 auch die Continuo-Begleitung mit ein. Hier hebt er die beiden Choral-Zitate (T. 1–2 und 6–8) durch einen Kanon zwischen Tenorstimme und begleitendem Continuo hervor und gibt diesen Passagen zusätzlich durch Adagio-Deklamation besonderes Gewicht.

Eine komplexere Variante begegnet in Satz 5 der Kantate *Wo Gott der Herr nicht bei uns hält* BWV 178, der ein Solorezitativ mit einer vollständigen Choralstrophe in vierstimmiger Besetzung verbindet. Um diese Verschmelzung zu ermöglichen, legte Bach für den gesamten Satz ein strikt beibehaltenes Zeitmaß (Tempo giusto) fest. Der Satz wird metrisch und harmonisch durch ein kurzes Repetitionsmotiv definiert, das aus einem aufsteigenden Dreiklang besteht und den offenen Rachen der Löwen musikalisch abbildet, auf den sich die erste Choralzeile bezieht: »Auf sperren sie den Rachen weit ...«

Notenbeispiel 4-1 BWV 178/5, musikalische Abbildung eines den Rachen aufreißenden Löwen

Der Satz entfaltet sich in einem ungewöhnlichen Wechsel von Texten und Vokalstilen:

> Vierstimmiger Choral, Zeile 1
> Freies Rezitativ (Bass)
> Choral, Zeile 2–3
> Freies Rezitativ (Tenor)
> Choral, Zeile 4
> Freies Rezitativ (Alt)
> Choral, Zeile 5–6
> Freies Rezitativ (Bass)
> Choral, Zeile 7

Dort, wo die Choralmelodie vollständig integriert werden soll, kann das Rezitativ nur streng im Takt vorgetragen werden, oder »a tempo«, wie Bach es in Satz 4 »Mein treuer

Heiland tröstet mich« der Kantate *Wo soll ich fliehen hin* BWV 5 ausdrücklich angibt. Hier wird die Hauptmelodie der Kantate von Anfang bis Ende des Satzes von der ersten Oboe gespielt, ein inständiger, wenn auch wortloser Kommentar zum Alt-Rezitativ. Dabei verweist das Rezitativ auf den Text der fünften Choralstrophe, der von Trost und Erlösung handelt. Das Rezitativ Nr. 4 »Ach! dass mein Glaube noch so schwach« der Kantate *Aus tiefer Not schrei ich zu dir* BWV 38 stellt einen ähnlichen Fall dar: Auch hier ist eine vollständige Strophe fest in ein Rezitativ eingebettet. Das Außergewöhnliche, ja Einzigartige an diesem Satz ist jedoch, dass Bach die gesamte altehrwürdige Melodie »Aus tiefer Not schrei ich zu dir« mit seiner AAB-Form dem Continuo-Part anvertraut: Der A-Teil (T. 1–5) steht in transponiertem a-Phrygisch, die beiden folgenden Teile AB (T. 5–16) in transponiertem d-Phrygisch. Somit liefert der Choral das harmonische Bassfundament des Satzes (Abb. 4-4). Die Absicht des Komponisten wird sehr deutlich, denn die hier angedeutete Choralstrophe, in der vom Vertrauen auf Gottes »wertes Wort« die Rede ist, vervollständigt gewissermaßen den Text des Rezitativs.

Abbildung 4-4 *Aus tiefer Not schrei ich zu dir* BWV 38/4, originale Continuo-Stimme, Abschrift Johann Andreas Kuhnau (1724)

Schlusschoräle

Das formale Konzept der Choralkantate mit seiner Rückkehr zum unveränderten Text der Schlussstrophe des Kirchenliedes am Ende entspricht dem vorherrschenden allgemeinen Schema von Bachs Kantaten insgesamt, in denen eine vierstimmige Choralvertonung den Standardabschluss darstellt. Die Choralkantaten bieten daher bei den Schlusschorälen wenig Spielraum für formale Modifikationen, möglich ist allerdings die Hinzufügung von obligaten Instrumenten, eine Praxis, die auch außerhalb des Choralkantatenzyklus häufig zu finden ist. Ritornellartige Instrumentaleinschübe zwischen den Choralzeilen wie im Schlusssatz der Kantate *Was willst du dich betrüben* BWV 107 oder instrumentale Zusätze zu den Choralzeilen wie in »Herr Gott, dich loben alle wir«

BWV 130/6 sind also nicht ungewöhnlich. Am Schluss der Kantate *Jesu, nun sei gepreiset* BWV 41 zum Neujahrstag führte Bach dann allerdings die Idee der Verknüpfung durch instrumentalen Rückverweis ein. Im Schlusschoral BWV 41/6 folgt auf einige Melodiezeilen ein kurzes Zwischenspiel der Trompeten mit einem Fanfarenmotiv, das dem Kopfsatz der Kantate entstammt. Die Idee ist durch textliche Korrespondenzen zwischen der ersten und der letzten Choralstrophe angeregt und schafft somit eine starke musikalische Abrundung. Diese Art der symmetrischen Reminiszenz ist ein Novum in Bachs Kantaten, und erst zehn Jahre später kehrte er in Teil II des *Weihnachts-Oratoriums* mit wörtlichen motivischen Korrespondenzen zwischen der eröffnenden Sinfonia und dem abschließenden Choral zu dieser Idee zurück.

Die Präsentation des schlichten Chorals als Schluss kehrt in der Tat eine übliche Dynamik um. In instrumentalen Variationssätzen, etwa in den Choralpartiten für Orgel, wird der einfache Satz an den Anfang gestellt und dann bearbeitet. Bei den Choralkantaten ist es genau umgekehrt. Dennoch bleibt der Effekt außerordentlich stark und eindrucksvoll: Wenn nach dem Durchlaufen aller Sätze mit ihren verschiedenen Abstufungen einzelner Liedstrophen der Schluss erreicht ist, erscheint er als strahlender Nachklang der ganz elementaren Aspekte von Choralmelodie und -text – und bekräftigt die Tatsache, dass im lutherischen Raum die geistliche Autorität der Choräle nur von der Bibel selbst übertroffen wird.

Auffällig im Choralkantaten-Jahrgang ist der hohe Anteil von Melodien des 16. Jahrhunderts (Tab. 4-4: Abschnitt 1), fast sämtlich in Kirchentonarten. Diese Auswahl nutzte Bach wiederum zu harmonischen Experimenten, darunter die Verwendung von plagalen Kadenzen (Subdominantakkorde, die sich direkt in die Tonika auflösen) und modalen Wendungen. So werden Bachs höchst originelle Akkordfortschreitungen zu einem Hauptmerkmal dieser Stücke. Der Schlusschoral der Kantate *Aus tiefer Not schrei ich zu dir* BWV 38 zum Beispiel beginnt mit einer verwegenen Dissonanz (dritte Umkehrung eines Dominantseptakkords), die sich jedoch gut in den Gesamtkontext der insgesamt unkonventionellen Harmonisierung einfügt:

Notenbeispiel 4-2 BWV 38, Schlusschoral, emphatische Dissonanz zur Eröffnung einer vierstimmigen Choralharmonisierung

Bach hat sich das nicht zur bloßen Abwechslung einfallen lassen. Wie immer wollte er, dass die Harmonik dem Text dieser Anfangszeile Ausdruck verleiht, der lautet: »Ob bei uns ist der Sünden viel« – daher der anstoßerregende Akkord.

Die wenigen zeitgenössischen Choralmelodien des Jahrgangs (Tab. 4-4) behandelt Bach auf eine bemerkenswert andere Weise: »Straf mich nicht in deinem Zorn« (Dresdner Gesangbuch von 1694, verwendet in »Mache dich, mein Geist, bereit« BWV 115/1 und 6), »Liebster Immanuel, Herzog der Frommen« (Darmstädter Gesangbuch von 1698, in BWV 123/1 und 6), »Liebster Gott, wenn werd ich sterben« (Daniel Vetter 1713, in BWV 8/1 und 6) und »Ich freue mich in dir« (Balthasar König um 1714, in BWV 133/1 und 6). Ihre Behandlung in den jeweiligen Kantaten lässt die Absicht des Komponisten erkennen, dem moderneren Stil ihrer Melodien gerecht zu werden. In allen Fällen entschied er sich für subtile Holzbläserbesetzungen, etwa für die seltene Kombination von Traversflöten und Oboi d'amore in BWV 8, BWV 115 und BWV 123. Darüber hinaus prägen die aufgelockerten polyphonen Satzweisen der Eingangschöre auch die Schlusschoräle, was in dem rhythmisch beschwingten Satz von BWV 8/6 besonders gut zum Tragen kommt.

Notenbeispiel 4-3 BWV 8, Schlusschoral, polyphon aufgelockerte Harmonisierung

Doch selbst bei einzelnen älteren Melodien scheute Bach nicht vor einer solchen eindeutig »modernen« Behandlung vierstimmiger Choräle zurück, wie eine der ergänzten Choralkantaten zeigt. Bei *Ich ruf zu dir, Herr Jesu Christ* BWV 177 von 1732 verwandelte er den traditionellen dorischen Choral auf geniale Weise in eine elegant verzierte Arioso-Melodie. Ihre rhythmisch-melodischen Konturen ähneln stark den geistlichen Liedern BWV 511–514, die Bach etwa zur selben Zeit für seine Frau Anna Magdalena komponierte und die in ihrem zweiten *Clavier-Büchlein* enthalten sind.

Notenbeispiel 4-4 BWV 177, Schlusschoral, verzierte Melodie in intrikatem Satz

Die letzte Ergänzung des Jahrgangs von 1724/25, die Kantate *Wär Gott nicht mit uns diese Zeit* BWV 14 von 1735 über eine Melodie von 1524, zeigt eine vergleichbare ariose Gestaltung, nicht so sehr in ihrem Schlusschoral, sondern im melodischen Profil des Chorals innerhalb des polyphonen Eingangschores.

Unvollständig und doch monumental

Das Versprechen, das die ersten fünf Kantaten des Jahrgangs von 1724/25 enthielten, hat Bach im Gesamtopus tatsächlich eingelöst. Ja mehr als das: Es gelang ihm, über geraume Zeit hinweg die systematische und erschöpfende Erkundung des lutherischen Choralrepertoires durchzuhalten und daraus Nutzen für die Kantatenkomposition zu ziehen. Die suggestiv-programmatische Gestaltung der eröffnenden Kantatenfolge BWV 20, 2, 7, 135 und 10 demonstriert bereits den Grad an Planung und Überlegungen, den Bach von Anfang an in das Gesamtprojekt investierte – eine Konzentration, die er über 37 Wochen ohne Unterbrechung aufrechterhielt. Das greifbare Ergebnis waren Dutzende Partituren von allerhöchster Qualität, die für sich selbst sprechen. Nie wieder sollte sich Bach freiwillig in eine so anstrengende und fordernde Lage begeben und sich über einen so langen Zeitraum dem Komponieren einer derart umfangreichen Reihe neuer Werke verpflichten. Doch der selbstauferlegte Druck kann für die außergewöhnliche Qualität des Reihen-Opus kaum allein verantwortlich gemacht werden. Das Ergebnis wäre nie zustande gekommen, wäre das Projekt nicht zuallererst von ausgesprochen positiven Faktoren angetrieben worden, nämlich durch Bachs nie nachlassende Faszination für die vertrauten Choralmelodien und für die immer wieder neuen Seiten, die er ihnen abzugewinnen vermochte, und durch den Wunsch, seinen Sängern und Instrumentalisten sowie einem großen Publikum mitzuteilen, was diese Kirchenlieder ihm bedeuteten. Vor allem aber wird ihm das Erdenken und Ausarbeiten eines so einzigartig ausdrucksstarken und tiefschürfenden musikalischen Korpus große Freude gemacht haben – und er dürfte es als eine eigene Form von seinem Gott zu dienen verstanden haben.

Was den unvollständigen Zustand des Kantatenjahrgangs betrifft, so wurde Bach sicherlich durch bestimmte Hindernisse dazu gezwungen, den Plan abzubrechen, den er so akribisch verfolgt hatte – gewiss mit dem ursprünglichen Ziel, einen vollständigen Jahrgang zu komponieren. Wahrscheinlich stand die Planänderung in Zusammenhang mit einem unerwarteten Problem bei der Lieferung der in Auftrag gegebenen Kantatentexte. Die musikfreie siebenwöchige Fastenzeit ließ jedoch Bach noch genügend Zeit für die Planung einer dennoch ununterbrochenen Produktion von neuen Kantaten bis zum Ende des Schuljahres, von den Osterfeiertagen bis zum Trinitatissonntag. Zwar lief mit der Aufführung der Kantate *Wie schön leuchtet der Morgenstern* BWV 1 am 25. März das Choralkantaten-Projekt praktisch aus, freilich mit einer eleganten Übergangslösung. Diese beinhaltete am Karfreitag (30. März) die Aufführung der zweiten Fassung der *Johannes-Passion*, die mit zwei großen Choralbearbeitungen jeweils eröffnet und abgeschlossen wird. Der eigentliche Übergang fand dann am Ostersonntag statt, an dem wie oben bereits beschrieben gleich zwei Kantaten erklangen, eine vor und eine nach der Predigt. Die erste Kantate war eine geistliche Parodie der weltlichen Geburtstagsserenade BWV 249.1 für Herzog Christian von Sachsen-Weißenfels, die weniger als sechs Wochen zuvor, am 23. Februar 1725, in Weißenfels dargeboten worden war; später wurde diese Osterkantate *Kommt, fliehet und eilet* BWV 249.2, zum *Oster-Oratorium* umgearbeitet (vgl. Kapitel 6, S. 230). Die zweite Kantate war die einzige vor-Leipziger

Choralkantate *Christ lag in Todesbanden* BWV 4 aus dem Jahr 1707 – ein reines Choraltext-Werk, das bereits 1724 wiederaufgeführt worden war. Damit beendete Bach den Choral-kantaten-Jahrgang am Ostersonntag, allerdings nur nominell und nicht mit einem neu geschaffenen Werk.

Nachklänge des abgebrochenen Zyklus gab es freilich noch in den folgenden Wochen. Am Ostermontag und an den beiden folgenden Sonntagen Quasimodogeniti und Misericordias Domini (8. und 15. April 1725) führte Bach die madrigalischen Kantaten *Bleib bei uns, denn es will Abend werden* BWV 6, *Am Abend aber desselbigen Sabbats* BWV 42 und *Ich bin ein guter Hirt* BWV 85 auf. Alle drei basieren auf einer sechssätzigen Libretto-form, die typischerweise mit einem Bibelvers beginnt, mit einer Kirchenliedstrophe endet und zudem einen mittleren Satz mit einer Strophe aus einem anderen Lied als dem Schlusschoral enthält. Doch bei diesen Mittelsätzen entschied sich Bach nicht für einen einfachen vierstimmigen Choral, wie er es im ersten Leipziger Zyklus häufig tat, sondern – offenbar noch im Choralkantaten-Modus – für typische Choral-Arien: BWV 6/3 für Sopran, Cello piccolo und Continuo mit Text und Melodie von »Ach bleib bei uns, Herr Jesu Christ« (später transkribiert als einer der »Schübler-Choräle« für Orgel, BWV 649, vgl. S. 247); BWV 42/4, ein Choralduett für Sopran und Tenor mit Fagott, Cello und Continuo mit Text und Melodie von »Verzage nicht, du Häuflein klein«; und schließ-lich BWV 85/3 für Sopran, zwei Oboen und Continuo mit der Melodie von »Allein Gott in der Höh sei Ehr«. Die beiden zuletzt genannten Kirchenlieder hatte Bach noch nicht in seinem Choralkantaten-Jahrgang verwendet.

Am Sonntag Jubilate, dem 22. April 1725, und bis zum Trinitatissonntag wandte sich Bach dann einer Serie von neun Kantaten zu, um den laufenden Jahrgang abzu-schließen. Die madrigalischen Libretti hatte er bei der Leipziger Dichterin Christiane Mariane von Ziegler in Auftrag gegeben, die zu dieser Zeit eine beachtliche literarische Karriere unter der Förderung von Johann Christoph Gottsched begann, dessen litera-rischem Kreis sie beigetreten war.[13] Es ist wohl kein Zufall, dass zwei der Ziegler-Kan-taten recht kunstvolle figurierte Choräle als erste Sätze aufweisen. Die Himmelfahrts-kantate *Auf Christi Himmelfahrt allein* BWV 128 beginnt mit einer festlich-konzertanten Bearbeitung des gleichnamigen Kirchenliedes auf die Melodie »Allein Gott in der Höh sei Ehr«, die Bach einige Wochen zuvor bereits in BWV 85/3 verwendet hatte. Die an-dere Kantate, *Also hat Gott die Welt geliebt* BWV 68 für den weniger bedeutsamen Feier-tag Pfingstmontag, präsentiert eine beschwingte Choralbearbeitung des gleichnamigen Liedes in Siciliano-Manier – auch dies eine Melodie, die im Choralkantaten-Jahrgang keine Verwendung fand.[14] Von der Librettoform der Choralkantaten wich Ziegler radikal ab; denkbar wäre allerdings, dass Bach ihr seine Vorliebe für choralgebundene Libretti signalisierte, ohne auf einer strikten Umsetzung eines Modells zu bestehen. Möglich ist aber auch, dass Ziegler – einer Amateurmusikerin, regelmäßigen Kirchgängerin und Hörerin der Choralkantaten – die Idee zu dieser Art von Eröffnungssatz einfach gefiel und sie zwei ihrer Texte darauf abstimmte.

Es verwundert nicht, dass Bach nach dem Schuljahr 1724/25, den mit Abstand ar-beitsreichsten und produktivsten zwölf Monaten seines bisherigen Lebens, begann, das Tempo bei der Neukomposition von Kantaten zu drosseln. Nach dem Trinitatis-sonntag (27. Mai 1725) gönnte er sich zunächst eine neunwöchige Pause, in der er auf ältere Werke zurückgriff oder Stücke anderer Komponisten ansetzte. Eine neue Kantate führte er erst zum 9. Sonntag nach Trinitatis auf: *Tue Rechnung! Donnerwort* BWV 168 auf einen Text seines ehemaligen Weimarer Textdichters Salomon Franck. Am 12. Sonntag nach Trinitatis füllte er dann erstmals eine Lücke für einen Sonntag, den er im Jahr zuvor ausgelassen hatte, und komponierte die Choralkantate *Lobet den Herren* BWV 137, ein reines Choraltext-Werk, das keinen Librettisten benötigte. Danach sollte es fast zwei Jahre dauern, bis er mit *Gelobet sei der Herr, mein Gott* BWV 129 für den Sonntag Trinitatis eine weitere Lücke des früheren Zyklus füllte. Offenbar kam er zu dem Entschluss, sich für seinen dritten Kantatenzyklus mehr als ein Jahr Zeit zu nehmen – er erstreckte sich schließlich über drei Jahre, von 1725 bis 1727 – und auf ein einheitliches Thema zu ver-zichten. Gleichwohl suchte er auch innerhalb des zeitlich großzügig bemessenen Plans für den dritten Jahrgang nach bestimmten musikalischen Ideen für eine Reihenbildung, aber ohne diese in Form von »Jahrgangsthemen« zu realisieren. Diese Tendenz führte zu Kantatentypen, die Bach in den beiden vorangegangenen Zyklen noch nicht komponiert hatte, darunter Werke mit ausgedehnten instrumentalen Sinfonien (einige davon mit obligater Orgel) sowie Solo- und Dialogkantaten.

Als Bach schließlich zu den Choralkantaten zurückkehrte, um die verbliebenen Lü-cken des Jahrgangs von 1724/25 zu füllen, vervollständigte er zunächst die beiden aus-gedehnten Zeitabschnitte außerhalb des Oster- bzw. Weihnachtsfestkreises mit den Kantaten *Ich ruf zu dir, Herr Jesu Christ* BWV 177, *Es ist das Heil uns kommen her* BWV 9, *Ein feste Burg ist unser Gott* BWV 80, *Wachet auf, ruft uns die Stimme* BWV 140 und *Wär Gott nicht mit uns diese Zeit* BWV 14, alle für die Sonntage nach Epiphanias bzw. nach Trinitatis bestimmt. Mit *Der Herr ist mein getreuer Hirt* BWV 112 und *Gelobet sei der Herr, mein Gott* BWV 129 wagte er sich dann in die nachösterliche Zeit vor. Dennoch hat Bach den Jahrgang nie vollständig komplettiert, obwohl dazu nur noch acht weitere Kantaten nötig gewesen wären. Überhaupt ist schwer zu verstehen, warum Bach seine Kantaten-produktion zwischen 1725 und 1729 so stark drosselte, danach nur noch sporadisch neue Werke komponierte, und warum ihm nach 1735 offenbar jeglicher Impuls fehlte, weitere Kantaten zu komponieren.

Der definitiv unvollendete Zustand des Choralkantaten-Jahrgangs erinnert an die über hundert vorgesehenen, aber ungeschriebenen Choräle des *Orgel-Büchleins* (vgl. Ka-pitel 2, S. 48). In beiden Fällen handelte es sich um unvollendete Werke und um private Vorhaben, deren Konzept und geplanter Umfang nicht an die Öffentlichkeit drang. Nur der Komponist selbst wusste seinerzeit von den Lücken – und konnte offenbar damit leben. Diese Situation trifft auch auf andere Fälle zu, in denen ein größeres Projekt un-vollendet blieb; das bekannteste Beispiel ist die unvollständige Revision der *Johannes-Passion* aus den späten 1730er-Jahren (vgl. Kapitel 6, S. 202). Zwar gab es zweifellos im-mer wieder äußere oder arbeitstechnische Gründe für zeitweilige Unterbrechungen, doch hätte Bach diese sicherlich überwinden können, wenn er denn gewollt hätte. In solchen Fällen liegt es daher nahe, eine Erklärung in geänderten Prioritäten Bachs zu suchen: Das ursprünglich gesteckte Ziel in vollem Umfang zu erreichen, erschien ihm später nicht mehr zwingend notwendig.

Andererseits blieb das Konzept der Choralkantate ganz offensichtlich eine attraktive Idee, die Bach auch nach 1725 noch weiterverfolgte, vor allem wegen der vielfältigen und höchst suggestiven Qualitäten der Choralmelodien selbst. Bei seinen späteren Ergänzungen (vgl. Tab. 4-3, Abschnitt 2 und 3) konzentrierte er sich häufiger auf reine Choraltext-Kantaten, da diese keine weitere librettistische Bearbeitung erforderten und die lutherischen Melodien und ihre Texte als solche herausstellten. Natürlich wusste er auch um den hohen ästhetischen Wert der klassischen Kirchenlieder, die sein Publikum besonders ansprachen – es kannte sie gut und wusste selbst ihre anspruchsvollen Bearbeitungen zu schätzen. Gebrauchsspuren in den originalen Aufführungsmaterialien der Choralkantaten belegen zudem, dass Bach diese Werke in den 1730er- und 1740er-Jahren öfter wiederaufführte als alle anderen Kantaten. Darüber hinaus zeigen die erhaltenen Quellen, dass der auf Perfektionismus bedachte Komponist nie aufhörte, in dieses übergroße und geschätzte Opus weiter zu investieren – tatsächlich überarbeitete und ergänzte Bach die Aufführungsstimmen für spätere Aufführungen.

Was immer Bach später in die Manuskripte eintrug, betraf selten die kompositorische Substanz – obwohl auch dies gelegentlich geschah, etwa bei den gründlichen Überarbeitungen der Sätze 5 und 6 der Kantate *Gelobet seist du, Jesu Christ* BWV 91 oder bei der Transposition und detaillierten Umarbeitung von *Liebster Gott, wenn werd ich sterben* BWV 8, beide um 1746/47.[15] Oft erzielte der Komponist hörbare Verbesserungen allein durch Hinzufügung oder Austausch von Instrumenten oder durch Änderungen der Textunterlegung, um eine bessere und natürlichere Deklamation in den Singstimmen zu erreichen. Zusätzliche Aufführungsanweisungen zielten meist auf eine Verbesserung

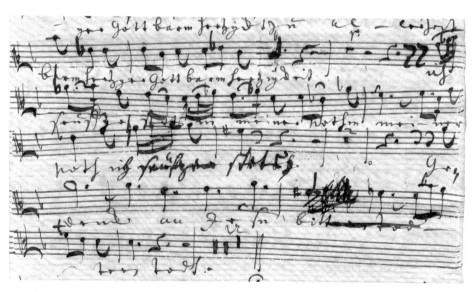

Abbildung 4-5 *Nimm von uns, Herr, du treuer Gott* BWV 101/1, originale Alt-Stimme, Abschrift von Johann Andreas Kuhnau (1724), mit späteren Ergänzungen Bachs

Abbildung 4-6a/b/c *Allein zu dir, Herr Jesu Christ* BWV 33/3, originale Aufführungsstimmen: a. Violine I, Abschrift Johann Andreas Kuhnau (1724), b. Violine II, Abschrift Johann Andreas Kuhnau (1724), c. Orgel, Abschrift Christian Gottlob Meißner (1724) – alle mit späteren Ergänzungen Bachs

der Textverständlichkeit (Abb. 4-5), betrafen jedoch auch eine verfeinerte Artikulation und Dynamik und bisweilen sogar substanzielle Änderungen von Klangqualität und -charakter. Diese Fälle zeigen, wie Bach seine Werke an die aktuellen Entwicklungen in einer Aufführungspraxis anpassen wollte, die von verschiedenen Protagonisten als die »accurateste und feinste Ausführung« beschrieben und als Beginn einer »neuen Periode« in der musikalischen Kunst gefeiert wurde.[16]

Ein einschlägiges Beispiel, wiederum aus Bachs letzten Jahren, betrifft in der Kantate *Jesu, der du meine Seele* BWV 78 die differenzierende »Divisi«-Anweisung im Duett Nr. 3 für die Violoncello- und Violone-Stimmen, deren nuancierte Stimmführung die »schwachen, doch emsigen Schritte« verbildlichen soll, von denen im Text die Rede ist. Ein ähnlicher Fall begegnet in der Kantate *Allein zu dir, Herr Jesu Christ* BWV 33, und zwar in der Arie Nr. 3 »Wie furchtsam wankten meine Schritte« für Alt, Streicher und Continuo: Hier ergänzte der Komponist mit den schwerfälligen Federstrichen seiner späten Handschrift spezifische Anweisungen für die Streicher, indem er die ersten Violinen »col s[o]urdino« (mit Dämpfer; Abb. 4-6a) spielen ließ, die zweiten Violinen, Bratschen und Celli hingegen »pizzicato« (Abb. 4-6b) und die Continuo-Orgel »staccato« (Abb. 4-6c). Mit dieser klugen Differenzierung des instrumentalen Zusammenspiels verlieh der Komponist der Arie einen farbigeren und zugleich sanfteren Klangcharakter, der das poetische Bild der »furchtsam wankenden Schritte« prägnant nachzeichnet.

∗

Es steht außer Frage, dass Bach seine Choralkantaten besonders schätzte. Er führte sie häufiger auf als alle anderen und überarbeitete sie bis an sein Lebensende mit besonderer Sorgfalt und in beständigem Streben nach Perfektion. Nach seinem Tod 1750 ging die physische Einheit des Choralkantaten-Jahrgangs verloren, indem die Noten – vielleicht der wertvollste Teilbestand des Nachlasses – zwischen der Witwe und dem ältesten, besonders begünstigten Sohn aufgeteilt wurden, wahrscheinlich nach Anweisungen, die der Komponist selbst hinterlassen hatte: Anna Magdalena Bach erbte das Aufführungsmaterial und Wilhelm Friedemann die Partituren. Leider ist der Großteil der Partituren, wie vieles aus Friedemanns Nachlass, verloren gegangen, während die Stimmen gerettet wurden und erhalten blieben. Nur wenige Wochen nach dem Tod des Komponisten, noch im August 1750, wandte sich Anna Magdalena »wegen derer Kirchen-Lieder«[17] an den Stadtrat und traf finanzielle Verabredungen für die dauerhafte Übergabe der Aufführungsstimmen an die Thomasschule.[18] Sie mag vermutet, wenn nicht gehofft haben, dass sie dort nicht in Vergessenheit geraten würden, konnte aber gewiss nicht ahnen, dass Bachs Amtsnachfolger ausnahmslos und bis weit ins 19. Jahrhundert hinein gerade die Kantaten aus dem ambitioniertesten aller seiner zyklischen Projekte aufführen würden. Mit den Choralkantaten – und seinen Motetten – setzten sie dem Komponisten ein lebendiges Denkmal.

Kapitel 5

»State of the Art« in der Tastenmusik

Die Clavier-Übungen

Schlichter, langweiliger oder unverfänglicher hätte der Titel, den Bach für seine mehrbändigen Serie gedruckter Tastenwerke wählte, kaum ausfallen können. Doch verbirgt sich hinter der neutralen Überschrift »Clavier-Übung« die konzeptionell innovativste, stilistisch vielfältigste, technisch fortschrittlichste und insgesamt ambitionierteste und anspruchsvollste Sammlung von Tastenmusik, die in der ersten Hälfte des 18. Jahrhunderts veröffentlicht wurde. Auf höchstem Niveau an künstlerischer Qualität und Originalität in jeder der jeweiligen Gattungen, bietet sie einen repräsentativen Querschnitt durch das zeitgenössische Repertoire für Tasteninstrumente und stellt eine einzigartige Leistung in der Cembalo- und Orgelkunst dar. Bach muss sich bewusst gewesen sein, dass es zu seinem Projekt der *Clavier-Übungen* kein Äquivalent auf dem Musikmarkt gab. Kaum vorherzusehen war freilich, dass sein umfassendes Clavierprojekt auch ohne echte Nachfolge bleiben würde, denn ab der zweiten Hälfte des 18. Jahrhunderts nahmen Sammlungen, die Clavier- und Orgelmusik vereinten, immer mehr ab und instrumentenspezifische Zusammenstellungen wurden zur Norm.

Bach veröffentlichte sein vierteiliges Opus innerhalb von etwa 15 Jahren und in diesem Zeitraum müssen die Werke auch entstanden sein, da er darin keine bereits vorhandenen Kompositionen aufnahm. Zusammengenommen ergeben die vier Teile eine logische Abfolge, die die wichtigsten Gattungen und Stile der Tastenmusik für verschiedene Instrumententypen auslotet:

Teil I	Sechs Partiten für einmanualiges Cembalo	1726–1730 Einzelausgaben, 1731 Gesamtausgabe
Teil II	Werke im französischen und italienischen Stil für zweimanualiges Cembalo	1735
Teil III	Choralvorspiele und andere Stücke für Orgel (große Orgel mit Pedal und pedallose Instrumente)	1739
Teil IV	Aria mit 30 Variationen (*Goldberg-Variationen*) für zweimanualiges Cembalo	1741

Jeder Teil der *Clavier-Übung* stellt für sich eine zusammenhängende und eigenständige Einheit dar; gemeinsam aber bilden sie ein höchst eindrucksvolles Ganzes, eine Reihe exemplarischer Werke in verschiednen Gattungen auf dem neuesten Stand der Kunst. Mit ihrem Erscheinen trieben die vier Sammlungen die allgemeine Entwicklung der Tastenmusik voran und setzten neue, beeindruckende Maßstäbe für Spieltechnik und kompositorische Raffinesse. Ihre Verschmelzung von attraktiven musikalischen Facetten mit tiefgründigem intellektuellen Inhalt hat ihnen eine bis heute andauernde Beliebtheit gesichert.

Angesichts der Vielzahl von Bachs Vorhaben in den späten 1720er- und den 1730er-Jahren und im Blick auf den engen Zeitplan für seine laufenden musikalischen Aufgaben mag es überraschen, dass der Komponist ein derart umfangreiches Instrumentalprojekt zusätzlich in Angriff nehmen konnte und wollte. Tatsächlich vollendete er in dieser Zeit zahlreiche bedeutende Werke, darunter die *Matthäus-* und die *Markus-Passion*, die fünf Kyrie-Gloria-Messen, einschließlich jener, die später zur h-Moll-Messe werden sollte, sowie das *Weihnachts-*, *Oster-* und *Himmelfahrts-Oratorium*. Darüber hinaus komponierte er eine Fülle groß angelegter weltlicher Festmusiken für den Dresdner Hof und andere Auftraggeber sowie Kammermusikwerke, Konzerte und Orchestersuiten für die Veranstaltungen seines Collegium-Musicum. Doch darf man bei all diesen Unternehmungen nicht vergessen, dass Bach zeitlebens in erster Linie ein selbstbewusster Tastenvirtuose blieb, der immer wieder privat und öffentlich auftrat und weit mehr Musik für Tasteninstrumente komponierte, als sich nachweisen lässt. Auch wenn er seit 1717 keine Organistenstelle mehr innehatte, blieb das Improvisieren, Komponieren und Spielen von Musik für Orgel, Cembalo und Clavichord für ihn eine Selbstverständlichkeit und wahrscheinlich eine fast tägliche Beschäftigung. So wurde das Komponieren für Tasteninstrumente nicht zur Bürde und zusätzlichen Arbeitsbelastung, sondern besaß für ihn dauerhafte Priorität und war ein ganz wesentlicher Aspekt seines Lebens als Musiker. Bach war stets darauf bedacht, seinen Ruf als Tastenkomponist und Solist zu pflegen – als ein Musiker, dessen öffentliche Auftritte, wann immer darüber berichtet wurde, regelmäßig Bewunderung für seine immense Kunstfertigkeit auslösten. Als gewichtiger Beitrag zu seiner lebenslangen Selbstinszenierung in der Gesellschaft von Liebhabern und Kennern der Tastenmusik waren die vier *Clavier-Übungen* gewiss dazu gedacht, den bereits erworbenen Status noch weiter zu festigen und auszubauen.

Praktisch alle früheren Claviermusik-Sammlungen Bachs sind zyklisch angelegt und gehören damit konzeptionell in die Vorgeschichte der *Clavier-Übung*. Die sechs Toccaten, das *Orgel-Büchlein*, das *Wohltemperierte Clavier*, die *Aufrichtige Anleitung* und insbesondere die *Englischen* und *Französischen Suiten* spielten bei der Entstehung und Entwicklung der *Clavier-Übung* eine Rolle, wenn auch nicht im Sinne spezifischer Modelle. Im Gegenteil: Bach wollte offenbar neue Wege gehen, denn er entschied sich gegen die Wiederaufnahme von bereits erprobten Leitideen wie Tonartenordnungen (so im *Wohltemperierten Clavier* und den Inventionen und Sinfonien) oder festen Tanzfolgen (so in den *Englischen* und *Französischen Suiten*). Da es sich bei der *Clavier-Übung* außerdem um eine Veröffentlichung handelte, kamen zusätzliche Überlegungen zur Finanzierung, zum Stich und Druck sowie zu Vermarktung und Vertrieb ins Spiel.

Es gibt keinen Hinweis darauf, dass Bach von vornherein konkrete Pläne für den Umfang, die Abfolge oder den Gesamtinhalt seiner Veröffentlichungsinitiative hatte. Mit anderen Worten: Als er mit Teil I begann, wusste er nicht, ob, wann und wie die Reihe fortgesetzt, geschweige denn beendet werden würde. Wahrscheinlich war es sogar diese Ungewissheit, aber auch die Absicht, sich Optionen offenzuhalten, die ihn den neutralen und flexiblen Titel *Clavier-Übung* wählen ließ. Gleichzeitig war der Titel eine beredte Erinnerung – wenn nicht gar eine Hommage – an seinen Leipziger Amtsvorgänger Johann Kuhnau, dem er 1716 bei einer gemeinsamen Orgelprüfung in Erfurt begegnet war und dessen Clavierwerke er seit Jugendtagen kannte. Kuhnau war vor seiner Berufung zum Thomaskantor im Jahr 1703 Thomasorganist gewesen und hatte zwei Bände mit Claviersuiten veröffentlicht: *Neuer Clavier-Übung Erster Theil* (Leipzig 1689) und *Neuer Clavier-Übung Anderer Theil* (Leipzig 1692). Kuhnau war der Erste, der den Begriff »Clavier-Übung« in einer Publikation für Tasteninstrumente verwendete, indem er das deutsche Äquivalent (»Übung«) zum lateinischen »Exercitium«, dem Standardbegriff für eine Unterrichtsstunde,[1] gebrauchte. Da der Musikunterricht und die Proben an der Thomasschule wie an anderen Lateinschulen in der Regel als »Exercitium Musicum« bezeichnet wurden, besaß der Begriff »Übung« eine akademische Bedeutung, die ganz im Einklang mit Bachs Absicht stand, Werke zur Etablierung eines neuen, fortgeschrittenen künstlerischen Standards zu schaffen.

Ein weiterer wichtiger Faktor beeinflusste nicht nur Bachs Wahl des Titels, sondern tatsächlich die gesamte Idee, Werke für Tasteninstrumente in Druck zu geben, nämlich das Umfeld des Lehrkörpers der Schola Thomana. Dort sah sich Bach von Kollegen umgeben, die zahlreiche wissenschaftliche und didaktische Publikationen vorlegten, allen voran der Rektor Johann Heinrich Ernesti. Um sein eigenes Engagement für einen fortschrittlichen Musikunterricht zu demonstrieren, konnte Bach bei seiner Ankunft in Leipzig drei handschriftliche Lehrsammlungen vorlegen: das *Wohltemperierte Clavier*, die *Aufrichtige Anleitung* und das *Orgel-Büchlein* (siehe Kapitel 2). Doch im Unterschied zu seinem Vorgänger Kuhnau oder zu seinem Mitbewerber Christoph Graupner, der zwei kleinere Sammlungen von Claviersuiten für Anfänger – die *Partien auf das Clavier* (Frankfurt 1718) und die *Monatlichen Clavir Früchte* (Darmstadt 1722) – herausgebracht hatte, konnte Bach noch keine Veröffentlichungen vorweisen.[2] Mit den Beispielen seiner Kollegen im Hinterkopf spürte Bach gewiss den Druck, hier auf seine Weise aufzuholen.

Clavier-Übung I: Sechs Partiten mit Galanterien

Am 1. November 1726 erschien in den *Leipziger Post-Zeitungen* folgende Annonce:

>»Da der Hochf. Anhalt-Cöthensche Capell-Meister und *Director Chori Musici Lipsiensis*, Herr Johann Sebastian Bach ein *Opus Clavier-Sviten* zu *e*dieren willens, auch bereits mit der *e*rste*ren Partitæ* den Anfang gemachet hat, und solches nach und nach, bis das *Opus* fertig, zu *con*tinuieren gewonnen; so wird solches denen Liebhabern des *Claviers* wissend gemacht. Wobey den zur Nachricht dienet, daß der *Autor* von diesem Wercke selbst der Verleger sey.«[3]

Ohne den Titel *Clavier-Übung* zu nennen, signalisiert dieser erste Hinweis auf das projektierte Opus den Plan des Komponisten, dieses Werk in einzelnen Lieferungen zu veröffentlichen. Für dieses Vorgehen dürften zwei Gründe ausschlaggebend gewesen sein: Erstens streckte eine schrittweise Finanzierung die für den Selbstverlag erforderlichen Kosten, und zweitens ließ sich mit der stückweisen Herausgabe einzelner Suiten den Markt die Absatzfähigkeit dieser Werke testen. Der im Herbst 1726 gestartete Versuchsballon war offenbar erfolgreich, denn ein Jahr später, am 19. September 1727, konnte die zweite und dritte Lieferung angekündigt werden. Zudem wurde bei dieser Gelegenheit ein ausgeklügeltes Vertriebssystem bekanntgegeben, indem nämlich der Druck der Ausgaben »nicht allein bey dem *Autor*, sondern auch (1) bey Herr [Christian] Petzolden, Königl. Pohln. und Churfl. Sächß Cammer-Organist in Dreßden; (2) bey Herr [Johann Gotthilf] Zieglern, *Direct. Musices* und Organisten zu St. Ulrich in Halle; (3) bey Herr [Georg] Böhmen, Organisten zu St. Johann in Lüneburg; (4) bey Herr [Georg Heinrich Ludwig] Schwanenbergen, Fürstl. Braunschweigischen Cammer-*Musico* in Wolfenbüttel; (5) bey Herr [Gabriel] Fischern, Stadt- und Raths-*Musico* in Nürnberg; und dann (6) bey Herr [Johann Michael] Rothen, Stadt- und Raths-*Musico* in Augspurg, zu bekommen sey«.[4] Dieser vielversprechende Verteilungsplan, der in alle geografischen Richtungen zielte, beteiligte sechs enge und gut vernetzte Kollegen an verschiedenen strategisch wichtigen Orten in Nord-, Mittel- und Süddeutschland, die alle bei der Verbreitung der Publikation mithalfen. Das Ergebnis muss zufriedenstellend ausgefallen sein, denn nachdem die verschiedenen Lieferungen nacheinander erschienen waren, wurde 1731 eine Gesamtausgabe aller sechs Partiten veröffentlicht (Abb. 5-1).

Der Absatz war offenbar so vielversprechend, dass nunmehr ein Teil der Ausgabe vom Leipziger Verlag Boëtius in Kommission genommen und vertrieben wurde. Dessen Inhaberin, Rosine Dorothee Krügner (geb. Boëtius), war mit dem Inhaber der Kupferstecherei verheiratet, die an der Herstellung der Ausgabe beteiligt war. Die Details der geschäftlichen Vereinbarungen Bachs mit Krügner für das Selbstverlagsprojekt sind unbekannt. Jedoch wurden die ersten beiden Einzelhefte mit den Partiten 1 und 2 von Balthasar Schmid aus Nürnberg gestochen, der während seiner 18-monatigen Studienzeit an der Universität Leipzig, die im März 1726 begann, offenbar zeitweilig für Krügners Werkstatt arbeitete; die Partiten 3 bis 6 wurden von anderen Stechern Krügners hergestellt.[5] Da Schmid zeitlebens Verbindungen zu Bach, aber später auch zu dessen Sohn Carl Philipp Emanuel und mehreren Bach-Schülern unterhielt, scheint die Annahme plausibel, dass Bach mit dem jungen Schmid eine Art Sondervereinbarung getroffen

Abbildung 5-1 *Clavier-Übung*, Teil I, Titelseite, Leipzig 1731

hatte; vielleicht ließ er ihn die (wahrscheinlich von Krügner gekauften) Kupferplatten im Austausch für Musikunterricht stechen. Jedenfalls kehrte Schmid 1728 in seine Heimatstadt zurück und eröffnete dort seinen eigenen Verlag. Er kehrte dann später zum Projekt der *Clavier-Übung* zurück, produzierte die Teile III und IV und war darüber hinaus noch an anderen Publikationen Bachs beteiligt.

Bach wollte wohl schon länger ein größeres Clavierwerk veröffentlichen, doch der deutsche Markt war für Musikalien über lange Zeit wenig erfolgversprechend. Sein Freund Georg Philipp Telemann, der seit 1715 einige Kammermusikwerke zum Druck befördert hatte, war vermutlich das Vorbild für den Selbstverlag. Doch derjenige, der tatsächlich Bachs Ehrgeiz anstachelte und damit indirekt das Projekt *Clavier-Übung* auslöste, war wohl kein anderer als Georg Friedrich Händel. Bach verfolgte schon lange mit Interesse die Karriere seines gleichaltrigen Landsmanns, den er 1719 vergeblich in dessen Geburtsstadt Halle zu treffen versucht hatte. Im Jahr 1720 erschien Händels erster Clavierband im Druck: die *Suites de Pièces pour le Clavecin*, bekannt als die *Acht großen Suiten* HWV 426–433. Diese Veröffentlichung muss für Bach ein starkes Signal abgegeben haben, seinen eigenen Beitrag auf diesem Gebiet nicht länger hinauszuzögern. Zwar ist unbekannt, wann Händels Suiten Bach erreichten, aber die Sammlung wurde bald zum Bestseller und musste bereits 1722 nachgedruckt werden. Leider sind aus Bachs Musikbibliothek keine Kopien von Händels Claviermusik, sondern nur Abschriften von Vokalwerken erhalten.[6] Es steht jedoch außer Frage, dass Bach mit den großen Clavierwerke seines berühmten Zeitgenossen vertraut war. Eine direkte Beziehung zwischen den *Acht großen Suiten* und dem ersten Teil der *Clavier-Übung* wird zudem durch die Anleihen aus Händels d-Moll-Allemande aus HWV 428 in der c-Moll-Allemande aus BWV 826 nahegelegt.[7] Mehr aber noch sprechen für eine solche Verbindung die bewussten formalen und musikalischen Gegensätze zu Händels Suiten, für die sich Bach in seiner Debüt-Veröffentlichung entschied (vgl. Tab. 5-1 und 5-2).

In den ersten Jahrzehnten des 18. Jahrhunderts waren Tanzsuiten die bei Weitem dominierende Gattung der Tastenmusik, von Virtuosen und Dilettanten gleichermaßen gefragt und beim musikliebenden Publikum sehr beliebt. Entsprechend richteten sich beide Komponisten mit ihren Suitensammlungen im Wesentlichen an dieselbe Zielgruppe, die das Titelblatt der *Clavier-Übung* mit der Widmungsformel »den Liebhabern zur Gemüths-Ergötzung« ausdrücklich ansprach. Vergleicht man die Gesamtgestaltung der beiden Sammlungen sowie Gliederung und Inhalt der jeweiligen Suiten, so zeigen sich jedoch deutliche Unterschiede. Beide Komponisten wählten den gängigen Typus der Suite »avec prélude« und integrierten in ihre Präludien ausgedehnte Fugen oder fugierte Abschnitte. Während Händel indes von jeder Standardsatzfolge abwich, behielt Bach grundsätzlich die traditionelle deutsche Tanzfolge »Allemande – Courante – Sarabande – Gigue« (mit Einschüben vor der Gigue) als strukturelles Rückgrat bei, ähnlich wie in den *Englischen* und *Französischen Suiten* (vgl. Tab. 3-2 und 3-3). Innerhalb der konventionellen Tanztypen wechselte Bach zwischen der italienischen Corrente und der französischen Courante, während Händel die französische Variante beibehielt und sogar eine Passacaille hinzunahm. Bach hingegen fügte, wie auf dem Titelblatt angedeutet, verschiedene Galanterie-Stücke wie »Capriccio«, »Burlesca« und »Scherzo« ein – Satzbezeichnungen, die er nie zuvor in Suiten verwendet hatte – und verlieh seiner Sammlung damit einen modischeren Charakter.

Bach bewunderte den Londoner Komponisten offensichtlich, wie seine Leipziger Aufführungen von verschiedenen Vokalwerken und wahrscheinlich auch anderer Werke Händels nahelegen. (Es gibt keinen Hinweis darauf, dass Händel dieses Interesse erwiderte.) Für Bachs ausgeprägte Neigung zum kompositorischen Wettbewerb erwiesen sich die *Acht großen Suiten* als eine höchst anregende Herausforderung, und in Teil I der *Clavier-Übung* reagierte er auf sie mit einer Art stiller Rivalität. Die beiden Sammlungen gerieten somit zur Plattform für das Zusammentreffen zweier ebenso außergewöhnlicher wie einzigartiger und unabhängiger musikalischer Köpfe. Bach ging es sicherlich auch um eine »Überbietung«: Er wollte mit seinem Werk zeigen, was ihm als die neueste und anspruchsvollste Stufe in der Kunst der Tastenmusik galt.

Auch wenn *Clavier-Übung* I als komplette Sammlung erst 1731 im Druck erschien, dürfte sie im Wesentlichen bereits 1726 fertig gewesen sein, als die erste Folge mit der Partita 1 veröffentlicht wurde. Ein eigenhändiges Manuskript aller sechs Partiten ist zwar nicht erhalten, das zweite *Clavier-Büchlein* für Anna Magdalena Bach aber, das auf das Jahr 1725 datiert ist, beginnt mit autographen Niederschriften der Partiten 3 und 6 (Abb. 5-2). Das bedeutet also, dass die letzte Partita bereits fertig war, als Partita 1 1726 zum Stecher ging. Wie die autographe Abfolge der Partiten 3 und 6 zeigt, wurden die sechs Suiten nicht in ihrer letztendlichen Reihenfolge komponiert. Dennoch stellt die

Tabelle 5-1 Händel, *Suites de Pièces pour le Clavecin*, Bd. 1 (London 1720)

Suite I in A-Dur HWV 426	Suite II in F-Dur HWV 427	Suite III in d-Moll HWV 428	Suite IV in e-Moll HWV 429	Suite V in E-Dur HWV 430	Suite VI in fis-Moll HWV 431	Suite VII in g-Moll HWV 432	Suite VIII in f-Moll HWV 433
1. Prelude	1. Adagio	1. Prelude	1. Allegro*	1. Prelude	1. Prelude	1. Ouverture	1. Prelude
2. Allemande	2. Allegro	2. Allegro*	2. Allemande	2. Allemande	2. Largo	2. Andante	2. Allegro*
3. Courante	3. Adagio	3. Allemande	3. Courante	3. Courante	3. Allegro	3. Allegro	3. Allemande
4. Gigue	4. Allegro*	4. Courante	4. Sarabande	4. Air**	4. Gigue	4. Sarabande	4. Courante
		5. Air**	5. Gigue			5. Gigue	5. Gigue
		6. Presto				6. Passacaille	

* Fuge   ** mit fünf Doubles

Tabelle 5-2 Bach, *Clavier-Übung* I (Leipzig 1731)

Partita I in B-Dur BWV 825	Partita II in c-Moll BWV 826	Partita III in a-Moll* BWV 827	Partita IV in D-Dur BWV 828	Partita V in G-Dur BWV 829	Partita VI in e-Moll* BWV 830
1. Praeludium	1. Sinfonia**	1. Fantasia	1. Ouverture**	1. Praeambulum	1. Toccata**
2. Allemande	2. Allemande	2. Allemande	2. Allemande	2. Allemande	2. Allemande
3. Corrente	3. Courante	3. Corrente	3. Courante	3. Corrente	3. Corrente
			4. Aria		4. Air
4. Sarabande	4. Sarabande	4. Sarabande	5. Sarabande	4. Sarabande	5. Sarabande
5. Menuet I	5. Rondeaux	5. Burlesca	6. Menuet	5. Tempo di Minuetta	6. Tempo di Gavotta
6. Menuet II	6. Capriccio	6. Scherzo		6. Passepied	
7. Giga		7. Gigue	7. Gigue	7. Gigue	7. Gigue

* Frühfassungen im *Clavier-Büchlein für Anna Magdalena Bach* von 1725:
  BWV 827 (in a-Moll): 1. Präludium – 2. Allemande – 3. Corrente – 4. Sarabande – 5. Menuett [= Burlesca] – 6. Gigue
  BWV 830 (in e-Moll): 1. Präludium – 2. Allemande – 3. Corrente – 4. Sarabande – 5. Tempo di Gavotta – 6. Gigue (Die Sätze
  Corrente und Gavotta sind der frühesten Fassung der Sonate in G für Violine und Cembalo BWV 1019, entlehnt, vgl. Tab. 3-7.)
** mit Fuge

gesamte Sammlung eine Gruppe ähnlich konzipierter und eng verwandter Suiten dar, die alle um 1725 entstanden, als Bach das zweite *Clavier-Büchlein* für seine Frau begann – nachdem ihr erstes Album (begonnen 1722) vollständig gefüllt war. Da aber nach den beiden autographen Einträgen der Partiten 3 und 6 der weitere Inhalt des zweiten Albums nicht mehr von Bach, sondern von seiner Ehefrau bestimmt wurde, ist das erste Album als der wahrscheinlichste Ort für die Einträge der übrigen vier Partiten anzunehmen. Leider ist von diesem ersten Album für Anna Magdalena von 1722 nur noch etwa ein Drittel des ursprünglichen Inhalts erhalten, darunter fünf der sechs *Französischen Suiten* am Anfang des Büchleins, eingetragen von der Hand des Komponisten. So liegt die Vermutung nahe, dass den sechs kompakten Suiten »sans prélude« im selben Album eine Folge von sechs größeren Suiten »avec prélude« folgte, die beide Anna Magdalena gewidmet waren, dass aber Bach der Platz ausging und er ein zweites Album beginnen musste. Zwei äußere Indizien unterstützen diese Vermutung: Im Album von 1722 fehlt ein Block von mehr als 80 Seiten (ungefähr der Raum, den vier Partiten einnehmen würden); außerdem bezieht sich die autographe Skizze eines Sequenzmodells in a-Moll am Ende des ersten Albums auf Partita 3 und schlägt damit eine Brücke zum Beginn des zweiten Albums von 1725.[8]

Abbildung 5-2 Sarabande der e-Moll-Partita BWV 830/5, autographe Kompositionsniederschrift im *Clavier-Büchlein für Anna Magdalena Bach* von 1725

Wie die beiden autographen Fassungen der Partiten 3 und 6 im *Clavier-Büchlein* von 1725 zeigen (vgl. Tab. 5-2), griff Bach vor ihrer Veröffentlichung nicht mehr substanziell in die Sätze ein, sondern verlieh ihnen nur noch den Feinschliff. Er ergänzte allerdings beide Werke um einen weiteren Satz. Darüber hinaus tauschte er in Partita 3 die Überschrift »Menuet« gegen »Burlesca« aus. Diese Änderung war mehr als nur kosmetischer Natur. Vielmehr betont sie die ungewöhnliche Beschaffenheit dieses Menuettsatzes: seine imitatorische Gestaltung, die freie Polyphonie und die unerwarteten Synkopen. Auch unterstrich der Komponist mit der Umbenennung des Satzes in »Burlesca« seinen speziellen Charakter als Parodie oder Karikatur eines herkömmlichen Menuetts. Als wolle er die Originalität dieses Satzes noch überbieten, ließ Bach mit dem zusätzlich eingeschobenen sechsten Satz als »Scherzo« noch ein weiteres launiges Charakterstück folgen. Die Änderungen in Partita 6 beschränken sich auf eine Abmilderung des scharfen Kontrasts zwischen der Corrente (mit ihrem pointierten rhythmischen Biss) und der stark verzierten Sarabande, indem Bach dazwischen einen neuen Satz einfügt, nämlich ein gleichmäßig fließendes und melodiöses Air, das in einer Kette virtuoser Sprünge gipfelt.[9]

Der Finalsatz der Partita 3 schließlich bietet ein gutes Beispiel dafür, dass Bach nie aufhörte, seine Werke zu verbessern. Mehr als sechs Jahre nach Komposition des Stückes für Anna Magdalenas *Clavier-Büchlein* und geraume Zeit nach dem undatierten ersten Nachdruck der Gesamtausgabe von 1731 bemerkte er, dass sich das Thema der kontrapunktisch konzipierten Gigue sogar für eine strenge Umkehrung in der zweiten Hälfte des Satzes eignete.[10] Folglich änderte er Takt 25 und sämtliche Parallelstellen dahingehend, dass das Thema nicht mehr nur in leicht abgewandelter Form gespiegelt ist, sondern exakt einem »Thema inversum« entspricht. Diese nachträgliche Korrektur nahm er eigenhändig in mehreren Druckexemplaren vor, indem er die zweite und vierte Gruppe von gebalkten Achtelnoten ausradierte und überschrieb.

Notenbeispiel 5-1 BWV 827, Gigue, Thema im ersten Abschnitt und die beiden Varianten seiner Umkehrung im zweiten Abschnitt

Die erste Lieferung der Sammlung, die die Partita 1 mit ihren sieben Sätzen enthielt, sollte offenkundig Eindruck machen und einen innovativen Ansatz präsentieren, der über die Errungenschaften der *Englischen* und *Französischen Suiten* hinausgeht. Die früheren Manuskriptsammlungen und ihre einzelnen Beiträge zur Gattung der Claviersuite waren außerhalb des engsten Bach-Kreises völlig unbekannt. Daher konnte Teil I der *Clavier-Übung*, der eindeutig dazu gedacht war, den noch nicht weithin bekannten

Komponisten einer breiteren Öffentlichkeit vorzustellen, auf den beträchtlichen, aber weithin verborgen gebliebenen Errungenschaften der nur handschriftlich vorliegenden *Englischen* und *Französischen Suiten* aufbauen – ein systematisch geschichteter Hintergrund also, der Händels *Acht großen Suiten* fehlte. Jeder der sieben Sätze der ersten Partita zeigt eine bemerkenswerte Kombination aus modischer, zeittypischer Melodik, vitaler Rhythmik und unaufdringlicher Polyphonie. Dies gilt sowohl für das elegante Praeludium, dessen imitatorische Gestaltung sich erst allmählich entfaltet (und damit an bestimmte Präludien aus dem *Wohltemperierten Clavier* erinnert), als auch für die Allemande und die Courante, die beide von dem transparent-kontrapunktischen Stil der Inventionen als Vorbild profitieren. Ebenso kombiniert die Sarabande nachdrücklich wechselnde Harmonien mit kontrapunktisch verbundenen Ornamentphrasen und setzt auf diese Weise die typische Schrittfolge der Sarabande mit ihrer Akzentuierung des zweiten Schlags um. Selbst die beiden schmucklosen Menuette mit ihren einfachen und sanglichen Linien sind ausgesprochen stilvolle Beispiele ihres Typus, das erste ein charmanter zweistimmiger Tanz, das zweite ein Satz in perfektem vierstimmigem Kontrapunkt. Eine italienische Giga, eine Dreiklangsharmonien betonende Variante der französischen Gigue ohne deren punktierte Rhythmen und imitatorische Elemente, beschließt den Satzzyklus mit einem virtuosen Feuerwerk – Passagen, die dem Spieler die vollständige Beherrschung der avanciertesten zeitgenössischen Tastentechnik abverlangen.[11] An dieser Stelle wendet Bach zum ersten Mal die Manier des »pièce croisée« an, bei der sich zwei Stimmen, eine für jede Hand, im gleichen Register überkreuzen (Abb. 5-3). Diese Technik taucht erstmals in Band 3 der *Pièces de clavecin* von François Couperin (Paris 1722) auf. Doch während Couperin die Technik für die Ausführung auf einem zweimanualigen Cembalo anwandte, steigerte Bach die Tastenakrobatik, indem er die Ausführung solcher Passagen auf einem einmanualigen Instrument erwartet.[12]

Die Giga der Partita 1 bereitet den Boden für die Finali aller anderen Partiten. Auch wenn Partita 2 mit einem ausgesprochen virtuosen Capriccio anstelle einer Gigue endet, ist es doch gerade dieser kapriziöse Charakter, der auch die italienische Giga auszeichnet. Derselbe Gattungscharakter beeinflusst darüber hinaus das virtuose Naturell der Gigues im französischen Stil der Partiten 3–6, die alle als strenge Fugato-Sätze auf der Grundlage skurriler Themen konzipiert sind, bisweilen mit melodischer Umkehrung. Diese intrikaten und kunstvollen kontrapunktischen Finali korrespondieren mit den elaborierten Fugenabschnitten, die vor allem die Einleitungssätze der Partiten 2, 4 und 6 bestimmen. Ihre polyphone Logik steht in offenem Kontrast zu den wirkungsvollen, aber weniger konsistenten Ausführungen von Händels Fugen in den *Großen Suiten*. Wie Carl Philipp Emanuel Bach es 1788 beim Vergleich der beiden Fugenmeister formulierte: »Händels Fugen sind gut, nur verläßt er oft eine Stimme. Bachs Clavierfugen kann man für so viele Instrumente einrichten, als sie vielstimmig sind; keine Stimme geht leer aus, jede ist gehörig durchgeführt.«[13] Mit der koketten Feststellung, Händels Fugen seien »gut«, ging der Bach-Sohn zwar nicht so weit, sie zu verunglimpfen, lenkte die Aufmerksamkeit aber auf den grundlegend anderen – und, wie er voraussetzte, überlegenen – Ansatz seines Vaters, der keinerlei »shortcuts« oder bequeme Auslassungen in der Stimmführung erlaubt.

Abbildung 5-3 Giga der B-Dur-Partita BWV 825/7, *Clavier-Übung* I (1726 und 1731)

Die Änderungen von Satzüberschriften in *Clavier-Übung* I betraf vor allem die Eröff-
nungssätze. Wie die beiden Titelformulierungen in Anna Magdalenas Album zeigen
(Tab. 5-2), waren ursprünglich offenbar alle als »Präludium« bezeichnet. Für den Druck
wurden die Überschriften jedoch in »Praeludium«, »Sinfonia«, »Fantasia«, »Ouverture«,
»Praeambulum« und »Toccata« geändert – Titel, die die Individualität jedes einzelnen
Satzes zum Ausdruck bringen sollten. Während freilich »Praeludium«, »Fantasia« und
»Praeambulum« keine bestimmten musikalischen Besonderheiten implizieren, verweisen die Begriffe »Sinfonia«, »Ouverture« und »Toccata« für gewöhnlich auf mehrteilige Strukturen, die diesen Sätzen auch tatsächlich zugrunde liegen. Abgesehen von
dem Bemühen um terminologische Vielfalt bei der Benennung der Präludien, hat dieses
scheinbar äußerliche Attribut also auch unmittelbare interne Formimplikationen: Es
kennzeichnet die Absicht des Komponisten, sich von vorherrschenden Modellen abzusetzen und jeder Partita einen originellen Zuschnitt zu geben – und somit ein Werk zu
veröffentlichen, für das es keine Parallele gab.

Von Anfang an Teil des Planungsprozesses für die Partiten war die Wahl der Tonarten. Bachs ursprünglicher Plan sah sieben statt sechs Partiten vor, wie die Publika-
tionsankündigung für die Lieferung von Partita 5 verrät (1. Mai 1730): »Da nunmehro
die fünffte *Svite* der Bach'schen *Clavier*-Ubung fertig, und mit denen annoch *restir*enden
zweyen letztern künfftige Michaelis-Messe das gantze Wercklein zu Ende kommen wird,
so wird solches den Liebhabern des *Claviers* wissend gemacht.«[14] Wie bereits erwähnt,

dienten Kuhnaus zwei Bände der *Clavier-Übungen* als Vorlage für Bachs Generaltitel, für seine Wahl des Begriffs »Partita« sowie für die Anzahl der Stücke und für die Organisation dieses Suiten-Opus. Kuhnaus Bände enthalten jeweils sieben Partiten, Heft I von 1689 in sieben Dur-Tonarten (C-, D-, E-, F-, G-, A- und B-Dur) und Heft II von 1692 in sieben Moll-Tonarten (c-, d-, e-, f-, g-, a- und h-Moll). Mit dieser Ordnung der Sammlung in 14 Dur- und Moll-Tonarten bot Kuhnau noch vor der Entwicklung hin zur gleichschwebenden Stimmung Werke in allen gebräuchlichen Tonarten des 17. Jahrhunderts. Da überdies in der traditionellen Musikphilosophie die Modi oder Tonarten mit den sieben Planeten, den sieben Wochentagen, den sieben primären Gefühlseigenschaften (Affekten) und den sieben Tugenden in Beziehung standen, sollte die Anordnung der Werke in Siebenergruppen vermutlich den gottgegebenen Zusammenhang zwischen dem Universum und menschlichen Schöpfungen repräsentieren. Ein charakteristisches Diagramm aus der Mitte des 17. Jahrhunderts erklärt, wie diese Zusammenhänge seinerzeit verstanden wurden (Abb. 5-4 und Diagramm 5-1) und wie die Komponisten sie, natürlich mit jeweils individuellen Modifikationen, anwandten.[15] Dieterich Buxtehude zum Beispiel soll sieben Claviersuiten geschrieben haben, in denen er »die Natur oder Eigenschafft der Planeten [...] artig [d. h. kunstvoll] abgebildet« habe.[16] Die Sammlung ist nicht erhalten, hatte aber wohl das gleiche Ziel wie Kuhnaus Suiten in ihrer modernen Dur-Moll-Organisation.

Diagramm 5-1 Die sieben Modi (nach Staden, Abb. 5-4)

Reihenfolge und Tonart*		Affekt	Wochentag** (Planet)	Tugend
A	Aeolisch [a-Moll]	lieblich	Freitag (Venus)	Liebe
B	Hyperaeolisch [B-Dur]	schwach	Samstag (Saturn)	Mäßigkeit
C	Ionisch [C-Dur]	fröhlich	Mittwoch (Merkur)	Vorsichtigkeit
D	Dorisch [d-Moll]	gravitätisch	Sonntag (Sonne)	Glaube
E	Phrygisch [e-Moll]	traurig	Montag (Mond)	Hoffnung
F	Lydisch [F-Dur]	kläglich	Donnerstag (Jupiter)	Gerechtigkeit
G	Mixolydisch [G-Dur]	zornig	Dienstag (Mars)	Stärke

* annäherungsweises Äquivalent ** im Original Planeten-Symbol

Warum Bach den Plan von sieben Partiten für sein Opus I nicht verwirklichte, bleibt unbekannt. Die im Mai 1730 für die Michaelismesse im Herbst geplante Lieferung enthielt nur Partita 6,[17] und etwa ein halbes Jahr später, im Frühjahr 1731, erschien dann die Gesamtausgabe von sechs Partiten im Druck. Höchstwahrscheinlich war die vorgesehene siebte Partita durch andere Projekte in den Hintergrund gedrängt worden. Gleichwohl deutet der sorgfältig entworfene Tonartenplan auf eine ursprüngliche Reihe von sieben Suiten mit F-Dur als Tonart für das fehlende letzte Stück. Anders als Kuhnau mischt

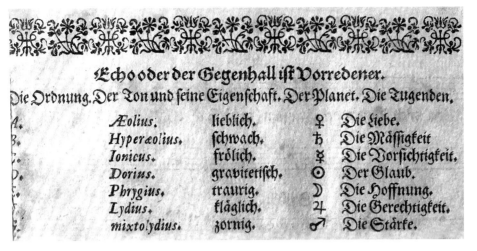

Abbildung 5-4 Sigmund Gottlieb Staden, *Der VII Tugenden, Planeten, Töne oder Stimmen Aufzug*
(Nürnberg 1645)

Bach in seinem Tonartenschema Dur- und Moll-Tonarten. Er verwendet auch keine aufsteigende Tonartenfolge, wie er es zuvor im *Wohltemperierten Clavier* und in den Inventionen und Sinfonien getan hatte, sondern wählt eine Folge, die auf größer werdenden
Intervallen basiert, die abwechselnd auf- und absteigen (vgl. Tab. 5-3).

Tabelle 5-3 Tonartenfolge der *Clavier-Übung I*

Partita	1	2	3	4	5	6	[7]
Tonart	B	c	a	D	G	e	[F]
Intervall	Sek.↑	Terz↓	Quarte↑	Quinte↓	Sexte↑	Septime↓	

Dieses Tonartenschema der Bach-Partiten kennt weder einen Präzedenzfall noch eine
Parallele. Es basiert auf der siebentönigen Skala von *c* bis *b*, verwendet aber nur sechs
Töne davon (mit den Tonarten a, B, c, D, e und G), sodass die Tonartordnung nicht mehr
ganz den beabsichtigten Zweck erfüllt. Die gezielte Verwendung aller sieben Stufen der
diatonischen Skala, die symbolisch mit Musik für jeden Wochentag und auch mit sieben
unterschiedlichen Ausdruckscharakteren in Verbindung gebracht wurden, war eine allgemein verbreitete und ausbaufähige Idee – ungeachtet der verschiedenen Auffassun-
gen über die affektiven Eigenschaften bestimmter Tonarten.[18] Doch Bach der Grübler
wich dem Pragmatiker. Er begnügte sich mit einem Standard-Opus von sechs Werken,
deren Tonartenfolge im Ergebnis dennoch auf ihre Weise rational ist: je drei Partiten in
Dur und Moll, aber in zwei Gruppen mit umgekehrter Reihenfolge: B-c-a | D-G-e, also
eine Dur- und zwei Molltonarten, gefolgt von zwei Dur- und einer Molltonart.

Das neue Titelblatt, das für den Sammel-Nachdruck der sechs Partiten erstellt wurde,
trägt den gleichen Wortlaut wie die früheren Einzelausgaben und beschreibt den Inhalt

als »bestehend in Præludien, Allemanden, Couranten, Sarabanden, Giguen, Menuetten und andern Galanterien« (Abb. 5-1), nennt jedoch zusätzlich zum Titel des Komponisten als Musikdirektor in Leipzig auch den neuen Hoftitel als Herzoglicher Capellmeister von Sachsen-Weißenfels – dies angesichts der Tatsache, dass sein Anhalt-Köthener Kapellmeisteramt, das auf den vorherigen Ausgaben noch angegeben ist, 1728 mit dem Tod des Fürsten Leopold erloschen war. Außerdem bezeichnet das Titelblatt von 1731 die Gesamtausgabe ganz bewusst als »Opus 1« – eine Angabe, die unmissverständlich auf weitere Ausgaben hindeutet. Mit 73 dicht gestochenen Notenseiten enthielt die fertige Ausgabe mehr Musik als der weiträumiger ausgelegte Notendruck von Händels *Acht großen Suiten* aus dem Jahr 1720 und de facto mehr als jede andere Claviermusik-Edition der Epoche. Auf diese Weise erfüllte die Veröffentlichung zwei lang gehegte Ambitionen Bachs: eine breitere Anhängerschaft anzusprechen und sich zu positionieren als Komponist und Virtuose, den man ernst nehmen musste.

Freilich trugen die kompromisslosen Anforderungen des Komponisten an Spieler wie Hörer nicht gerade zur Popularität dieser Werke bei. Als der Leipziger Literaturtheoretiker und Philosoph Johann Christoph Gottsched, der Bach als Musiker für »das Haupt unter seines Gleichen« in Sachsen hielt,[19] seiner Clavier spielenden Braut Luise Adelgunde Kulmus ein Exemplar der frisch gedruckten *Clavier-Übung* schickte, schrieb sie zurück: »Die überschickten Stücke zum Clavier von Bach [...] sind eben so schwer als sie schön sind. Wenn ich sie zehnmal gespielet habe, scheine ich mir immer noch eine Anfängerin darinnen.«[20]

Clavier-Übung II: Italienischer versus französischer Stil

Bachs Opus 1 hob sich in mancherlei Hinsicht von ähnlichen zeitgenössischen Sammlungen ab, folgte aber insgesamt dem aktuellen Trend auf dem Musikmarkt, bei dem die Nachfrage fast ausschließlich auf Claviertänze und -suiten ausgerichtet war. Diese Absicht, das Publikum zu bedienen, sollte jedoch für Teil II der *Clavier-Übung* keine Rolle spielen. Die Grundidee, die beiden vorherrschenden Nationalstile der europäischen Musik in zwei Werken einander gegenüberzustellen, war für eine Clavierpublikation beispiellos. Das Titelblatt beschreibt denn auch den Inhalt des Bandes ganz präzise: »Zweyter Theil der Clavier Ubung bestehend in einem Concerto nach Italienischen Gusto und einer Ouverture nach Französischer Art vor ein Clavicymbel mit zweyen Manualen« (Abb. 5-5). Der Druck trägt keinen Hinweis darauf, dass es sich um ein »Opus 2« handelte, da aber das Werk diesmal nicht im Selbstverlag, sondern bei dem Kupferstecher und Verleger Christoph Weigel Junior in Nürnberg erschien, sprach der Verlagswechsel gegen die Fortsetzung einer Opuszählung. Dass Bach einen Verleger gewinnen konnte (der wohl auf einer der Leipziger Messen mit ihm in Kontakt getreten war), bedeutet, dass Weigel hinreichendes Vertrauen in den Erfolg des Projekts setzte. Und in der Tat wurde schon etwa ein Jahr später ein Nachdruck fällig.

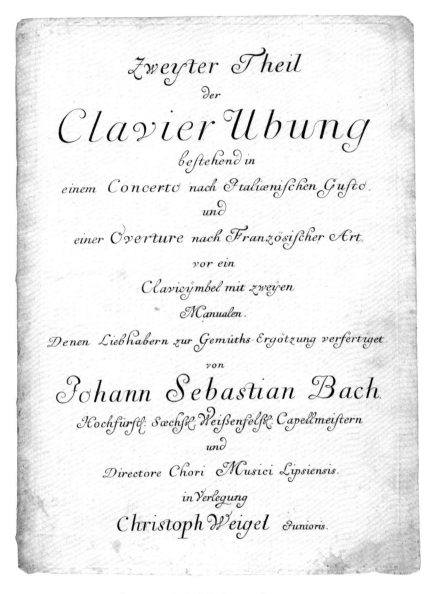

Abbildung 5-5 *Clavier-Übung* II, Titelseite (Nürnberg 1735)

Die neue Publikation erschien zur Ostermesse 1735; der Abstand zwischen den ersten beiden Teilen der *Clavier-Übung* betrug also etwa vier Jahre. Allerdings scheint das Konzept für den zweiten Band zur Zeit der Publikation von Opus 1, also um 1731 oder sogar noch davor, entstanden zu sein. Kompositionshandschriften sind nicht erhalten, doch im Falle der *Französischen Ouvertüre* BWV 831 existiert ein Manuskript, das offenbar vor 1733/34, vielleicht schon um 1730, von Anna Magdalena Bach aus der autographen Partitur abgeschrieben wurde. Der Titel »Ouverture pour le clavecin par J. S. Bach«, die

Überschriften der einzelnen Sätze und eine Reihe von Korrekturen stammen von der Hand des Komponisten selbst. Das Manuskript zeigt eine Frühfassung des Stückes in der Tonart c-Moll und mit einer vereinfachten Notation der langsamen (punktierten) Abschnitte im ersten Satz. Ebenso ist eine undatierbare Frühfassung des *Italienischen Konzerts* BWV 971 überliefert in einer Abschrift vor 1758 von Johann Christoph Oley, der dem Bach-Schüler Bernhard Christian Kayser nahestand; sie trägt den Titel »Concerto in F dur del Sigr: Johann Sebastian Bach«.[21] Die unerheblichen Varianten in diesem Manuskript entstammen einer älteren, heute verlorenen Fassung des Konzerts.

Tabelle 5-4 *Clavier-Übung* II (C. Weigel, Nürnberg 1735)

Concerto in F-Dur BWV 971	1.	[Allegro] $\frac{2}{4}$
	2.	Andante (d-Moll) $\frac{3}{4}$
	3.	Presto ¢
Ouverture in h-Moll BWV 831	1.	Ouverture ¢ | $\frac{6}{8}$ | ¢
	2.	Courante $\frac{3}{2}$
	3.	Gavotte 1re 2 | 4. Gavotte 2de (D-Dur) 2 | 3. *da capo*
	5.	Passepied 1re $\frac{3}{8}$ | 6. Passepied 2^{de} $\frac{3}{8}$ | 5. *da capo*
	7.	Sarabande $\frac{3}{4}$
	8.	Bourée 1re 2 | 9. Bourée 2de 2 | 8. *da capo*
	10.	Gigue $\frac{6}{8}$
	11.	Echo $\frac{2}{4}$

Beide Werke des zweiten Teils der *Clavier-Übung* (Abb. 5-6 und 5-7) sind Clavier-Adaptionen von zwei verschiedenen Orchestergattungen, Konzert und Ouvertüre. Ihre differenzierte Orchesterdynamik, die sich in den Forte- und Pianobezeichnungen des Notentextes widerspiegelt, verlangt – im Gegensatz zum ersten Band – nach den abgestuften Klangressourcen eines zweimanualigen Cembalos, wie im Wortlaut des Titels angegeben. Nach Johann Matthesons Definition der Stilkategorien bilden Concerto und Ouverture die beiden Hauptgattungen des »Stylus symphoniacus«[22] – die eine italienischer, die andere französischer Herkunft. Doch die zeitgenössische Diskussion darüber, welche Merkmale den italienischen und welche den französischen Stil tatsächlich charakterisieren, blieb recht vage. Johann Gottfried Walther beispielsweise beschreibt die Unterschiede in seinem einflussreichen Musiklexikon von 1732, für das Bach als Leipziger Kommissionär agierte, wie folgt: »Der Italiänische Styl ist scharff, bunt, und ausdruckend; der Frantzösische hergegen natürlich, fliessend, zärtlich, etc.«[23] Als Praktiker, der er war, beschloss Bach, den Sachverhalt rein musikalisch abzuhandeln: In der *Clavier-Übung* II veranschaulichte er die Gegensätze von italienischem und französischem Stil, indem er sie als zwei grundlegend verschiedene Kompositionsansätze einander gegenüberstellte, die auf zwei unterschiedlichen musikalischen Sprachen beruhen.

Abbildung 5-6 *Italienisches Konzert* BWV 971, *Clavier-Übung*, Teil II (1735), Beginn

Abbildung 5-7 *Französische Ouvertüre* BWV 831, *Clavier-Übung*, Teil II (1735), Beginn

Auch hier setzt Bach die Tonarten ganz gezielt ein, um die Kontraste noch zu verstärken. Weil die Gegenüberstellung von zwei Stücken in F-Dur bzw. c-Moll die Divergenz der beiden Stile nicht genügend betont hätte, transponierte der Komponist die Ouvertüre für die Veröffentlichung von ihrer ursprünglichen Tonart c-Moll nach h-Moll. Er akzentuierte den Kontrast zwischen Dur- und Moll also mit Tonarten auf den Grundtönen *f* und *h*, die das Intervall einer übermäßigen Quarte oder eines (aus drei Ganztonschritten bestehenden) Tritonus bilden – die Quintessenz einer Dissonanz, die im späten Mittelalter als »Diabolus in musica« (»der Teufel in der Musik«) bezeichnet wurde.

Wie der Titel andeutet, grenzt *Clavier-Übung* II die Gattungen Konzert und Ouvertüre klar voneinander ab und definiert die gegensätzlichen Stilprinzipien mit höchster Klarheit – im Großen wie im Kleinen. Bach stellt die italienische Dreisatzform (schnell – langsam – schnell, mit dem Mittelsatz in einer anderen Tonart) der mehrsätzigen Struktur nach französischem Vorbild gegenüber (Präludium und Abfolge von kurzen Tänzen, alle in derselben Tonart, wobei Dur/Moll-Varianten möglich sind). Zahlreiche weitere stilistische Gegensätze betreffen unter anderem eine melodisch-melismatische gegenüber einer rhythmisch-metrischen Grundausrichtung, Ritornellformen (mit Tutti-Solo-Kontrast) und Arienformen gegenüber homogenen Tanztypen und Charakterstücken, eine strenge gegenüber einer unregelmäßigen Stimmführung oder eine Kontinuität im freien polyphonen Satz gegenüber rasch abwechselnden harmonischen Effekten – um nur die wichtigsten Gestaltungsmittel zu nennen, die hier eine Rolle spielen (vgl. Abb. 5-6 und 5-7).

Im ersten Satz, und zwar gleich in den Anfangstakten, verdeutlicht das *Italienische Konzert* die Essenz des italienischen Concerto-Stils. Zudem stellt es mustergültig einen methodisch konzipierten Tonartenplan auf, der in einfallsreicher harmonischer Abwechslung alle wichtigen Skalenstufen einbezieht und gegeneinander ausbalanciert – Tonika, Dominante, Subdominante, Mollparallele und Mediante:

Ritornello (R) 1 (F-Dur) – **Solo (S) 1** (F-Dur → C-Dur) – **R2** (C-Dur → d-Moll) – **S2** (d-Moll → B-Dur) – **R3** (B-Dur → C-Dur) – **S3** (d-Moll → F-Dur) – **R4** (F-Dur → C-Dur) – **S4** (C-Dur → F-Dur) – **R5** (F-Dur)

Auf ähnliche Weise vermittelt der Eröffnungssatz der *Französischen Ouvertüre* schon in den ersten Takten eine typisch französische musikalische Atmosphäre. Unmittelbar deutlich wird dieser Charakter durch den majestätischen Eröffnungsabschnitt einer typischen Ouvertüre mit ihren langsamen, kantigen und durchgehend punktierten Rhythmen und intermittierenden kurzen Läufen. Weitere typisch französische Merkmale sind der phasenweise Verzicht auf ausgedehnte Melodiebildungen, das Auftreten unerwarteter Dissonanzen und plötzliche, unvorhersehbare harmonische Verschiebungen.

Das *Italienische Konzert* BWV 971 stellt zwar eine Originalkomposition dar, steht aber im Kontext der vielen Transkriptionen italienischer Orchesterkonzerte, die Bach in Weimar für Orgel und Cembalo angefertigt hatte. Solche Übertragungen, hauptsächlich von Violinkonzerten von Komponisten wie Giuseppe Torelli, Alessandro und Benedetto Marcello und vor allem Antonio Vivaldi, spielten in Bachs Leipziger Lehrwerkstatt durchaus noch eine Rolle, wie die Sammlung von Konzerttranskriptionen BWV 972–982 im Besitz seines Neffen, des Thomasschülers Johann Ernst Bach, belegt.[24] Da Johann Sebastian Bach selbst nach eigenen Worten vom modernen italienischen Konzertstil gelernt hatte, »musikalisch [zu] denken«,[25] setzte er dieses Repertoire offenbar weiterhin zum Nutzen seiner Schüler ein. Auch bei den Konzerten des Collegium Musicum in den 1730er-Jahren führte er gerne solche Konzerttranskriptionen auf, so das Konzert für 4 Cembali und Streicher BWV 1065, nach Vivaldi. Überliefert sind nur zwei originale Clavierkonzerte, die im Geist der Orchestertranskriptionen komponiert wurden: das Konzert C-Dur BWV 1061 für zwei Cembali aus der Zeit um 1732/33 sowie das Konzert F-Dur BWV 971, wohl aus der gleichen Zeit.

Die *Französische Ouvertüre* BWV 831 hingegen hat mit Transkriptionsverfahren überhaupt nichts zu tun – sie gehört in den kompositorischen Bereich, dem auch *Clavier-Übung* I zuzuzählen ist. Doch obgleich die Partiten im Allgemeinen mit der französischen Gattung der Suite in Verbindung stehen, sind sie für den französischen Stil keineswegs repräsentativ. Bach demonstriert in den Partiten vielmehr seine persönliche Adaption der Gattung. Besonders deutlich zeigt sich sein Ansatz zur Neu- und Umgestaltung von Tänzen für Tasteninstrumente in ihrer subtilen Polyphonisierung unter ständiger Einbeziehung eleganter kontrapunktischer Motive, was für den französischen Stil weitgehend untypisch ist.

Die h-Moll-Ouvertüre zeigt dagegen ein ganz anders Konzept, schon in ihrer freieren Satzfolge, die den festen Komplex der Kernsätze »Allemande – Courante – Sarabande – Gigue« des deutschen Suitenmodells aufbricht. Ebenso fehlen die latent polyphonen Elemente, die die *Englischen Suiten*, die *Französischen Suiten* und die Partiten prägen. Andererseits folgt Bach keinen spezifischen französischen Vorbildern, etwa François Couperin, dessen ihm bekannte *Second* und *Troisième Livre de Pièces de Claveçin* (1717 und 1722)[26] aber die Sätze innerhalb der vier Bücher der *Pièces de Claveçin* auf ganz andere Weise organisiert hat. Bach scheint also von dem, was eine Suite im typisch französischen Stil sein sollte, eine ganz eigene Vorstellung entwickelt zu haben, ähnlich wie er auch seine Orchestersuiten zusammenstellte. Von diesen kommt die Ouvertüre in C-Dur BWV 1066 aus der Mitte der 1720er-Jahre der Organisation von BWV 831 am nächsten, mit ebenfalls elf Sätzen: Ouvertüre – Courante – Gavotte I und II – Forlane – Menuett I und II – Bourrée I und II – Passepied I und II.

Clavier-Übung III: Ein deutsches »Livre d'orgue«

Die Informationen über Bachs Bestände an Orgelliteratur sind ebenso zufallsgesteuert und unvollständig wie die über seine Musikbibliothek insgesamt. Dennoch lassen sich die historische Dimension, Breite und Tiefe des substanziellen Orgelanteils gut abschätzen, wenn man erstens das älteste Werk mit Bachs Besitzvermerk betrachtet, nämlich das gedruckte Tabulaturbuch *Orgel oder Instrument Tabulatur* von Elias Nicolaus Ammerbach (Leipzig 1571), zweitens mit Werken seiner frühen Vorbilder Pachelbel, Reincken,

Böhm und Buxtehude fortfährt und drittens das zeitgenössische Orgelrepertoire der 1720er- und 1730er-Jahre berücksichtigt, das Bach vermutlich gekannt hat. Diese Methode führt zu aussagekräftigen Ergebnissen, wenn auch zwangsläufig viele Spezifika fehlen.

Bach besaß definitiv ein Exemplar von Girolamo Frescobaldis *Fiori musicali* (Rom 1635), signiert »J. S. Bach 1714«, und auch eine Abschrift von Nicolas de Grignys *Premier Livre d'orgue* (Paris 1699), die er um 1710 anfertigte.[27] Dies waren zwei der einflussreichsten und am weitesten verbreiteten Veröffentlichungen von Orgelmusik des 17. Jahrhunderts. Offenbar hegte der Weimarer Hoforganist die Hoffnung, eines Tages selbst ein Orgelbuch zu veröffentlichen. Und als er dann tatsächlich einen Band der *Clavier-Übung* vorlegte, der der Orgelmusik gewidmet ist, orientierte er sich eng an den Vorbildern Frescobaldi und de Grigny. Während die Orgelstücke von de Grigny ganz der Liturgie der römisch-katholischen Messe bzw. des Offiziums verpflichtet sind, präsentiert Frescobaldi in seinem Band Vertonungen für drei verschiedene Kategorien der Messe (für Sonntage, Apostelfeste und Marienfeste), aber auch einige weltliche Stücke. Bach kombinierte diese Ansätze, übertrug sie in den ihm vertrauten Bereich des lutherischen Gottesdienstes mit Bearbeitungen von Kyrie-, Gloria- und Katechismus-Liedern und fügte auch einen nicht-liturgischen bzw. weltlichen Teil hinzu: ein Präludium mit Fuge für große Orgel[28] sowie vier Duette, ausgedehnte zweistimmige Stücke für ein beliebiges Tasteninstrument (Tab. 5-5).

Der dritte Teil der *Clavier-Übung* erschien zur Michaelismesse 1739, wie aus einem Brief Johann Elias Bachs, eines Neffen des Komponisten, vom 28. September desselben Jahres hervorgeht. Dieser fungierte zu jener Zeit als Bachs Privatsekretär und teilte hier einem Kollegen mit, »daß nunmehro die in Kupffer gestochene Arbeit meines Herrn Vetters fertig u. das *exemplar* à 3 rhtl [Reichstaler] bey demselben zubekommen« sei.[29] Offensichtlich sollte das Werk ursprünglich früher erscheinen, denn bereits in einer Nachricht vom 10. Januar an denselben Empfänger heißt es, »daß mein Herr Vetter einige *Clavier* Sachen, die hauptsächlich vor die Herrn *Organi*sten gehören u. überaus gut *componi*rt sind, heraus wird geben, welche wohl auf kommende Oster Meße mögten fertig werden u. bey die 80 Blatten ausmachen«.[30] Höchstwahrscheinlich verzögerte sich die Veröffentlichung dieses umfangreichen Werkes deshalb, weil Bach den Stecher wechseln musste, nachdem schon mehr als die Hälfte der Druckplatten fertiggestellt war.[31] Wenn aber der Stichvorgang bei den Werkstätten in Leipzig (Krügner) und Nürnberg (Schmid) zu Beginn des Jahres 1739 schon so weit fortgeschritten war, muss das Werk im Herbst des Vorjahres an die Stecher geliefert worden sein. Dies wiederum bedeutet, dass die kompositorische Genese einer so umfangreichen und komplexen Sammlung von Orgelmusik höchstwahrscheinlich einen Großteil des Jahres 1738, wenn nicht noch mehr Zeit in Anspruch genommen hatte. In Ermangelung einer erhaltenen Kompositionspartitur sind aber keine weiteren Details bekannt.

Merkwürdigerweise beschreibt das Titelblatt der Publikation (Abb. 5-8) den Inhalt eher knapp – ausdrücklich erwähnt werden nur »verschiedene Vorspiele über den Catechismus und andere Gesänge«. Bach scheint die Katechismus-Choräle im Titel ganz be-

Tabelle 5-5 Inhalt der *Clavier-Übung* III (Selbstverlag: Leipzig 1739)

Abschnitte und Stücke	Pedaliter-Sätze	Manualiter-Sätze
Praeludium in Es-Dur	1. BWV 552/1	
Choräle für Kyrie und Gloria der Messe		
Kyrie, Gott Vater in Ewigkeit	2. BWV 669	5. BWV 672
Christe, aller Welt Trost	3. BWV 670	6. BWV 673
Kyrie, Gott heiliger Geist	4. BWV 671	7. BWV 674
Allein Gott in der Höh sei Ehr	8.–9. BWV 675–676	10. BWV 677
Choräle für die sechs Katechismus-Artikel		
Dies sind die heiligen zehn Gebot	11. BWV 678	12. BWV 679
Wir glauben all an einen Gott	13. BWV 680	14. BWV 681
Vater unser im Himmelreich	15. BWV 682	16. BWV 683
Christ, unser Herr, zum Jordan kam	17. BWV 684	18. BWV 685
Aus tiefer Not schrei ich zu dir	19. BWV 686	20. BWV 687
Jesus Christus, unser Heiland	21. BWV 688	22. BWV 689
Duette		
Duetto I in e-Moll		23. BWV 802
Duetto II in F-Dur		24. BWV 803
Duetto III in G-Dur		25. BWV 804
Duetto IV in a-Moll		26. BWV 805
Fuga in Es-Dur	27. BWV 552/2	

wusst hervorgehoben zu haben: Angesichts ihrer Uneinheitlichkeit hätte die Sammlung mit keiner prägnanten Formulierung angemessen beschrieben werden können, doch wie der Begriff »Katechismus« einhergeht mit der Bedeutung von »Unterweisung«, so sollte dieser Band der *Clavier-Übung* eine »Summe« der Orgelkunst bieten; in der Tat hätte er auch »Livre d'orgue« oder »Orgelbuch« heißen können, statt den Reihentitel zu erhalten. Aber dem Komponisten war das Programm der Einbeziehung aller Tasteninstrumente ebenso wichtig wie die didaktische Bestimmung der *Clavier-Übung*. Letztere zeigt sich auch in der nachdrücklichen Formulierung »besonders denen Kennern von dergleichen Arbeit«, in bewusster Ergänzung der üblichen Widmung »denen Liebhabern«.

Die Auswahl der Choräle unterscheidet sich deutlich vom Inhalt der beiden anderen Sammlungen Bach'scher Orgelchoräle: dem Weimarer *Orgel-Büchlein* mit seinen kurzen Choralbearbeitungen und der Leipziger Zusammenstellung älterer, groß angelegter Choralfantasien, bekannt als die *Achtzehn Choräle* BWV 651–668, deren Überarbeitung sich zeitlich mit der Komposition der *Clavier-Übung* III überschnitt. Beide Sammlungen sowie die 1746 veröffentlichten sechs »Schübler-Choräle« BWV 645–650 enthalten

Abbildung 5-8 *Clavier-Übung* III, Titelseite (Leipzig 1739)

Choräle für das Kirchenjahr und für andere Themen des Gesangbuches. In der *Clavier-Übung* hingegen bearbeitete Bach kirchenjahreszeitlich unabhängige Choräle für das sonntägliche Ordinarium der »lutherischen Messe« (Kyrie und Gloria) und für die sechs werktäglichen Gottesdienste, die das Jahr hindurch über die Kernstücke von Luthers Katechismus gehalten wurden: Zehn Gebote, Glaubensbekenntnis, Vaterunser, Taufe, Beichte und Abendmahl. Mit anderen Worten: Das Repertoire der Kirchenlieder für die Sonntags- und Werktagsgottesdienste hatte Bach ausgewählt für den uneingeschränkten Gebrauch »in ogni tempo«, also für jede Zeit innerhalb des Kirchenjahres – ein Konzept, das entfernt an die ursprüngliche und dann verworfene Idee von sieben Suiten in der *Clavier-Übung* I erinnert, die ebenfalls mit den sieben Wochentagen assoziiert gewesen wären.

Das Prinzip der beliebigen Verwendung bezieht sich auch auf die Wahl der Instrumente, da jeder Choral sowohl pedaliter als auch manualiter gesetzt ist und somit auf einer großen Kirchenorgel mit mindestens zwei Manualen und Pedal oder auf Tasteninstrumenten ohne Pedal (Orgel, Cembalo und Clavichord) gespielt werden kann. Diese doppelte Option erstreckt sich damit auch auf die Aufführungsorte, schließt also größere wie kleinere Kirchen und sogar Privathäuser ein. Ähnliche Optionen ergeben sich auch für die nicht-choralgebundenen Stücke der *Clavier-Übung* III: Präludium und Fuge sind für große Orgel mit Pedal bestimmt, die vier Duette dagegen für pedallose Tasteninstrumente aller Art. Hinter dieser Flexibilität in der instrumentalen Umsetzung stehen offenbar zwei miteinander verbundene Absichten: Bach wollte Musikliebhaber, die nur zu kleineren Tasteninstrumenten Zugang hatten, nicht als Zielgruppe ausschließen und damit die Marktchancen dieser besonders anspruchsvollen Publikation vergrößern.

Trotz ihres unbestreitbaren liturgischen Hintergrunds und Charakters aber waren die Orgelchoräle der *Clavier-Übung* III nicht eigentlich für den gottesdienstlichen Gebrauch bestimmt. Dies gilt insbesondere für die größeren Vertonungen, die weitaus mehr Zeit einnehmen als ein reguläres, dem Gemeindegesang vorausgehendes Choralvorspiel. Und selbst die kleinformatigen Orgelchoräle sind für den Zweck des Vorspiels im Allgemeinen nicht geeignet. Überdies zeigt die Vertonung der drei Strophen des lutherischen Kyrie-Liedes (nach dem mittelalterlichen »Kyrie, fons bonitatis«) deutlich, dass diese nicht als separate Intonationen für jede zu singende Strophe dienen konnten. Vielmehr waren die Orgelchoräle als eigenständige Werke gedacht, die entweder für Orgelkonzerte oder als Orgelmusik unter dem Abendmahl (»sub communione«) geeignet waren – dem einzigen Teil der lutherischen Liturgie, der sich für die Darbietung längerer Orgelstücke eignete.

Die Gesamtanlage der veröffentlichten Sammlung spiegelt – wie es Forkel überliefert – die Struktur eines typischen Bach'schen Orgelkonzerts wider, das sich gewöhnlich über »zwey oder mehrere Stunden« erstreckte, beginnend mit einem Präludium und endend mit einer Fuge, beides »mit vollem Werk« (Organo pleno). Dazwischen zeigte er »seine Kunst des Registrirens für ein Trio, ein Quatour etc.« und spielte Bearbeitungen von Choralmelodien »auf die mannigfaltigste Art«.[32] Diese Art von Programm gleicht im Prinzip der Rahmengestaltung der *Clavier-Übung* III. Allerdings stellen ihre 27 Sätze keine zyklische Aufführungsfolge dar, die vollständig nacheinander zu spielen wäre, sondern geben die allgemeine Idee eines thematisch gebundenen Konzerts wieder. Bot Teil II der *Clavier-Übung* eine Gegenüberstellung der beiden großen Nationalstile, so stellt Teil III in seinem Kernmaterial eine ganz eigene und sinnvolle Konzeption dar im Sinne eines musikalischen Gottesdienstes, der die allwöchentlich wiederkehrenden Hauptlieder der sonn- und werktäglichen Liturgie in den Mittelpunkt stellt.

Die von Bach ausgewählten Melodien stammten ausnahmslos aus der Zeit vor der Reformation und aus dem frühen 16. Jahrhundert. Damit demonstrierte der Komponist seine ungebrochene Vorliebe für die klassischen lutherischen Kirchenlieder und ihre modalen Melodien, wie er sie bereits im Choralkantaten-Jahrgang verwendet hatte. Weitaus mehr Aufmerksamkeit schenkte er nun jedoch den harmonischen Eigenheiten der verschiedenen Kirchentonarten, insbesondere der dorischen (»Wir glauben all an einen Gott«; »Vater unser im Himmelreich«; »Christ, unser Herr, zum Jordan kam«; »Jesus Christus, unser Heiland«), phrygischen (»Kyrie, Gott Vater in Ewigkeit«; »Aus tiefer Not schrei ich zu dir«) und mixolydischen Tonart (»Dies sind die heilgen zehn Gebot«). Bei diesen Bearbeitungen war der Komponist darauf bedacht, die Eigenheiten der Modi zur Geltung zu bringen und sie deutlich von der typischen Behandlung der modernen Dur-Moll-Tonalität abzugrenzen. Dementsprechend stellte er deren charakteristische melodische Merkmale heraus (etwa den ungewöhnlichen Halbtonschritt, mit dem der phrygische Modus beginnt), verwendete spezifische Kadenzformeln und schenkte dem differenzierten Einsatz von realer und tonaler Beantwortung im fugierten Kontrapunkt besondere Beachtung. Solche Ideen und Praktiken scheinen auch mit seinen Unterrichtsinteressen in den späten 1730er- und den 1740er-Jahren einherzugehen, wie Johann Philipp Kirnberger mit ausdrücklichem Bezug auf die *Clavier-Übung* berichtet.[33] Ebenso spiegeln das prominente Auftreten des kanonischen Kontrapunkts in der Sammlung und die Vorliebe für stilistische Kontraste die in jener Zeit vorherrschenden kompositorischen und theoretischen Interessen Bachs wider.

Der Grund für die Veröffentlichung dieses besonderen Orgel-Opus war sicherlich der offenkundige Stolz des Komponisten auf seinen Ruhm als Organist, und so wollte er unter Beweis stellen, dass seine Reputation auf Leistungen beruhte, die das allerhöchste Niveau der Orgelkomposition und des Orgelspiels repräsentierten. Mit seinen 77 Notenseiten[34] stellt der Band den insgesamt gewichtigsten Teil der *Clavier-Übung* dar, und als Orgelpublikation hat er im 18. Jahrhundert kein Gegenstück. Innerhalb der Sammlung sind es vor allem die Pedaliter-Werke (die Stücke mit obligatem Pedal), die die unverwechselbaren Errungenschaften des Organisten Bach dokumentieren. Bemerkenswert ist auch, dass das Pedaliter-Kontingent als Ganzes einem methodischen Bauplan folgt. Am deutlichsten wird dies in der Positionierung von Präludium und Fuge in Es-Dur als markantem Rahmen der Sammlung (Tab. 5-6). Beide Stücke markieren zugleich einen neu erreichten Standard für Orgelmusik, der sich dann auch in allen größeren Choralbearbeitungen wiederfindet.

Tabelle 5-6 Die großen (Pedaliter-)Bearbeitungen in *Clavier-Übung* III: Konstellation der Gestaltungselemente

	Anzahl der Stimmen	Lage des Cantus firmus	Gruppierung / Klangakzente
Praeludium	5–6	—	Organo pleno
Kyrie, Gott Vater in Ewigkeit	4	Sopran	
Christe, aller Welt Trost	4	Tenor	
Kyrie, Gott heiliger Geist	5	Bass	Organo pleno
Allein Gott in der Höh sei Ehr	3	Alt	
Allein Gott in der Höh sei Ehr	3	Zitiert in allen Stimmen	
Dies sind die heilgen zehn Gebot	5	Kanon: Alt / Tenor	
Wir glauben all an einen Gott	4	Komprimiert, Ostinato	Organo pleno
Vater unser im Himmelreich	5	Kanon: Sopran / Tenor	
Christ, unser Herr, zum Jordan kam	4	Tenor (pedaliter)	
Aus tiefer Not schrei ich zu dir	6	Bass I (Doppelpedal)	Organo pleno
Jesus Christus, unser Heiland	3	Tenor (pedaliter)	
Fuga	5	—	Organo pleno

Der Rahmenfunktion von Präludium und Fuge in Es-Dur entspricht auch die musikalische Symmetrie ihrer jeweils dreiteiligen Form. Das Präludium besteht aus drei Abschnitten (A = Anspielung auf den Stil der französischen Ouvertüre, B = Echo-Abschnitte, C = Fugato), die sich abwechseln und mit dem Ritornell A schließen. Der Schlusssatz ist eine Fuge in drei großen Abschnitten und mit drei Themen (I, II und III), deren erstes im zweiten und dritten Abschnitt mit den beiden anderen kombiniert wird, nach dem Schema I, II+I, III+I.

Die großen Choralbearbeitungen innerhalb dieses Rahmens enthalten ein breites Spektrum an kompositorischen Gestaltungen, die in einer sorgfältig vorbereiteten Ordnung miteinander verbunden sind. Mess- und Katechismusgesänge sind nicht nur als eigenständige Gruppen voneinander abgegrenzt, sondern präsentieren sich auch in unterschiedlich abgestuften Beziehungen. So haben die Kyrie-Gloria-Vertonungen ihre zentrale Achse in dem fünfstimmigen Kyrie-Choral, einem Stück für »Organo pleno« (volles Orgelwerk). Auch die Katechismus-Choräle bilden eine Einheit, die in zwei Dreiergruppen untergliedert ist, wobei die Organo-pleno-Bearbeitungen von »Wir glauben all« und »Aus tiefer Not« zwei parallele Achsen markieren – Stücke, die außerdem einen Ostinato-Bass bzw. ein Doppelpedal aufweisen. Die drei einzeln vertonten Strophen des trinitarischen Kyrie-Hymnus bilden eine Gruppe von vier- und fünfstimmigen Bearbeitungen, die sich durch ihren retrospektiv-polyphonen Stil und ihren gravitätischen Charakter auszeichnen, wobei die unverzierten Cantus firmi vom Sopran über den Tenor bis in den Bass wandern. Die beiden anschließenden Bearbeitungen des Gloria-Liedes sind Trios, deren dreistimmige Anlage den trinitarischen Charakter des Gloria widerspiegelt. Das erste Stück platziert die schlichte Choralmelodie in der Altlage; im zweiten Stück ist sie frei auf alle drei Stimmen verteilt.

Die dicht imitierende Bearbeitung von »Wir glauben all an einen Gott« hat in Bachs Orgelmusik keine Entsprechung. Ihr einziges Pendant findet sich in den beiden Ricercari »con obligo del Basso« (»mit obligatem Bass«) in Frescobaldis *Fiori musicali* von 1635, die sich Bach zum Vorbild für seine Choralbearbeitung nahm. Er verschleiert jedoch den Cantus firmus, formt die erste Zeile der Choralmelodie in ein Fugenthema für die drei Oberstimmen um und durchschreitet den weiten Ambitus des dorischen Cantus firmus in einem sechstaktigen Obligato-Modell im Pedal, das sechsmal auf fünf verschiedenen Tonhöhen auftritt. Umrahmt wird diese eindrucksvolle Bearbeitung von zwei fünfstimmigen Chorälen, in denen die Melodien kunstvoll in zweistimmigen Kanons für Alt und Tenor bzw. Sopran und Tenor geführt werden. »Vater unser im Himmelreich« zeichnet sich aus durch eine ausdifferenzierte, recht exzentrische Deklamation, die lombardische Rhythmen mit triolischen Staccato-Figuren verbindet – radikal »moderne« Stilmerkmale, die in Bachs Schaffen sonst nirgendwo zu finden sind (Abb. 5-9).

Die zweite Gruppe von drei Chorälen ist um das Bußpsalmlied »Aus tiefer Not« zentriert, das dem retrospektiven Stilmodell einer vokalen Choralmotette folgt. Es ist Bachs einziges Orgelwerk in streng sechsstimmiger Polyphonie und die einzige Bearbeitung, die für zwei unabhängige kontrapunktische Linien das Spiel mit Doppelpedal verlangt: Bass I (Cantus firmus, rechter Fuß) und Bass II (linker Fuß). Die beiden dieses Stück

Abbildung 5-9 »Vater unser im Himmelreich« BWV 682, *Clavier-Übung*, Teil III (1739)

umgebenden Bearbeitungen führen die unverzierten Cantus firmi in der Pedalstimme, jeweils in der Stimmlage des Tenors. Ihre kompositorische Machart jedoch könnte unterschiedlicher nicht sein. Das vierstimmige »Christ, unser Herr« ist ein Concertato-Quartett aus Oberstimmenduett (rechte Hand), Choralmelodie im Tenor (Pedal) und Basso continuo (linke Hand). Demgegenüber präsentiert das Trio über »Jesus Christus, unser Heiland« den Cantus firmus in Tenor-Lage im Pedal sowie zwei virtuose kontrapunktische Stimmen für rechte und linke Hand in schneller Bewegung, mit technisch anspruchsvollen Sprüngen und kniffligen synkopischen Rhythmen.

Es steht außer Frage, dass die Kernstücke der *Clavier-Übung* III, die Choräle für große Orgel mit Pedal, eine organistische Tour de Force darstellen sollten – Musterbeispiele, die vervollkommnete Übung voraussetzen. Sie repräsentieren höchst eindrucksvoll eine zyklisch geplante, sinnvoll ausdifferenzierte und sorgfältig durchkonstruierte Sammlung von anspruchsvollen und ausdrucksstarken Orgelwerken. Die eingestreuten Manualiter-Stücke, generell weniger anspruchsvoll, aber auf ihre Art nicht weniger kunstvoll ausgearbeitet, sind keineswegs zufällig eingefügt. Auch sie zeigen Elemente einer zyklischen Planung; ganz evident wird sie in den angehängten Duetten mit ihrer aufsteigenden Tonartfolge und modalen Symmetrie: e-Moll – F-Dur – G-Dur – a-Moll. Von einer vergleichbar durchdachten Koordination zeugen auch andere Beispiele, so die drei Choräle »Allein Gott in der Höh« in F-, G- und A-Dur im $\frac{3}{4}$-, $\frac{6}{8}$- bzw. **c**-Takt.

Angesichts des weitgehend dogmatischen Charakters der Kirchenliedtexte legte Bach bei ihrer Vertonung Wert auf einen ernsten und kontemplativen Charakter der musikalischen Sprache, ließ aber auch Gelegenheiten für textbezogene expressive Gesten nicht aus. Ein herausragendes Beispiel findet sich am Ende des dritten Kyrie-Chorals BWV 671, dessen Text sich mit den Worten »abscheiden aus diesem Elend, Kyrieleis« auf die Todesstunde bezieht. In dieser Passage geht die Musik unvermittelt vom diatonischen zum chromatischen Kontrapunkt über und verwendet extrem dissonante Harmonien, die den bewegenden Text nachdrücklich untermalen (siehe Notenbsp. 8-1, S. 247).

Die so vielfältige Sammlung choralgebundener und -freier Kompositionen in Teil III der *Clavier-Übung* ist durch ein ungewöhnliches und mehrschichtiges Programm verbunden, das verschiedene Aspekte des liturgischen, theologischen und hymnologischen Hintergrunds und Kontextes beinhaltet. Bach verwendet eine reiche Palette kompositorischer Verfahren, einschließlich der kunstvollsten kontrapunktischen Techniken, und bietet ein umfassendes Panorama historischer und zeitgenössischer Stilelemente und Satzweisen. Überdies ordnet die Druckausgabe die Stücke bestimmten Tasteninstrumenten zu und bedient alle Spielweisen: Sie enthält Kompositionen für ein oder zwei Manuale, Werke mit obligatem Pedal (einfach und doppelt) sowie Stücke, die ohne Pedal spielbar sind. Lorenz Mizler fasste in seiner kurzen Rezension von 1740 die Vorzüge dieses Orgelbandes zusammen und bezog sich dabei auf Johann Adolph Scheibes berühmt-berüchtigte Kritik[35] von 1737 an Bachs »schwülstigem und verworrenem Stil«:

> »Der Herr Verfasser hat hier ein neues Exempel gegeben, daß er in dieser Gattung der Composition vor vielen anderen vortrefflich geübet und glücklich sey. Niemand wird es ihm hierin zuvor thun, und gar wenige werden es ihm nachmachen können. Dieses Werk ist eine kräftige Widerlegung derer, die sich unterstanden des Herrn Hof Compositeurs Composition zu critisiren.«[36]

Scheibe, Sohn von Bachs Leipziger Orgelbauer, hatte jedoch vor seinem Angriff auf Bachs Kompositionsweise und auf deren Mangel an »Annehmlichkeit« seine aufrichtige Bewunderung für Bach zum Ausdruck gebracht, wenngleich im Zusammenhang mit seinen außergewöhnlichen Fähigkeiten als Organist:

> »Man erstaunet bey seiner Fertigkeit, und man kan kaum begreifen, wie es möglich ist, daß er seine Finger und seine Füsse so sonderbar und behend in einander schrencken, ausdehnen und die weitesten Sprünge machen kan, ohne einen einzigen falschen Thon einzumischen oder durch eine so heftige Bewegung den Körper zu verstellen.«[37]

Mizler seinerseits ging auf dieses eigentliche Problem, nämlich Bachs Vorliebe für spieltechnische Extreme und für kontrapunktische Komplexität, gar nicht ein. Beide Tendenzen machten es dem Komponisten wohl auch unmöglich, für *Clavier-Übung* III einen Verleger zu finden. Daher musste er den außerordentlich anspruchsvollen Orgelband selbst finanzieren. Als ungefähr ein Jahrzehnt später sein befreundeter Kollege Georg Andreas Sorge eine eigene Veröffentlichung von Choralvorspielen vorbereitete, verfolgte er einen anderen Ansatz. Sorge erkannte in seinem Vorwort an, dass »des Herrn Capellmeister Bachs in Leipzig Vorspiele über die Catechismus-Gesänge [...] ihren großen Ruhm verdienen«, bewarb dann aber seine eigenen Stücke:

»Da solche aber jungen Anfängern und andern, welchen die dazu gehörige große Fertigkeit noch abgehet, allzuschwer und fast unbrauchbar sind, als habe [...] nachstehende 8 leichte, und nur mit dem Manual zu spielende Vorspiele der Lehr begierigen musicalischen Jugend wie auch andern Liebhabern dergleichen Spielart verfertiget, und öffentlich herausgegeben.«[38]

In *Clavier-Übung* III ging Bachs offenkundige Abneigung gegen das Herabsetzen musikalischer Standards und seine deutliche Geringschätzung modischer Trends Hand in Hand mit einer bewussten systematischen Einbindung von musikhistorischen, -theoretischen und -didaktischen Überlegungen. Eine solch zielgerichtete Gesamtplanung nahm bestimmte Verfahrensweisen vorweg, die in späteren kompositorischen Arbeiten noch stärker hervortreten sollten, am deutlichsten vielleicht in der *Kunst der Fuge* und in der h-Moll-Messe.

Clavier-Übung IV: Ein Variationen-Zyklus sui generis

Im abschließenden Teil der *Clavier-Übung* richtet Bach seine Aufmerksamkeit auf eine weitere Kategorie der Tastenmusik: das klar strukturierte mehrsätzige Cembalo-Opus von ungewöhnlicher Länge. Somit wird der gesamte vierte Teil der *Clavier-Übung* von der Aria mit 30 Veränderungen BWV 988 eingenommen (Tab. 5-7). Wie der zweite Teil verlangt auch diese Komposition ein größeres zweimanualiges Cembalo (Abb. 5-10). Und da der gestochene Notentext diesmal nur wenige Seiten mehr umfasste als Teil II, konnte Bach Balthasar Schmid als Verleger gewinnen, musste also das finanzielle Risiko des Projekts nicht allein tragen; sein Kontakt zu diesem Verleger war durch Schmids Beteiligung an früheren Teilen der *Clavier-Übung* längst hergestellt. Teil IV erschien 1741, wahrscheinlich zur Michaelismesse im September, doch findet sich auf dem Titelblatt kein Hinweis darauf, dass der Druck den vierten oder letzten Band einer Reihe darstellt. Vermutlich enthielt die schlichte Überschrift *Clavier-Übung* deshalb keine Zählung, weil der Verleger mit dieser Ausgabe gewissermaßen einen Neuanfang machen wollte; Schmid veröffentlichte dann später noch Bachs *Canonische Veränderungen über »Vom Himmel hoch«* BWV 769 (Kapitel 8, S. 287).

Es war der Biograf Johann Nikolaus Forkel, der die berühmte Anekdote überlieferte, wonach dieses Variationenwerk auf Bestellung eines bedeutenden Mäzens Bachs, des Dresdner Diplomaten Hermann Carl Graf von Keyserlingk, zurückgehen soll: »Einst äußerte der Graf gegen Bach, daß er gern einige Clavierstücke für [seinen Hauscembalisten, den ehemaligen Bach-Schüler Johann Gottlieb] Goldberg haben möchte, die so sanften und etwas muntern Charakters wären, daß er dadurch in seinen schlaflosen Nächten ein wenig aufgeheitert werden könnte.«[39] Das Fehlen einer formellen Widmung des Bandes, wie es das Protokoll des 18. Jahrhunderts verlangte, und nicht zuletzt Goldbergs zartes Alter von 14 Jahren deuten indessen darauf hin, dass die sogenannten *Goldberg-Variationen* keineswegs als Auftragswerk entstanden, sondern von Anfang an als Teil des Gesamtprojekts *Clavier-Übung* gedacht waren, dessen glänzenden Abschluss sie bilden.

Tabelle 5-7 Bach, *Clavier-Übung* IV (Balthasar Schmid: Nürnberg 1741)

Aria ($\frac{3}{4}$)		
Var. 1 ($\frac{3}{4}$)	Var. 2 ($\frac{2}{4}$)	Var. 3: *Canone all'Unisono* ($\frac{12}{8}$)
Var. 4 ($\frac{3}{8}$)	Var. 5 ($\frac{3}{4}$)	Var. 6: *Canone alla Seconda* ($\frac{3}{8}$)
Var. 7 ($\frac{6}{8}$: al tempo di Giga)	Var. 8 ($\frac{3}{4}$)	Var. 9: *Canone alla Terza* (¢)
Var. 10 (¢: Fughetta)	Var. 11 ($\frac{12}{16}$)	Var. 12: *Canone alla Quarta* ($\frac{3}{4}$)
Var. 13 ($\frac{3}{4}$)	Var. 14 ($\frac{3}{4}$)	Var. 15: *Canone alla Quinta* ($\frac{2}{4}$: Andante, g-Moll)
Var. 16 (¢ | $\frac{3}{8}$: Ouverture)	Var. 17 ($\frac{3}{4}$)	Var. 18: *Canone alla Sexta* (¢)
Var. 19 ($\frac{3}{8}$)	Var. 20 ($\frac{2}{4}$)	Var. 21: *Canone alla Settima* (¢: g-Moll)
Var. 22 (¢: alla breve)	Var. 23 ($\frac{3}{4}$)	Var. 24: *Canone all'Ottava* ($\frac{9}{8}$)
Var. 25 ($\frac{3}{4}$: Adagio, g-Moll)	Var. 26 ($\frac{18}{16}$)	Var. 27: *Canone alla Nona* ($\frac{6}{8}$)
Var. 28 ($\frac{3}{4}$)	Var. 29 ($\frac{3}{4}$)	Var. 30: *Quodlibet* (c)
Aria da capo e Fine		

In Ermangelung eines Kompositionsautographs bleibt die Entstehungsgeschichte des Werks weitgehend unbekannt. Zahlreiche Hinweise sprechen aber dafür, dass die Idee für dieses Variationswerk abermals durch eine Händel-Publikation ausgelöst wurde, in diesem Fall den zweiten Band der *Suites de Pièces de Clavecin* HWV 434–442 (London 1733), der mehrere Variationsreihen enthält (Tab. 5-8). Im ersten Band von 1720 stammen die dort präsentierten Suiten ausnahmslos aus der Zeit vor 1717, der zweite Band aber bietet sogar noch ältere Werke; teilweise stammen sie noch aus Händels Hamburger Jahren (1703–1706), darunter die beiden Suiten HWV 439 und 440 im deutschen Stil und die ausgedehnten Variationsreihen HWV 435, 441 und 442. Ob Bach den zweiten Band in den 1730er-Jahren kannte, lässt sich nicht mit Sicherheit feststellen; und dass die neuerdings veröffentlichten Werke bereits zwei oder gar drei Jahrzehnte alt waren, wusste er sicherlich nicht. Er scheint sich jedoch besonders für das letzte Stück der Reihe interessiert zu haben. Dieses Werk, *Prélude und Chaconne mit 62 Variationen* HWV 442, lag bereits in einem früheren Raubdruck vor: *Prélude et Chaconne avec LXII Variations*, veröffentlicht von Gérard Witvogel (Amsterdam ca. 1732). In beiden Ausgaben ist der Schlusssatz (Variation 62) ein zweistimmiger Kanon in der Oktave, allerdings in unvollständiger Form gedruckt. Allerdings ist das Rätsel leicht zu lösen, indem man den fehlenden Ostinato-Bass (in Beispiel 5-2 als Stichnoten) unter den notierten Oberstimmen ergänzt.

Man darf wohl davon ausgehen, dass Bach von diesem schlichten kanonischen Satz nicht sonderlich beeindruckt war. Dennoch weckte er offenbar seine Neugier danach, welche und wie viele verschiedene kontrapunktische Lösungen er selbst zu diesem Grundbass erfinden konnte. Wegen des fehlenden Kompositionsmanuskripts bleiben das Wie und Wann und überhaupt das ganze Ausmaß von Bachs mannigfaltigen Gedan-

Abbildung 5-10 *Clavier-Übung* IV, Titelseite, Nürnberg o. J. [1741]

kenspielen im Dunkeln. In sein persönliches Exemplar der *Clavier-Übung* IV aber trug er später auf einer freien Seite am Schluss das Endresultat seiner Überlegungen ein, nämlich eine systematisch gegliederte und sorgfältig redigierte Auswahl von 14 Kanons (siehe Abb. 8-6, S. 284). Diese kalligraphische Reinschrift des Kanon-Zyklus BWV 1087, dem Bach schließlich auch den sechsteiligen Kanon BWV 1076 für sein Porträtgemälde entnahm (siehe Prolog), ist zwar erst in die Zeit nach der *Clavier-Übung* zu datieren; sein

Notenbeispiel 5-2 HWV 442, Variation 62, Oktavkanon über ostinatem Bass

Tabelle 5-8 Händel, *Suites de Pièces pour le Clavecin*, Bd. II (London 1733), Inhalt

Suite I in B-Dur HWV 434	1. Prélude, 2. Sonata, 3. Aria con [5] Variazioni, 4. Menuet
Suite II in G-Dur HWV 435	1. Chaconne mit Variatio 1–21
Suite III in d-Moll HWV 436	1. Allemande, 2. Allegro, 3. Air, 4. Gigue, 5. Menuetto mit Variatio 1–3
Suite IV in d-Moll HWV 437	1. Prélude, 2. Allemande, 3. Courante, 4. Sarabande mit Variatio 1–2, 5. Gigue
Suite V in e-Moll HWV 438	1. Allemande, 2. Sarabande, 3. Gigue
Suite VI in g-Moll HWV 439	1. Allemande, 2. Courante, 3. Sarabande, 4. Gigue
Suite VII in B-Dur HWV 440	1. Allemande, 2. Courante, 3. Sarabande, 4. Gigue
Suite VIII in G-Dur HWV 441	1. Allemande, 2. Allegro, 3. Courante, 4. Aria, 5. Menuetto, 6. Gavotte mit Variatio 1–5, 7. Gigue
Suite IX in G-Dur HWV 442	1. Prélude. 2. Chaconne mit Variatio 1–62

Aufzeichnungsort und die Händel-Verbindung verweisen jedoch auf den Zusammenhang mit der Entstehung der 30 Variationen im Allgemeinen und auf den Plan ihrer kanonischen Sätze im Besonderen.

Seit der Komposition der *Aria variata alla maniera italiana* BWV 989 aus der Zeit um 1704 hatte sich Bach nicht mehr mit ostinaten Bassvariationen beschäftigt. Der Hauptunterschied zwischen einer Aria »alla maniera italiana« wie der berühmten »Aria di Romanesca« (ein im Frühbarock in Italien beliebter Variationstypus) einerseits und der Passacaglia oder der französischen Chaconne andererseits liegt in der unterschiedlichen Konstruktion der Basslinien. Passacaglia und Chaconne basieren in der Regel auf einem Ostinato-Bassmodell von meist vier, manchmal auch acht Takten Länge, so etwa in Bachs Ciaccona für Violine solo BWV 1004/5, in seiner Passacaglia für Orgel BWV 582 und im Eingangschor der Kantate *Jesu, der du meine Seele* BWV 78/1.[40] Demgegenüber besteht die Aria »alla maniera italiana« aus einem längeren Ostinato-Bass, der in zwei Abschnitte unterteilt ist, die jeweils wiederholt werden, wie in den Aria-Sätzen BWV 989 und 988. Mit diesem strukturellen Unterschied im Sinn und im Blick auf die größeren kompositorischen Möglichkeiten hat Bach Händels achttaktigen Chaconne-Bass erweitert und umgewandelt in einen Ostinato-Bass mit der ungewöhnlichen Länge von 32 Takten, der aus zwei 16-taktigen Hälften besteht.

Notenbeispiel 5-3 BWV 988, Bachs erweiterte Fassung des Basso ostinato

Die erste Hälfte des zweiteiligen Aria-Basses kadenziert zunächst in G-Dur (T. 8) und erreicht dann die Dominante D-Dur (T. 16); die zweite Hälfte führt über e-Moll (T. 24) zur Tonika zurück (T. 32). Während es für eine Chaconne oder Passacaglia typisch ist, eine ununterbrochene Abfolge von Ostinato-Bassvariationen in einem einzigen Satz zu präsentieren, verläuft eine italienische Aria variata üblicherweise in separaten (»strophischen«) Sätzen, die jeweils auf dem Ostinato-Muster basieren – das Vorbild für Bachs »Aria mit verschiedenen Veræanderungen«.

Die Konstruktion eines beispiellos langen Ostinato-Basses bewog den Komponisten dazu, eine Aria mit einer ausgedehnten und delikat verzierten Diskantmelodie im Stil einer Sarabande zu entwerfen, sodass der Eröffnungssatz der Variationen in seiner Form einem einzelnen Suitensatz entsprach. Dies wiederum ermöglichte es, die Folge von 30 Variationen als einen Zyklus von hoch individualisierten Sätzen mit einer ganz eigenen Dynamik zu behandeln, die keinem konventionellen Organisationsmuster entsprach. Allerdings muss dem Komponisten von Anfang an klar gewesen sein, dass ein solch groß angelegter instrumentaler Spielzyklus nur dann tragfähig sein konnte, wenn er sich hinreichend abwechslungsreich gab und zum anderen einem sorgfältig durchdachten Plan folgte. Entscheidend war vor allem, Monotonie zu vermeiden. Zu diesem Zweck betrat Bach Neuland, indem er eine breite Palette von Taktarten einbezog ($\frac{3}{4}$, $\frac{3}{8}$, $\frac{6}{8}$, $\frac{9}{8}$, $\frac{12}{8}$, ₵, $\frac{2}{4}$, $\frac{12}{16}$ und $\frac{18}{16}$ gegen $\frac{3}{4}$) sowie verschiedene Tempi (al tempo di Giga, Andante, Alla breve und Adagio, um nur die angegebenen zu nennen) und Satzarten (eigens bezeichnet sind Kanon, Fughetta und Ouvertüre). Die musikalischen Ausdruckscharaktere schließlich sind nicht ohne Weiteres kategorisierbar; besonders expressiv sind die drei Moll-Sätze – die kanonische Andante-Variation 15, der chromatisch gefärbte Septimen-Kanon (Var. 21) und die Adagio-Variation 25 –, daneben findet sich eine Vielzahl weiterer Satztypen und Gattungsmodelle.

Mit seiner freien Anordnung der nicht-kanonischen Variationen, für die es keine standardisierte Abfolge gibt, und trotz eines allgegenwärtigen Überraschungsmoments schuf Bach einen schlüssigen formalen Rahmen. Zunächst entschied er sich, die Aria sowohl als Ausgangs- als auch als Zielpunkt, also in einer Doppelfunktion, einzusetzen. Sodann platzierte er einen deutlichen Wendepunkt genau in der Mitte des Zyklus, unmittelbar nach der ersten Moll-Variation (Var. 15), die mit ihren den ganzen Satz durchdringenden Seufzermotiven gleichsam als ein Moment der Erschöpfung verstanden werden kann. Die zweite Hälfte des Werkes beginnt danach frisch und energisch mit einer französischen Ouvertüre (Var. 16), die gewissermaßen einen Rückverweis auf Teil II der *Clavier-Übung* herstellt. Innerhalb des Gesamtzyklus vollzieht sich eine bemerkenswerte Entwicklung hin zu immer größeren technischen Anforderungen, die dem Spieler ein Höchstmaß an Virtuosität abverlangen.

Darüber hinaus ist die Variationenfolge systematisch von kanonischen Sätzen durchsetzt, die jeweils das Ende einer Gruppe von drei Sätzen kennzeichnen. Die Kanons selbst sind in aufsteigenden Intervallen vom Unisono bis zur None angeordnet, woraufhin die letzte Variation (Var. 30) einen markanten Höhepunkt in Form eines Quodlibets darstellt. Die streng abgestufte Abfolge der Kanonsätze, die ein Drittel des Gesamtwerks ausmachen, bietet ein strukturelles Gerüst von unablässiger kontrapuntischer Logik, während die Stücke dazwischen – zwei Drittel des Ganzen – einen großen Freiheitsraum eröffnen für ein reiches Spektrum von Variationen mit den unterschiedlichsten metrischen Schemata und vielfältigsten Kontrasten von musikalischem Charakter und Ausdruck.

Das abschließende Quodlibet (Abb. 5-12) ist kein Kanon, sondern eine andere Art von kunstvoll-kontrapunktischer Komposition, die zwei bekannte Melodien über dem Grundbass der Aria miteinander kombiniert. Bachs Entscheidung für gerade diesen Finalsatz offenbart einmal mehr eine kluge Abwägung seiner kompositorischen Möglichkeiten innerhalb der Gesamtkonzeption eines vielsätzigen Werkes, insbesondere angesichts des virtuosen Feuerwerks der vorangegangenen Variationen 28 und 29 (Abb. 5-11). Auch wenn es ihm nicht leichtgefallen sein dürfte, einen Variationszyklus von solch beispiellosen Dimensionen und Herausforderungen angemessen abzuschließen, ist ihm zweifellos ein hinreichend kunstvoller und zugleich melodisch einprägsamer Schlusssatz gelungen. Quodlibets kombinieren in der Regel populäre und heitere Melodien miteinander, oft mit humorvollen Texten, und die beiden hier verwendeten Melodien passen genau in diese Tradition.

Die erste Melodie, die Bach auswählte, ist eine deutsche Tanzmelodie aus dem frühen 17. Jahrhundert, die auch als »Großvatertanz« und »Kehraus« bekannt ist. Üblicherweise wurde dieser Reigentanz und seine Melodie als Abschluss eines Tanzfestes, einer Hochzeit oder eines ähnlichen Ereignisses aufgeführt und war bis ins frühe 19. Jahrhundert beliebt.[41] Die zweite Weise ist die »Bergamasca«-Melodie, die sich auf einen ländlichen Tanz aus Norditalien bezieht und in der Tastenmusik des 17. Jahrhunderts ein weit verbreitetes Variationsthema war. Frescobaldis Bergamasca-Variationen in G-Dur am Schluss seiner *Fiori musicali* von 1635 gehören zu den bekanntesten Variationswerken über diese Melodie. Rund 50 Jahre später schrieb Buxtehude eine Reihe von 32 Bergamasca-Variationen in der gleichen Tonart und bezeichnete die Melodie als »La capricciosa«. Indem Bach die Bergamasca in den abschließenden Satz seines überdimensionalen Variationszyklus integrierte, wollte er wohl die beiden Altmeister der Tastenkunst würdigen und seine eigene Komposition mit dem Erbe verbinden, das diese begründet hatten. Nur wenige seiner Zeitgenossen werden Frescobaldis Namen ge-

Abbildung 5-11 Variation 28 und 29, *Goldberg-Variationen* BWV 988, *Clavier-Übung* IV (1941)

kannt haben, ganz zu schweigen von seiner Musik, und nur ausgesprochene Kenner der Tastenmusik dürften den Hinweis auf Buxtehudes unveröffentlichte Variationenreihe verstanden haben. Dennoch steht die Anspielung auf die beiden Komponisten am Ende der *Clavier-Übung* für ein Bekenntnis zu denjenigen, die Bach den Weg geebnet hatten.

Im Quodlibet wird die »Großvater«-Tanzmelodie gleich zu Beginn zitiert (T. 1 f.), und zwar in Form eines zweistimmigen Oktavkanons. Anschließend erklingt die »Bergamasca«-Melodie als zweistimmiger Quintkanon (T. 2 f.). In der Folge erscheinen verschiedene Ausschnitte beider Melodien in einfallsreichen kontrapunktischen Verbindungen über dem Aria-Fundament. Beide Melodien sind traditionellerweise auch mit volkstümlichen Texten verbunden, die sich von Region zu Region unterscheiden. Nach einer dem Bach-Schüler Johann Christian Kittel zugeschriebenen Notiz in einem Exemplar des Originaldrucks[42] zitierte Bach mit der »Kehraus«-Melodie ein Liebeslied von etwas derbem Charakter:

Ich bin so lang nicht bei dir g'west,
Rück her, rück her, rück her.

Und das Volkslied zu der Bergamasca-Melodie hatte einen eher rustikalen Text:

Kraut und Rüben haben mich vertrieben,
Hätt mein' Mutter Fleisch gekocht, wär' ich länger blieben.

Unabhängig davon, welch spezifische Texte – wenn überhaupt – der Komponist im Sinn gehabt haben mag: Er gestaltete die 30. und letzte Variation als einen entspannten, humorvollen, sinnträchtigen und in höchstem Maße befriedigenden Höhepunkt. Darüber hinaus gelang es ihm, die ausgeklügelten kontrapunktischen Kombinationen alles andere als kompliziert wirken zu lassen: Der Satz ist heiter im Affekt und jedenfalls für den Hörer unterhaltsam.

Teil IV der *Clavier-Übung* profitierte in mancherlei Hinsicht von Bachs Erfahrungen mit den drei vorangegangenen Teilen. Ungeachtet seiner großen Eigenständigkeit setzt sich dieser letzte Teil effektiv mit den insgesamt vorherrschenden Themen der *Clavier-Übung* auseinander: formale, gestalterische und stilistische Vielfalt, avancierte technische Anforderungen, kontrapunktische Raffinesse und musikalisch logische Architektur. Ein grundlegender Unterschied sollte jedoch hervorgehoben werden. In den ersten drei Teilen der *Clavier-Übung* gibt es nirgends die Erwartung, dass die hierin enthaltenen Werke im Zusammenhang von vorne bis hinten durchgespielt werden sollen. Der abschließende Band hingegen lädt unmissverständlich dazu ein, ja er verlangt die Gesamtaufführung. Somit stellen die *Goldberg-Variationen* das erste wahrhaft groß angelegte Instrumentalwerk dar, das dafür bestimmt ist. Unter der schillernden und außerordentlichen Oberflächenvielfalt verleihen der monothematische Fokus und die feste strukturelle Verankerung dem großen Variationszyklus einen bemerkenswerten Zusammenhalt. Insgesamt bekräftigten die neuen Herausforderungen der »Aria mit 30 Veraenderungen« Bachs Absicht, mit seinem vierteiligen Kompendium der *Clavier-Übungen* den »State of the Art« der Tastenmusik zu definieren und im Blick auf Kompositionskunst wie Spielpraxis Geschichte zu schreiben.

Abbildung 5-12 Variation 30, Quodlibet, *Goldberg-Variationen* BWV 988, *Clavier-Übung* IV (1941)

Kapitel 6

Ein großer liturgischer Messias-Zyklus

Drei Passionen und eine Oratorien-Trilogie

Die sechs oratorischen Werke Bachs und seine vier *Clavier-Übungen* entstanden in der gleichen Zeitspanne der 1720er- und 1730er-Jahre. Diese zeitliche Überschneidung mag Assoziationen zwischen den beiden Werkreihen nahelegen, auch wenn es sich natürlich um ganz unterschiedliche Gruppen von opusartigen Kompositionen handelt. In beiden Fällen schlug Bach neue Wege ein, konzipierte und realisierte Instrumental- und Vokalmusik von beispiellosem Ausmaß. Und in beiden Fällen sah der Komponist zu Beginn noch nicht voraus, wie sich die Werkreihen schließlich entwickeln würde. Als er die *Johannes-Passion* entwarf, hatte er sicherlich die Absicht, ihr im Laufe der Zeit ein oder mehrere ähnliche Werke auf der Grundlage anderer Evangelien hinzuzufügen. Und in der Tat folgten auf die *Johannes-Passion* von 1724 zwei weitere oratorische Passionen – die *Matthäus-Passion* 1727 und die *Markus-Passion* 1731 –, die unter ganz verschiedenen Bedingungen entstanden und bei denen Bach je eigene kompositorische Verfahren anwandte. Nachdem er sich mit der dramatischen Geschichte und der zentralen theologischen Botschaft vom Leiden und Sterben Jesu Christi dreimal auseinandergesetzt hatte, wandte er sich zwischen 1734 und 1738 einem parallelen Oratorienprojekt zu, indem er Werke zu den drei anderen Hauptereignissen im Leben des biblischen Jesus komponierte, wie sie traditionell an Weihnachten, Ostern und Himmelfahrt gefeiert werden. Auch wenn jedes der sechs oratorischen Werke als eigenständiges Opus gedacht war, bildete die Oratorien-Trilogie gemeinsam mit den drei Passionen einen übergreifenden liturgischen Zyklus der vier großen Christus-Feste des Kirchenjahres – eine logische Abfolge von Einzelwerken mit genau jener thematischen Bandbreite, die Charles Jennens und Georg Friedrich Händel einige Jahre später in ihrem Oratorium *Messiah* von 1741 abdecken würden.

Obgleich Bach in seinem ersten Jahr als Thomaskantor mit der wöchentlichen Kirchenmusik ein beträchtliches Arbeitspensum zu bewältigen hatte, scheute er von Anfang an nicht vor zusätzlichen und recht ambitionierten Projekten zurück. Schon wenige Monate nach seinem Amtsantritt eröffnete er die Weihnachtszeit 1723 mit einem opulenten und groß besetzten lateinischen Magnificat, das im Vespergottesdienst des 1. Weihnachtstages uraufgeführt wurde. Doppelt so lang wie eine normale Kantate und für fünf statt der üblichen vier Stimmen komponiert, war es das umfangreichste Stück, das Bachs bis dahin in Leipzig aufgeführt hatte. Bei der musikalischen Gestaltung richtete er seine Aufmerksamkeit besonders auf die Großform und ihren Bezug zum Inhalt des altehrwürdigen Lobgesangs der Maria. So wiederholte er die Musik des Eingangssatzes »Magnificat anima mea Dominum« (»Meine Seele preist den Herrn«) sinnfällig am Ende des Werks mit dem Text des Schlussverses »Sicut erat in principio« (»Wie es war im Anfang«). Diese Art der Bezugnahme und der architektonischen Rahmung sollte zu einem seiner Markenzeichen im Umgang mit ausgedehnten musikalischen Strukturen werden, vor allem in den Werken im Oratorienstil.

Nach Weihnachten 1723 war der nächste Anlass für eine große musikalische Aufführung der Karfreitag, der höchste lutherische Feiertag, und Bach nutzte diese Gelegenheit 1724 auf bewundernswürdige Weise. Dem Osterfest ging traditionell das »Tempus clausum« voraus: die siebenwöchige Fastenzeit, während der keine konzertante Musik in den Gottesdiensten aufgeführt wurde (mit Ausnahme des Festes Mariä Verkündigung am 25. März). Diese Pause bot Bach die Zeit, gegen Ende seines ersten Amtsjahres erneut seine unverminderten kirchenmusikalischen Ambitionen unter Beweis zu stellen und das prachtvolle Magnificat sogar noch zu überbieten. Nunmehr verantwortlich für die älteste und wohl bedeutendste kirchenmusikalische Institution im lutherischen Deutschland, erweiterte der Komponist seinen Horizont beträchtlich, indem er sich der ausgedehntesten – und damals modernsten – Gattung der geistlichen Musik zuwandte. Erst drei Jahre zuvor, 1721, hatte Bachs Vorgänger Johann Kuhnau an den Leipziger Hauptkirchen erstmals eine konzertante oratorische Passion aufgeführt – gewissermaßen eine verspätete Reaktion auf die 1718 erfolgte Aufführung eines Passionsoratoriums von Georg Philipp Telemann in der Leipziger Neuen Kirche (einer der kleineren Kirchen Leipzigs) unter Leitung ihres Musikdirektors Johann Gottfried Vogler. Die überaus positive Aufnahme des Telemann'schen Werkes beim Leipziger Publikum veranlasste 1721 die Leipziger Hauptkirchen zur Errichtung einer Sonderstiftung zur Förderung der Aufführung eines Passionsoratoriums in der Karfreitagsvesper. Dieser neue Vespergottesdienst, der im jährlichen Wechsel zwischen Thomas- und Nikolaikirche stattfand, ersetzte die langjährige Tradition eines musikalischen Nachmittagsgottesdienstes mit einer schlichten Liturgie aus Gebeten, Lesungen und vor allem Gemeindegesang aus dem reichen Repertoire der Passionslieder, dem umfangreichsten Teil des lutherischen Gesangbuchs.

Auf Wunsch der Leipziger Geistlichkeit sollte Kuhnaus *Markus-Passion* den unveränderten Text der biblischen Passionsgeschichte, zudem Choralstrophen aus dem lutherischen Gesangbuch und lyrische Betrachtungen enthalten. Diese Form stand im bewussten Gegensatz zum Hamburger Prototyp des »modernen« Passionsoratoriums, wie es Barthold Heinrich Brockes geschaffen hatte und in dem der Wortlaut des Evangelientextes durch eine poetische Umdichtung ersetzt wurde. Brockes' Libretto *Der für die*

Sünden der Welt gemarterte und sterbende Jesus erschien 1712, wurde erstmals noch im Entstehungsjahr von Reinhard Keiser vertont und erlangte bald einige Popularität, vor allem durch Georg Philipp Telemanns Komposition von 1716, die zwei Jahre später dann auch in der Leipziger Neuen Kirche aufgeführt wurde, wo Telemann in den frühen 1700er-Jahren als Musikdirektor gewirkt hatte.

In den Leipziger Hauptkirchen wurde der neu eingerichtete Vespergottesdienst erstmals am Karfreitag des Jahres 1721 in der Thomaskirche abgehalten. Hier präsentierte Kuhnau seine *Markus-Passion*, die er im folgenden Jahr in der Nikolaikirche wiederaufführte. Die Musik zu diesem Werk ist größtenteils verloren,[1] aber die wenigen erhaltenen Teile deuten auf ein Werk von bescheidenen Ausmaßen hin. Es stand in der Tradition der Passionshistoria des 17. Jahrhunderts, nämlich als Vertonung des biblischen Textes im Anschluss an die klassische Eröffnungsformel eines liturgischen Invitatoriums: »Höret an das Leiden unsers Herren Jesu Christi nach dem heiligen Marco«. Kuhnau fügte Choralstrophen und einige kurze Arien mit lyrischen Betrachtungen hinzu, verzichtete aber auf all jene modischen Elemente, die zu der wachsenden Beliebtheit des Oratoriums in der Brockes-Manier beigetragen hatten.

Im Jahr 1723, dem Jahr nach Kuhnaus Tod, wurde keine Passion aufgeführt, sodass es dessen Nachfolger zufiel, dort weiterzumachen, wo jener aufgehört hatte. Bach wandte sich geradewegs dieser Aufgabe zu und entschloss sich, die neu etablierte Praxis der »musicalischen Passion« fortzusetzen. Dabei verfolgte er jedoch seine eigene Agenda: Er machte die Aufführung der Karfreitagsvesper zum musikalischen Höhepunkt des Kirchenjahres, indem er ein modernes Werk von beispiellosem Umfang und Anspruch darbot. Dass ein Musikstück die Liturgie dominierte und länger dauerte als die einstündige Predigt – traditionell das Herzstück des lutherischen Gottesdienstes –, war ganz außergewöhnlich. Der erste Teil der musikalischen Passion wurde so getaktet, dass die Predigt etwa zu Beginn der zweiten Stunde des Gottesdienstes anfangen konnte. Hingegen gab es keine zeitlichen Einschränkungen für den zweiten Teil der Musik, den weitaus längeren in allen Bach'schen Passionen.

Johannes-Passion

Die *Johannes-Passion* BWV 245 wurde am Karfreitag des Jahres 1724 in der Nikolaikirche uraufgeführt. Bachs erste wahrhaft großdimensionierte Komposition mit einer Aufführungsdauer von fast zwei Stunden etablierte dieses liturgische Großereignis, das zukünftig den Höhepunkt im jährlichen Kirchenmusikprogramm der Leipziger Hauptkirchen darstellen sollte. Da Bach in der Wahl seiner Kantatendichter und -texte völlig frei war, kann man davon ausgehen, dass er selbst die Wahl der Passion nach dem Johannes-Evangelium getroffen hatte. Er folgte auch grundsätzlich dem Formmodell, das Kuhnau verwendet hatte, mit drei textlich-musikalischen Komponenten: biblischer Bericht, Choralstrophen und lyrische Betrachtungen in madrigalischer Dichtung. Doch im Hinblick auf musikalischen Aufwand und kompositorische Ausarbeitung hob er alle drei Gestaltungselemente auf eine neue Ebene, wie er es praktisch in jeder Gattung, der er sich zuwandte, zu tun pflegte. Unbeeinflusst von theologisch-dogmatischen Erwägungen gab er insbesondere den Vertonungen kontemplativer Dichtung einen modernen Zuschnitt und ein expansives Format. Er erkannte ferner, dass die wörtliche Verwendung der Kapitel 18–19 des Johannes-Evangeliums, der traditionellen liturgischen Lesung für den Karfreitag, vielfältigere und wirkungsvollere dramaturgische Möglichkeiten bot als die Umdichtung im Brockes-Libretto. Mit einem kurzen Blick auf Brockes' poetische Wiedergabe der Szene »Jesus vor Pilatus« wird schnell erkennbar, warum Bach sie für wenig geeignet hielt:

> [Evangelist:] Wie nun Pilatus Jesum frag't,
> ob er der Juden König wär?
> sprach er: [Jesus:] Du hast's gesag't.
> [Chor:] Bestrafe diesen Übeltäter,
> den Feind des Kaisers, den Verräter.
> [Pilatus:] Hast du denn kein Gehör?
>
> Vernimmst du nicht, wie hart sie dich verklagen?
> Und willst du nichts zu deiner Rettung sagen?
> [Evangelist:] Er aber sag'te nichtes mehr.
>
> **Arie** (Duett)
> [Tochter Zion:] Sprichst du denn auf dies verklagen
> Kein einzigs Wort?
> [Jesus:] Nein, ich will euch itzo zeigen,
> was ihr durch's Geschwätz verlor't.

Demgegenüber hat Luthers geradlinige »klassische« Prosaübersetzung derselben ausgedehnten Szene mit ihrem raschen Dialogwechsel den klaren Vorteil, dass sie nicht nur die vertraute und unmittelbar dramatische Wiedergabe der Geschichte bietet, sondern auch besonderen Nachdruck legt auf die im Johannes-Evangelium zentrale theologische Deutung von Christus als dem König. Außerdem empfanden Bach und seine Zeitgenossen den literarischen Stil von Luthers Fassung sicher nicht als veraltet oder zu gestelzt. Darum ließ Bach den ungekürzten Evangelientext als Haupt-Handlungsstrang des Oratoriums fungieren.

Obwohl die *Johannes-Passion* das erste Werk dieser Art ist, zeigt sie bereits exemplarisch, wie der Komponist an die Gestaltung eines groß angelegten Vokalwerkes heranging: zunächst einmal als aufmerksamer Leser des zugrunde liegenden Textes. Und das Werk demonstriert dann auch, welche bemerkenswert vielfältigen musikalischen Lösungen Bach aus der Lektüre des Evangeliums heraus entwickeln konnte – sowohl bei der Vertonung der dramatischen Prosa als auch bei der Gestaltung der betrachtenden Einschübe. Es ist ganz offenkundig, dass es für den Komponisten in erster Linie der Bibeltext war, der Form, Inhalt, Umfang und Charakter des gesamten vielsätzigen Werkes bestimmte.

Man kann davon ausgehen, dass Bach mit Bibel und Gesangbuch bestens vertraut war und auch die einschlägige theologische Literatur gründlich studierte. Spekula-

Abbildung 6-1 »Herr, unser Herrscher« BW 245/1, autographe Reinschrift (um 1738)

tiv hingegen bleibt, was genau er las, was er daraus übernahm, ob und inwiefern bestimmte Passagen als Inspirationsquellen und Grundlagen für konkrete musikalische Entscheidungen dienten. Zwar besaß er durch seine Kantaten mit der Vertonung von Bibelversen, kontemplativer Lyrik und Choralstrophen große Erfahrung; für die ganz andere Aufgabe, zwei vollständige Evangeliumskapitel zu komponieren, stand er jedoch vor der Herausforderung, eine ebenso originelle wie überzeugende Lösung zu finden, vor allem in Ermangelung eines geeigneten Librettos. Er ergänzte darum den Bibeltext nach eigener Wahl mit einer Reihe von Gesangbuch-Strophen und mit geeigneten kontemplativen Texten verschiedener Autoren, darunter auch zwei Dichter des 17. Jahrhunderts, Christian Weise und Christian Heinrich Postel (Tab. 6-1). Die heterogene Auswahl der nicht-biblischen Einschübe und ihre Platzierung deuten darauf hin, dass Bach diese Entscheidungen selbst getroffen hat. Wichtig war ihm offenbar auch eine Bezugnahme auf das berühmte und einflussreiche Brockes-Libretto von 1712, aus dem er nicht weniger als fünf Dichtungen übernahm – wenn auch mit einschneidenden Änderungen.

Bach war sich der Unterschiede zwischen dem Bericht des Johannes und den synoptischen Evangelien von Matthäus, Markus und Lukas wohlbewusst. Zum Beispiel ist das letzte Abendmahl in der Passionsgeschichte des Johannes nicht enthalten. Der Komponist reagierte darauf mit Änderungen am Johannes-Text, indem er zwei kurze Passagen aus Matthäus hinzufügte, in beiden Fällen, um die dramatische Wirkung einer bestimmten Szene zu erhöhen und damit zugleich auch einen kontemplativen musikalischen Moment vorzubereiten. Zuerst fügte er die Petrus-Klage (»und weinete bitterlich«) aus Matthäus 26,75 am Ende der Verleugnungsszene ein, auf die unmittelbar die Arie »Ach, mein Sinn, wo willt du endlich hin« folgt, eine Reflexion über die Verzweiflung des Petrus. Die zweite hinzugefügte Passage aus Matthäus 27,51 f. schildert das Erdbeben nach dem Tod Jesu, ein Ereignis, das Johannes nicht berichtet, das aber für Bachs Dramaturgie sehr wichtig ist, nämlich als Vorbereitung für das anschließende Arioso, eine Reflexion über das welterschütternde Ereignis: »Mein Herz, in dem die ganze Welt bei Jesu Leiden gleichfalls leidet«.

Bei der Lektüre des Johannes-Berichtes fielen Bach literarische Besonderheiten auf, die in den anderen Evangelien nicht vorkommen, nämlich wörtliche Textwiederholungen und etliche textliche Entsprechungen bei den schnellen Dialogwechseln, vor allem innerhalb der Gerichtsszenen vor den Hohepriestern und Pilatus. Er trug dem Rechnung, indem er dem Volk in den Turba-Chören identische »Refrains« gab bzw. diese Stellen jeweils ähnlich behandelte (Tab. 6-2). Diese auffallenden textlich-musikalischen Parallelen sind seit jeher bekannt,[2] werden aber zumeist als aufgesetzte musikalische Strukturen und weniger als unmittelbar textgezeugte Gestaltungsmerkmale erklärt.

Eine weitere textbezogene musikalische Entscheidung betraf die Häufung der Turba-Chöre in der Szene »Jesus vor Pilatus«. Die lange und zentrale Passage Johannes 18,2–17, in der das Volk als treibende Kraft fungiert, der Pilatus unablässig bedrängt, enthält tatsächlich etwa die Hälfte der Turba-Chöre in der gesamten Passion. Wissend um die Vorzüge des biblischen Textes gegenüber der blassen Behandlung bei Brockes, verzichtete Bach darauf, die dramatische Dynamik dieses Bibelabschnitts durch eine

Tabelle 6-1 *Johannes-Passion »Herr, unser Herrscher«, Fassung 1724, Änderungen 1725 (siehe Folgeseite)*

Biblischer Bericht	Choralstrophen	Kontemplative Dichtungen (verschiedener Autoren)
Teil I. Vor der Predigt		
		1. Herr, unser Herrscher (nach Psalm 8,1)
2. Johannes 18,1–8	**3.** O große Lieb, o Lieb ohn alle Maße	
4. 18,9–11	**5.** Dein Will gescheh, Herr Gott, zugleich	
6. 18,12–14		**7.** Von den Stricken meiner Sünden (nach B. H. Brockes)
8. 18,15a		**9.** Ich folge dir gleichfalls mit freudigen Schritten (unbekannt)
10. 18,15b–23	**11.** Wer hat dich so geschlagen (2 Strophen)	
12. 18,24–27; Matthäus 26,75		**13.** Ach, mein Sinn (Christian Weise)
	14. Petrus, der nicht denkt zurück	
Teil II. Nach der Predigt		
	15. Christus, der uns selig macht	
16. 18,28–36	**17.** Ach, großer König (2 Strophen)	
18. 18,37–19,1		**19–20.** Betrachte, meine Seel / Erwäge (nach Brockes)
21. 19,2–12a	**22.** Durch dein Gefängnis Gottes Sohn	
23. 19,12b–17		**24.** Eilt, ihr angefochtnen Seelen (Brockes)
25. 19,18–22	**26.** In meines Herzens Grunde	
27. 19,23–27a	**28.** Er nahm alles wohl in acht	
29. 19,27b–30a		**30.** Es ist vollbracht (C. H. Postel)
31. 19,30b		**32.** Mein teurer Heiland, lass dich fragen (Brockes)
	(32.) Jesu, der du warest tot	
33. Matthäus 27,51–52		**34–35.** Mein Herz (Brockes) / Zerfließe, mein Herze (unbekannt)
36. 19,31–37	**37.** O hilf, Christe, Gottes Sohn	
38. 19,38–42		**39.** Ruht wohl, ihr heiligen Gebeine (unbekannt)
	40. Ach Herr, lass dein lieb Engelein	

Biblischer Bericht	Choralstrophen
Johannes-Passion »O Mensch, bewein« (Fassung 1725): Ausgetauschte und eingeschobene Sätze	
1.	1^{II}. O Mensch, bewein dein Sünde groß (figurierter Choral)
nach 11.	11+. Himmel reiße, Welt erbebe
13.	13^{II}. Zerschmettert mich, ihr Felsen und ihr Hügel (Aria / Choral)
19–20.	19^{II}. Ach windet euch nicht so, geplagte Seelen
40.	40^{II}. Christe, du Lamm Gottes (figurierter Choral)

Tabelle 6-2 Wiederholte und korrespondierende Textpassagen aus Johannes 18 und 19 (Die Buchstaben a–d bezeichnen musikalische Entsprechungen.)

18,5	a	Jesum von Nazareth.
18,7	a	Jesum von Nazareth.
19,3	b	Sei gegrüßet, lieber **Jüdenkönig!**
19,6	c	**Kreuzige ihn!**
19,7	d	Wir haben ein Gesetz, und nach dem Gesetz soll er sterben; denn er hat sich selbst **zu Gottes Sohn gemacht.**
19,12	d	Lässest du diesen los, so bist du des Kaisers Freund nicht; denn wer sich **zum Könige macht**, der ist wider den Kaiser.
19,15	c	Weg mit dem, **kreuzige ihn!**
19,21	b	Schreibe nicht: **der Jüden König**, sondern dass er gesaget habe: Ich bin **der Jüden König**.

Arie zu unterbrechen, und fügte stattdessen als Satz nur eine einzige meditative Choralstrophe ein, »Durch dein Gefängnis Gottes Sohn«.

Bachs Kompositionspartitur der *Johannes-Passion* ist nicht überliefert; wahrscheinlich aber konzipierte er den biblischen Bericht en bloc, sodass der Evangelientext als primärer struktureller Rahmen der Werkpartitur fungieren konnte. Da die Passion kein einheitliches Libretto zur Grundlage hat, sondern poetische Betrachtungen verschiedener Autoren aus unterschiedlichen Quellen enthält, konnte Bach die nicht-biblischen poetischen Betrachtungen genauso wie die Choralstrophen nach eigenem Ermessen einfügen. Nimmt man sie aus der Vertonung des biblischen Berichts heraus, so zeigt sich eine vollkommen stringent durchlaufende Komposition. Die kohärente Vertonung des Bibeltextes bot also die Möglichkeit, bestimmte Arien und Choräle durch andere zu ersetzen – eine Option, auf die der Komponist in den späteren Fassungen des Werkes zurückgriff (vgl. S. 202 f.). Von zentraler Bedeutung seiner Passionsvertonung stehen jedoch drei überaus gehaltvolle Sätze, die den biblischen Jesus (nach Johannes) in Form von drei verschiedenen, aber aufeinander bezogenen musikalischen Vignetten porträtieren. Sie seien in den folgenden Abschnitten beschrieben.

Christus der König: »Herr, unser Herrscher«

Im Johannes-Evangelium erreicht die Rolle des Pilatus ihren Höhepunkt, wenn der römische Statthalter die Inschrift »Jesus von Nazareth, König der Juden« in hebräischer, griechischer und lateinischer Sprache am Kreuz anbringen lässt (Joh 19,19). Nachdrücklich unterstreicht er sein Handeln mit den Worten: »Was ich geschrieben habe, das habe ich geschrieben« (Joh 19,22). Diese Inschrift gibt den Grund für die Verurteilung Jesu an und benennt gleichzeitig ein theologisches Hauptthema des Evangeliums, das Johannes deutlicher herausstellt als die Verfasser der drei synoptischen Evangelien. Bach wiederum macht das Thema vom Königtum Christi zum Zentrum der Passion: In dem ausführlichen Dialog zwischen Pilatus und Jesus zu Beginn des zweiten Teils (Joh 18,28–37) streicht er es durch eine besonders eindringliche musikalische Deklamation heraus und lässt zwei Strophen des Chorals »Ach, großer König« (Nr. 17) folgen. Die Offenbarung von Christus als König, dessen Reich »nicht von dieser Welt« ist (Joh 18,36), hat als theologisches Thema in dieser zentralen Szene des Johannes-Evangeliums ihren Ursprung und gibt Bach die Legitimation dafür, Jesus den christologischen Titel »Herr« zuzuweisen. Dieser Titel durchdringt denn auch das gesamte Werk – nicht nur im einleitenden und abschließenden Chorsatz, sondern auch in den Solosätzen.

Text und Musik des Eingangschores der *Johannes-Passion* sprechen Jesus offen und unmissverständlich als den »Herrn« und »Herrscher« an. Die Wahl der Eröffnungsformel »Herr, unser Herrscher« ist eine ungewöhnliche, ja einzigartige Passionseröffnung, vor allem mit der dreifachen Akklamation »Herr« zu Beginn. Und ganz außergewöhnlich für eine Passion ist ebenfalls, dass der Satz schließlich mit dem Wort »verherrlicht« in einen Lobgesang übergeht.

Das Thema der Verherrlichung des Herrn greift zurück auf den Eröffnungsvers von Psalm 8: »Herr, unser Herrscher, wie herrlich ist dein Name in allen Landen, du, den man lobet im Himmel.« In Martin Luthers Psalm-Summarien, deren Überschriften sich in vielen lutherischen Bibeln und Gesangbüchern finden, wird Psalm 8 als »Weissagung von Christo, seinem Reich, Leiden und Herrlichkeit« bezeichnet. Der unbekannte Verfasser des poetisch etwas ungelenken Textes des Eingangschores bezog sich mit dem Wort »Ruhm« inhaltlich auf die zweite Hälfte des Psalmverses (»den man lobet«), übernahm im Übrigen aber die Formulierung eines Kollektengebets von Matthias Hoë von Hoënegg, einem Dresdner Hofprediger im 17. Jahrhundert, wie es das wichtigste sächsische Gesangbuch verzeichnet.[3] Mit sicherer Hand wählte Bach also einen Text aus, der dem Charakter des Johannes-Berichtes vollkommen entspricht, und gliederte den Text in zwei Teile: die am Psalmtext orientierte Gebetsanrufung »Herr, unser Herrscher ...« und eine modifizierte, leicht erweiterte Version des traditionellen Invitatorium (Kuhnau: »Höret das Leiden ...« – Bach: »Zeig uns durch deine Passion ...«) mit fünf metrisch ungleichen Zeilen; insgesamt liegt das Reimschema ABBCCA zugrunde:

Herr, unser **Herr**scher,
dessen Ruhm in allen Landen **herr**lich ist!   A

    Zeig uns durch deine Passion,   B
    dass du, der wahre Gottessohn,   B
    zu aller Zeit,   C
    auch in der größten Niedrigkeit,   C
    ver**herr**licht worden bist.   A

Bei der musikalischen Umsetzung hielt sich Bach nicht streng an die Form des vorge-gebenen Textes: Er greift im B-Teil bei den Worten »verherrlicht worden bist« auf die Motivik des A-Teils (»unser Herrscher«) zurück, sodass diese letzte Textzeile wie ein vorzeitiges Da capo wirkt. Mit diesem Kunstgriff unterstreicht er zugleich die pointierte Alliteration der Worte »*Herr*«, »*Herrscher*«, »*herrlich*« und »*verherrlichen*«. Unmittelbar vor dieser Stelle, bei der vorletzten Zeile im zweiten Abschnitt, die von der »größten Niedrigkeit« spricht, nimmt Bach zudem die Dynamik ins Piano zurück und setzt damit einen starken Kontrast zu dem verherrlichenden Charakter und der sonst vorherrschen-den Forte-Dynamik.

Das Leiden des Herrschers und Königs – Hauptthema der *Johannes-Passion* – wird durch die musikalische Abbildung der Dornenkrone den ganzen ersten Satz hindurch präsent gehalten, was zu einer Abschwächung des verherrlichenden Tons führt. Die be-wegende instrumentale Einleitung übersetzt nämlich dieses Bild des leidenden Herrn und Königs, der die Dornenkrone trägt (später das Thema des Arioso Nr. 19) unmittelbar in die musikalische Partitur: Die beiden Violinen und später der Basso continuo spielen die rollende Tonfolge der musikalisch-rhetorischen Figur der »Circulatio«, die hier die Königskrone abbildet (Abb. 6-2). Diese Repetitionsfigur bildet das instrumentale Haupt-motiv, das ab Takt 21 auch die Vokallinien von »Herrscher« und »verherrlichen« erfasst und den gesamten Satz prägt. Und noch ein zweites Grundmotiv wird gleich zu Beginn des Satzes eingeführt: eine von den Oboen und Traversflöten gespielte Folge dissonan-ter Intervalle, wechselnd aus kleiner Sekunde bzw. Tritonus gebildet (T. 1: d^2/es^2, T. 2: c^2/fis^1, T. 4: g^2/as^2) – ein wiederkehrendes Motiv, das bis zum Choreinsatz alle zwölf

Abbildung 6-2 »Herr, unser Herrscher« BWV 245/1, autographe Reinschrift (ca. 1738), Ausschnitt

Stufen der chromatischen Skala durchläuft. Die scharfen und durchdringenden Dissonanzen stellen die Dornenstiche dar und definieren die Königskrone als eine Schmerzenskrone. Der geballte Effekt dieser eindringlichen instrumentalen Anfangsklänge könnte kaum deutlicher den dunklen Lamento-Charakter vermitteln, wie er für die Eröffnung einer musikalischen Passion angemessen ist.

Die Funktion des Eröffnungssatzes als »Lobgesang« fügt dem üblichen Klagecharakter, der naturgemäß in Passionen früherer und späterer Komponisten vorherrscht, eine zusätzliche wie wesentliche Facette hinzu – gerade auch im Gegensatz zu Bachs eigener *Matthäus*- und *Markus-Passion*. Der ungewöhnliche musikalische Charakter, den der Komponist für die Eröffnung der Johannes-Passion wählte, gab ihm auch die Idee für einen entsprechenden Schlusssatz. Anstatt das Werk mit dem Begräbnischor »Ruht wohl, ihr heiligen Gebeine« enden zu lassen, fügte er die abschließende Choralstrophe »Ach Herr, lass dein lieb Engelein« an. Dieser Satz greift den Beginn der Passion auf, indem er prononciert mit dem Anruf »Ach, **Herr**« beginnt und in symmetrischer Korrespondenz zum Eingangschor mit einer Zeile endet, die den Schlusschoral zu einem Hymnus ewigen Lobes erhebt: »**Herr** Jesu Christ ... / ich will dich **preisen** ewiglich.«

Der Schmerzensmann: »Betrachte, meine Seel«

Ein dramatischer Höhepunkt in der Szene »Jesus vor Pilatus« tritt ein, wenn der Statthalter die Menge auffordert, zwischen Jesus und einem anderen Verurteilten zu wählen. Die schreiende Volksmenge fordert die Freigabe des Mörders Barrabas. Unmittelbar danach lässt Pilatus Jesus geißeln. Das Evangelium (Joh 19,2 f.) beschreibt diesen Vorgang in drastischen Details: »Und die Kriegsknechte flochten eine Krone von Dornen und setzten sie auf sein Haupt und legten ihm ein Purpurkleid an und sprachen: Sei gegrüßet, lieber Judenkönig! und gaben ihm Backenstreiche.« In der *Matthäus-Passion* schildert Bach die brutale Geißelung im Accompagnato-Rezitativ »Erbarm es Gott!« (Nr. 51) mit den kraftvollen Schlägen eines unerbittlich fortgesetzten punktierten Rhythmus. In der *Johannes-Passion* aber platziert er genau in der Mitte dieses grausamen Geschehens mit dem Arioso und der Arie Nr. 19 und 20 eine Musik, die mit der Gewaltszene dem Anschein nach gar nichts zu tun hat. Er verschärft den Kontrast noch, indem er die unmittelbar vorangehenden Worte des Evangelisten (»und geißelte ihn«) in besonders erregter Weise vertont und dabei im Continuo das gleiche rhythmische Modell verwendet, das er später in Nr. 51 der *Matthäus-Passion* einsetzen sollte. Das an das Rezitativ Nr. 18 unmittelbar anschließende Arioso in Es-Dur zieht sich dann abrupt in den Adagio-Modus zurück und präsentiert in einem unerwarteten Stimmungswechsel eine völlig neue und delikate instrumentale Farbe, die weder vorher noch nachher zu hören ist (Abb. 6-3): In weicher Dynamik und ganz außergewöhnlicher Satzweise erklingen zwei Violen d'amore und eine obligate Laute über den Pianissimo-Töne des Basses (in der letzten Wiederaufführung von 1749 noch durch ein Kontrafagott zusätzlich koloriert).

Abbildung 6-3 »Betrachte, mein Seel« BWV 245/19, Abschrift Johann Nathanael Bammler (1749)

Evangelist (Nr. 18): ... Da nahm Pilatus Jesum und geißelte ihn.

Arioso (Nr. 19)
Betrachte, meine Seel, mit ängstlichem Vergnügen,
Mit bittrer Lust und halb beklemmtem Herzen
Dein höchstes Gut in Jesu Schmerzen,
Wie dir auf Dornen, so ihn stechen,
Die Himmelsschlüsselblumen blühn!
Du kannst viel süße Frucht von seiner Wermut brechen,
Drum sieh ohn Unterlaß auf ihn!

Aria (Nr. 20)
Erwäge, wie sein blutgefärbter Rücken
In allen Stücken dem Himmel gleiche geht,
Daran, nachdem die Wasserwogen
Von unsrer Sündflut sich verzogen,
Der allerschönste Regenbogen
Als Gottes Gnadenzeichen steht!

Die Texte von Arioso und der Arie sind Umarbeitungen eines unbekannten Autors von zwei Gedichten aus dem Passionslibretto von Brockes, wo sie als zwei benachbarte Arien in umgekehrter Reihenfolge erscheinen und durch einen kurzen Evangelistenabschnitt verbunden sind.[4] Die umgestaltete Dichtung von Arioso und Arie ruft eine spezifische religiöse Bildsprache auf, indem sie die gläubige Seele zunächst zum »Betrachten« und dann zum »Erwägen« auffordert. Bevor Arie Nr. 20 die Blutstriemen auf dem Rücken Jesu in Beziehung bringt mit dem metaphorischen Regenbogen, Gottes Friedenszeichen nach dem Ende der Sintflut, versetzt das vorangehende Arioso Nr. 19 die Hörer in eine unerwartet ruhige und kontemplative Stimmung. Die Dichtung ist vom traditionellen Bild des »Schmerzensmannes« inspiriert, das seinen Ursprung in der spätmittelalterlichen Mystik hat, aber durch die Jahrhunderte lebendig gehalten wurde und auch als Thema des lutherischen Passionsliedes »Du großer Schmerzens-Mann«[5] dient, zu dem Bach einen vierstimmigen Choralsatz (BWV 300) schrieb.[6] Der Schmerzensmann repräsentiert das ikonische Andachtsbild des leidenden Jesu, dargestellt mit einer Dornenkrone und von Blumen umgeben. Im Arioso werden die Blumen als »Himmelsschlüsselblumen« bezeichnet. Das bekannte Bild des Schmerzensmannes, wie auf dem Gemälde des Dominikanermönchs Meister Francke aus dem 15. Jahrhundert zu sehen (Abb. 6-4), war weit verbreitet und fand in vielen Kirchen, Kapellen und Häusern, aber auch in illustrierten Bibeln und Gesangbüchern einen Platz.

Durch die Umkehrung der Reihenfolge der beiden Dichtungen wirkt die Abfolge in Bachs Passion logischer und wirkungsvoller als in Brockes' Libretto: Die Betrachtung des Schmerzensmannes steht an erster Stelle, vor der Vergegenwärtigung des Regenbogens als Zeichen des Friedens und der Gnade. Bachs Arioso Nr. 19 stellt den König mit der Dornenkrone in den Mittelpunkt der ausgedehnten Pilatus-Szene, wobei die gedämpfte, verhaltene Musik hier gewissermaßen dazu dient, von der grausamen Geißelung abzulenken. Schon im ersten Takt, noch bevor die Bassstimme der allegorischen »gläubigen

Abbildung 6-4 Meister Francke, *Der Schmerzensmann* (1435)

Seele« die Worte »Betrachte, meine Seel« ausspricht, bringt Bach die dramatische Handlung des vorangegangenen Rezitativs (»und geißelte ihn«) zum Stillstand. Der musikalische Satz vermittelt eine Atmosphäre friedlicher Besinnung und andächtiger Meditation über Christus den König, der die Dornenkrone trägt. Gesangsmelodie und stille Instrumentalbegleitung des Ariosos ergänzen, ja überhöhen die expressive Wirkung der poetischen Zeilen. Das Andachtsbild des Schmerzensmannes, das die ruhig-gelassene geistliche Dichtung wie auch Bachs lyrisch-sensible Vertonung inspirierte, zeigt den gekrönten König im Augenblick seiner »größten Niedrigkeit«, wie der Eingangschor vorausschauend ankündigt. Der Herr und Herrscher, der im Eröffnungssatz verherrlicht wird, ist derselbe, der nunmehr die Schmerzenskrone zu tragen hat.

Christus Victor: »Es ist vollbracht«

Das außergewöhnliche Paar von Solosätzen innerhalb der Szene von Jesu Erscheinen vor Pilatus (Nr. 19–20) hat ein gewichtiges Gegenstück in der Todesszene. Es handelt sich um das einzig andere Solostück der *Johannes-Passion*, das ebenfalls unvermittelt eine singuläre und zuvor ungehörte Instrumentalfarbe einschiebt – vollkommen abseits des normalen Orchesterklanges. In der Arie »Es ist vollbracht« (Nr. 30) führt Bach eine solistische Viola da gamba ein, die nur vom Continuo begleitet wird. Der Arientext leitet sich von einer poetischen Vorlage Christian Heinrich Postels ab.[7] Er besteht aus sieben Zeilen in zwei Teilen (4 plus 3), weist ein klares Reimschema auf (abab | aca) und legt eine Vertonung in der üblichen Da-capo-Form nahe (ABA). Bach indessen modifiziert diese Struktur, indem er das Da capo deutlich verkürzt (ABA'):

A	Es ist vollbracht!
	O Trost vor die gekränkten Seelen,
	Die Trauernacht
	Lässt nun die letzte Stunde zählen.
B	Der Held aus Juda siegt mit Macht
	Und schließt den Kampf.
A'	Es ist vollbracht!

Außerdem erzielt er eine besondere Schlusswirkung, indem er in Zeile 7 zur Musik von Zeile 1 zurückkehrt. Doch statt den A-Teil wörtlich zu wiederholen, bringt Bach in der Vokalpartie nur zweimal die letzten Worte Jesu »Es ist vollbracht« (T. 40 und 44). Text und Musik dieser kurzen Phrase sind dem Schluss des Rezitativs Nr. 29 – anders gesagt: wortgetreu dem Evangelium – entnommen. Schon der A-Teil hatte diese Zeile aus Nr. 29 präsentiert (T. 13 f.) und diese letzten Worte nach Art eines französischen musikalischen Tombeaus aufgegriffen und melodisch verziert (Abb. 6-5a).

In dem umgestalteten B-Teil führte Bach – in diesem ungewöhnlichen Moment der Sterbeszene – das Bild von Christus dem König erneut ein, und zwar in Gestalt des triumphierenden »Helden aus Juda«. Inmitten des stillen, dunklen Klangs des Trios von Alt, Viola da gamba und Continuo fordert der Komponist vom gesamten Streichorchester einen heftigen Ausbruch, einhergehend mit einem plötzlichen Tempowechsel von ₵ »molt'adagio« zu ¾ »vivace« (Abb. 6-5a/b). Mit dieser explosiven Geste wird gewissermaßen der tote Jesus in der allegorischen Figur des »Löwen von Juda« (Offenbarung 5,5) zum Leben erweckt und gewinnt den Sieg über den Tod. Bach unterstreicht die Gegensätze von Leben und Tod, Triumph und Niederlage, indem er die traditionelle ABA-Struktur umkehrt, bei der normalerweise der A-Teil in voller Lautstärke erklingt und die Dynamik des B-Teils eher zurückgenommen wird. In diesem entscheidenden Moment ist der B-Teil der Arie Nr. 30 so gestaltet, dass er die rahmenden A-Teile geradezu erdrückt, um das Bild des »Christus Victor« herauszustellen: Es ist Christus der König, der über die Macht des Todes und alles Böse triumphiert.[8]

Diese Vorausschau – und in der Tat unmissverständliche Anspielung – auf das biblische Ostergeschehen wird von Bach auch unmittelbar nach dem anschließenden nur

Abbildung 6-5a »Es ist vollbracht« BWV 245/30, Abschrift Johann Nathanael Bammler (1749), A-Teil

Abbildung 6-5b »Es ist vollbracht« BWV 245/30, Abschrift Johann Nathanael Bammler (1749), B-Teil, mit autographen Dynamik-Anweisungen

zweitaktigen Rezitativ Nr. 31 »Und neiget das Haupt und verschied« hervorgehoben. Es gibt kein anderes Bach-Werk, in dem zwei ausgedehnte Arien lediglich durch ein so kurzes Rezitativ getrennt sind. In der *Johannes-Passion* aber geht es Bach um die Darstellung des siegreichen Christus – in scharfem Gegensatz zu dem »für die Sünden der Welt gemarterten und sterbenden Jesus«, wie er im Titel des Brockes-Librettos genannt wird (vgl. oben, S. 187f.). Diese Dichotomie wird nun auch von der triumphalen Bass-Arie in D-Dur »Mein teurer Heiland, lass dich fragen« (Nr. 32) mit der Choralinterpolation »Jesu, der du warest tot, lebest nun ohn Ende« herausgestellt. In dem imaginären Dialog zwischen der gläubigen Seele und Jesus ist die Antwort auf die entscheidende Doppelfrage – »Bin ich vom Sterben ich frei gemacht? Kann ich [...] das Himmelreich ererben?« – ein emphatisches »Ja«:

> Bin ich vom Sterben frei gemacht?
> Kann ich durch deine Pein und Sterben
> Das Himmelreich ererben?
> [...]
> Doch neigest du das Haupt
> Und sprichst stillschweigend: Ja

Die beiden zentralen Solonummern der *Johannes-Passion* gemeinsam mit Eingangschor und Schlusschoral verdeutlichen Bachs Ziel, die Passionsgeschichte des Johannes als die Geschichte von Christus dem König darzustellen und auf diese Weise seiner ersten oratorischen Komposition – trotz des fehlenden einheitlichen Librettos – einen einzigartigen, verbindenden Fokus zu geben. Basierend auf der Vertonung der beiden vollständigen Kapitel 18–19 des Johannes-Evangeliums bezieht die musikalische Gesamtgestalt des Werkes ihre Inspiration unmittelbar aus Bachs akribischer Lektüre des Johannes-Textes und aus seinem Verständnis der johanneischen Theologie.

Die verschiedenen Fassungen der Johannes-Passion – eine Anmerkung

Bach kehrte über einen Zeitraum von 25 Jahren immer wieder zur *Johannes-Passion* zurück und führte vier verschiedene Fassungen des Werkes auf. Neben diesen vier Darbietungen nahm er um 1738 eine Überarbeitung der Originalpartitur von 1724 in Angriff, die jedoch unvollendet blieb (BWV 245.4).[9] Bereits ein Jahr nach der ersten Aufführung entschloss sich der Komponist zu wesentlichen Änderungen. Dem Beispiel Kuhnaus folgend, der seine *Markus-Passion* in zwei aufeinanderfolgenden Jahren aufgeführt hatte, zuerst in der Thomas- und dann in der Nikolaikirche, führte auch Bach die *Johannes-Passion* zweimal nacheinander auf: 1724 in St. Nikolai und ein Jahr später in St. Thomae.

Die zweite Aufführung des Werkes war jedoch – anders als bei Kuhnau – keine bloße Wiederholung, denn Bach veränderte die Passion erheblich, um sie in den laufenden Choralkantaten-Jahrgang von 1724/25 einzupassen. In dieser zweiten Fassung (BWV 245.2) ersetzte er darum den Anfangs- und Schlusssatz durch groß angelegte Choralchöre: »O Mensch, bewein dein Sünde groß« (Nr. 1^{II}) und »Christe, du Lamm Gottes« (Nr. 40^{II}); siehe Tab. 6-1. Allein diese Änderung war eine deutliche Abkehr von der

Betonung der johanneischen Kernaussage »Christus als König«, der Bach in der Fassung von 1724 (BWV 245.1) so wirkungsvoll nachgegangen war. Ferner fügte er im ersten Teil des Werkes die zusätzliche Arie »Himmel reiße, Welt erbebe« (Nr. 11+) mit interpolierten Choralzeilen ein und ersetzte die Arie »Ach, mein Sinn« (Nr. 13) durch die Arie »Zerschmettert mich, ihr Felsen und ihr Hügel« (Nr. 13^{II}). Außerdem strich er im zweiten Teil das Arioso-Arien-Paar »Betrachte«/»Erwäge« (Nr. 19–20), da nun der Eingangschor als Bezugspunkt fehlte, und ersetzte die beiden Sätze durch die Arie »Ach winde euch nicht so, geplagte Seelen« (Nr. 19^{II}).

Als Bach das Werk wahrscheinlich 1730 zum dritten Mal aufführte (BWV 245.3), stellte er im Wesentlichen die ursprüngliche Fassung von 1724 (mit dem Eröffnungschor »Herr, unser Herrscher«) wieder her, eliminierte aber die beiden Passagen aus dem Matthäus-Evangelium (mitsamt den damit zusammenhängenden Anpassungen), wohl um Überschneidungen mit der inzwischen entstandenen Matthäus-Passion zu vermeiden. Insgesamt folgen diese Änderungen einem Cut-and-Paste-Verfahren, wie es innerhalb des einheitlichen Librettos der späteren Matthäus-Passion undenkbar gewesen wäre.

Auch mit weiteren Anpassungen des Werkes – zunächst in der der 20-seitigen Reinschriftpartitur der unvollendet gebliebenen Revision aus den späten 1730er-Jahren (BWV 245.4), sodann für eine letzte Aufführung im Jahr 1749 (BWV 245.5) – stellte Bach den Charakter und die Satzfolge der Fassung von 1724 im Wesentlichen wieder her. Bei den wenigen hier angefallenen Modifikationen handelt es sich entweder um rein musikalische Verbesserungen der Partitur (in BWV 245.4) oder um Änderungen einiger Textpassagen sowie um die Vergrößerung der Orchesterbesetzung – Maßnahmen, die vor allem zeigen, dass der Komponist den fortlaufenden Prozess der Überarbeitung seiner Johannes-Passion nie zu einem definitiven Ende brachte. Jedoch beeinträchtigte keine der nach 1725 vorgenommenen Änderungen die Grundgestalt der ersten Fassung, in der Bach das Johannes-Evangelium auf so bestechende Weise in Musik gesetzt hatte.

Matthäus-Passion

Die schöpferischen Voraussetzungen für die Matthäus-Passion BWV 244 unterscheiden sich grundlegend von den Bedingungen, unter denen die erste Passion entstanden war. Bach profitierte nicht allein von den Erfahrungen mit dem früheren Werk, sondern hatte nun, nachdem er den Choralkantaten-Jahrgang von 1724/25 mit seinem anstrengenden Zeitplan zu Ende gebracht hatte, auch mehr Zeit für die weitere Planung. Dieses Jahr war das arbeitsreichste scines Lebens gewesen, und in seinem dritten Schuljahr drosselte Bach nun seine Kantatenproduktion ganz bewusst. Darüber hinaus begann er im Frühjahr 1725 die Zusammenarbeit mit dem ambitionierten 25-jährigen Gelegenheitsdichter Christian Friedrich Henrici. Wann und wie sich die beiden Männer kennenlernten, ist nicht bekannt, aber Bach muss spätestens Ende 1724 auf Henrici aufmerksam geworden sein, als dieser begann, unter dem Pseudonym Picander eine Reihe von Andachtsgedichten für die Sonn- und Festtage des Kirchenjahres unter dem Titel

Sammlung erbaulicher Gedanken in Einzellieferungen zu veröffentlichen. Der Komponist beauftragte Henrici mit dem Text für die Tafelmusik *Entfliehet, verschwindet, entweichet, ihr Sorgen* BWV 249.1, die er zur Geburtstagsfeier des Herzogs Christian von Sachsen-Weißenfels am 23. Februar 1725 aufführen sollte. Henrici war es dann wohl auch, der die geistliche Umdichtung (Parodie) schuf, die wenig später mit derselben Musik als Osterkantate *Kommt, fliehet und eilet, ihr flüchtigen Füße* BWV 249.3 erklang. Um die gleiche Zeit erschien in Henricis Fortsetzungsreihe auch ein Text für ein Passionsoratorium,[10] das sich eng an das Vorbild Brockes anlehnte. Zwar war Bach an dieser Art von Libretto mit seinem paraphrasierten biblischen Bericht nicht interessiert, einigte sich mit Henrici aber offenbar auf einen neuen Passionstext, der seinen Vorstellungen entsprach.

Wann genau Bach bei Henrici alias Picander das Libretto für eine *Matthäus-Passion* bestellte, ist ebenso unbekannt wie das Datum der Ablieferung. Als wahrscheinlichster Zeitraum für die Auftragsvergabe dürfte das Frühjahr 1725 gelten, und zwar in unmittelbarem Anschluss an zwei Ereignisse: erstens die zweite Aufführung der *Johannes-Passion*, die zweifellos die Frage aufwarf, was am Karfreitag 1726 geboten werden würde, und zweitens die erfolgreiche erste Zusammenarbeit mit Picander bei den weltlichen und geistlichen Fassungen von BWV 249. Die bewusste und in der Tat dramatische Verlangsamung von Bachs Kantatenplanung für das Schuljahr 1725/26 (vgl. S. 144) deutet ebenfalls darauf hin, dass sich der Komponist Zeit für besondere Projekte nehmen und im Jahr 1726 eigentlich eine neue Passion präsentieren wollte. Da Bach jedoch 1726 schließlich auf die *Markus-Passion* von Gottfried Keiser[11] zurückgriff (ein Werk, das er mehr als zehn Jahre zuvor in Weimar aufgeführt hatte), lässt sich vermuten, dass die neue Passionskomposition noch nicht fertig war. Die Entscheidung, die Keiser-Passion aufzuführen, hatte aber noch einen anderen und wahrscheinlich wichtigeren Grund, der mit der doppelchörigen Anlage der *Matthäus-Passion* zusammenhing. Denn als sich der Komponist auf die doppelchörige Struktur seiner neuen Passion festgelegt hatte, wurde ihm klar, dass die Aufführung des geplanten Werkes bis 1727 warten musste. Denn die Nikolaikirche, in der turnusgemäß die Karfreitagsvesper stattfinden sollte, bot nicht ausreichend Platz für ein so opulent besetztes Werk. Ein Werk für Doppelchor und Doppelorchester konnte nur in der Thomaskirche aufgeführt werden, wo zu Bachs Lebzeiten auch alle Aufführungen der *Matthäus-Passion* stattfinden sollten. Und so muss die Entscheidung, die Erstaufführung des neuen Werks auf 1727 zu verschieben, schon früh im Planungsstadium gefallen sein – ein sicher nicht unwillkommener Umstand, der sowohl dem Librettisten als auch dem Komponisten weiteren zeitlichen Spielraum verschaffte.

Komponist und Librettist: Eine produktive Partnerschaft

Die enge Kooperation zwischen Bach und Picander, wie sie sich während der Arbeit an dieser Komposition von noch nie dagewesenem Ausmaß ergab, ist ein einzigartiger Aspekt der *Matthäus-Passion*. Unmissverständlich und eindrucksvoll dokumentiert wird sie von keinem Geringeren als dem Komponisten selbst in der kalligraphischen Reinschrift des Werkes, die er 1736, fast zehn Jahre nach der Uraufführung, anfertigte. Dort schrieb

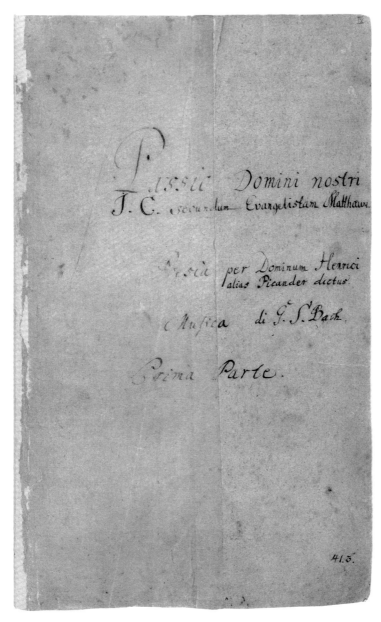

Abbildung 6-6 *Matthäus-Passion* BWV 244, autographes Titelblatt (1736)

er auf dem Titelblatt auf Lateinisch: »Poesia per Dominum Henrici alias Picander dictus« und darunter auf Italienisch: »Musica di G[iovanni]. S[ebastiano]. Bach« (Abb. 6-6). Keine andere Bach-Partitur trägt den Namen des Textdichters, geschweige denn, dass sie ihn so markant auswiese. Dass Bach seinen Librettisten so ausdrücklich in der Partitur gewürdigt hat, scheint ein klares Indiz dafür zu sein, dass die kreative Zusammenarbeit aus Sicht des Komponisten außerordentlich erfolgreich war.

Tabelle 6-3 *Matthäus-Passion* (1727)

Dichtung von Christian Friedrich Henrici (Picander)	Biblischer Bericht	Choralstrophen
Teil I. Vor der Predigt		
*Die Tochter Zion (I) und die Gläubigen (II):**		
1. Kommt, ihr Töchter (I/II)		**(1.)** O Lamm Gottes, unschuldig
	2. Matthäus 26,1 f.	**3.** Herzliebster Jesu
	4. 26,3–13	
Als das Weib Jesum gesalbet hatte:		
5–6. Du lieber Heiland / Buß und Reu (I)	**7.** 26,14–16	
Als Judas die 30 Silberlinge genommen:		
8. Blute nur, du liebes Herz (II)	**9.** 26,17–22	**10.** Ich bins, ich sollte büßen
	11. 26,23–29	
Als Jesus das Abendmahl gehalten:		
12–13. Wiewohl mein Herz / Ich will dir mein Herze schenken (I)	**14.** 26,30–32	**15.** Erkenne mich, mein Hüter**
	16. 26,33–35	**17.** Ich will hier bei dir stehen**
	18. 26,36–38	
Als Jesus am Ölberge zagte:		
19–20. O Schmerz / Ich will bei meinem Jesu wachen (I/II)	**21.** 26,39	**(19.)** Was ist die Ursach
Nach den Worten »Mein Vater, ists möglich, so gehe dieser Kelch von mir«:		
22–23. Der Heiland fällt / Gerne will ich mich bequemen (II)	**24.** 26,40–42	**25.** Was mein Gott will
	26. 26,43–50	
Als Jesus gefangen worden:		
27. So ist mein Jesus nun gefangen (I, II)	**28.** 26,51–56	**29.** Jesum lass ich nicht von mir
Teil II. Nach der Predigt		
Die Gläubigen und Zion:		
30. Ach, nun ist mein Jesus hin (I, II)	**31.** 26,57–59	**32.** Mir hat die Welt
	33. 26,60–63a	
Nach den Worten »Aber Jesus schwieg still«:		
34–35. Mein Jesus schweigt / Geduld (II)	**36.** 26,63b–68	**37.** Wer hat dich so geschlagen
	38. 26,69–75	
Als Petrus weinete:		
39. Erbarme dich (I)		**40.** Bin ich gleich von dir gewichen
	41. 27,1–6	
Nach den Worten »Es taugt nicht, ...; denn es ist Blut-Geld«:		
42. Gebt mir meinen Jesum wieder (II)	**43.** 27,7–14	**44.** Befiel du deine Wege**
	45. 27,15–22	**46.** Wie wunderbarlich
	47. 27,23a	

Dichtung von Christian Friedrich Henrici (Picander)	Biblischer Bericht	Choralstrophen
Nach den Worten Pilati »Was hat er denn Übels getan?«:		
48–49. Er hat uns allen wohlgetan / Aus Liebe (I)	**50.** 27,23b–26	
Als Jesus gegeißelt wurde:		
51–52. Erbarm es Gott / Können Tränen meiner Wangen (II)	**53.** 27,27–30 **55.** 27,31 f.	**54.** O Haupt voll Blut und Wunden**
Als Simon von Kyrene das Kreuz zu tragen gezwungen wurde:		
56–57. Ja freilich will in uns / Komm, süßes Kreuz (I)		
	58. 27,33–44	
Als Jesus gekreuziget worden:		
59–60. Ach Golgatha / Sehet, Jesus hat die Hand (I; I, II)	**61.** 27,45–50 **63.** 27,51–58	**62.** Wenn ich einmal soll scheiden**
Als Jesus vom Kreuze genommen worden:		
64–65. Am Abend / Mache dich, mein Herze, rein (I)		
	66. 27,59–66	
Nach den Worten »Und versiegelten den Stein«:		
67–68. Nun ist der Herr / Wir setzen uns mit Tränen nieder (I, II)		

* Abschnittsüberschriften aus dem Libretto-Druck von Picander (1729). Römische Ziffern zeigen Chor I bzw. II an.

** Melodie »Herzlich tut mich verlangen«

*** Nr. 29: 1736 ersetzt durch »O Mensch, bewein dein Sünde groß« (= figurierter Choral aus der 1725er-Fassung der *Johannes-Passion*)

Während der nahezu zweijährigen Entstehungszeit des Werkes vertonte Bach drei weitere weltliche Libretti von Picander: das Dramma per musica *Der zufriedengestellte Aeolus* BWV 205 (August 1725), das Dramma per musica *Die Feier des Genius* BWV 249.2 (August 1726) und die Geburtstagskantate *Steigt freudig in die Luft* BWV 36.1 (November 1725 oder 1726). Diese Tatsache spricht für eine sich entwickelnde und besonders enge Partnerschaft, die schließlich mehr als zwei Jahrzehnte andauern sollte. Als sich Komponist und Textdichter während des gemeinsamen Passionsprojekts ausgiebig berieten, übte Bach als Initiator und »Seniorpartner« offenbar starken Einfluss aus. Nur er kann einige grundlegende Entscheidungen getroffen haben, insbesondere die Einrichtung eines umfassenden Dialogs zwischen den allegorischen Figuren »Tochter Zion« und »Die Gläubigen«, den er durch eine einzigartige doppelchörige Konfiguration zu realisieren gedachte. Dieselben allegorischen Figuren traten bereits in Picanders *Erbaulichen Gedanken* (1725) auf und waren zwar als solche dem berühmten Brockes-Libretto von 1712 entlehnt, doch hatten weder Brockes noch Picander sie in eine dialogische Gesamtstruktur gestellt. Zudem sah keine der zahlreichen Vertonungen des Brockes'schen Librettos – von Keiser und Telemann (siehe oben), Händel (1716) und Johann Mattheson (1718), Johann Friedrich Fasch (1723) und Gottfried Heinrich Stölzel (1725) – einen Doppelchor, geschweige denn ein Doppelorchester vor, worauf ja die monumentale Dimension von Bachs neuer Passion beruhte. Ohne unmittelbare Vorgabe des Komponisten hätte Picander die ganz eigene Gestaltungskomponente von zwei Chören in poetischer und musikalischer Gegenüberstellung wohl kaum erdacht.

Andere Libretto-Elemente der *Matthäus-Passion*, die auf primär musikalischen Vorgaben beruhen, betreffen einerseits die Idee, Text und Melodie des deutschen Agnus-Dei-Hymnus in die Dichtung des Eingangschores einzubauen – mit direkter Auswirkung auf die dreichörige Besetzung dieses Stückes; andererseits den Plan, den meisten Arien ein Arioso voranzustellen – eine Entscheidung, die die Gesamtform des Werkes mitbestimmt. Darüber hinaus kann davon ausgegangen werden, dass Bach als vortrefflicher Kenner des lutherischen Gesangbuchs die Choralstrophen größtenteils selbst auswählte. Dies betrifft am offensichtlichsten die Melodie »Herzlich tut mich verlangen«, die mit Paul Gerhardts Text »O Haupt voll Blut und Wunden« zum Inbegriff eines Passionsliedes wurde. Sie ist im gesamten Werk strategisch positioniert, wobei ihre verschiedenen Tonarten sorgfältig dem jeweiligen musikalischen Kontext angepasst sind: Sie setzt in Nr. 15 auf *gis*^{1} (E-Dur) ein, in Nr. 17 auf *g*^{1} (Es-Dur), in Nr. 44 auf *fis*^{1} (D-Dur), in Nr. 54 auf *a*^{1} (F-Dur) und in Nr. 62 auf *e*^{1} (e-phrygisch), einzig hier modal harmonisiert. Die aktive Beteilung des Komponisten bei der Gestaltung des Librettos wird außerdem nahegelegt durch Henricis Berücksichtigung der Passionspredigten von Heinrich Müller, einem norddeutschen Theologen und Andachtsautor des 17. Jahrhunderts, dessen Schriften der Komponist in seiner Bibliothek aufbewahrte.[12]

Henrici, der seinen Lebensunterhalt als Oberpostkommissar und später als Tranksteuereinnehmer bestritt, veröffentlichte unter dem Pseudonym Picander fünf umfangreiche Bände mit Gelegenheitsdichtungen. Trotz der beeindruckenden Quantität seines Schaffens wird er oft als »Gratulantendichter« diffamiert und zählt definitiv nicht zu den maßgeblichen deutschen Literaten seiner Zeit. Gleichwohl aber scheint er für die besonderen Anforderungen Bachs die ideale Wahl gewesen zu sein. Und im Libretto der *Matthäus-Passion* hat er sich selbst übertroffen. Unter den Passionstexten im deutschen Barock lassen sich nur wenige Beispiele finden, die an die poetische Qualität und die schlüssige Theologie der folgenden Verse heranreichen:

Nr. 13
Ich will dir mein Herze schenken,
senke dich, mein Heil, hinein.
　Ich will mich in dir versenken;
　ist dir gleich die Welt zu klein,
　ei, so sollst du mir allein
　mehr als Welt und Himmel sein.

Nr. 27a
Mond und Licht
ist vor Schmerzen untergangen,
weil mein Jesus ist gefangen.

Nr. 64
Am Abend, da es kühle war,
ward Adams Fallen offenbar;
am Abend drücket ihn der Heiland nieder.
Am Abend kam die Taube wieder
und trug ein Ölblatt in dem Munde.
O schöne Zeit! O Abendstunde!
Der Friedensschluss ist nun mit Gott gemacht,
denn Jesus hat sein Kreuz vollbracht.

Ohne eine solch ausdrucksstarke und bildhafte Poetik wäre Bach wohl kaum in der Lage gewesen, ein derart kunstvolles und tief bewegendes Meisterwerk zu schaffen. Und so war er auch der Erste, der den Beitrag seines Librettisten würdigte, indem er Picanders Namen in der autographen Reinschrift der Passion prominent über seinem eigenen platzierte.

Chorempore als virtuelle Bühne

Die *Johannes-Passion* besaß kein einheitliches Libretto, sondern setzte sich zusammen aus austauschbaren Gedichten unterschiedlicher Provenienz, die in den biblischen Bericht eingestreut sind. Demgegenüber steht die *Matthäus-Passion* auf einem in sich geschlossenen poetischen Fundament, das einen stabilen Rahmen für die Komposition bildet. Unterstrichen wird diese Synthese von Dichtung und Musik durch Bachs Zusammenstellung der Begriffe »Poesia« und »Musica« auf dem Titelblatt (Abb. 6-6), denn die musikalische Gliederung des Gesamtwerks wird in erster Linie durch die madrigalische Dichtung mit ihren einzelnen Betrachtungen zu den Szenen der Passionsgeschichte bestimmt. In diesem Sinne bot das Libretto eine entscheidende Voraussetzung für den Umfang und die musikalische Originalität des Werkes. Und aus eben diesem Grund konnte der biblische Bericht als Ganzes im veröffentlichten Libretto[13] ausgelassen werden; so enthält der Druck nur kurze Stichworte auf einschlägige Evangelienstellen, etwa »Als das Weib Jesum gesalbet hatte« (vor Nr. 5–6), »Als Judas die 30 Silberlinge genommen« (vor Nr. 8) oder »Als Jesus das Abendmahl gehalten« (vor Nr. 12–13). Mit diesen Verweisen sind die Handlungsmomente, auf die sich die jeweiligen kontemplativen Texte beziehen, hinreichend gekennzeichnet.

Getreu dem Konzept des Oratoriums als einer geistlichen Oper legen die die Textverweise im Libretto eine klare Gliederung des Bibeltextes in 15 Hauptszenen fest. Auf diese beziehen sich die poetischen Betrachtungen, entsprechend der theologischen Tradition der Aufteilung der Passionsgeschichte in einzelne Akte bzw. Szenen. Auf diese Weise wurde die Musikempore der Kirche zur virtuellen Bühne, auf der sich die dramatische Geschichte entfaltete – ohne buchstäblich theatralische Effekte, aber mit einer ganzen Fülle von Beispielen einer nach innen gewandten musikalischen Bildsprache.

Tabelle 6-4 *Matthäus-Passion, Szenische Gliederung*

–	Exordium zu Teil I (Nr. 1)	–	Exordium für Teil II (Nr. 30)
I.	Die Salbung in Bethanien (Nr. 5–6)	VII.	Das Verhör durch die Hohenpriester (Nr. 34–35)
II.	Der Verrat des Judas (Nr. 8)	VIII.	Die Verleugnung durch Petrus (Nr. 39)
III.	Das letzte Abendmahl (Nr. 12–13)	IX.	Judas im Tempel (Nr. 42)
IV.	Jesu Zagen am Ölberg (Nr. 19–20)	X.	Jesus vor Pilatus (Nr. 48–49)
V.	Das Gebet am Ölberg (Nr. 22–23)	XI.	Die Geißelung Jesu (Nr. 51–52)
VI.	Die Gefangennahme (Nr. 27a–b)	XII.	Simon von Kyrene (Nr. 56–57)
		XIII.	Die Kreuzigung (Nr. 59–60)
		XIV.	Die Kreuzabnahme (Nr. 64–65)
		XV.	Die Grablegung (Nr. 67–68)

Die virtuellen Akteure bestehen aus zwei allegorischen Gruppen: die Tochter Zion (Chor I), Inbegriff des biblischen Jerusalem, dem der Evangelist und die historischen Zeugen angehören, im Dialog mit den Gläubigen (Chor II), die die Seelen der Gläubigen bzw. die gegenwärtige christliche Gemeinde repräsentieren. Dieses diachrone Schema versteht sich als eine poetische Idee, die Vergangenheit und Gegenwart miteinander verknüpft, um die Hörer unmittelbar in eine zeitlose Geschichte einzubinden. Anders aber als auf einer Opernbühne werden die Charaktere – hier: die biblischen Figuren Jesus, Petrus, Judas, Pilatus und die Hohenpriester – nicht von einzelnen Sängern personifiziert. Stattdessen finden sich in Bachs originalen Aufführungsstimmen drei Stimmhefte für den Bass des Chors I: Eines enthält die Jesus-Partie sowie alle Bass-Arien und die gesamte Chorpartie von Chor I, ein weiteres verzeichnet nur die Partien des Judas und des Pontifex 1 und ein drittes die des Petrus, des Pontifex (Kaiphas), des Pontifex 2 und des Pilatus. Die anderen Chorstimmen sind ähnlich aufgeteilt und zeigen eindeutig, dass die Sänger nicht bestimmte Einzelrollen übernahmen, sondern sich diese teilten. So sind etwa dem Bass-Konzertisten von Chor I neben der Partie des Jesus auch alle Bass-Arien zugewiesen. Die virtuelle Bühne der geistlichen Oper machte möglich, was auf einer realen Bühne nicht funktioniert hätte.

Die Doppelchörigkeit der Passion wird quasi programmatisch gleich zu Beginn des Werkes eingeführt, im groß angelegten Eingangschor, der noch einen dritten Chor für einen Choral mit einbezieht, der von der entfernten Empore der Schwalbennestorgel am östlichen Ende der Thomaskirche gegenüber der Hauptmusikempore am westlichen Ende erklang. Der höchst kunstvolle und ausdrucksstarke e-Moll-Satz gibt den Ton für das ganze Werk vor und fasst bereits zu Beginn die theologischen, poetischen und musikalischen Aussagen des Oratoriums zusammen. Mit dem eindringlichen ersten Aufruf »Kommt, ihr Töchter, helft mir klagen« verwickelt Chor I als Tochter Zion (das irdische Jerusalem, der biblische Ort des Leidens Christi) Chor II (die Gläubigen der christlichen Gemeinde der Gegenwart) in einen Dialog über die neutestamentlich-apokalyptische Geschichte vom unschuldigen Gotteslamm. Der erste von mehreren Höhepunkten tritt ein, wenn der Klang des Doppelchors in »irdischem« e-Moll, der von der rückwärtigen Empore der Kirche zu hören ist, vom liturgischen Agnus-Dei-Hymnus überstrahlt wird, von der Unisono-Melodie »O Lamm Gottes unschuldig« in »himmlischem« G-Dur, die von der vorderen Schwalbennest-Empore der Kirche ertönt und die Unschuld Christi verkündet.

In diesem Eingangssatz verbindet Picanders Dichtung nahtlos und elegant seine frei konzipierten Verse in Da-capo-Form (ABA) mit der Kirchenliedstrophe in Barform (AAB). Die erste Zeile des Chorals »O **Lamm** Gottes unschuldig« bekräftigt die Antwort im Dialog »Seht ihn! – Wie? – als wie ein **Lamm**«, die dritte Choralzeile »allzeit erfunden **geduldig**« antwortet auf »Sehet! – Was? – seht die **Geduld**«, und die vierte Zeile »all **Sünd** hast du getragen« gibt die Erwiderung auf »Seht! – Wohin? – auf unsre **Schuld**«.

Mag die Idee, das deutsche Agnus Dei in den Eingangschor einzubinden, auch von Bach stammen,[14] Picanders minutiöse poetische Konstruktion ermöglichte ihm eine Vertonung, die die verschiedenen ineinandergreifenden Komponenten zusammenführt. Gleichzeitig und auf einer eher technischen Ebene erzeugt die modale Dichotomie des e-Moll/G-Dur-Eingangschores eine starke harmonische Spannung, die nie aufgelöst wird. Im Gegenteil: Im Verlauf der Passion werden die tonalen und modalen Kontraste in einem wahren Labyrinth von Tonarten immer schärfer, oszillieren beständig zwischen Kreuz- und B-Tonarten und führen schließlich zum c-Moll des Schlusschores, einer Tonart, die vom e-Moll des Anfangs denkbar weit entfernt ist. Die Dominante von c-Moll aber ist G-Dur, die Tonart sowohl des Agnus Dei als auch des allerersten Rezitativs, mit dem der biblische Bericht beginnt: »Da Jesus diese Rede vollendet hatte …« Die Tonart G-Dur spannt also eine Brücke über das ganze Werk, vom e-Moll/G-Dur des Anfangs (Nr. 1) bis zum abschließenden c-Moll (Nr. 68); den dunkelsten Moment der Passionsgeschichte bilden die letzten Worten Jesu »Eli, Eli, lama asabthani« (Nr. 61a), vertont in den entfernten Tonarten b-Moll und es-Moll.

In Picanders Libretto fungieren Eingangs- und Schlussdichtungen beider Teile des Oratoriums als markante Rahmenstücke. Und Bach verstand es, dies in eine musikalische Architektur mit Doppelchor-Technik und nuancierten musikalischen Effekten für die virtuelle Bühne umzusetzen. So komponierte er bei dem doppelten Gedicht am Ende von Teil I (Nr. 27a–b) zunächst »So ist mein Jesus nun gefangen« (Nr. 27a) als solistisches Duett (Sopran und Alt von Chor I) mit Bassetto-Begleitung (also unter Verzicht auf den tief liegenden Basso continuo) und mit stark kontrastierenden Zwischenrufen des vollen Chores II: »Lasst ihn, haltet, bindet nicht!« Dieser Abschnitt leitet dann höchst effektvoll über in den unmittelbar folgenden Tutti-Doppelchor »Sind Blitze, sind Donner in Wolken verschwunden?« (Nr. 27b), der das musikalisch-dramatische Bild eines Gewitters entwirft, das durch die Ergreifung Jesu ausgelöst wird. Bachs Vertonung des korrespondierenden Gedichtpaares am Ende von Teil II, das der Grablegung Jesu gewidmet ist (Nr. 67–68), beginnt mit einem »Recitativo a quattro« für Chor I, »Nun ist der

Herr zur Ruh gebracht«, wobei der gesamte Chor II auf jede Zeile der Solostimmen antwortet: »Mein Jesu, gute Nacht.« Diesem Accompagnato-Rezitativ folgt ein beruhigendes, tröstliches Menuett (Nr. 68), in dem sich die Chöre I und II zum Schlusstext »Wir setzen uns mit Tränen nieder« vereinen. Der c-Moll-Schlussakkord der Passion enthält die schneidende Dissonanz einer Viertelnoten-Appoggiatura (h^1-c^2), deren verzögerte Auflösung dem Fallen eines imaginären Vorhangs gleichkommt.

Bachs subtiler Sinn für Dramaturgie, der sich in der doppelchörigen Behandlung der Schlüsselnummern von Picanders Libretto so wirkungsvoll zeigt, findet sich gleichermaßen in der Vertonung des Bibeltextes, dem eigentlichen Kern der Passionsgeschichte, wie sie der Evangelist erzählt. Zu diesem Kern treten die verschiedenen Partien der Soliloquenten hinzu (Jesus, Judas, Petrus, Pilatus und andere) sowie die Turba-Chöre der Hohenpriester, Jünger und anderen Gruppen. Hier profitierte der Komponist maßgeblich von den Erfahrungen, die er bei der Komposition der *Johannes-Passion* gesammelt hatte. Der größere Aufführungsapparat eröffnete jedoch dem jüngeren Werk eine Reihe neuer Möglichkeiten insbesondere für die Komposition der Turbae, bei denen Bach nun die doppelchörige Besetzung nutzen konnte. Darüber hinaus erlaubte das ausgedehntere Gesamtformat der *Matthäus-Passion* trotz ihres dezidierten Andachtscharakters eine gezielte Hinwendung in Richtung geistlicher Oper. So entschied sich der Komponist zum Beispiel dafür, die Worte Jesu besonders hervorzuheben, und zwar durch Accompagnato-Rezitative mit voll ausgeschriebener Streicher-Begleitung anstelle des Basso continuo allein. Diese Praxis war direkt aus der Opera seria entlehnt, in der solche Rezitative meist der Darstellung göttlicher und königlicher Gestalten vorbehalten waren.

Mit seinem flexiblen Einsatz des Accompagnato-Stils ging Bach sogar noch über die Opernpraxis seiner Zeit hinaus, in der tendenziell einfach harmonisierte Secco-Rezitative und eine schlichte ariose Deklamation verwendet wurden. In der feierlichen Rezitation der liturgischen Einsetzungsworte des Abendmahls (Nr. 11) werden die Worte Jesu zusätzlich durch textlich-musikalische Parallelismen akzentuiert. Die Behandlung dieser Worte veranschaulicht Bachs sorgsames funktionales Denken: Hat er sich einmal auf eine bestimmte Idee – hier auf eine emphatische Streicherbegleitung – festgelegt, versucht er, ihre Möglichkeiten mit allen Mitteln auszuschöpfen. Zum Beispiel erklingt in dem zweimaligen Gebet zu Gethsemane (Nr. 21 und 24) das »Mein Vater, ist's möglich« – um die Wirkung zu intensivieren – zunächst in B-Dur und dann in h-Moll. Auch wendet Bach gewissermaßen die Umkehrung seiner Idee an, nämlich bei der Vertonung der letzten Worte Jesu, »Eli, Eli, lama asabthani?« einschließlich ihrer Übersetzung »Mein Gott, mein Gott, warum hast du mich verlassen?« (Nr. 61a): Hier lässt er die Streicher im Moment des Todes aussetzen und offenbart damit symbolisch die Doppelnatur Christi als Gott und Mensch – nur an dieser Stelle begibt sich die Stimme Jesu auf die gleiche klangliche Ebene wie alle anderen Soliloquenten.

Die Vertonung des biblischen Berichts zeigt in der Behandlung der verschiedenartigen Textpassagen durchweg einen Grad an differenzierter stilistischer Ausgestaltung, die über die eher einheitliche Textbehandlung in der *Johannes-Passion* weit hinausgeht. Man vergleiche etwa die unterschiedliche Behandlung der beiden kurzen Textabschnitte

»Wahrlich, dieser ist Gottes Sohn gewesen« (*Matthäus-Passion*, Nr. 63b) und »Sei gegrüßet, lieber Jüdenkönig!« (*Johannes-Passion* Nr. 21b). Die kompakte zweitaktige Turba-Vertonung »Wahrlich, dieser ist Gottes Sohn gewesen« bildet eine höchst wirkungsvolle und ergreifende gesangliche Melodie in As-Dur. In der zwölf Takte langen Vertonung des um nur eine Silbe kürzeren Textes »Sei gegrüßet, lieber Jüdenkönig!« in der *Johannes-Passion* empfindet man hingegen viel unmittelbarer und offensichtlicher ein inszeniertes Drama. Doch in der zweiten Passion Bachs ist die musikalische Dramaturgie nicht nur umfassender, sondern nimmt zugleich einen stärker liturgischen Charakter an, wie der mehrdimensionale Eingangschor gleich zu Anfang deutlich macht.

Menschliche Charaktere und Emotionen

Dank eines kongenialen Librettos und der großen Anzahl von Arien konnte sich Bach in der *Matthäus-Passion* auf die unterschiedlichen poetischen Meditationen konzentrieren, in denen die menschliche Psyche – in der barocken Terminologie: die gläubige Seele – auf die verschiedenen Ereignisse der Passionsgeschichte eingeht. Die Musik bietet eine breite Palette emotional-affektiver Reaktionen, die Picander gleich in der ersten Zeile jedes Gedichts unmittelbar eindeutig benennt (vgl. Tab. 6-5). Der Librettist konstruierte das Textincipit jeder Arie so, dass entweder die ersten Schlüsselworte oder die Eröffnungsphrase insgesamt den Grundcharakter der Arie definieren. Repräsentative Beispiele dafür sind »Buß und Reu knirscht das Sündenherz entzwei« (Nr. 6), »Blute nur, du liebes Herz« (Nr. 8), »Ich will dir mein Herze schenken« (Nr. 13) und »Ich will bei meinem Jesu wachen« (Nr. 20). Damit lieferte Picander einen entscheidenden semantischen Fokus, der eine dreifache Funktion wahrzunehmen hatte: den Komponisten zu inspirieren, einen entsprechenden musikalischen Gedanken und einen geeigneten musikalischen Ausdruck für die deklamierende Singstimme und die Instrumentalbegleitung zu finden, den Sängern und Instrumentalisten den richtigen Affektausdruck nahezulegen und die Zuhörer anzuleiten, die miteinander verwobenen Bedeutungen von Text und Musik wahrzunehmen und zu verinnerlichen.

Bei der Mehrzahl der madrigalischen Texte lässt der Librettist die Erzählung bzw. Handlung anhalten und leitet den Moment der Kontemplation durch einige kurze beschreibende Verse ein, bevor er zur Betrachtung im eigentlichen Sinn übergeht. Die einleitenden Worte und kontemplativen Kerngedanken vertont Bach in einem gleichsam als Präludium gedachten Arioso, das der jeweiligen Arie vorangestellt ist. So reflektiert zum Beispiel Arioso Nr. 5 den entscheidenden Moment der Bethanien-Szene, indem es das zentrale Bild herausarbeitet: die Frau, die das Haupt Jesu mit kostbarem Wasser benetzt. Bach komponiert dazu ein Arioso-Rezitativ mit einem wortmalerischen Instrumentalmotiv von fließendem Wasser. Es bereitet die Arie Nr. 6 vor, eine ausgedehnte meditative Betrachtung (Nr. 6) der liebenswürdigen Geste dieser Frau aus der Sicht eines von »Buß und Reu« zerknirschten »Sündenherzens«. Da dies zugleich die allererste Arie der Passion ist, fordert sie das Publikum dazu auf, beim andächtigen Hören der Passionsgeschichte ebenfalls eine bußfertige Haltung einzunehmen.

Tabelle 6-5 *Matthäus-Passion*, Szenen und Arien (individuelle Betrachtungen)

Nr.	Stimme (Chor)	Szene	Arientext (Incipit)
6	A (I)	I. Salbung in Bethanien	Buß und Reu knischt das Sündenherz entzwei
8	S (II)	II. Verrat des Judas	Blute nur, du liebes Herz!
13	S (I)	III. Das letzte Abendmahl	Ich will dir mein Herze schenken
20	T (I)	IV. Jesu Zagen am Ölberg	Ich will bei meinem Jesu wachen + Chor II: So schlafen unsre Sünden ein
23	B (II)	V. Gebet am Ölberg	Gerne will ich mich bequemen, Kreuz und Becher anzunehmen
27	S, A (I)	VI. Gefangennahme	So ist mein Jesus nun gefangen + Chor II: Lasst ihn, haltet, bindet nicht
35	T (II)	VII. Vor den Hohepriestern	Geduld! wenn mich falsche Zungen stechen
39	A (I)	VIII. Verleugnung Petri	Erbarme dich, mein Gott
42	B (II)	IX. Judas im Tempel	Gebt mir meinen Jesum wieder!
49	S (I)	X. Jesus vor Pilatus	Aus Liebe will mein Heiland sterben
52	A (II)	XI. Geißelung	Können Tränen meiner Wangen nichts erlangen
57	B (I)	XII. Simon von Kyrene	Komm, süßes Kreuz
60	A (I)	XIII. Kreuzigung	Sehet, Jesus hat die Hand uns zu fassen ausgespannt, kommt! + Chor II: Wohin? wo?
65	B (I)	XIV. Kreuzabnahme	Mache dich, mein Herze, rein

Die fast allen Arien vorangestellten Ariosi spielen für die *Matthäus-Passion* insgesamt eine wesentliche Rolle. Sie bieten ein breites Spektrum an eindringlichen Solostücken, mit einer Vielfalt an Instrumentalbesetzungen und markanten Motiven, anschaulichen musikalischen Bildern und ausdrucksstarken harmonischen Strukturen. Ein besonderes Beispiel hierfür bietet das Arioso »Ach Golgatha, unselges Golgatha!« (Nr. 59), ein Satz in As-Dur, der in seinen extremen harmonischen Fortschreitungen keine Parallele hat und dessen Continuo-Bass so entfernte Tonstufen wie *Ges, ces* und *Fes* berührt. Sodann endet der Satz überraschend in der Gesangsstimme mit dem Schlusston g^1 über einer unvollständigen Kadenz, die erst von den beiden Oboen da caccia nach As-Dur aufgelöst wird.

Die Vielfalt an individuellen menschlichen Ausdrucksformen, die im Libretto der *Matthäus-Passion* heraufbeschworen werden, ist durchaus nicht typisch für gewöhnliche Kirchenkantatentexte, und Picander neigt auch dazu, durchaus schwierige Themen des Glaubens, der religiösen Symbolik und der theologischen Dogmatik abzuhandeln. Dies soll nicht heißen, dass er den Schwerpunkt seines Librettos auf schwer verständliche Lehrinhalte gelegt hätte. Im Gegenteil: Bisweilen verwendet er leicht verständliche Schlüsselworte und sprachliche Wendungen, die einen schlichten individuellen Gefühlsausdruck vermitteln, wie »Ich will dir mein Herze schenken« (Nr. 13) oder »Mache dich, mein Herze, rein« (Nr. 65). Eine solch geradlinige und unprätentiöse Sprache steht im Gegensatz zu dem eher gewundenen literarischen Stil des Brockes-Libretto und verhalf Bach dazu, höchst plastische musikalische Gedanken zu entwickeln, die die Bedeutung der poetischen Initialzeilen unterstreichen, erhellen und überhöhen. In dieser Hinsicht kennt die *Matthäus-Passion* – auch innerhalb Bachs eigener Werke – als ein konzeptionell einheitliches, durch und durch originelles Opus kein Äquivalent.

Markus-Passion

Auch wenn die *Markus-Passion* BWV 247 von 1731 gemeinhin als Bachs »verlorene« Passionsvertonung gilt, lässt sich doch recht viel über ihre Entstehung, ihre Anlage und ihren Inhalt sagen. Die kompositorischen Verfahren in diesem Werk unterscheiden sich aber von denen der beiden früheren Passionen insofern, als dieses »neue« Werk in erheblichem Maße auf bereits vorhandenes musikalisches Material zurückgreift und damit zugleich ein Modell für die spätere Oratorien-Trilogie bildet. Während die konzeptionelle Grundlage der *Johannes-* und der *Matthäus-Passion* der biblische Bericht bzw. die madrigalische Dichtung ist, besteht der Ausgangspunkt für die *Markus-Passion* darin, dass der Komponist für ein weltliches Werk, das ursprünglich für eine einzige Aufführung zu einem bestimmten Anlass geschrieben worden war, eine permanente Heimstatt innerhalb des geistlichen Repertoires suchte. Es handelt sich hier um die *Trauer-Ode* BWV 198, ein Auftragswerk, das Bach im November 1727 komponierte und an dem auch der Leipziger Universitätsprofessor Johann Christoph Gottsched als Dichter beteiligt war. Die Ode war für die Aufführung bei einer akademischen Gedenkfeier zu Ehren der verstorbenen sächsischen Kurfürstin und polnischen Königin Christiane Eberhardine bestimmt.

Was Funktion und Charakter angeht, hätte sich für eine musikalische Passion kaum eine geeignetere Vorlage finden lassen als dieses königliche Tombeau. Wann und wie Bachs Pläne für eine Passion entstanden, die auf der Musik der *Trauer-Ode* basieren sollte, ist unbekannt, doch wahrscheinlich hängen sie mit zwei Ereignissen vom Frühjahr 1729 zusammen. Am 15. April fand die zweite Aufführung der *Matthäus-Passion* statt, und etwa drei Wochen zuvor, am 23. und 24. März, dirigierte Bach in Köthen die Trauermusik für seinen ehemaligen Dienstherrn, Fürst Leopold, der im November 1728 gestorben war. Diese Trauermusik, von der nur die Texte erhalten sind, war eine groß angelegte Komposition, die Sätze sowohl aus der *Trauer-Ode* als auch aus der *Matthäus-Passion* enthielt – eine Kombination, die das dritte Passionsprojekt inspiriert zu haben scheint. Der poetisch gewandte Christian Friedrich Henrici alias Picander, Librettist der Köthener Trauermusik und inzwischen Bachs Hausdichter, übernahm es, den Gottsched-Text der *Trauer-Ode* für die geplante *Markus-Passion* zu parodieren, deren Erstaufführung für Karfreitag 1731 vorgesehen war – ein Termin, der eine hinlängliche Vorbereitung erlaubte.

Schon früher hatte Bach Werke, die für besondere, einmalige weltliche Anlässe komponiert worden waren, wiederverwendet, indem er sie für liturgische Zwecke adaptierte. Bei der *Markus-Passion* aber handelt es sich erstmalig um eine groß angelegte Parodie: Sie erforderte die Integration bereits vorhandener Musik in eine größere Struktur, die auch die Neukomposition eines längeren biblischen Berichts und mehrerer Choralstrophen zu umfassen hatte. Mit anderen Worten: Diese dritte Leipziger Passion stellte den Komponisten vor neue, selbstauferlegte musikalische Herausforderungen. Da die Partitur der *Markus-Passion* spurlos verschwunden ist – eines der bedauerlichsten Opfer der Nachlassteilung vom Jahr 1750 –, bieten neben den beiden erhaltenen Libretto-Drucken von 1731 und 1744 nur die Parodievorlagen aus der *Trauer-Ode* BWV 198 und verschiedene in Handschriften und frühen Drucken überlieferte Choralsätze konkrete Anhaltspunkte für die einstige Gestalt des Werkes (Tab. 6-6).

Der Gesamtplan der *Markus-Passion* zeigt eine Verschiebung der Proportionen innerhalb der drei Hauptkomponenten (madrigalische Dichtung, biblischer Bericht und Choralstrophen). Während der Bibeltext vorgegeben war, gab es anfangs nur acht madrigalische Stücke gegenüber zehn in der *Johannes-* und siebzehn in der *Matthäus-Passion* – Ariosi nicht mitgerechnet, die in der *Markus-Passion* völlig fehlen. Fünf der kontemplativen Dichtungen (Nr. 1, 9, 17, 24 und 46) entstanden als Parodien von Sätzen aus der *Trauer-Ode*, sodass sich der musikalische Charakter dieser Vertonungen erschließen lässt – in der begründeten Annahme, dass der Komponist keine größeren Änderungen vornahm. Die Sätze 19, 34 und 42 könnten ebenfalls aus existierenden Werken stammen, aber ebenso gut neu komponiert worden sein. Gleiches gilt für zwei Sätze unbekannter Herkunft (Nr. 12+ und 33+), die Bach in der revidierten Fassung hinzufügte, wodurch sich die Zahl der madrigalischen Stücke auf zehn erhöht. Insgesamt sind den meditativen Texten nur jeweils drei biblische Szenen in jedem der beiden Teile des Oratoriums zugeordnet (jeweils vier im Libretto von 1744). Andererseits gibt es in der *Markus-Passion* sechzehn vierstimmige Choräle, etwa 30 Prozent mehr als in den beiden anderen Passionen. Neun davon sind in einer 1734/35 von Bachs Schüler Johann Ludwig Dietel geschriebenen Kompilation überliefert, in der bestimmte für das Kopieren typische Muster darauf hindeuten, dass diese Gruppe von Chorälen tatsächlich zur *Markus-Passion* gehörte. Darüber hinaus zeigt ihre Art der vierstimmigen Choralharmonisierung gegenüber früheren Chorälen einen durchweg höheren Grad an kontrapunktischer Ausarbeitung und rhythmischer Bewegung, besonders in den Binnenstimmen[15] – ein Trend, der sich im *Weihnachts-Oratorium* fortsetzen sollte. Schließlich steht außer Frage, dass das auffällige Übergewicht der Choralstrophen auf Kosten ausgedehnter Arien zu einer deutlichen Reduzierung der musikalischen Dichte und Komplexität führte.

Bachs Ziel, der *Markus-Passion* durch eine weniger komplexe und weniger dramatische musikalische Gestalt ein eigenes Profil zu verleihen, spiegelt sich auch in dem »gedämpften« Orchesterklang wider, dessen singuläres Timbre der ungewöhnlichen Besetzung der *Trauer-Ode* entstammt. Das Instrumentalensemble besteht aus zwei Traversflöten, zwei Oboi d'amore, zwei Viole da gamba und zwei Lauten, hinzu kommen die üblichen Streicher und der Basso continuo. Die ungewöhnliche Ergänzung

Tabelle 6-6 *Markus-Passion* (1731)

Parodievorlage	Dichtung von Christian Friedrich Henrici (Picander)	Biblischer Bericht	Choralstrophen	BWV
	Teil I. Vor der Predigt			
BWV 198/1	1. Geh, Jesu, geh zu deiner Pein			
		2. Mk 14,1–5a	3. Sie stellen uns wie Ketzern nach	257**
		4. 14,5b–11	5. Mir hat die Welt trüglich gericht'	248/46**
		6. 14,12–19	7. Ich, ich und meine Sünden	393**
		8. 14,20–25		
BWV 198/5	9. Mein Heiland, dich vergess ich nicht	10. 14,26–28	11. Wach auf, o Mensch, vom Sündenschlaf	397**
		12. 14,29–31a	13. Betrübtes Herz, sei wohlgemut	
	12.+ Ich lasse dich, mein Jesu, nicht*	12. 14,31b–34	15. Machs mit mir, Gott, nach deiner Güt	
		14. 14,35 f.		
		16. 14,37–42		
BWV 198/3	17. Er kommt, er kommt, er ist vorhanden	18. 14,43–45	21. Jesu ohne Missetat	355
	19. Falsche Welt, dein schmeichelnd Küssen	20. 14,46–49	23. Ich will hier bei dir stehen	271**
		22. 14,50–52		
	Teil II. Nach der Predigt			
BWV 198/8	24. Mein Tröster ist nicht mehr bei mir	25. 14,53–59	26. Was Menschenkraft und -witz anfäht	257**
		27. 14,60–61a	28. Befiehl du deine Wege	270**
		29. 14,61b–65	30. Du edles Angesichte	
		31. 14,66–72	32. Herr, ich habe missgehandelt	331**
	33.+ Will ich doch gar gerne schweigen*	33. 15,1–14		
	34. Angenehmes Mordgeschrei	35. 15,15–19	36. Man hat dich sehr hart verhöhnet	353**
		37. 15,20–24	38. Das Wort sie sollen lassen stahn	302**
		39. 15,25–34	40. Keinen hat Gott verlassen	369
		41. 15,35–37		
	42. Welt und Himmel, nehmt zu Ohren	43. 15,38–45	44. O Jesu, du	404
		45. 15,46 f.		
BWV 198/10	46. Bei deinem Grab und Leichenstein			

* Zusätze vor 1744: Arientexte Nr. 12+ und 33+ (höchstwahrscheinlich von Picander)

** Vierstimmige Choräle aus der Handschrift des Bach-Schülers Johann Ludwig Dietel, 1734/35[16]

des Orchestertuttis durch Gamben und Lauten sowie der Verzicht auf normale Oboen schuf nicht nur einen besonders charakteristischen Klang, sondern bot Bach auch einige Möglichkeiten, das Instrumentalensemble für die Begleitung von Arien in kleinere Einheiten mit unterschiedlichen Klangfarben zu unterteilen, ohne dass er dem Standard-Streicherensemble in solchen Fällen noch besondere Instrumente eigens hinzufügen musste, wie er es in der *Johannes-* und *Matthäus-Passion* getan hatte. [16]

Da die Partitur der *Markus-Passion* nicht erhalten ist, können nur die Sätze 3, 5 und 8 von BWV 198 etwas von dem erweiterten Klangspektrum andeuten, das Bach dank der ungewöhnlichen Zusammensetzung des Instrumentariums kultivieren konnte. Gemeinsam war der *Markus-Passion* und der *Trauer-Ode* wohl auch eine vergleichsweise konzentrierte Tonartenarchitektur mit Rückkehr zur Grundtonart im Schlusssatz (Tab. 6-7).

Tabelle 6-7 *Markus-Passion*, Parodievorlagen aus der Trauer-Ode

Passionsszene	Madrigalische Dichtung	Parodievorlage (Besetzung, Taktart, Tonart)
Einleitung zu Teil I	1. Geh, Jesu, geh zu deiner Pein	← 1. Lass, Fürstin, lass noch einen Strahl – Tutti; **c**; h-Moll
Das letzte Abendmahl	9. Mein Heiland, dich vergess ich nicht	← 5. Wie starb die Heldin so vergnügt – Alt, Va. da gamba I+II, Laute I+II, Bc.; $\frac{12}{8}$; D-Dur
Petri Verleugnung*	12.+ Ich lasse dich, mein Jesu, nicht	
Gebet am Ölberg	17. Er kommt, er kommt, er ist vorhanden	← 3. Verstummt, verstummt, ihr holden Saiten – Sopran, Vl. I+II, Va., Bc.; **c**; h-Moll
Verrat des Judas	19. Falsche Welt, dein schmeichelnd Küssen	
Einleitung zu Teil II	24. Mein Tröster ist nicht mehr bei mir	← 8. Der Ewigkeit saphirnes Haus – Tenor, Fl. trav. I, Ob. d'am. I, Str., Bc.; $\frac{3}{4}$; e-Moll
Jesus vor Pilatus*	33.+ Will ich doch gar gerne schweigen	
Jesu Geißelung	34. Angenehmes Mordgeschrei	
Jesu Tod	42. Welt und Himmel, nehmt zu Ohren	
Begräbnis	46. Bei deinem Grab und Leichenstein	← 10. Doch Königin! du stirbest nicht – Tutti; $\frac{12}{8}$; h-Moll

* Vor 1744 ergänzt

Die musikalische Gestaltung des biblischen Berichts nach Markus – eine ganz entscheidende Komponente der Passion – entzieht sich jedem Urteil, weil diese Vertonung nur eine Originalkomposition gewesen sein kann (wie im späteren *Weihnachts-Oratorium*), jedoch nichts davon erhalten ist. Obzwar die beiden umrahmenden Chöre und drei Arien aus der *Trauer-Ode* zusammen mit einem beträchtlichen Korpus an Choralstrophen wichtige Hinweise auf den allgemeinen musikalischen Charakter der Passion geben, fehlen für die dramaturgische Gestaltung vergleichbare Informationen, da die ästhetische Identität der *Markus-Passion* in erster Linie in der Vertonung der biblischen Geschichte wurzelt. Die Partien der verschiedenen Soliloquenten (Evangelist, Jesus, Petrus, Judas, Testes, Pontifex, Pilatus, Ancilla, Miles, Zenturio) und die Turba-Chöre sind völlig unbekannt, ebenso die Dynamik ihrer Dialoge und das allgemeine Tempo der Handlung. Es ist also unmöglich festzustellen, wie Bach zum Beispiel die Worte Jesu in der *Markus-Passion* im Vergleich zu den beiden anderen Passionen vertont hat. Da viele Stellen im Markus- und Matthäus-Evangelium sehr ähnlich sind (zum Teil sogar fast identisch, so etwa der Satz »Wahrlich, dieser Mensch ist Gottes Sohn gewesen«), hat Bach solche Passagen vermutlich ganz anders und wohl kaum weniger wirkungsvoll komponiert als in der *Matthäus-Passion*. Doch auf welche Art und Weise hat er dies bewerkstelligt? Man darf gewiss davon ausgehen, dass Bach bei der musikalischen Gestaltung des biblischen Berichts von den Erfahrungen mit den beiden früheren Passionen profitierte, doch der Grad der Fortentwicklung in seiner Behandlung des musikalischen Dramas lässt sich nicht feststellen. Auch die späteren Oratorien mit ihren wesentlich kürzeren Anteilen von biblischem Bericht bieten hier keine Orientierungshilfen, geschweige denn spezifische Informationen. In dieser Hinsicht stellt das vollständige Verschwinden der Partitur der dritten Passion einen der schmerzlichsten Verluste aus Bachs Gesamtschaffen dar. Dieses große oratorische Werk wäre wie kein anderes ein Schlüsseldokument, das seine reife Beherrschung der musikalischen Dramaturgie offenlegen könnte.

Diese missliche Situation wird sogar noch problematischer durch Hinweise auf eine spätere Überarbeitung der Partitur, die sich in dem einzig erhaltenen Exemplar des Originallibrettos von 1744 finden. Eine Aufführung der *Markus-Passion* fand am 27. März jenes Jahres in der Thomaskirche statt, doch das geänderte Libretto mit zwei zusätzlichen Arien stammt aus der Zeit vor 1744. Der Prozess der Überarbeitung der Passionen, der neben kompositorischen Änderungen auch die Ergänzung oder den Austausch einzelner Sätze betraf, begann offenbar um 1736. In diesem Jahr nahm Bach einschneidende Änderungen an der *Matthäus-Passion* vor und fertigte eine ganz neue Reinschrift an. Auch seine Überarbeitung der *Johannes-Passion* aus der zweiten Hälfte der 1730er-Jahre brachte erhebliche musikalische Veränderungen, und Bach begann ebenfalls eine neue Reinschrift der Partitur, die aber nach 20 Seiten abbricht und unvollständig blieb. Die Änderungen, die er an der *Markus-Passion* vornahm, beinhalten die Hinzufügung von zwei Arien (Nr. 12+ und 33+), Anpassungen der Rezitative und höchstwahrscheinlich ein Aufpolieren der gesamten Partitur, was vermutlich auch hier die Anfertigung einer neuen Partiturabschrift erforderlich machte. Diese Überarbeitungen erfolgten um 1740 und sicher in Verbindung mit einer Aufführung des Werkes, der 1744 noch eine weitere folgte.

Die Tatsache, dass Bach auch seine dritte Passion wiederaufführte, überarbeitete und verbesserte, lässt darauf schließen, dass er sie ebenso hochschätzte wie ihre Schwesterwerke. Die *Markus-Passion* war zwar auch in ihrer endgültigen Fassung von kleinerem Format als die beiden anderen und besaß keineswegs die Monumentalität der doppelchörigen *Matthäus-Passion* (die in der Bach-Familie »die große Passion« genannt wurde). Dennoch war sie chronologisch das späteste der drei Werke und als solches – konzeptionell wie stilistisch – wohl auch das modernste.

Die Oratorien-Trilogie

Die drei ausdrücklich als »Oratorium« bezeichneten geistlichen Kompositionen bilden eine kohärente, inhaltlich verbundene Werkgruppe zu den drei kirchlichen Festen Weihnachten, Ostern und Himmelfahrt. Mit ihnen setzte Bach in den mittleren 1730er-Jahren die Reihe von Parodiekompositionen fort, die er mit der *Markus-Passion* begonnen hatte. Die lateinischen Titel der drei Werke (Abb. 6-7a–c: »Oratorium Tempore Nativit: Xsti«,[17] »Oratorium Festo Paschatos«; »Oratorium Festo Ascensionis Xsti«) betonen den engen Zusammenhang untereinander und ihre konzeptionelle Geschlossenheit als ein liturgisches Addendum zu den Karfreitagspassionen, für deren Partituren Bach ebenfalls lateinische Titel wählte (»Passio secundum Joannem«; »Passio secundum Matthaeum«); ein Nachdruck des Librettos der *Johannes-Passion* von 1725 aus dem Jahr 1728 bezeichnet das Werk gar als »Actus Oratorium«.[18] So ergibt sich für diese Gruppe von insgesamt sechs oratorischen Werken eine übergreifende, auf die zentralen Lebensstationen des biblischen Jesus bezogene Thematik, wie sie das christliche Glaubensbekenntnis benennt: Geburt, Leiden und Sterben, Auferstehung und Himmelfahrt.

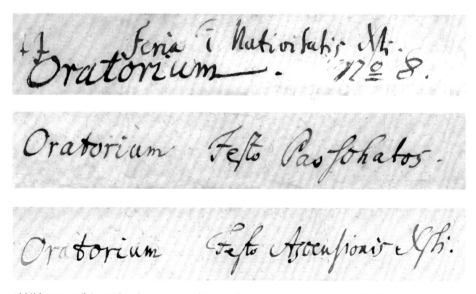

Abbildung 6-7a/b/c *Weihnachts-, Oster-* und *Himmelfahrts-Oratorium*, autographe Titel (1734/35 und 1738)

Es gibt keinen musikalischen Präzedenzfall für dieses Projekt, das Bach Mitte der 1730er-Jahre entwarf und das alle vier christologischen Hauptfesttage des Kirchenjahres umfassen sollte. Zwar hatte in dieser Zeit eine bemerkenswerte Renaissance der Passionsoratorien im lutherischen Deutschland stattgefunden, die vor allem auf das populäre Passionslibretto von Brockes aus dem Jahr 1711 zurückging; einen vergleichbaren Trend bei der Vertonung der biblischen Weihnachts-, Oster- und Himmelfahrtsgeschichte aber gab es nicht. Bachs gleichsam zyklische Einbettung der drei Passionen in eine komplementäre Oratorien-Trilogie stellt also eine ausgesprochen originelle Konzeption dar.

Der freudige Festcharakter des *Weihnachts-*, *Oster-* und *Himmelfahrts-Oratoriums*, markiert durch den strahlenden Klang der Blechbläser, trennt sie als Gruppe von den Passionen, die für das Leiden und Sterben Jesu ein breiteres und dunkleres Ausdrucksspektrum verlangen. Auch der liturgische Ort ist ein anderer: Die Oratorien wurden wie Kantaten als »Haupt-Music« am jeweiligen Festtag aufgeführt, und zwar an den festgelegten Stellen vor der Predigt im Hauptgottesdienst am Vormittag und im Vespergottesdienst am Nachmittag (im üblichen Wechsel zwischen Nikolai- und Thomaskirche). Ihre Dauer war daher auf etwa eine halbe Stunde beschränkt (im Falle des *Weihnachts-Oratoriums* für jeden seiner sechs Teile). Die Passionsmusiken hingegen hatten ihren Platz in der Nachmittagsvesper am Karfreitag, der geradezu einen musikalischen Gottesdienst darstellte, ohne vergleichbare Beschränkungen für die Länge des Werkes.

Mit ihrem Fokus auf die biblische Erzählung des Lebens Jesu boten Bachs Oratorien eine Alternative zu den regulären Weihnachts-, Oster- und Himmelfahrtskantaten, die auf nicht-erzählenden Texten basieren und in der Regel mit einzelnen Bibelversen aus der liturgisch vorgeschriebenen Lesung begannen und mit Chorälen der jeweiligen Kirchenjahreszeit endeten. Das *Weihnachts-Oratorium* ist hierzu ein Gegenbeispiel: Indem es die Lesungen weglässt, unterstreicht es den konzeptionellen Unterschied zwischen Oratorium und regulärer Kirchenkantate – Ersteres dient als musikalisches Vehikel für einen zusammenhängenden biblischen Bericht, verbunden mit betrachtender Lyrik; Letztere fungiert als exegetische und interpretierende musikalische Predigt über einen vorgegebenen Bibeltext. Auch wenn die oratorischen Werke im Gottesdienst den Platz einer Kantate einnahmen, stellen sie einen eigenen Typus dar, zu dem die zeitgenössische Definition des Oratoriums als »geistliche Oper« gut passt. Bachs Oratorien sind mit seinen Passionen insofern verwandt, als der biblische Bericht das strukturelle Rückgrat beider Werkgruppen ist, wenn auch die traditionelle »Historia«-Form in den Passionen aufgrund ihrer langen Bibeltexte viel stärker ausgeprägt ist. Gleichwohl mag Bachs erneutes Interesse an dem »Historia«-Konzept, das mit dem *Weihnachts-Oratorium* von 1734/35 geweckt worden war, die nachfolgenden Überarbeitungen seiner Passionen veranlasst haben – mit dem Ziel, seinen großen musikalischen Zyklus der Geschichte des biblischen Jesus zu vervollständigen und einheitlich zu gestalten.

Die kirchenmusikalische Tradition der »Historia« war der gemeinsame Nenner, sodass Passion und Oratorium für Bach im Wesentlichen dieselbe Gattung darstellten, nämlich mit ihrer wörtlichen Einbeziehung des biblischen Berichtes in Verbindung mit madrigalischer Dichtung und Chorälen. Der Begriff »Passion« oder »musikalische Passion« war im lutherischen Deutschland längst etabliert, während der Begriff »Oratorium« (abgeleitet vom italienischen »oratorio«) noch selten verwendet wurde und lange Zeit unscharf blieb. Selbst Johann Christoph Gottsched, ein einflussreicher Dichtungstheoretiker in dieser Zeit, blieb in seinem *Versuch einer Critischen Dichtkunst* (Leipzig 1751) eher vage:

> »Die Kirchenstücke, welche man insgemein Oratorien, das ist Bethstücke nennet, pflegen auch den Cantaten darin ähnlich zu seyn, daß sie Arien and Recitative enthalten. Sie führen auch insgemein verschiedene Personen redend ein, damit die Abwechslung verschiedener Singstimmen statt haben möge. Hier muß nun der Dichter entweder biblischen Personen, aus den Evangelien, oder andern Texten, ja Jesum, und Gott selbst; oder doch allegorische Personen, die sich auf die Religion gründen; als Glaube, Liebe, Hoffnung, die christliche Kirche, geistliche Braut, Sulamith, die Tochter Zion, oder die gläubige Seele, u.d.m. redend einführen: damit alles der Absicht und dem Orte gemäß herauskomme.«[19]

Diese Passage macht deutlich, dass das »Oratorium« im Allgemeinen als ein Werk mit erzählendem oder dramatischem Inhalt verstanden wurde und auf einem Text basierte, der einen Dialog zwischen biblischen oder allegorischen Personen vorstellte. In diesem Sinne diente die Oper stets als Bezugspunkt. Johann Gottfried Walther definierte das Oratorium in seinem einflussreichen *Musicalischen Lexicon* (Leipzig 1732) deshalb so:

> »Oratorium [...] eine geistliche Opera, oder musicalische Vorstellung einer geistlichen Historie in den Capellen oder Cammern grosser Herrn, aus Gesprächen, Soli, Duo und Trio, Ritornellen, starcken Chören etc. bestehend. Die musicalische Composition muß reich an allen seyn, was nur die Kunst sinnreiches und gesuchtes aufzubringen vermag.«[20]

Angesichts seiner vertraglichen Verpflichtungen als Thomaskantor brachte die Definition des Oratoriums als geistliche Oper Bach in ein Dilemma. Vor seiner Wahl hatte Stadtrat Steger den Stadtschreiber im Sitzungsprotokoll festhalten lassen, dass er für die Berufung Bachs stimme, doch habe dieser »Compositiones zu machen, die nicht *theatralisch* wären«.[21] Es überrascht daher nicht, dass Bachs endgültiges Anstellungsrevers vom 5. Mai 1723 einen Absatz enthielt, in dem der Stadtrat festlegte, dass die Musik »nicht zulang währen, auch also beschaffen seyn möge, damit sie nicht *opern*hafftig herauskommen, sondern die Zuhörer vielmehr zur Andacht aufmuntere«.[22]

Bach begegnete den Kontroversen um Länge und Operncharakter der Andachtsmusik, indem er sie schlicht ignorierte. Seine Kirchenstücke waren von Anfang an wesentlich länger als die seiner Vorgänger, und doch sind keine Beschwerden bekannt. Was die angesprochene Theatralik von Kirchenkompositionen anbelangt, so gab es seit dem Mittelalter eine Tradition, die biblische Passionsgeschichte mit dem Evangelisten als musikalischem Erzähler in einem dramatisierten Rezitationston vorzutragen. Die Rollen von Jesus, Petrus und Pilatus wurden Soliloquenten zugewiesen, während die Menge der Priester, des Volkes und der Soldaten durch Turba-Chöre dargestellt wurde. Bach folgte dieser Tradition, indem er den biblischen Bericht als strukturelles Rückgrat nutzte und kontemplative geistliche Poesie und Gemeindegesänge ergänzte, um »die Zuhörer zur Andacht aufzumuntern«. In dieser Hinsicht unterschieden sich Gesamtform und Charakter der musikalischen Passion deutlich von den herrschenden Konventionen der Oper. Wohl aus diesem Grund modifizierte Walther seine Definition des Oratoriums, indem er nach dem Begriff »geistliche Oper« ausdrücklich auf die »geistliche *historia*« und die hierfür geforderte biblische Erzählung verwies. Bachs Oratorien-Trilogie der 1730er-Jahre zielt in die gleiche Richtung, indem sie sich konzeptionell an die biblische Historia-Tradition hält. Wie jedoch die Entstehungsgeschichte des *Oster-Oratoriums* und insbesondere der Verzicht auf jegliche biblische Erzählung darin zeigt (vgl. S. 231), zog Bach zwischen Historia, Oper und Oratorium keineswegs strikte Grenzen.

Eine weitere wesentliche Verbindung zwischen den Gattungen Oper und Oratorium manifestiert sich in den geistlichen Arien, die weltlichen Vorbildern entlehnt sind. Diese handeln typischerweise von menschlichen Tugenden, Eigenschaften und Emotionen, und auch die Protagonisten in Bachs geistlichen Oratorien entsprechen im Wesentlichen solchen Dramatis personae. Im Dramma per musica BWV 214 zum Beispiel verkündet »Fama« (die mythologische Personifikation von Ruhm und öffentlichem Ansehen) in der Arie »Kron und Preiß gekrönter Damen« (Nr. 7) das Lob der Kurfürstin. Im *Weihnachts-Oratorium* spricht in der Arie Nr. 8 im Grunde dieselbe Figur, ebenfalls eine Bass-Stimme, und erklärt das Jesuskind zum »Großen Herrn und starken König«. In der Arie »Unschuld, Kleinod reiner Seelen« (Nr. 5) aus der Hochzeitsserenata BWV 1163 verweist die »Schamhaftigkeit« im Dialog mit der »Natur«, der »Tugend« und dem »Verhängnis« auf »das Lilien Kleid unberührter Reinigkeit«. Die geistliche Parodie »Jesu, deine Gnadenblicke« (Nr. 5) im *Himmelfahrts-Oratorium* BWV 11 bewahrt diese Bildersprache der reinen Liebe (»deine Liebe bleibt zurücke«), nun jedoch in Verbindung mit dem Erscheinen der beiden Männer in weißen Gewändern. In der Serenata »Entfliehet, verschwindet, entweichet, ihr Sorgen« BWV 249.1 offeriert die Nymphe Doris dem Weißenfelser Herzog Christian verborgen »hunderttausend Schmeicheleien« (Nr. 4). Dieselbe Sopranstimme entbietet in der Parodie-Arie »Seele, deine Spezereien« (Nr. 5) des *Oster-Oratoriums* BWV 249 dem Auferstandenen unverhüllt den Lorbeerkranz für den Sieg über den Tod. Auch wenn der Oratorienhörer, dem die weltlichen Vorbilder unbekannt sind, die betreffenden Assoziationen nicht nachvollziehen kann, spielen sie im literarischen und musikalischen Parodieverfahren eine entscheidende Rolle. Denn in jedem der angeführten Beispiele ging es dem Dichter wie dem Komponisten darum, den ursprünglichen Charakter und seinen theatralischen Ausdruck zu bewahren, wenn nicht zu intensivieren.

Weihnachts-Oratorium

Die *Markus-Passion* von 1731 bildete den unmittelbaren Ausgangspunkt für alle drei Oratorien, da auch sie große Teile aus bereits vorhandenen Werken übernahm. Diese Praxis steht zudem in direktem Zusammenhang mit Bachs Tätigkeit als Direktor des Collegium Musicum ab 1729. Die Verbindung bestand (mit kurzen Unterbrechungen) für mehr als ein Jahrzehnt und bedeutete für Bach erheblich anwachsende Verpflichtungen über seine Hauptaufgaben als Thomaskantor hinaus. Im Herbst 1733 begann er eine

Reihe von Aufführungen mit dem Leipziger Collegium zu Ehren der königlichen Familie in Dresden. Nach dem Tod Augusts des Starken Anfang 1733 schien es Bach vielversprechend, dessen musikalisch interessiertem Sohn und Nachfolger, dem sächsischen Kurfürsten Friedrich August II. (König August III. von Polen) – dessen Gattin Maria Josepha (eine geborene Habsburger-Prinzessin) der Musik ganz besonders zugetan war – eine angemessene Huldigung darzubringen.

Die Reihe der festlichen Gratulationsmusiken für den Dresdner Hof, die in den »extra-ordinairen Concerten« des Collegiums aufgeführt wurden, begann am 5. September 1733. Den Anfang machte das Dramma per musica *Herkules am Scheidewege* BWV 213 anlässlich des Geburtstages von Kurprinz Friedrich Christian. Diesem Werk folgte wenige Monate später *Tönet, ihr Pauken! Erschallet, Trompeten!* BWV 214, aufgeführt am 8. Dezember, dem Geburtstag der Kurfürstin Maria Josepha. Da die Texte für solche Gelegenheitswerke eine Wiederholung ohne größere Änderungen unmöglich machten, dürfte Bach von Anfang an über Möglichkeiten der Wiederverwendung nachgedacht haben, und so war für ihn die Verpflanzung solcher Kompositionen in das kirchliche Repertoire eine logische und höchst praktikable Lösung.

Für die geistliche Parodie glanzvoll ausgestatteter Gratulationswerke, die zu Ehren einer königlichen Familie geschrieben worden waren, kamen nur die herausragendsten und feierlichsten Ereignisse des Kirchenjahres infrage. Die Festtage von Weihnachten bis Epiphanias im folgenden Jahr 1734/35 boten Bach eine baldige und ideale Gelegenheit zur Umwidmung einer ganzen Reihe dieser neu komponierten Gelegenheitsstücke. Das *Weihnachts-Oratorium* verdankt seine Entstehung Plänen, die wohl bereits 1733 entstanden, als Bach und Picander gemeinsam die erste Glückwunschkantate BWV 213 entwarfen. Da festliche Anlässe wie ein königlicher Geburtstag und der Geburtstag des Himmelskönigs aus musikalischer Sicht praktisch austauschbar waren, gab es hier natürliche Affinitäten. Treffende textliche und musikalische Anspielungen wie etwa im Wiegenlied »Schlafe, mein Liebster« (BWV 213/3) ließen sich vom kleinen Kurprinzen leicht auf das Christuskind übertragen (BWV 248/19). Das galt für die gesamte *Herkules-Kantate* BWV 213: Sechs der sieben Arien und Chöre wurden in das *Weihnachts-Oratorium* übernommen. Die mythologische Erzählung vom jungen Herkules – dazu bestimmt, der stärkste Mensch der Welt zu werden – konnte für den ursprünglichen Anlass (Vorwegnahme der Zukunft des jungen Prinzen als Herrscher von Sachsen und Polen) wie auch für die geistliche Parodie (Feier des Christuskindes als künftigem Herrscher über Himmel und Erde) kaum besser passen. Die relativ rasche Übertragung dieses Werkes in den sakralen Kontext deutet auf eine im Vorfeld bewusst bedachte Wiederverwendung der poetischen und musikalischen Vorlagen hin – mit dem Ziel, ein dauerhaftes Repertoirestück zu schaffen.

Das *Weihnachts-Oratorium* stellt unter den groß angelegten Vokalwerken Bachs einen Sonderfall dar. Text und Musik bilden ein geschlossenes Ganzes, doch die Aufführung des Werkes war über die sechs Festtage der zwölftägigen Weihnachtszeit und überdies auf die beiden Leipziger Hauptkirchen verteilt. In seiner Konzeption verbindet sich die Idee eines in sich geschlossenen, aber untergliederten Oratoriums mit der Praxis,

Kantaten für die Sonn- und Festtage des Kirchenjahres aufzuführen, wie es die Originalpartitur und das Originallibretto der Erstaufführung 1734/35 zeigen (Letzteres gibt auch Auskunft über die wechselnden Aufführungsorte und -zeiten).[23] Damit das Schema funktionierte, bedurfte es einer kohärenten biblischen Erzählung für das Oratorium als Ganzes. Bach umging deshalb die Abfolge der vorgeschriebenen Evangelienlesungen für die sechs Feiertage, der die regulären Kantaten üblicherweise folgten,[24] und wählte stattdessen die Geschichte von Jesu Geburt aus Lukas 2,1–21 für die Teile I–IV, gefolgt von den Geschichten über die Flucht nach Ägypten und die Anbetung der Könige aus Matthäus 2,1–12 für die Teile V und VI. Diese Anordnung des biblischen Berichtes bildete den Rahmen für die madrigalischen Texte, die Bach bei einem besonders fähigen, in diesem Fall aber ungenannten Autor in Auftrag gab. Picander, der Dichter der *Herkules-Kantate* BWV 213, ist der bei Weitem plausibelste Kandidat, auch wenn der Text des Oratoriums in keiner seiner gedruckten Sammlungen enthalten ist. Doch wer immer das Parodiewerk geschaffen hat, er hat die Originaltexte geschickt und kunstvoll umgeschrieben. Nicht nur, dass Metrum, Reim und Form erhalten bleiben sollten, damit die Unterlegung der neuen Gedichte rein »technisch« funktionierte, sie mussten auch in ihrem Ausdruckscharakter mit dem Affekt der vorhandenen Musik übereinstimmen.

Der Text des Eingangschores der Kantate BWV 214 enthält allerdings bildhafte musikalische Einzelheiten, die dann im *Weihnachts-Oratorium* verloren gingen. Hierzu zählt die Einsatzfolge von Pauken, Trompeten und Violinen, die dem Originaltext genau entspricht:

Kantate BWV 214/1: »Tönet, ihr Pauken! Erschallet, Trompeten! Klingende Saiten …«
Weihnachts-Oratorium BWV 248/1: »Jauchzet! Frohlocket! Auf preiset die Tage, rühmet …«

In der Darstellung des allgemeinen Aufrufs zum Jubel und zur Freude freilich stimmen die beiden Texte vollkommen überein. Nur in ganz wenigen Fällen scheinen Originaltext und Parodie nicht zueinander zu passen, so in diesen beiden Arien:

Kantate BWV 213/9: »Ich will dich nicht hören, ich will dich nicht wissen«
Weihnachts-Oratorium BWV 248/4: »Bereite dich, Zion, mit zärtlichen Trieben«

Doch veränderte Bach den musikalischen Charakter für den geistlichen Satz, indem er zwei entscheidende Änderungen vornahm: Er ersetzte die Unisono-Violinen in BWV 213/9 durch eine Oboe d'amore solo mit Violine I in BWV 248/4, und zusätzlich veränderte er die harte Staccato-Artikulation, die den Charakter einer groben Zurückweisung in den ursprünglichen Gedichtzeilen unterstreichen, durch gebundene Achtelnoten, die der zarten Deklamation des neuen Textes entsprechen.
Derartige Modifikationen zeigen, wie der Komponist nicht nur die Gesamtstruktur beständig im Blick hatte, sondern immer auch auf feine expressive Details bedacht war. Dies betrifft die Unterteilung der biblischen Passagen, die Wahl geeigneter Choralstrophen mitsamt ihren ausdrucksstarken Harmonisierungen sowie die Platzierung von meditativen Arien aus parodiertem Material. Der Arbeitsaufwand für diese sorgfältige Abstimmung von Musik und Inhalt kann nicht hoch genug eingeschätzt werden.

Darüber hinaus enthält das *Weihnachts-Oratorium* insgesamt mehr neues Material als entlehnte Teile. Der gesamte Bibelbericht – einschließlich solch ausgedehnter Chöre wie »Ehre sei Gott in der Höhe« – wurde neu komponiert, ebenso alle Choralstrophen. Neu waren auch einige größere madrigalische Sätze, darunter der Eingangschor von Teil V, das Terzett Nr. 51 und die Alt-Arie mit Solovioline Nr. 31, ein besonders intimer, introspektiver h-Moll-Satz im ungewöhnlichen $\frac{2}{4}$-Takt mit exquisiter vokal-instrumentaler Artikulation. Die Kombination von vorhandener und neu komponierter Musik war keineswegs bloßer Bequemlichkeit geschuldet (Tab. 6-8), sie stellte vielmehr eine beträchtliche Herausforderung dar, die im *Weihnachts-Oratorium* sogar weit über das hinausging, was der Komponist bei der *Markus-Passion* zu bewältigen hatte.

Tabelle 6-8 *Weihnachts-Oratorium (1734/35)*

Parodie-vorlage (BWV)	Madrigalische Dichtung*	Biblischer Bericht	Choralstrophen
	Teil I. *Erster Weihnachtstag*		
214/1	1. Jauchzet, frohlocket, auf, preiset die Tage	2. Lk 2,1,3–6	
*	3. Nun wird mein liebster Bräutigam		
213/9	4. Bereite dich, Zion, mit zärtlichen Trieben		5. Wie soll ich dich empfangen
		6. Lk 2,7	
*	7. Wer will die Liebe recht erhöhn		(+ Er ist auf Erden kommen arm)
214/7	8. Großer Herr, o starker König		9. Ach, mein herzliebes Jesulein
	Teil II. *Zweiter Weihnachtstag*		
	[10. Sinfonia]	11. Lk 2,8 f.	12. Brich an, o schönes Morgen-licht
		13. Lk 2,10 f.	
*	14. Was Gott dem Abraham verheißen		
214/5	15. Frohe Hirten, eilt, ach eilet	16. Lk 2,12	17. Schaut hin, dort liegt im finstern Stall
*	18. So geht denn hin, ihr Hirten geht		
213/3	19. Schlafe, mein Liebster, genieße der Ruh	20–21. Lk 2,14	
*	22. So recht, ihr Engel, jauchzt und singet		23. Wir singen dir in deinem Heer
	Teil III: *Dritter Weihnachtstag*		
214/9	24. Herrscher des Himmels, erhöre das Lallen	25–27. Lk 2,15	28. Das hat er alles uns getan
213/11	29. Herr, dein Mitleid, dein Erbarmen	30. Lk 2,16–19	
*	31. Schließe, mein Herze, dies selige Wunder		
*	32. Ja, ja mein Herz soll es bewahren		33. Ich will dich mit Fleiß be-wahren
		34. Lk 2,20	35. Seid froh dieweil
	24. Herrscher des Himmels (Da capo)		

Parodie-vorlage (BWV)	Madrigalische Dichtung*	Biblischer Bericht	Choralstrophen
	Teil IV: Neujahrstag		
213/1	36. Fallt mit Danken, fallt mit Loben	37. Lk 2,21	(+ Jesu, du mein liebstes Leben)
*	38. Immanuel, o süßes Wort		
213/5	39. Flößt, mein Heiland, flößt dein Namen		
*	40. Wohlan, dein Name soll allein		(+ Jesu meine Freud und Wonne)
213/7	41. Ich will nur dir zu Ehren leben		42. Jesus richte mein Beginnen
	Teil V: Sonntag nach Neujahr		
*	43. Ehre sei dir, Gott, gesungen	44. Mt 2,1	
*	45. Wohl euch, die ihr dies Licht gesehen		46. Dein Glanz all Finsternis verzehrt
215/7	47. Erleucht auch meine finstre Sinnen	48. Mt 2,2	
*	49. Warum wollt ihr erschrecken?	50. Mt 2,4–6	
*	51. Ach, wenn wird die Zeit erscheinen		
*	52. Mein Liebster herrschet schon		53. Zwar ist solche Herzensstube
	Teil VI: Epiphanias		
248.1/1	54. Herr, wenn die stolzen Feinde schnauben	55. Mt 2,7f.	
248.1/2	56. Du Falscher, suche nur den Herrn zu fällen		
248.1/3	57. Nur ein Wink von seinen Händen	58. Mt 2,9–11	59. Ich steh an deiner Krippen hier
		60. Mt 2,12	
248.1/4	61. So geht! Genug, mein Schatz geht nicht von hier		
248.1/5	62. Nun mögt ihr stolzen Feinde schrecken		
248.1/6	63. Was will der Höllen Schrecken nun		
248.1/7			64. Nun seid ihr wohl gerochen (figurierter Choral)

BWV 213   *Herkules am Scheidewege »Lasst uns sorgen, lasst uns wachen«*, Dramma per musica (9. September 1733)

BWV 214   *Tönet, ihr Pauken! Erschallet, Trompeten*, Dramma per musica (8. Dezember 1733)

BWV 215   *Preise dein Glücke, gesegnetes Sachsen*, Dramma per musica (5. Oktober 1734)

BWV 248.1   Kirchenkantate (Text, Entstehung und Anlass unbekannt)

* Neukomponierte madrigalische Texte

Vergleicht man das *Weihnachts-Oratorium* mit den drei Passionen, so zeigen sich im konzeptionellen Ansatz und in der formalen Gestaltung trotz zahlreicher Ähnlichkeiten signifikante Unterschiede. Das Werk profitierte erkennbar von Bachs Erfahrung mit den Passionsmusiken und zeigt ein nochmals höheres Maß an kompositorischem Raffinement, verbunden mit einer progressiveren stilistischen Ausrichtung. Ersteres wird besonders in der Behandlung der vierstimmigen Choräle deutlich, insofern die subtile Polyphonisierung des vierstimmigen Satzes die Choralharmonisierungen der 1720er-Jahre noch übertrifft. Dabei geht Bach sogar über die Choräle der *Markus-Passion* hinaus, indem er zumal die Binnenstimmen (Alt und Tenor) kontrapunktisch viel strenger führt und als aktivere und unabhängige Gesangslinien gestaltet. Hier bildet nun jede Stimme für sich eine ganz individuelle Melodie, die vertikalen und horizontalen Satzelemente sind in vollkommene Balance gebracht. Auch rhythmisch zeigen die Choralvertonungen ein auffallend lebendiges Profil, und häufiger als zuvor finden sich Beispiele von direkter Bezugnahme auf den Text.

Chöre und Arien spiegeln deutlich die stilistischen Anpassungen wider, die Bach in den 1730er-Jahren vornahm. Sie waren sicherlich beeinflusst von dem breit gefächerten Repertoire an moderner Vokal- und Instrumentalmusik, das in die Programme des Collegium Musicum aufgenommen wurde und unter anderem Werke von Telemann, Johann Adolph Hasse und Nicola Porpora enthielt. Stilistisch sind die madrigalischen Stücke des *Weihnachts-Oratoriums* sorgsam »maßgeschneidert«, was in Bachs Vokalmusik vor 1730 so nicht vorkam. Bis zu einem gewissen Grad hat diese Entwicklung ihre Wurzeln in dem weltlichen Ursprung vieler dieser Nummern. Doch zeigt sich ganz generell Bachs Bereitschaft, Konventionen aufzugreifen, die gerade in Mode waren. Dies wird in den beiden Chören »Ehre sei dir, Gott, gesungen« (Nr. 43) und »Herr, wenn die stolzen Feinde schnauben« (Nr. 54) deutlich. Beide stehen im schnellen $\frac{3}{8}$-Takt eines Passepied und zeigen die einprägsamen melodischen Phrasen und rhythmischen Muster dieses Tanztyps. Andere Sätze basieren ebenfalls auf Tanzformen, so Nr. 1, 24 und 36 (abermals im schnellen $\frac{3}{8}$-Takt) und der Menuett-Choral Nr. 42. In diesen Stücken verbindet sich eine teilweise bewusst verborgene kontrapunktische Polyphonie mit farbig-abwechslungsreicher Instrumentation.

Vor allem wegen der mehrteiligen Anlage und der Aufteilung der Aufführung auf mehrere Tage stand beim *Weihnachts-Oratorium* zwangsläufig die Formplanung im Zentrum von Bachs Überlegungen. Er wollte die sechs einzelnen Teile musikalisch klar voneinander unterscheiden, dabei aber zugleich den Gesamtzusammenhang im Auge behalten. Zu diesem Zweck schuf er eine vielschichtige Architektur, die vorwiegend durch Tonarten, instrumentale Klangfarben und musikalische Korrespondenzen strukturiert ist. Nach einem symmetrischen Schema, wie es den ersten beiden Passionsmusiken völlig fremd ist, sind Tonartenorganisation und Instrumentalbesetzungen logisch geplant und eng miteinander verknüpft (Tab. 6-9). Alle sechs Teile des Werkes bilden tonartlich wie klanglich eigenständige und in sich geschlossene Einheiten. Jeder Teil besitzt eine individuelle Gliederung mit tonal stabilen Chören, Arien und Chorälen und zeigt einen differenzierten Einsatz von Blech- und Holzbläsern. Die Haupttonart D-Dur und eine identische Instrumentalbesetzung bildet den Rahmen sowohl um die ersten drei Weihnachtsfeiertage als auch um den gesamten Zyklus. Der Neujahrstag – und gleichzeitig der Beginn der zweiten Hälfte des Werkes – wird in der scharf kontrastierenden B-Tonart F-Dur und mit der markant-abgesetzten Klangfarbe der beiden Hörner angekündigt.

Himmelfahrts-Oratorium

Die konzeptionellen Änderungen bei der Umwandlung der Osterkantate von 1725 in das *Oster-Oratorium* in den 1730er-Jahren fügen sich gut in Bachs Gesamtplan für seine Oratorien-Trilogie. Ganz im Gegensatz zur Passionsgeschichte sind die biblischen Berichte über die Weihnachts-, Oster- und Himmelfahrtsgeschichte in allen vier Evangelien nur sehr kurz und enthalten nur wenige oder gar keine Dialoge. Die einzigen Soliloquenten im *Weihnachts-Oratorium* sind »Angelus« in Nr. 13 und »Herodes« in Nr. 55; beide treten nur kurz auf. Der Engel in Teil II (Lukas 2,10–12: »Fürchtet euch nicht; siehe, ich verkündige euch große Freude ...«) ist der Sopranstimme zugeordnet, aber die Fortsetzung seiner Worte (Vers 12: »Und das habt zum Zeichen ...«) wird bereits wieder vom Evangelisten übernommen – ein Hinweis darauf, dass Bach auch hier die theatralische Wirkung der Musik innerhalb der Liturgie des Hauptgottesdienstes abschwächen wollte. Der Bibeltext des *Himmelfahrts-Oratoriums* entstammt der auf Luthers Wittenberger Amtskollegen Johannes Bugenhagen zurückgehenden Evangelienharmonie – eine Kompilation der unveränderten biblischen Berichte aus den vier Evangelien, das heißt im Fall der Himmelfahrtsgeschichte aus Lukas 24 und Apostelgeschichte 1.[29] Die daraus zusammengefügte kurze Erzählung besteht aus insgesamt acht Versen und ist auf vier Rezitative verteilt, die nur einen einzigen Dialog enthalten, und zwar in Nr. 7: »Da stunden bei ihnen zwei Männer in weißen Kleidern, welche auch sagten: Ihr Männer von Galiläa, was stehet ihr und sehet gen Himmel?«

Die Struktur des *Himmelfahrts-Oratoriums*, als dessen ungenannter Librettist am ehesten Picander anzunehmen ist, ähnelt stark den einzelnen Teilen des *Weihnachts-Oratoriums*. Drei der fünf madrigalischen Stücke wurden aus zwei verlorenen weltlichen Kantaten unterschiedlicher Herkunft und Entstehungszeit entlehnt; alles andere komponierte Bach neu (Tab. 6-11). Die Festkantate *Froher Tag, verlangte Stunden* BWV 1162, die bei der Wiedereinweihung der renovierten und vergrößerten Thomasschule am 5. Juni 1732 erklang,[30] lieferte die Vorlage für den ausgesprochen beschwingten Eingangschor im modernen $\frac{2}{4}$-Takt. Die folgenden Arien, beide aus der 1725 entstandenen Hochzeitskantate *Auf! süß entzückende Gewalt* BWV 1163 auf einen exquisiten Text von Johann Christoph Gottsched, hatten den Komponisten zu einer besonders zarten und ausdrucksstarken Vertonung inspiriert und bewahrte auch in der Oratorienfassung ihren sanften Charakter.

Da die Originalpartituren aller drei Parodievorlagen nicht erhalten sind, lässt sich das Ausmaß der redaktionellen Anpassungen und Verbesserungen des Komponisten an der Musik nicht feststellen. Doch lässt sich wenigstens eine mögliche Veränderung nennen: Die detaillierten Artikulationsangaben in der Unisono-Violinstimme von Arie Nr. 4 (die später die Grundlage für den Agnus-Dei-Satz der h-Moll-Messe bilden sollte) enthalten stilistisch neuartige Bindebögen über Taktstriche hinweg, wie sie in Bachs Partituren vor Mitte der 1730er-Jahre nicht zu finden sind (Abb. 6-8). Korrekturen in der autographen Partitur des Oratoriums deuten außerdem darauf hin, dass der Komponist die dreistimmige Instrumentalbesetzung der Sopran-Arie Nr. 10 geändert hat.

Tabelle 6-11 *Himmelfahrts-Oratorium* (1734/35)

Parodievorlagen*	Madrigalische Dichtung (Picander?)	Biblischer Bericht	Choralstrophen
BWV 1162/1	1. Chorus: Lobet Gott in seinen Reichen	2. Lk 24,50 f.	
—	3. Accompagnato (B): Ach, Jesu, ist dein Abschied		
BWV 1163/3	4. Aria (A): Ach, bleibe doch, mein liebstes Leben	5. Apg 1,9	6. Nun lieget alles unter dir
		7. Apg 1,10 f.	
—	8. Accompagnato (A): Ach ja, so komme bald zurück	9. Lk 24,52; Apg 1,12	
BWV 1163/5	10. Aria (S): Jesu, deine Gnadenblicke		11. Wenn soll es doch geschehen (figurierter Choral)

BWV 1162: *Froher Tag, verlangte Stunden*, Kantate auf einen Text von Johann Heinrich Winckler zur Wiedereinweihung der renovierten Thomasschule (5. Juni 1732); umgestaltet mit einem Text von Picander unter der Überschrift *Frohes Volk, vergnügte Sachsen* BWV 1158, zum Namenstag des Kurfürsten Friedrich August II. von Sachsen (3. August 1733)

BWV 1163: *Auf! süß entzückende Gewalt*, Kantate für die Hochzeit von Peter Homann und Sibylla Mencke (27. November 1725)

Demnach übernahm Bach ursprünglich im Oratorium das kammermusikalische Ensemble aus zwei Traversflöten für die beiden Oberstimmen und zwei Oboi da caccia für die hochliegende Bassetto-Stimme, machte aber in der Revision den Klang ungleich voluminöser: Zwei Unisono-Flöten und eine Oboe spielen die beiden Oberstimmen und Unisono-Violinen plus Bratschen spielen den Part des Bassetto.

Der Anteil von Neukompositionen im *Himmelfahrts-Oratorium* ist ähnlich wie im *Weihnachts-Oratorium* und betrifft die Accompagnato- bzw. Arioso-Sätze Nr. 3 und 8 sowie die Choralstrophen. Die beiden Accompagnati, die jeweils nur 11 bzw. 7 Takte lang sind, ähneln stark ihren Entsprechungen im *Weihnachts-Oratorium* (Nr. 7, 14, 18, 32, 40, 52 und 61), wobei es sich um Sätze handelt, die ebenfalls als Quasi-Präludien zu den Arien oder – seltener – als Postludien dienen. In dieser Hinsicht krönt das *Himmelfahrts-Oratorium* mit seinen beiden kunstvollen und harmonisch ausgefeilten Ariosi eine Entwicklung, die sich als eine Spezialität Bachs erweist: die Satzpaare aus Arioso (»Recitativo accompagnato«) und Arie als ausgedehnte Ruhepunkte zur reflektierenden Betrachtung. Eine solche Doppelfunktion findet sich erstmalig, wenngleich vereinzelt in der *Johannes-Passion* (Nr. 19–20 und 34–35), sodann systematisch angewandt in der gesamten *Matthäus-Passion* (vgl. Tab. 6-3). Seltsamerweise fehlt dieser Ansatz in der *Markus-Passion* völlig, vielleicht als Folge ihres knapperen und bescheideneren Zuschnitts.

Der Charakter der beiden Choralsätze des *Himmelfahrts-Oratoriums* ist sehr unterschiedlich: Nr. 6 bietet einen schlichten vierstimmigen Satz, während der figurierte Schlusschoral »Wenn soll es doch geschehen« (gesungen auf die Melodie »Von Gott will

Abbildung 6-8 *Himmelfahrts-Oratorium* BWV 11/4, autographe Reinschrift (1738), Ausschnitt

ich nicht lassen«, Erfurt 1572) von beträchtlicher Länge ist und den Cantus firmus im Sopran mit einem dichten polyphonen Unterbau präsentiert, der das Orchester mit ausgedehnten Concertato-Ritornellen einbezieht. In seiner kompositorischen Gestalt und seinem übergroßen Format von 71 Takten kennt der Satz im gesamten Vokalschaffen Bachs
nur ein einziges Gegenstück: den abschließenden, 68 Takte umfassenden figurierten
Choral von Teil VI des *Weihnachts-Oratoriums*. Die analoge Behandlung erstreckt sich
auch auf den bi-modalen Aufbau: Beide Choräle basieren auf Melodien im phrygischen
Modus bzw. in Moll und sind in der Tonart h-Moll harmonisiert, finden sich jedoch eingebettet in einen Orchestersatz von strahlendem D-Dur. Dies Phänomen erinnert an
den umgekehrten tonalen bzw. modalen Dualismus (e-Moll/G-Dur) im Eingangschor
der *Matthäus-Passion* und zeigt die Bandbreite der künstlerischen Mittel, die Bach in den
1730er-Jahren zur Verfügung standen. Die parallelen Finalsätze des *Weihnachts-* und des
Himmelfahrts-Oratoriums lassen auf eine sorgfältig geplante Korrespondenz schließen
und offenbaren die Absicht, den ersten und den letzten Teil einer großen biblischen
Geschichte, die in Musik erzählt wird, durch einen übergreifenden Bogen zu verbinden. Tatsächlich gelang Bach hier eine musikalische Erzählung der gesamten Heilsge-
schichte, in deren Zentrum die Passion steht, die aber von den jubelnden Klängen einer
Oratorien-Trilogie eingefasst und überhöht wird.

*

Um 1738, als Bach Reinschriften des *Oster-* und des *HimmelfahrtsOratoriums* anfertigte,
bereitete er auch eine gründliche Überarbeitung der *Johannes-Passion* vor, die er aber nie
vollendete (vgl. S. 203). Der fragmentarische Zustand der Revision der *Johannes-Passion*
und die Unterbrechungen der Arbeit am *Himmelfahrts-Oratorium* zwischen 1735 und 1738
hängen wohl kaum miteinander zusammen, deuten aber auf die anhaltend frustrieren-
den Erfahrungen des Thomaskantors mit der Verwaltung der Thomasschule in den späteren 1730er-Jahren. Diese missliche Situation führte schließlich dazu, dass Bach sich
zunehmend auf Projekte konzentrierte, die ihn persönlich interessierten – auf Kosten
kreativer Investitionen in die Leipziger Kirchenmusik. Das Kultivieren groß angelegter geistlicher Kompositionen und die enge Verzahnung der oratorischen Werke dieser

Zeit können schwerlich zufällig sein und bezeugen das Interesse des Komponisten an einer Erweiterung seiner musikalischen Perspektiven. So stellt etwa die Schlusszeile des *Oster-Oratoriums* »Der Löwe von Juda kommt siegend gezogen« eine auffällige Verbindung her zu dem Text »Der Held aus Juda siegt mit Macht« im Mittelteil der Arie Nr. 30 in der *Johannes-Passion* – und lädt dazu ein, nach weiteren Korrespondenzen zu suchen. So steht das Bild von Christus dem König, das im Eingangschor der *Johannes-Passion* »Herr, unser Herrscher« entworfen wird, in enger Beziehung zur Eröffnung des *Himmelfahrts-Oratoriums* »Lobet Gott in seinen Reichen« sowie zur Vision von der »Herrlichkeit« Christi im Schlusschoral. Dieses Stichwort wiederum ruft die Schlusszeile im Eingangschor des *Weihnachts-Oratoriums* auf, »lasst uns den Namen des Herrschers verehren«, sowie die Anfangszeile von dessen Teil III, »Herrscher des Himmels«.

Zusammenfassend lässt sich feststellen, dass Bach in diesen Werken ein bemerkenswertes Netz textlicher und musikalischer Korrespondenzen gewoben hat. Die zitierten Querverweise deuten zudem auf eine besondere, wohl beabsichtigte Verwandtschaft gerade der *Johannes-Passion* mit den drei Oratorien hin. Tatsächlich auch scheint Bach den Wunsch gehegt zu haben, eine zyklische Aufführung aller vier Werke innerhalb eines einzigen Kirchenjahres zu realisieren. Dies gelang ihm schließlich 1748/49, ein Jahr vor seinem Tod, mit einer Aufführung des gesamten Zyklus zu den entsprechenden liturgischen Terminen: das *Weihnachts-Oratorium* vom 1. Weihnachtstag bis Epiphanias zur Jahreswende 1749,[31] gefolgt von der *Johannes-Passion* am Karfreitag 1749, dem *Oster-Oratorium* am folgenden Ostersonntag und dem *Himmelfahrts-Oratorium* am Himmelfahrtstag.

Letztlich sollten alle geistlichen Werke Bachs ein und demselben Zweck dienen: die Gläubigen »zur Andacht aufzumuntern«, wie es in seinem feierlichen Gelöbnis bei der Übernahme des Thomaskantorats lautete.[32] Vielleicht ist es bezeichnend, dass dieser Eid mit einer persönlichen Bemerkung übereinstimmt, die er am Rand in seiner Bibel von 1681 (mit Kommentaren von Abraham Calov) notierte, die er 1733 erworben hatte. Als er einige Zeit später, vielleicht sogar während der Entstehung der Oratorien-Trilogie und der Überarbeitung der Passionen, über die Frage nachdachte, wie die Gegenwart der Gnade Gottes musikalisch zu vermitteln sei, schrieb er dort nieder: »Bey einer andächtigen Musique ist allezeit Gott mit seiner Gnadengegenwart.«[33] Dieser Satz darf gewiss als ein treffendes Motto für Bachs geistliche Musik insgesamt gelten, insbesondere aber für die imposante Werkgruppe für die Hauptfeste des Kirchenjahres – den großen liturgischen Messias-Zyklus.

Kapitel 7

Kritischer Rückblick

Revisionen, Transkriptionen, Umarbeitungen

Nach der Übersiedlung nach Leipzig im Jahr 1723 nahm Bachs kompositorischer Arbeitseifer erheblich zu: mit der kontinuierlichen Produktion von Kirchenkantaten und einem ebenso beeindruckenden Ertrag bei anderen musikalischen Aktivitäten. So waren die Notenregale der sogenannten »Componir Stube« in der Thomasschule wohl bereits prall gefüllt, als er 1729 zusätzliche Pflichten mit der Leitung des Leipziger Collegium Musicum übernahm. Zwei Jahre später, im Juni 1731, musste die Familie Bach im Zuge einer umfassenden Erweiterung und Renovierung des Schulgebäudes ihre Wohnung verlassen, in der sie die letzten acht Jahre gelebt hatte.[1] Während der elfmonatigen Bauphase bezog die Familie mit ihrem Hab und Gut ein provisorisches Quartier in der Hainstraße unweit des Thomaskirchhofes und konnte erst Ende April 1732 in ihre vergrößerte und renovierte Wohnung im Schulhaus zurückkehren. Ob Bach seinen gesamten Hausstand einschließlich der Instrumente und der umfangreichen Bibliothek in seinem Interimsquartier unterbringen konnte, ist ungewiss. Möglicherweise war er gezwungen, einiges zwischenzulagern, aber sicherlich erwartete ihn bei der Rückkehr eine bessere und geräumigere Wohnung. Die umständlichen und gewiss missliebigen Umzüge dürften eine Art Bestandsaufnahme erforderlich gemacht und den Komponisten veranlasst haben, seinen Musikalienvorrat zu sichten und nach wichtigen und weniger wichtigen Materialien zu durchforsten. Dieser Prozess dürfte ihn höchstwahrscheinlich auch dazu bewogen haben, zumindest einen Teil der umfassenden Sammlung von Partituren und Stimmen auszusortieren und sich von Dingen zu trennen, die er nicht mehr brauchte oder haben wollte – einschließlich Manuskripte seiner eigenen Werke.

Entsorgen oder bewahren

Das Interimsquartier, auf das Bach 1731/32 ausweichen musste, bot den letzten, aber keineswegs einzigen Anstoß, entbehrliches Material zu entsorgen. Sicherlich hatten bereits die Umzüge von Köthen nach Leipzig und zuvor von Weimar nach Köthen zu solchen Aktionen geführt. In diesem Zusammenhang erscheint es seltsam, dass von Bachs Jugendwerken sämtliche autographen Handschriften fehlen. Zur Erklärung mag das spätere Verhalten seines zweiten Sohnes Carl Philipp Emanuel dienen, der sich 1772 bei der Inventarisierung seiner Klavierwerke aller frühen Kompositionen entledigte. Seine erläuternde Notiz am Anfang seines chronologischen Werkverzeichnisses lautet: »Alle Arbeiten, vor dem Jahr 1733 [seinem 19. Lebensjahr], habe ich, weil sie zu sehr jugendlich waren, caßirt [verworfen].«[2] Ob der Sohn von einer ähnlichen Vernichtungsaktion seines Vaters wusste oder nicht: Tatsache ist, dass von der gesamten Musik Johann Sebastians, die er bis zu seinem 18. Lebensjahr komponierte, nichts in autographen Manuskripten überliefert ist. Da außerdem nur sehr wenige Werke, die er nach 1703 und bis etwa 1714 schrieb, in Originalpartituren überlebten,[3] ist ein erheblicher Teil seines frühen Schaffens wahrscheinlich einer oder mehreren Aufräumaktionen zum Opfer gefallen. Dies würde auch erklären, warum die Überlieferung von Werken aus der Zeit vor 1715 weitgehend auf Abschriften beruht, die vor allem von Schülern, Familienmitgliedern und engen Mitarbeitern angefertigt wurden. Und wenn Bach in seiner Rolle als Lehrer wertvolle kompositorische Exempel bieten wollte, ist es verständlich, wenn er später Werke, die er nicht mehr schätzte oder billigte, aus dem Verkehr zog.

Mangels nachprüfbarer Fakten bleibt der tatsächliche Umfang der verworfenen Werke ungewiss; dass Bach jedoch über die Weimarer und Köthener Jahre hinaus gewartet hätte, um sich von Werken zu trennen, die er nicht mehr haben wollte, ist unwahrscheinlich. Dennoch bot ihm die besondere Situation der Jahre 1731/32 die Gelegenheit, die Dinge noch gründlicher und mit reifem kritischem Blick zu sortieren. Dabei konnte er auch diejenigen der gesammelten Partituren und Stimmen, die er aufbewahrte, für einen praktischeren Zugriff organisieren – eine notwendige Voraussetzung für die Begutachtung, Auswahl und Entlehnung von früheren Werken, die ihn während der 1730er-Jahre beschäftigen sollte. Letztlich entschied er so, was ihm bewahrenswert war – nicht nur für seine eigene Zukunft, sondern auch darüber hinaus.

Nun steht außer Frage, dass Bach in den frühen 1730er-Jahren zunehmend ein Bewusstsein für das musikalische Erbe seiner Familie und seiner selbst entwickelte. 1735 stellte er ein umfangreiches Dokument mit dem Titel *Ursprung der musicalisch-Bachischen Familie* zusammen – eine kommentierte Familiengenealogie mit mehr als 50 Namen von Musikern aus sechs Generationen, die bis ins 16. Jahrhundert zurückreicht.[4] Ergänzt wurde sie durch eine parallele Sammlung unter dem Titel *Alt-Bachisches Archiv*, die Musikwerke etlicher Vorfahren aus dem 17. Jahrhundert enthielt. So sah sich Bach nicht nur in eine lange Familientradition eingebettet, sondern hielt auch fest, was seine eigene (fünfte) Generation an die nächste weitergeben würde. Zwei Mitglieder der sechsten Generation, Wilhelm Friedemann und Carl Philipp Emanuel, hatten um 1735 bereits ihre eigene berufliche Laufbahn in Dresden und Frankfurt an der Oder begonnen, und der stolze Vater konnte große Hoffnungen in ihre Zukunft hegen. Sicherlich hat er auch seinen Nachkommen ihre Herkunft und ihre individuelle Verantwortung für die Fortführung der geschätzten Familientraditionen bewusst gemacht. Aber ebenso ging es ihm darum, seinen eigenen Platz in der Geschichte zu fixieren, nicht nur innerhalb der Familie, sondern im weiteren Sinne, und schenkte darum Überlegungen zu seiner postumen Reputation erhöhte Aufmerksamkeit. Bemerkungen in der Genealogie zu Johann Christoph Bach (1642–1703), dem zweifellos bedeutendsten seiner Vorfahren, belegen sein differenziertes Einschätzungsvermögen: Er war laut Johann Sebastian »ein profonder Componist« – das einzige Familienmitglied, das eine solche Auszeichnung erhielt; und Carl, der das Dokument später erbte und sich sicherlich an das Urteil seines Vaters erinnerte, fügte nachträglich hinzu: »Dies ist der große und ausdrückende Componist.«[5] »Profund« und »ausdrückend« bezeichnen demnach die entscheidenden Qualitäten eines großen Komponisten und geben den Maßstab ab, den Bach seinen Söhnen und Schülern, vor allem aber sich selbst anlegte. In gleicher Weise diente er ihm wohl auch als Kriterium für die Unterscheidung zwischen bewahrenswerten Werken und solchen, die entsorgt zu werden verdienten.

Die unerbittliche Selbstkritik, mit der Bach unzulängliche Werke zurückwies, war eng mit der Sorge um sein Vermächtnis verbunden. Sie zeigt sich in den fortgesetzten Überarbeitungen und in einem ständigen Streben nach Verbesserung mit dem Ziel »musicalischer Vollkommenheit« – ein Bach'scher Begriff, der im Mittelpunkt eines Artikels von Johann Abraham Birnbaum von 1738 steht.[6] Dieses Streben nach kompositorischer Vervollkommnung war immer präsent, tief in Bachs Charakter verwurzelt und zeitlebens ein kreativer Faktor; es nahm jedoch in den 1730er-Jahren noch weiter zu und bezog sich nun nicht mehr so sehr auf neu komponierte Musik als vielmehr auf die zahlreichen Wiederaufführungen vorhandener eigener Werke. Diese betrafen fast alle Bereiche seiner Tätigkeit: das Repertoire der Kirchenmusik, die Programme des Collegium Musicum und den Unterricht von privaten Clavier- und Kompositionsschülern.

Das Jahr 1731 markiert eine Art Wendepunkt in Bachs Planung kompositorischer Projekte. Es war das Jahr der Veröffentlichung von Opus 1 – der Gesamtausgabe von *Clavier-Übung* I – und auch das Jahr der ersten Aufführung der *Markus-Passion*, der ersten groß angelegten Vokalkomposition auf der Grundlage vorhandenen Materials. Beide Ereignisse setzten gleichsam Schlusssteine, denn sie beendeten im Wesentlichen seine Auseinandersetzung mit den Gattungen Suite und Passionsoratorium und gaben den Weg frei für neue Herausforderungen im instrumentalen und vokalen Bereich. Darüber hinaus hatte sich Bach mit seinem Opus 1, das einen bedeutenden Schritt in die musikalische Öffentlichkeit darstellte, endgültig und unwiderruflich in die Riege der Komponisten eingereiht, mit denen man rechnen musste; und die drei gleichfalls bahnbrechenden Fortsetzungen dürften ihn in dem Bewusstsein bestärkt haben, dass er nunmehr eine herausragende Stellung erreicht hatte. Gleichzeitig – und ebenfalls im Sinne der Sicherung seines Vermächtnisses – ebnete die dritte Passion den Weg für weitere

Umarbeitungen größerer weltlicher Werke, und zwar in einer Weise, die sein geistliches Repertoire erheblich erweitern sollte.

Das sich abzeichnende Muster von Bachs kompositorischen Aktivitäten bestätigt diese Schlussfolgerung. Er vermied es, zur Routine zurückzukehren, zu jener Art von Werken, die er nun hinter sich lassen wollte: Kantaten, Sonaten, Suiten und Konzerte. Natürlich gab es sporadisch Umstände, die ihn veranlassten, von diesem Vorsatz Abstand zu nehmen, und er produzierte weiterhin gelegentlich Vokal- und Instrumentalwerke, was dann für gewöhnlich zu besonders originellen Ergebnissen führte. Repräsentative Beispiele finden sich etwa im Bereich der Kirchenkantaten, vor allem bei den Ergänzungen des Choralkantaten-Jahrgangs, darunter *Wachet auf, ruft uns die Stimme* BWV 140 (1731), *Ich ruf zu dir, Herr Jesu Christ* BWV 177 (1732), *Es ist das Heil uns kommen her* BWV 9 (1734), *Wär Gott nicht mit uns diese Zeit* BWV 14 (1735) und der Eingangschor von *Ein feste Burg ist unser Gott* BWV 80 (1739). Im Bereich der instrumentalen Ensemblemusik seien genannt: das Konzert C-Dur für zwei Cembali BWV 1061 (1732/33), die Sonaten für obligates Cembalo und Traversflöte in h-Moll BWV 1030 und A-Dur BWV 1032 (beide um 1736) und die Orchesterouvertüre mit obligater Traversflöte in h-Moll BWV 1067 (um 1738).

Keine zufällige Auslese

Abgesehen von den eben erwähnten Beispielen und einigen weiteren Einzelwerken in traditionellen Gattungen konzentrierten sich praktisch alle größeren kompositorischen Projekte Bachs ab den 1730er-Jahren entweder auf grundlegend neue Ideen, wie die Teile II bis IV der *Clavier-Übung* (siehe Kapitel 5), das *Musikalische Opfer*, die *Canonischen Veränderungen über »Vom Himmel hoch«* und die *Kunst der Fuge* (siehe Kapitel 8), oder sie betrafen vorwiegend die kritische Durchsicht, Zusammenstellung, Überarbeitung und Wiederverwendung bestehender Kompositionen. Letzteres führte zu einer durchaus bewussten Auslese und umfasste recht komplexe Arbeitsschritte, die sich im Wesentlichen in drei Kategorien gliedern lassen: das Zusammenstellen von vorhandener Musik in überarbeiteten Fassungen, das Transkribieren oder Bearbeiten von vorhandenen Stücken und das Eingliedern bestehender und neuer Kompositionen in größere Werkeinheiten.

Achtzehn Choräle für Orgel

Bachs Beschäftigung mit seinem ehrgeizigsten Orgelprojekt, dem III. Teil der *Clavier-Übung* (1739), veranlasste ihn, auf das zurückzublicken, was er auf diesem Gebiet bislang erreicht hatte, es zu bewerten und in einigen Fällen darauf aufzubauen. Die offensichtlichste Verbindung zwischen der Publikation von 1739 und seinen früheren Orgelwerken findet sich im großen Trio der *Clavier-Übung* über das lutherische Gloria-Lied »Allein Gott in der Höh sei Ehr« BWV 676 (siehe Tab. 5-6), dessen Thema zwei Orgelchorälen entstammt, die er mehr als 20 Jahre zuvor komponiert hatte.

Notenbeispiel 7-1 Drei Stufen der Entwicklung von »Allein Gott in der Höh sei Ehr«

Neben den kurzen Choralbearbeitungen des *Orgel-Büchleins* waren in den Weimarer Jahren auch viele größere Orgelchoräle entstanden, die an die Vertonungen von Dieterich Buxtehude und anderer norddeutscher Meister anknüpften – Kompositionen, die unmittelbar mit der langen Tradition der freien Fantasien und Präludien für Orgel verbunden waren. Diese ausgedehnten Stücke Bachs wurden jedoch nicht in einem Band gesammelt, sondern offenbar in einer Mappe mit einzelnen Manuskriptfaszikeln aufbewahrt, wie das einzige erhaltene Autograph der Weimarer Fassung von »Nun komm, der Heiden Heiland« BWV 660 nahelegt.[7] Die Frühfassungen der anderen wichtigen Choralbearbeitungen sind vor allem in Abschriften von Bachs Weimarer Schüler Johann Tobias Krebs und von seinem Weimarer Vetter Johann Gottfried Walther überliefert. Da keine weiteren autographen Handschriften aus der Originalmappe erhalten sind, bleibt deren Inhalt und Umfang weitgehend unbekannt. Doch ein Leipziger Manuskript, das größtenteils von Bachs Hand stammt und 17 Reinschriften revidierter Weimarer Orgelchoräle enthält, vermittelt einen zumindest ungefähren Eindruck vom Inhalt dieser Mappe, und zwar in Gestalt einer repräsentativen Auswahl älterer Stücke, die der Komponist für bewahrenswert hielt.

Dieses Manuskript,[8] das Bach um 1739 anlegte, bietet ein höchst informatives Bild (Tab. 7-1). Die insgesamt 18 enthaltenen Choralbearbeitungen beruhen auf einigen der geläufigsten lutherischen Melodien und scheinen ausschließlich zu dem Zweck zusammengestellt worden zu sein, das zu bewahren, was der Komponist für seine besten Stücke aus einer früheren Periode hielt. Die eher zufällige Auswahl der Choräle und die mehrfache Bearbeitung einiger Lieder wäre für eine zu veröffentlichende Sammlung nicht geeignet gewesen. Die ersten 15 Choräle (BWV 651–665), um 1739–1742 von Bach selbst eingetragen, zeigen im Vergleich zu den früheren Fassungen verschiedene Grade von Revisionen. Die Änderungen reichen von redaktionellen Verbesserungen einzelner Sätze über Feinabstimmungen der Stimmführung und Ergänzungen von Verzierungen bis hin zu umfangreicheren Überarbeitungen, einschließlich kleinerer oder auch beträchtlicher Erweiterungen. Mehr als die Hälfte der ausgewählten Stücke aber blieb im Wesentlichen unverändert und weist nur geringfügige redaktionelle Eingriffe auf. Das kalligraphische Erscheinungsbild der meisten Abschriften (so etwa BWV 651, Abb. 7-1) lässt zudem vermuten, dass Bach die Änderungen in den älteren Manuskripten vorgenommen hatte, bevor er die Werke reinschriftlich in das neue Manuskript eintrug und anschließend die nun überflüssigen früheren Versionen entsorgte. Nach etwa 1742

Tabelle 7-1 Das Leipziger Revisionsmanuskript der *Achtzehn Choräle* BWV 651–668

BWV	Werk	Choralbehandlung	Schreiber	Abweichung von den Frühfassungen
651	Fantasia super: Komm, heiliger Geist, Herre Gott	planer C. f. / B (Ped.); Organo pleno	J. S. Bach (1739–1742)	mit 80 zusätzlichen Takten substanziell erweitert
652	Komm, heiliger Geist, Herre Gott	verzierter C. f. / S; 2 Clav., Ped.	"	sorgfältig überarbeitet, sechs Takte ergänzt
653	An Wasserflüssen Babylon	verzierter C. f. / T; 2 Clav., Ped.	"	gründlich überarbeitet, sechs Takte ergänzt
654	Schmücke dich, o liebe Seele	verzierter C. f. / S; 2 Clav., Ped.	"	leicht redigiert
655	Trio super: Herr Jesu Christ, dich zu uns wend	planer C. f. / B (Ped.); 2 Clav., Ped.	"	leicht redigiert
656	O Lamm Gottes unschuldig (3 Variationen)	planer C. f. / S, A, B (Ped.)	"	leicht redigiert
657	Nun danket alle Gott	planer C. f. / S; 2 Clav., Ped.	"	leicht redigiert
658	Von Gott will ich nicht lassen	planer C. f. / T (Ped.)	"	gründlich überarbeitet
659	Nun komm, der Heiden Heiland	verzierter C. f. / S; 2 Clav., Ped.	"	leicht redigiert
660	Trio super: Nun komm, der Heiden Heiland	verzierter C. f. / S; »a due bassi«	"	gründlich überarbeitet
661	Nun komm, der Heiden Heiland	C. f. / B (Ped.); Organo pleno	"	leicht redigiert, Änderung der Notation
662	Allein Gott in der Höh sei Ehr	verzierter C. f. / S; 2 Clav., Ped.	"	leicht redigiert
663	Allein Gott in der Höh sei Ehr	verzierter C. f. / T; 2 Clav., Ped.	"	leicht redigiert, ein Takt ergänzt
664	Trio super: Allein Gott in der Höh sei Ehr	planer C. f. / B (Ped.); 2 Clav., Ped.	J. S. Bach (1746/47)	gründlich überarbeitet, Änderung der Notation
665	Jesus Christus, unser Heiland	planer C. f. / B (Ped.)	"	leicht redigiert
666	Jesus Christus, unser Heiland	planer C. f. / S	Altnickol (1747/48)	leicht redigiert
667	Komm, Gott Schöpfer, heiliger Geist (2 Variationen)	planer C. f. / S, B (Ped.); Organo pleno	"	BWV 631 um eine Bass-Durchführung von 26 Takten erweitert
668	Wenn wir in höchsten Nöten sein*	planer C. f. / S; 2 Clav., Ped.	Anon.12 (1750)	BWV 641 verändert und um 36 Takte erweitert

C. f. = Cantus firmus (Choralmelodie); S = Sopran, A = Alt, T = Tenor, B = Bass
Organo pleno = volles Werk; 2 Clav., Ped. = linke und rechte Hand auf zwei verschiedenen Manualen, Füße auf dem Pedal
* Vollständig im Druck der *Kunst der Fuge*; in *P 271* (Anm. 8) mit dem Titel »Vor deinen Thron tret ich hiermit« nur fragmentarisch überliefert

Abbildung 7-1 Fantasia »Komm, heiliger Geist, Herre Gott« BWV 651, autographe Reinschrift (ca. 1739/40)

scheint Bach die Arbeit an dem Projekt unterbrochen zu haben, griff sie aber um 1746/47 wieder auf. Danach bat der Komponist, offenbar von Sehproblemen geplagt, seinen Schüler (und ab 1749 Schwiegersohn) Johann Christoph Altnickol, von den beiden Chorälen BWV 666 und 667 Reinschriften anzufertigen, während BWV 668 noch in Arbeit war.

Der letzte Choral BWV 668 stellt einen Sonderfall dar, da er Bach offenbar in den letzten Monaten, vielleicht sogar in den letzten Wochen seines Lebens beschäftigte. Die Komposition ist die Erweiterung der kurzen Bearbeitung BWV 641 aus dem *Orgel-Büchlein*. Gleiches gilt für den unmittelbar vorangehenden Choral »Komm, Gott Schöpfer, heiliger Geist« BWV 667, eine 26-taktige Erweiterung des nur achttaktigen Chorals BWV 631, der in Weimar entstanden war. Spätestens in den 1740er-Jahren arbeitete Bach an einer ähnlichen Erweiterung des kurzen Chorals »Wenn wir in höchsten Nöten sein« BWV 641, den er von neun auf 45 Takte ausdehnte. Ende der 1740er-Jahre aber war diese Neufassung offenbar noch nicht so weit gediehen, dass sie von Altnickol hätte kopiert werden können. Tatsächlich taucht das Werk in dieser Form erst in der postumen Erstausgabe der *Kunst der Fuge* (1751) auf, dort noch unter der ursprünglichen Überschrift »Wenn wir in höchsten Nöten sein«. Ein Vermerk im Druck informiert über die Aufnahme »des am Ende beygefügten vierstimmig ausgearbeiteten Kirchenchorals, den der selige Mann in seiner Blindheit einem seiner Freunde aus dem Stehgreif in die Feder diktiert hat«.[9] Es ist allerdings unwahrscheinlich, dass Bach den erweiterten Choral bei dieser Gelegenheit diktiert hat, da er bereits existierte. Relevante Details werden nicht erwähnt, aber der unbekannte Freund könnte die erweiterte Fassung auf Bachs Pedalcembalo für den kränkelnden Komponisten gespielt haben, der sein Augenlicht verloren hatte, aber noch in Arbeitslaune war. Beim Hören mag Bach bemerkt haben, dass das Werk hier und da noch von redaktionellen Änderungen profitieren konnte, und wird einige kontrapunktische, melodische und rhythmische Korrekturen diktiert haben. In Erwartung des nahenden Todes schließlich scheint er den Freund gebeten zu haben, die Überschrift in »Vor deinen Thron tret ich hiermit« zu ändern – ein Lied, das auf die gleiche Melodie gesungen wurde. Diese endgültige Fassung von BWV 668 wurde schließlich ganz am Ende des Manuskripts der *Achtzehn Choräle* in einer Reinschrift von einem Schreiber eingetragen, der als Anonymus 12 bezeichnet wird.[10]

Die kompositorischen Modelle, die den Choralbearbeitungen zugrunde liegen, sind ebenso vielfältig und einfallsreich wie die des *Orgel-Büchleins*, vermeiden jedoch dessen Verdichtung auf die kleine Form. Zehn der achtzehn Stücke benötigen eine Aufführungsdauer von mehr als fünf Minuten, und das längste Stück, BWV 652, umfasst nicht weniger als 199 Takte. Wie im *Orgel-Büchlein* zeigen auch die Cantus-firmus-Bearbeitungen ganz unterschiedliche Ansätze von schlichten über mäßig ornamentierte bis hin zu stark verzierten Formen. Stilistisch reichen die Stücke von der Concertato-Fantasie (»Komm, heiliger Geist, Herre Gott«) über die virtuosen Choraltrios BWV 655 und 664 bis hin zu eher kontemplativen und expressiven Vertonungen wie BWV 654 und 659.

Ein Vergleich zwischen den älteren und neueren Fassungen dieser Werke erweist sich als aufschlussreich. Die Choralbearbeitung »An Wasserflüssen Babylon«, von der zwei ältere Fassungen existieren, scheint für den Prozess der Auswahl und Überarbeitung typisch zu sein. Die früheste Fassung, wahrscheinlich aus der Zeit vor Weimar, ist eine fünfstimmige Komposition von immenser harmonischer Dichte, die das Doppelpedal – beide Füße gleichzeitig auf der Pedalklaviatur – einsetzt, um die Darstellung der verzierten Choralmelodie in der Tenorlage, gespielt von der linken Hand, zu erleichtern. Wohl in Weimar verwandelte Bach diese etwas schwerfällige Version in eine transparentere vierstimmige Fassung. Die gründlich überarbeitete Leipziger Neufassung schließlich gibt dieser Zwischenfassung eine noch differenziertere melodisch-rhythmische Struktur und verwendet Elemente aus beiden Frühfassungen, entfernt sich dabei zugleich deutlich von den ehrwürdigen norddeutschen Vorbildern.

Dass Bach eine Anthologie seiner gelungensten Orgelchoräle in einem Manuskript zusammenstellte, wirft die Frage auf, ob er nicht auch eine entsprechend exemplarische Sammlung nicht-choralgebundener Orgelwerke vorbereitete, also mit Toccaten, Fantasien, Fugen und anderen groß angelegten freien Werken, die virtuose Kernstücke seines Vortragsrepertoires bildeten. Tatsächlich existiert keine Leipziger Manuskript-Anthologie mit solchen Stücken, doch wie der Hinweis im postumen Werkverzeichnis (siehe Tab. 1-1) nahelegt, hat Bach offenbar eine parallele Sammlung einzelner autographer oder abschriftlicher Reinschriften solcher Orgelkompositionen angelegt. Von dieser wohl größeren Anzahl von Werken ist jedoch nur eine einzige autographe Abschrift erhalten, und zwar von Präludium und Fuge h-Moll BWV 544.[11] Das Manuskript trägt auf dem Titelblatt den Namen »Christel« von Anna Magdalena Bachs Hand, was darauf hindeutet, dass es dem Erbe ihres jüngsten Sohnes Johann Christian zugeschlagen wurde, der auch das Pedalcembalo seines Vaters erhielt. Als Johann Sebastians Nachlass aufgeteilt wurde, war das Autograph von BWV 544 höchstwahrscheinlich Teil eines Stapels ähnlicher Orgelstücke, die für Johann Christian bestimmt waren,[12] der sie dann alle nach Berlin gebracht haben muss, wo er bis 1755 mit seinem Halbbruder Carl Philipp Emanuel lebte. Das Schicksal der anderen von Johann Christian geerbten Orgelmanuskripte bleibt unbekannt, doch würde ihr zeitweiliger Aufenthalt in Berlin die Existenz und Herkunft einiger Abschriften erklären, die dort nach 1750 entstanden sind. Einige repräsentative Sammlungen freier Orgelwerke vermögen einen Einblick in das Erbteil des jüngsten Bach-Sohnes zu geben, darunter vor allem eine Abschrift der sechs großen Präludien und Fugen BWV 543–548[13] von Johann Gottfried Siebe – eine homogene Reihe, die der Komponist möglicherweise als eine opusähnliche Sammlung verstanden wissen wollte.

Zweifellos verwendete Bach viel Sorgfalt auf das »Vermächtnisprojekt« der *Achtzehn Choräle*. Dem Manuskript fügte er schließlich eigenhändig die Aufführungsfassung der *Canonischen Veränderungen* über »Vom Himmel hoch« hinzu (Kapitel 8). Im Übrigen aber wandte er sich Mitte der 1740er-Jahre zunehmend größeren Revisionen, Verbesserungen und Überarbeitungen seiner bestehenden Opus-Sammlungen zu. Dazu gehörte der kurz zuvor vollendete zweite Teil des *Wohltemperierten Claviers*, aber auch die 20 Jahre früher entstandene Reihe der sechs Sonaten für obligates Cembalo und Violine, die er gründlich überarbeitete. Beide Arbeitsmanuskripte mit autographen Korrekturen wurden in der Folge durch Reinschriften ersetzt, die Bachs vertrauter Schüler Altnickol nach den Originalen anfertigte.[14]

Sechs »Schübler-Choräle« für Orgel

In den 1740er-Jahren stellte Bach in zwei weiteren opusartigen Sammlungen Stücke ähnlichen Gepräges zusammen, und zwar in neu angelegten und überarbeiteten Werkfassungen: die *Sechs Choräle von verschiedener Art* und eine Serie von Cembalokonzerten. Nur die erstgenannte Sammlung wurde vollständig realisiert und 1747/48 veröffentlicht (Abb. 7-2). Bei den sogenannten »Schübler-Chorälen« handelt es sich um Transkriptionen von Choralsätzen, die überwiegend dem Choralkantaten-Zyklus von 1724/25 entstammen (Tab. 7-2). In den 1740er-Jahren führte Bach die meisten, wenn nicht alle Choralkantaten erneut auf und nahm auch zahlreiche Änderungen an diesen Werken vor. Dieser Prozess veranlasste den Komponisten offenbar, einige geeignete Sätze für Orgel zu transkribieren. Da die Kantatensätze eigentlich ohnehin in der Art von Orgelchorälen komponiert waren, führte sie Bach somit in den späteren Transkriptionen mehr oder weniger auf ihren konzeptionellen Ursprung zurück.

Im Jahr 1747 vertraute Bach sowohl das *Musikalische Opfer* BWV 1079 als auch diese Choralbearbeitungen dem Notenstecher-Neuling Johann Georg Schübler aus Zella in Thüringen zur Publikation an. Warum er dies tat, bleibt schwer zu klären. Vielleicht war der erfahrene und angesehene Nürnberger Verleger Balthasar Schmid, der 1741 die *Goldberg-Variationen* gedruckt hatte und 1747 die *Canonischen Veränderungen* über »Vom Himmel hoch« übernahm, zu sehr beschäftigt, um eine so zeitaufwendige Arbeit wie den Stich des *Musikalischen Opfers* kurzfristig zu übernehmen. Vielleicht war Schmid aber auch zu teuer und Schübler bereit, seinem ehemaligen Lehrer Bach einen Gefallen zu tun. Wie dem auch sei: Die Qualität des Notenstichs von Schübler – dies gilt für

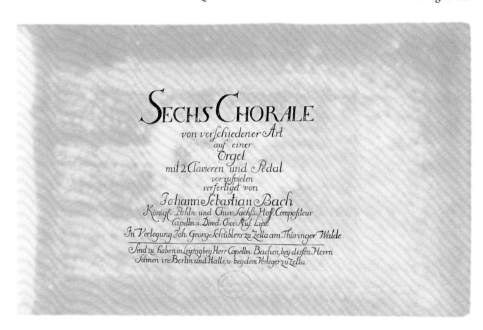

Abbildung 7-2 *Sechs Choräle* BWV 645–650, Titelblatt [Zella 1747/48]

BWV 1079, aber auch für die *Sechs Choräle* – konnte mit derjenigen von Schmid nicht mithalten. Überdies enthielt der Druck der Choraltranskriptionen zahlreiche Fehler im Notentext, die Bach später in verschiedenen gedruckten Exemplaren, die durch seine Hände gingen, mit Tinte korrigierte.[15] Die Art der Fehler deutet stark darauf hin, dass der Stecher mit einem schlampig geschriebenen und fehlerhaften Manuskript arbeiten musste, das vielleicht von einem Kopisten Bachs angefertigt worden war. Da sich der Komponist am Korrekturlesen der Platten offenbar nicht beteiligte – oder zu dieser Zeit wahrscheinlich nicht beteiligen konnte, scheint er nicht voll in die Veröffentlichung eingebunden gewesen zu sein.[16] Dies deutet wohl auf seine gleichzeitige Beschäftigung mit aufwendigen kompositorischen Projekten hin, denen er höhere Priorität einräumte, namentlich dem *Musikalischen Opfer*, den *Canonischen Veränderungen*, der *Kunst der Fuge* und der h-Moll-Messe.

Bach sah in den *Sechs Chorälen* wahrscheinlich ein kompaktes, praxistaugliches und gut vermarktbares Nebenprodukt, das seinen konkurrenzlosen Status als Komponist von Orgelwerken weiter steigern mochte. Die Sammlung besteht aus zwei Triopaaren zu Beginn und am Ende (BWV 645–646, BWV 649–650), die zwei vierstimmige Sätze einrahmen (BWV 647–648) – ein symmetrisches, für Bach sehr typisches Organisations-

Tabelle 7-2 Kantaten-Vorlagen für die *Sechs Choräle von verschiedener Art* (»Schübler-Choräle«) BWV 645–650

BWV	Choral	Kantatensatz-Vorlage	Datum der Kantate
645	Wachet auf, ruft uns die Stimme	BWV 140/4: Zion hört die Wächter singen Besetzung: Tenor (C. f.), Unisono-Streicher, Bc.	25. November 1731
646	Wo soll ich fliehen hin, oder Auf meinen lieben Gott	Verlorene Kantate Besetzung: Alt, hohes Obligatinstrument, Bc.	—
647	Wer nur den lieben Gott lässt walten	BWV 93/4: Er kennt die rechten Freudenstunden Besetzung: Sopran, Alt, Unisono-Streicher (C. f.), Bc.	9. Juli 1724
648	Meine Seele erhebt den Herren	BWV 10/5: Er denkt der Barmherzigkeit Besetzung: Alt, Tenor, Trompete oder zwei Oboen (C. f.), Bc.	2. Juli 1724
649	Ach bleib bei uns, Herr Jesu Christ	BWV 6/3: Ach bleib bei uns, Herr Jesu Christ Besetzung: Sopran (C. f.), Violoncello piccolo, Bc.	2. Apr. 1725
650	Kommst du nun, Jesu, vom Himmel herunter	BWV 137/2: Lobe den Herren, der alles so herrlich regieret Besetzung: Alt, Solo-Violine, Bc.	19. August 1725

schema. Jeder Satz bietet eine Durchführung der Choralmelodie, die sich, wie in den Überschriften angegeben, auf die Haupttitel der Liedmelodien bezieht, also nicht auf die in den Kantatenvorlagen jeweils unterlegten Strophen.[17] Die Realisierungen für die Orgel zeigen daher auch keine Tendenz zu konkreten Wort-Ton-Beziehungen, sondern evozieren gemäß Bachs bevorzugtem Kompositionsverfahren bei Orgelchorälen den allgemeinen Charakter des jeweiligen Kirchenliedes. In dieser Hinsicht stellen die »Schübler-Choräle« eine äußerst nützliche Sammlung beliebter lutherischer Kirchenlieder dar. Da es sich freilich um ein genuin Bach'sches Opus handelt, verlangen die Stücke vom Spieler ein hohes Maß an technischer Fertigkeit.

Cembalokonzerte

Das postume Werkverzeichnis (siehe Tab. 1-1) nennt summarisch »verschiedene Konzerte für ein, zwei, drei und vier Cembali«. Insgesamt umfasst das überlieferte Repertoire derartiger Kompositionen 13 Werke, wovon eine Gruppe von Konzerten für Solocembalo und Orchester als gesonderte Sammlung vorliegt. Die voluminöse autographe Partitur von 53 Blättern (ohne Titelblatt)[18] stammt aus der Zeit um 1738 und ist die letzte bekannte große Orchesterpartitur Bachs. Sie enthält sieben Konzerte und die Anfangstakte eines achten, keines davon neu komponiert und alle ohne Nummerierung (Tab. 7-3). Aus irgendeinem Grund hat Bach nicht vollendet, was er sich vorgenommen hatte, denn er brach die Partitur des letzten Konzerts ab, nachdem er nur das eröffnende Orchesterritornell eingetragen hatte. Der Schlusstakt blieb unvollständig und auch das letzte System der Seite blieb leer (Abb. 7-3).[19]

Der Anfang des Manuskripts ist typisch für Bachs Arbeitspartituren. Es beginnt mit der Standardformel »J. J.«, die für »Jesu juva« (»Jesus, hilf«) steht, geschrieben unmittelbar vor dem Titeleintrag des ersten Konzerts (Abb. 7-4). Bezeichnenderweise findet sich nach dem sechsten Konzert ein entsprechender Schlussvermerk, »Fine. »S[oli] D[eo] Gl[oria]«, gefolgt von acht leeren Notensystemen, die damit eindeutig das Ende einer Werkgruppe anzeigen (Abb. 7-5). Dies deutet darauf hin, dass Bach ursprünglich ein konventionelles Opus von sechs Konzerten plante. Dieses Opus hätte mit einem etwas ungewöhnlichen Konzert geendet, das zwei Blockflöten mit dem Solocembalo kombiniert, einer originellen Transkription des Brandenburgischen Konzerts Nr. 4. Doch nachdem er diese Partitur mit den sechs Konzerten BWV 1052–1057 fertiggestellt hatte, beschloss Bach offenbar, weitere Cembalokonzerte hinzuzufügen, kam aber nicht über ein einziges hinaus (BWV 1058) und beließ BWV 1059 als kurzes Fragment. Ein Grund, das Projekt zu diesem Zeitpunkt abzubrechen, ist nicht erkennbar.

Das Gesamtbild erweckt den Eindruck, als habe der Komponist zunächst ein Opus von sechs Konzerten für Cembalo solo geplant – vielleicht gar für eine Veröffentlichung –, dann aber eine Erweiterung der Sammlung erwogen. Zumal der Neubeginn mit BWV 1058 abermals die Eröffnungsformel »J. J.« enthält,[20] hatte Bach höchstwahrscheinlich ein erweitertes Opus von zwei mal sechs Konzerten im Sinn. Dies hätte ihm erlaubt, die Konzerte für zwei und drei Cembali einzubeziehen und damit seine Inno-

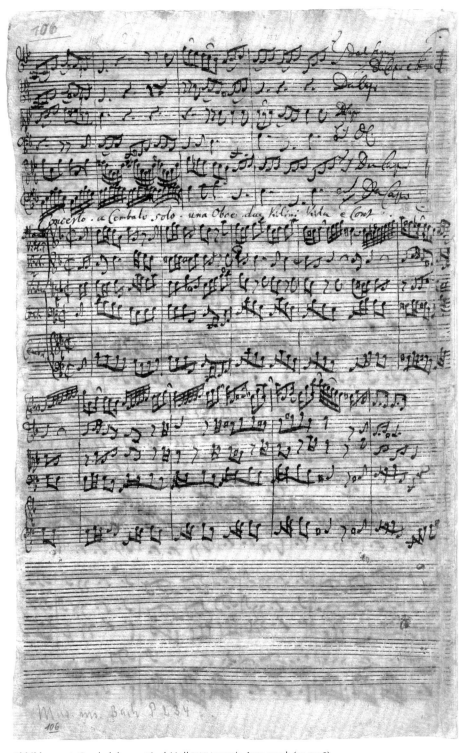

Abbildung 7-3 Cembalokonzert in d-Moll BWV 1059/1, Autograph (ca. 1738)

Tabelle 7-3 Konzerte für ein, zwei und drei Cembali und Orchester

BWV	Werk	Solo des Originalkonzerts (Originaltonart)	Orgelsolo in Kantate	Datum der Kantate
[Band 1]				
1052	[1] Konzert in d-Moll	Clavier (Orgel oder Cembalo)	BWV 146/1 und 2; BWV 188/1	1726; 1728
1053	[2] Konzert in E-Dur	Clavier (Orgel oder Cembalo)	BWV 169/1 und 5; BWV 49/1	1726
1054	[3] Konzert in D-Dur	Violine (BWV 1042: Konzert in E-Dur)	—	
1055	[4] Konzert in A-Dur	? Clavier	—	
1056	[5] Konzert in f-Moll	2 Satz: Oboe (BWV 156/1: Sinfonia in F-Dur)		1729?
1057	[6] Konzert in F-Dur	Violine (BWV 1049: *Brandenburgisches Konzert* Nr. 4 in G-Dur)	—	
[Band 2]				
1058	[7] Konzert in g-Moll	Violine (BWV 1041: Konzert in a-Moll)	—	
1059	[8] Konzert in d-Moll (frag.)	Clavier (Orgel oder Cembalo)	BWV 35/1 und 5	1726
		Ende der Handschrift		
1060	[9] Konzert in c-Moll	Oboe und Violine (?)	—	
1062	[10] Konzert in c-Moll	2 Violinen (BWV 1043: Konzert in d-Moll)	—	
1063	[11] Konzert in d-Moll	3 Cembali	—	
1064	[12] Konzert in C-Dur	3 Cembali	—	

vationen in dieser Gattung zu präsentieren. Leicht hätte er eine weitere Sammlung von sechs Konzerten zusammenstellen können, wenn er jeweils zwei Paare von Werken für zwei (BWV 1060, 1062) und drei Cembali (BWV 1063, 1064) herangezogen hätte.[21] Doch das hat er letztlich nicht getan. Welche Form und welchen Zweck Bach für ein mögliches zweibändiges Opus im Sinn hatte, bleibt darum ungewiss. Möglicherweise wurde das ehrgeizige Unternehmen angesichts seiner vielen anderen gleichzeitigen Projekte einfach zu umfangreich und zu anspruchsvoll. Denkbar wäre auch, dass Bach die Veröffentlichung eines Konzert-Opus als Antwort auf Händels Opus 4 in Erwägung zog, das 1738 erschienen war. Balthasar Schmid, der Verleger der *Goldberg-Variationen*, wäre wohl in diesem Fall eine logische Wahl gewesen, zumal Sohn Carl Philipp Emanuel in den 1740er-Jahren mehrere Klavierkonzerte bei ihm veröffentlichte. Ganz aufgegeben hat Bach diesen Plan aber wohl nie: Auch in den 1740er-Jahren kehrte er immer wieder zu der Konzertsammlung zurück und trug Ergänzungen und Überarbeitungen in das unvollendete Manuskript ein.[22]

Abbildung 7-4 Cembalokonzert in d-Moll BWV 1052/1, Beginn, Autograph (ca. 1738)

Abbildung 7-5 Cembalokonzert in F-Dur BWV 1057/3, Schluss, Autograph (ca. 1738)

In das Manuskript trug Bach alle Konzerte reinschriftlich ein; neu komponiert wurde keines von ihnen. Die Konzerte Nr. 3 und 7 sind Transkriptionen der Violinkonzerte in E-Dur bzw. a-Moll; Nr. 6 geht auf das *Brandenburgische Konzert* Nr. 4 in G-Dur für Solovioline, zwei Blockflöten und Streicher zurück. In allen drei Fällen wurde die ursprüngliche Solovioline durch ein Solocembalo ersetzt, während die Orchesterstimmen weitgehend unverändert blieben. Der Herausgeber Wilhelm Rust postulierte daher 1869, dass alle acht Cembalokonzerte aus Violinkonzerten abgeleitet worden sein müssen.[23] Dementsprechend ist auch das Konzert Nr. 1, das bekannteste der Cembalokonzerte, als Violinkonzert in d-Moll rekonstruiert worden.[24] Und da die Vorlage für den Mittelsatz von Nr. 5 eine Kantaten-Sinfonie für Oboe solo ist, wurden für die Konzerte Nr. 2, 4, 5 und 8 verschiedene alternative Melodieinstrumente – Querflöte, Oboe d'amore, Viola und andere – als Soloinstrumente vorgeschlagen.[25] Neuere Forschungen stellen die Voraussetzungen für solche Hypothesen jedoch infrage. Die Kantaten-Sinfonien, die die Vorlagen zu den Konzerten 1, 2 und 8 darstellen, legen zudem nahe, dass sie höchstwahrscheinlich auf früheren Clavierkonzerten basieren[26] und zur Ausführung auf Orgel oder Cembalo dienten; auch Nr. 4 könnte als ein solches Clavierkonzert entstanden sein.

Letztlich aber sind Vorgeschichte, Chronologie und ursprüngliche Bestimmung der verschiedenen Konzerte von untergeordneter Bedeutung, da sie Bach in der autographen Partitur unmissverständlich als Cembalokonzerte ausgewiesen hat. Als er mit der Zusammenstellung der Sammlung begann, hatte er eindeutig die Absicht, in einer weiteren Kategorie exemplarische Kompositionen vorzulegen, die seinen Ruf als Tastenkomponist und -virtuose festigen sollten. Als er dieses Projekt in den späten 1730er-Jahren in Angriff nahm, war ihm auch gewiss bewusst, dass die Gattung des Clavierkonzerts nicht mehr neu war. Zwar hatte Händel seine Orgelkonzerte op. 4 und 7 in den Jahren 1738 und 1739 veröffentlicht – komponiert worden waren sie jedoch schon früher. Gleichwohl mag die Kenntnis der Händel'schen Werke in dieser Gattung Bach motiviert haben, mit ähnlichen eigenen Kompositionen zu reagieren – und Händel darin womöglich zu übertreffen. Wie immer hatte er kaum ein Interesse daran, dieses Territorium an jemand anderen abzutreten.

Seit seinen Weimarer Jahren beschäftigte sich Bach durchgängig mit der Idee, Orgel und Cembalo in die Gattung des italienischen Konzerts einzubeziehen und damit eine eigenständige Alternative zum Violinkonzert zu entwickeln. Im Hintergrund standen seine zahlreichen Transkriptionen für Orgel und Cembalo von Violinkonzerten von Vivaldi und anderen. Die Cembalokadenz für das *Brandenburgische Konzert* Nr. 5 aus dem Jahr 1721 stellt dann einen erstaunlichen und beispiellosen Prototyp dar, der das Potenzial des Cembalos als Soloinstrument demonstrativ vorführt. 1725 wurde Bach auch am Dresdner Hof »sehr admiriret«, weil er Orgelkonzerte »mit unterlauffender Doucen Instrumental-Music« präsentierte.[27] In den folgenden Jahren griff er in einigen Leipziger Kantaten-Sinfonien auf die Orgel als Soloinstrument zurück – tatsächlich die Vorläufer von drei der Cembalokonzerte, die er später in die autographe Partitur eintrug (Tab. 7-3). Schließlich ebnete seine Rolle als Leiter des Collegium Musicum den Weg zur Entwicklung von Konzerten für ein, zwei, drei und vier Cembali. Gewiss zielten diese innovativen Werke nicht zuletzt darauf, dem Meister selbst, seinen Söhnen und seinen besten Schülern attraktive Aufführungsmöglichkeiten zu bieten. Zugleich aber legten sie den Grundstein für eine völlig neue Gattung.

Die autographe Arbeitspartitur der Cembalokonzerte offenbart im Detail den fast ausschließlichen Schwerpunkt von Bachs Revisionen: Er konzentrierte sich im Wesentlichen auf die Ausarbeitung der Solostimme, während die Orchesterstimmen nur sparsam verändert wurden. In allen sieben Konzerten betreffen die Korrekturen und Verzierungszusätze im Wesentlichen die Oberstimme (rechte Hand), die fast ausschließlich als Hauptträger der wichtigsten melodischen Linien sowie des gesamten figurativen Materials und des Passagenwerkes fungiert. Als Ableger des italienischen Violinkonzerts wies das frühe Clavierkonzert die eigentliche Solofunktion ausschließlich einer einzigen Stimme im Diskant zu, während sich die linke Hand im Allgemeinen eng an die Linie des Basso continuo hielt. Die sorgfältige Gestaltung der Diskantstimme war darauf ausgerichtet, optimale idiomatische Lösungen für die Tastenfiguration und das Passagenwerk zu finden, analog zu den etablierten italienischen Mustern des virtuosen Violinvokabulars. Bach allerdings schenkte auch der Rolle der linken Hand große Aufmerksamkeit und betrat in dieser Hinsicht tatsächlich Neuland. Wie die Überarbeitungen zeigen, war es eines seiner Hauptanliegen, die linke Hand von der Continuo-Linie zu lösen. Wahrscheinlich auf der Grundlage von improvisatorischen Experimenten, die nicht notiert wurden, schrieb er große Teile der Stimmen der linken Hand sorgfältig um, um sie unabhängiger zu machen. Diese signifikanten Änderungen dokumentieren in der Tat einen der entscheidendsten Schritte in der Entwicklung des Klavierkonzerts.

Die meisten der daraus schließlich hervorgegangenen typischen Effekte eines Virtuosenkonzerts, die beide Hände des Spielers einbeziehen, gab es zuvor in der Tastenmusik nicht, und sie mussten den Konventionen der Violinsoli entlehnt werden. Bach hatte diesen Prozess bereits in Weimar begonnen. Selbst Geiger, suchte er nach den besten und effektivsten Möglichkeiten, verschiedene Violintechniken auf die Tastatur zu übertragen, so etwa die sogenannte Bariolage – ein Effekt, der durch den raschen Bogenwechsel zwischen einer gleichbleibenden leeren Saite und sich ändernden gegriffenen Tönen auf einer anderen erzeugt wird; das folgende Beispiel zeigt zwei gegriffene und eine leere Saite.

Notenbeispiel 7-2 BWV 1004, Ciaccona, Bariolage-Passage, T. 236 f.

Bachs Ziel war es, solche Streicherfiguren in idiomatische und elegante Clavier-Modelle zu überführen. Die Adaption solcher Techniken lässt sich in den verschiedenen Stufen der Überarbeitung, wie sie in den Quellen des d-Moll-Konzerts BWV 1052 erhalten sind, gut nachvollziehen.[28]

Viele solcher Muster sind im gesamten Cembalokonzert-Manuskript zu finden, Figurationen, die für beide Hände entworfen sind und von Bach mit jener Art von virtuosem

Notenbeispiel 7-3 BWV 1052/1, Partitur des Streicherensembles (S) mit drei Versionen der Solopasssagen des Tasteninstruments (Bariolage-Adaptionen, T. 146–148)

Passagenwerk kombiniert werden, die er in exemplarischen Stücken wie der *Chromatischen Fantasie* BWV 903 oder der c-Moll-Fantasie BWV 906 kultiviert hatte. Ihm gelang damit ein genialer, visionärer Entwurf, der die Gattung des Klavierkonzerts auf ein vollkommen neues Niveau hob und zum Ausgangspunkt für seine Söhne und Schüler wurde.[29]

Während der gesamten 1730er-Jahre scheinen das Clavierkonzert und die Musik für Tasteninstrumente allgemein die Bereiche gewesen zu sein, die für Bach in der instrumentalen Musik am wichtigsten waren, und dies geschah eindeutig auf Kosten der Kammer- und Orchestermusik. Obwohl es zwischen 1729 und 1741 reichlich Gelegenheiten für die Aufführung instrumentaler Ensemblemusik durch das Collegium Musicum gab, war Bachs schöpferische Investition in diesem Bereich (soweit es die erhaltenen Quellen der entsprechenden Werke belegen) bestenfalls bescheiden, vor allem im Vergleich mit der bemerkenswerten Produktivität Georg Philipp Telemanns im selben Zeitraum. Nimmt man nur die dreibändige *Musique de Table* (Hamburg 1733) mit ihren Ouvertüren, Konzerten, Quartetten, Trios und Sonaten als repräsentatives Beispiel, so zeigt sich, dass Telemann sich intensiv mit verschiedenen Ansätzen für die unterschiedlichsten Instrumentalgattungen und Besetzungen auseinandersetzte und dabei häufig mit den gegebenen formalen Normen experimentierte. Bach hingegen verzichtete weitgehend auf eine Veränderung der formalen Modelle und wich nur selten vom dreisätzigen Konzert bzw. von der Sonate in Konzertmanier (schnell – langsam – schnell) oder von der viersätzigen Kammersonate (langsam – schnell – langsam – schnell) ab. Stattdessen richtete er seine Aufmerksamkeit vor allem auf die thematische und motivische Ausarbeitung innerhalb der einzelnen Sätze. In dieser Hinsicht kann sein letztes originales Ensemble-konzert, das »Concerto a sei« in d-Moll BWV 1043, besser bekannt als Doppelviolinkonzert, aus der Zeit um 1730 als Beispiel dienen. Da er in den 1730er-Jahren weitgehend in die Arbeit an seiner vierbändigen *Clavier-Übung* und an den Konzerten für ein und mehrere Cembali vertieft war, scheint er das weitere Feld der Instrumentalkomposition im Wesentlichen seinem Hamburger Kollegen und Freund überlassen zu haben, dessen Werke er bewunderte und gelegentlich aufführte.[30]

Auch wenn Bach seine Cembalokonzerte nicht publizierte, übten sie in Leipziger und Berliner Kreisen einen unmittelbaren Einfluss aus und wirkten insofern nachhaltig, als das Klavierkonzert in den Gattungskategorien der Epoche seinen festen Platz erhielt. Tatsächlich wurden die um die Mitte des 18. Jahrhunderts komponierten Klavierkonzerte auch überwiegend von Mitgliedern des Bach-Kreises geschrieben, nicht zuletzt von Carl Philipp Emanuel. Dieser begann bereits 1733, noch unter Anleitung seines Vaters, regelmäßig solche Werke zu komponieren und ließ eines seiner frühen Konzerte (Wq 11 in d-Moll) 1745 bei dem Verleger seines Vaters Balthasar Schmid in Nürnberg drucken. Carl allein komponierte etwa 55 Konzerte, und wenn wir diejenigen seiner Brüder und Cousins hinzurechnen, beläuft sich die Gesamtproduktion von Clavierkonzerten innerhalb der jüngeren Bach-Familie auf weit über hundert Werke.

Und wo der jüngste Bach-Sohn aufhörte, begann schließlich der junge Mozart. Es kann kaum ein Zufall sein, dass Leopold Mozart seinem Sohn Wolfgang die Aufgabe stellte, Johann Christian Bachs Sonaten op. 5 zu Konzerten für Klavier und Streicher (KV 107) umzuformen, um ihn mit jener Gattung vertraut zu machen, die so untrennbar mit dem Namen Bach verbunden war. Wie einst Bach von Vivaldi gelernt hatte, so lernte Mozart von einem Sohn Bachs.

Kyrie-Gloria-Messen

Der kompositionstechnische Ausgangspunkt für *Weihnachts-*, *Oster-* und *Himmelfahrts-Oratorium* bestand in der Wiederverwendung weltlicher Gelegenheitswerke mit dem Ziel, deren Musik für regelmäßig wiederkehrende Kirchenfeste nutzbar zu machen. Eine faszinierende Parallele dazu stellt Bachs liturgisches Repertoire lateinischer Messen dar, bei denen es sich um Umarbeitungen von geistlichen Kantatensätzen handelt, die neben den Oratorien Mitte der 1730er-Jahre entstanden. Auch hiermit beabsichtigte der Komponist, sein Repertoire für die hohen kirchlichen Feiertage zu erweitern. Die Vorgehensweise weist hier jedoch deutliche Unterschiede auf, und zwar nicht so sehr, weil sich die deutschen Kantatentexte und ihre lateinischen Textparodien inhaltlich unterscheiden, sondern vielmehr, weil die deutsche Prosodie, was Wortlängen, Betonungsverhältnisse und Intonation betrifft, vollkommen anders ist als die lateinische. Dies zeigt sich zum Beispiel, wenn der Text »Liebster Gott, erbarme dich« (–∪– ∪–∪–) gegen »Qui tollis peccata mundi« (∪–∪ ∪–∪ –∪) ausgetauscht wird. Vielleicht war es gerade diese Herausforderung, die Bach nach Lösungen suchen ließ, die nicht nur akzeptabel waren, sondern besser als die Ursprungsversionen. Die betreffenden Werke (Tab. 7-4) zeigen, dass ihm dies mustergültig gelang.

Tabelle 7-4 Die Kyrie-Gloria-Messen und ihre Parodievorlagen

Kyrie cum Gloria	h-Moll BWV 232^I	F-Dur BWV 233	A-Dur BWV 234	g-Moll BWV 235	G-Dur BWV 236
Vokal- und Bläser-besetzung	SSATB 3 Tr./Ti., Cor., 2 Fl., 2 Ob.	SATB 2 Cor., 2 Ob.	SATB 2 Fl.	SATB 2 Ob.	SATB 2 Ob.
Kyrie – Christe – Kyrie	1.* 2.** 3.*	1. BWV 233.1	1.**	1. BWV 102/1	1. BWV 179/1
Gloria – Et in terra pax	4.** 5.*	2.**	2. BWV 67/6	2. BWV 72/1	2. BWV 79/1
Laudamus te	6.**				
Gratias agimus tibi	7. BWV 29/1			3. BWV 187/4	3. BWV 138/4
Domine Deus	8.**	3.**	3.**		4. BWV 79/5
Domine Fili				4. BWV 187/3	
Qui tollis	9. BWV 46/1	4. BWV 102/3	4. BWV 179/5	5. BWV 187/5	
Qui sedes	10.**				
Quoniam	11.**	5. BWV 102/5	5. BWV 79/2		5. BWV 179/3
Cum Sancto Spiritu	12.*	6. BWV 40/1	6. BWV 136/1	6. BWV 187/1	6. BWV 17/1

* Vermutlich Originalkomposition ** Keine Parodievorlage feststellbar

Zu den liturgischen Vorgaben in den Leipziger Kirchen für den vormittäglichen Hauptgottesdienst an den hohen Festtagen (1. Weihnachtstag, Ostersonntag, Pfingstsonntag usw.) gehörte die Aufführung einer mehrstimmigen Messe, die nach lutherischer Tradition nur aus Kyrie und Gloria bestand. Aber auch im römisch-katholischen Ritus des sächsischen Hofes und andernorts hatte sich die Praxis der sogenannten Kyrie-Gloria-Messen durchgesetzt. Im ersten Jahrzehnt seines Kantorats zeigte Bach offenbar kein Interesse, solche »Kyrie cum Gloria«-Messen zu komponieren. Stattdessen führte er Messen anderer Komponisten auf und konzentrierte sich auf den Aufbau eines brauchbaren Kantatenrepertoires. Im Frühjahr 1733 ergab sich jedoch eine besondere Situation. Nach dem Tod von Kurfürst August »dem Starken« am 1. Februar plante dessen Sohn und Nachfolger Friedrich August II. für den 20. und 21. April einen Besuch in Leipzig zu einem Empfang durch den Rat der Stadt. Im Rahmen der offiziellen »Erbhuldigung« war für Sonntag, den 21. April, ein Festgottesdienst in der Nicolaikirche mit einer Predigt von Superintendent Deyling und Musik von Kantor Bach vorgesehen. Die Aufführung stellte eine erlaubte Ausnahme inmitten der musikfreien Trauerzeit dar, die vom sächsischen Hof mit Wirkung vom 2. Februar 1733 für die Dauer von sechs Monaten verordnet worden war. Für diesen besonderen Anlass und in Anbetracht des römisch-katholischen Glaubens der kurfürstlichen Familie war die Wahl einer lateinischen Messe die angemessenste Lösung, denn sie repräsentierte die Lutheranern und Katholiken einzig gemeinsame liturgisch-musikalische Gattung. Während aber der Bibeltext für die Predigt wie üblich veröffentlicht wurde, sind Details über die Musik nicht genannt. Ohne die folgenden weiteren Anhaltspunkte würden uns also über das, was tatsächlich aufgeführt wurde, keine Informationen zur Verfügung stehen.

Einige Monate nach der Erbhuldigung, Ende Juli 1733, reiste Bach nach Dresden und überreichte dem neuen Landesherrn den kompletten Stimmensatz einer Kyrie-Gloria-Messe in h-Moll BWV 232[I]. In der Widmungsformel auf dem Titelumschlag nimmt der Komponist ausdrücklich Bezug auf eine erfolgte Aufführung: »[...] bezeigte [...] mit inliegender Missa [...] seine unterthänigste Devotion«. Genaue Angaben fehlen, doch könnte die Aufführung im Rahmen des Leipziger Gottesdienstes am 21. April stattgefunden haben, zu dem auch der Kurfürst erwartet wurde. Im letzten Moment entschied sich dieser jedoch, dem evangelischen Gottesdienst in der ältesten Pfarrkirche Leipzigs fernzubleiben. Allerdings war das kurfürstliche Gefolge im Gottesdienst anwesend, sodass die Aufführung einer Kyrie-Gloria-Messe dennoch angemessen gewesen wäre. Sollte jedoch die Messaufführung in der Nikolaikirche aus welchen Gründen auch immer entfallen sein, wäre denkbar, dass später eine konzertante Aufführung in der Dresdner Sophienkirche stattfand – der evangelischen Hofkirche, an der Wilhelm Friedemann Bach gerade zum Organisten berufen worden war. Diese dürfte dann unmittelbar vor der offiziellen Übergabe der Stimmen für die Messe an den Kurfürsten am 27. Juli stattgefunden haben.[31]

Was auch immer geschah: Die Entstehung von Bachs erster Messkomposition ist eng mit dem Regierungswechsel von 1733 verbunden sowie mit Bachs Absicht, seine Autorität in Leipzig durch die direkte Unterstützung des Kurfürsten und Königs zu stärken. Die Strategie ging schließlich auf, denn 1736 erhielt er die Ernennung zum »Kurfürstlich Sächsischen und Königlich Polnischen Hofcompositeur«, ein Titel, dessen Privilegien ihm für den Rest seines Lebens erhebliche Vorteile vor allem gegenüber den Leipziger Behörden brachten.[32]

Nachdem Bach die Komposition von Kirchenkantaten für die regulären Sonntage des Kirchenjahres weitgehend eingestellt hatte – mit Ausnahme einiger Ergänzungen des Choralkantaten-Jahrgangs –, wandte er sich in den 1730er-Jahren den hohen kirchlichen Feiertagen zu. Dafür wandte er beträchtliche Zeit auf, um die vorhandenen großen Werke wie die Passionen und das Magnificat zu überarbeiten und ihnen eine endgültige Gestalt zu verleihen. Mit der Oratorien-Trilogie entstanden sodann neue Werke für Weihnachten, Ostern und Christi Himmelfahrt. In den Jahren 1738/39 schuf er außerdem nochmals zwei große Kantaten: *Freue dich, erlöste Schar* BWV 30 für den Johannistag und *Ein feste Burg ist unser Gott* BWV 80 für das Reformationsfest. Erstere war eine Parodie auf das weltliche Stück *Angenehmes Wiederau* BWV 30.1, Letztere die erweiterte Fassung einer bereits vorhandenen Reformationskantate. Die festliche Kyrie-Gloria-Messe von 1733 stellte somit eine recht außergewöhnliche Komposition dar. Angesichts ihrer einstündigen Dauer und ihres stattlichen Formats (opulente Besetzung mit fünfstimmigem Chor, Trompeten, Pauken und Holzbläsern) passte sie nicht in einen großen Festgottesdienst, in dem auch eine Kantate aufgeführt wurde (1733 wäre im Falle des Erbhuldigungs-

Gottesdienstes die Kantate entfallen). Darum entschloss sich Bach, dieses besondere Werk zu erweitern, woraus letztlich die vollständige Messe in h-Moll hervorgehen sollte. Doch zunächst weckte die Arbeit an der Erstfassung dieses Werkes ganz allgemein das Interesse des Komponisten an der Gattung Messe, inspirierte ihn zum weiteren Studium der Messen verschiedener (meist italienischer) Komponisten und führte schließlich zur Komposition mehrerer kompakter halbstündiger Kyrie-Gloria-Messen. Sie sind allesamt moderat besetzt und umfassen jeweils nicht mehr als sechs Sätze. Darüber hinaus machen sie im Unterschied zur solennen Messe von 1733 noch ausgiebiger Gebrauch von Anleihen aus Kirchenkantaten der 1720er-Jahre (Tab. 7-5). Die Messe in F-Dur BWV 233, greift sogar auf ein noch älteres Modell zurück; ihr Kyrie geht zurück auf das einzelne Kyrie »Christe, du Lamm Gottes« aus der frühen Weimarer Zeit.[33]

Die Datierung der vier kürzeren Messen auf die Zeit um 1738 basiert auf den autographen Partituren von BWV 234 und 236 (Abb. 7-6). Obwohl die Originalquellen für die anderen beiden Messen, BWV 235 und 233, nicht erhalten sind, dürfen sie mit den ersten beiden in Verbindung gebracht werden, da alle vier als Gruppe in einer späteren Reinschrift erscheinen (Reihenfolge: BWV 234, 236, 235, 233). Bach ließ diese Abschrift um 1748 von seinem Schüler Johann Christoph Altnickol anfertigen, etwa zur selben Zeit, als er selbst die Erweiterung des Kyrie und Gloria von 1733 zur vollständigen h-Moll-Messe fertigstellte. Ein Jahrzehnt zuvor waren die vier Kyrie-Gloria-Messen als Teil einer Reihe größerer Projekte entstanden, die Bach in den späten 1730er-Jahren besonders beschäftigten, nämlich zusammen mit den im vorigen Absatz genannten größeren Vokalwerken, mit Teil III der *Clavier-Übung* sowie mit den Anfängen der Arbeit an den *Achtzehn Chorälen*, dem II. Teil des *Wohltemperierten Claviers* und der *Kunst der Fuge*. Originale Aufführungsstimmen sind nur im Fall der A-Dur-Messe BWV 234 erhalten und belegen, dass das Werk mindestens drei Mal dargeboten wurde – um 1738, zwischen 1743 und 1746 und 1748/49. Lässt man diese Angaben als repräsentativ gelten, dürften wohl alle vier Messen in den späten 1730er- und in den 1740er-Jahren mehrfach aufgeführt worden sein.

Das Konzept eines einheitlichen Messen-Opus gibt sich in einer Reihe von gemeinsamen Merkmalen zu erkennen. Allen Werken liegt eine sechssätzige Struktur zugrunde, wobei die Gloria-Abschnitte jeweils aus einer symmetrischen Anordnung von zwei Chören bestehen, die drei Soli einrahmen. Ebenso sind in jedem der Werke die Tonarten und die Holzbläserbesetzungen systematisch durchorganisiert. Und anders als die Messe von 1733, die in h-Moll beginnt und in D-Dur endet, weisen die vier kürzeren Messen eine tonale Geschlossenheit auf, die an den kompakten Tonartenplan der sechs Teile des *Weihnachts-Oratoriums* erinnert (Tab. 6-9):

BWV 233: F-F-C-g-d-F
BWV 234: A-A-fis-h-D-A
BWV 235: g-g-d-B-Es-g
BWV 236: G-G-D-a-e-G

Von besonderer Bedeutung für den Zusammenhalt der Werkgruppe war Bachs ausschließliche Verwendung von geistlichen Parodievorlagen aus Kirchenkantaten der

Tabelle 7-5 Die Kyrie-Gloria-Messen und ihre geistlichen Parodievorlagen

BWV	Messensatz	BWV	Kantatensatz
233/1	Kyrie – Christe – Kyrie	233.1	(kein Kantatensatz)
233/2	Gloria in excelsis Deo	—	—
233/3	Domine Deus	—	—
233/4	Qui tollis peccata mundi	102/3	Weh der Seele, die den Schaden nicht mehr kennt
233/5	Quoniam to solus sanctus	102/5	Erschrecke doch, du allzu sichre Seele
233/6	Cum Sancto Spiritu	40/1	Darzu ist erschienen der Sohn Gottes
234/1	Kyrie – Christe – Kyrie	—	—
234/2	Gloria in excelsis Deo	67/6	Friede sei mit euch
234/3	Domine Deus	—	—
234/4	Qui tollis peccata mundi	179/5	Liebster Gott, erbarme dich
234/5	Quoniam to solus sanctus	79/2	Gott ist unsre Sonn und Schild
234/6	Cum Sancto Spiritu	136/1	Erforsche mich Gott
235/1	Kyrie – Christe – Kyrie	102/1	Herr, deine Augen sehen nach dem Glauben
235/2	Gloria in excelsis Deo	72/1	Alles nur nach Gottes Willen
235/3	Gratias agimus tibi	187/4	Darum sollt ihr nicht sorgen
235/4	Domine Fili unigenite	187/3	Du Herr, du krönst allein das Jahr
235/5	Qui tollis peccata mundi	187/5	Gott versorget alles Leben
235/6	Cum Sancto Spiritu	187/1	Es wartet alles auf dich
236/1	Kyrie – Christe – Kyrie	179/1	Siehe zu, dass deine Gottesfurcht nicht Heuchelei sei
236/2	Gloria in excelsis Deo	79/1	Gott der Herr ist Sonn und Schild
236/3	Gratias agimus tibi	138/4	Auf Gott steht meine Zuversicht
236/4	Domine Deus	79/5	Gott, ach Gott, verlass die Deinen nimmermehr
236/5	Quoniam to solus sanctus	179/3	Falscher Heuchler Ebenbild
236/6	Cum Sancto Spiritu	17/1	Wer Dank opfert, der preiset mich

Jahrgänge 1723/24 und 1725/26, von denen er Sätze besonderer Qualität und Subtilität auswählte. Zudem verbindet die Gruppe die sich überschneidende Verwendung von Parodiequellen: Die Messen in A- und G-Dur teilen sich sechs Sätze aus den Kantaten BWV 79 und 179, während die Messen in g-Moll und F-Dur insgesamt sieben Sätze aus den Kantaten BWV 102 und 187 verwenden (Tab. 7-4).

Es muss für Bach sowohl faszinierend als auch herausfordernd gewesen sein, eine neue und völlig andere Parodiemethode anzuwenden: Nicht nur geistliche, sondern außerdem deutschsprachige Vorlagen in lateinische Sätze umzuwandeln, wobei an die Stelle metrischer und gereimter Dichtung liturgische Prosa tritt. Eine zentrale Voraussetzung für erfolgreiches Parodieren, sei es von weltlicher zu geistlicher Musik

Abbildung 7-6 Messe in G-Dur BWV 236/1, Autograph (ca. 1738)

oder wie in diesem Fall von geistlicher zu geistlicher, ist die Affinität von Charakter und Ausdruck. Da Bach sein Werk natürlich sehr gut kannte und die meisten seiner Kantaten überdies mehrfach aufgeführt hatte, konnte er seine Parodievorlagen mit bemerkenswerter Präzision auswählen, sowohl im Gesamtcharakter als auch im Detail. Für die Chöre verwendete Bach durchweg Kantatensätze mit Bibeltexten, vielfach aus den Psalmen; die einzige Ausnahme bildet der Gloria-Chor BWV 235/2. Die Parodievorlagen für die Sätze BWV 233/2 und 234/2 sind unbekannt (Tab. 7-6 bzw. 7-5). Im Falle des Gloria-Satzes BWV 235/2 passt die Dichtung Salomon Francks (BWV 72/1) »Alles nur nach Gottes Willen, so bei Lust als Traurigkeit, so bei gut als böser Zeit [...], dies soll meine Losung sein« hervorragend als Parodievorlage zu dem Gloria-Lobgesang mit sei-

Tabelle 7-6 Kyrie- und Gloria-Chorsätze beruhend auf Bibeltext-Vertonungen

BWV 233/6	Cum Sancto Spiritu	BWV 40/1	1. Johannes 3,8
BWV 234/2	Gloria in excelsis	BWV 76/6	Johannes 20,19
BWV 234/6	Cum Sancto Spiritu	BWV 136/1	Psalm 139,36
BWV 235/1	Kyrie eleison	BWV 102/1	Jeremia 5,3
BWV 235/6	Cum Sancto Spiritu	BWV 187/1	Psalm 104, 27 f.
BWV 236/1	Kyrie eleison	BWV 79/1	Sirach 1,34
BWV 236/2	Gloria in excelsis	BWV 179/1	Psalm 84,12
BWV 236/6	Cum Sancto Spiritu	BWV 17/1	Psalm 50,23

ner emphatischen Tautologie »laudamus te, adoramus te, benedicimus te, glorificamus te«, verstärkt durch den jubelnden Charakter der Musik.

Die deutschen Texte der gewählten Parodievorlagen passten in der Regel sehr gut zu dem neu unterlegten lateinischen Text, wenngleich Bach in der Prosodie und in der musikalischen Vertonung meist sorgfältig abgestimmte Anpassungen vornehmen musste. Freilich hätte er die Sätze auch neu komponieren können, doch stellte er sich offenbar gern der Aufgabe, vorhandene Vertonungen zu bearbeiten. Es muss ihm eine besondere Genugtuung gewesen sein, sich ein durchaus gelungenes älteres Stück ein zweites Mal vorzunehmen, was er ja in den 1730er-Jahren häufig tat. So zeigen im Autograph der G-Dur-Messe BWV 236 die verschiedenen Anpassungen, die Bach zumal in der Generalbassstimme vornahm, sein Bestreben, den fünfstimmigen kontrapunktischen Satz weiter zu verbessern.

Der Eingangschor des Gloria der A-Dur-Messe BWV 234 bietet ein weiteres Beispiel dafür. Die Parodiewahl von Chor Nr. 6 aus der Kantate BWV 67 wurde eindeutig ausgelöst durch dessen Refrain »Friede sei mit euch«, der sich auf »et in terra pax« des liturgischen Hymnus beziehen lässt. Die Komposition des Kantatensatzes BWV 67/6 für Chor und Solobass (als »Vox Christi«) folgt jedoch streng der Dichtung, wobei das biblische Dictum viermal eingeschoben ist:

A1	Streicher:	Einleitung (Ritornello) –
B1	Bass:	Friede sei mit euch!
A2	Chor:	Wohl uns! Jesus hilft uns kämpfen Und die Wut der Feinde dämpfen, Hölle, Satan, weich!
B2	Bass:	Friede sei mit euch!
A3	Chor:	Jesus holet uns zum Frieden Und erquicket in uns Müden Geist und Leib zugleich.
B3	Bass:	Friede sei mit euch!
A4	Chor:	O Herr, hilf und laß gelingen, Durch den Tod hindurchzudringen In dein Ehrenreich!
B4	Bass:	Friede sei mit euch!

Bach hatte in diesem nachösterlichen Kantatensatz mit zwei stark kontrastierenden, sich abwechselnden musikalischen Ideen gearbeitet, die sehr unterschiedliche Affekte einander gegenüberstellen: (B) die beruhigenden Grußworte des auferstandenen Jesus und (A) die erregte, kämpferische Stimmung der Jünger, die gegen Satan und Tod für das Ehrenreich Christi kämpfen wollen. Die chorischen Abschnitte A (**C**: Vivace e forte) werden von lebhaft virtuosen Streichern begleitet (sie bestimmen auch das instrumentale Einleitungsritornell), wohingegen das Instrumentalensemble der lyrischen Soloabschnitte B ($\frac{3}{4}$: Adagio e piano) nur mit Flöte, zwei Oboi d'amore und Basso continuo besetzt ist.

Der kürzere liturgische Prosatext des A-Dur-Gloria erforderte nun jedoch nicht nur größere Anpassungen in der Textunterlegung, sondern auch eine völlige Neuordnung der Form und eine Umverteilung der ursprünglichen Vox-Christi-Partie auf drei verschiedene Solisten.

> Gloria in excelsis Deo.
> Et in terra pax hominibus bonae voluntatis.
> Laudamus te, benedicimus te, adoramus te, glorificamus te.
> Gratias agimus tibi propter magnam gloriam tuam.

Darüber hinaus mussten der Eröffnungstext des Gloria in die instrumentale Einleitung integriert und weitere Abschnitte (»Laudamus te« und »Glorificamus te«) im vierstimmigen Chorsatz neu komponiert werden:

A1	Chor:	Gloria in excelsis Deo.
B1	Alt:	Et in terra pax hominibus bonae voluntatis.
A2	Chor:	Laudamus te, benedicimus te,
B2	Bass:	Adoramus te,
A3	Chor:	Glorificamus te, laudamus te, benedicimus te,
B3	Tenor:	Adoramus te,
A4	Chor:	Glorificamus te, laudamus, benedicimus, adoramus te,
B4	Chor:	Gratias agimus tibi propter magnam gloriam tuam.

Ungeachtet all dieser Komplikationen präsentiert sich der daraus resultierende Messensatz (von gleicher Länge wie der Kantatensatz) nicht etwa als eine Behelfs- oder gar Notlösung, sondern vielmehr als eine höchst wirkungsvolle Weiterentwicklung der ursprünglichen Vokalkomposition. Dies gilt auch für den Solosatz »Qui tollis peccata mundi« derselben A-Dur-Messe, der aus der Kantatenarie »Liebster Gott, erbarme dich« BWV 179/5 abgeleitet ist – hier wird der musikalische Ausdruck von den sich inhaltlich entsprechenden Worten »miserere nobis« und »erbarme dich« bestimmt. Der Kantatensatz in a-Moll ist mit Sopran, zwei Oboi da caccia und Basso continuo (Cello, Kontrabass und Orgel) besetzt. Hingegen wird in der nach h-Moll transponierten Vertonung des Messensatzes die Sopranstimme begleitet von zwei Flöten und einem Bassetto (hohen Bass) aus Violinen und Violen im Unisono ohne Orgel. Diese Umbesetzung verleiht dem lateinischen Satz eine völlig neue klangliche Identität und vermittelt dessen Text in einer ungewöhnlich ergreifenden Atmosphäre.

Die angeführten Beispiele stehen stellvertretend für die beträchtlichen Modifikationen, die Bach im Zuge der Parodierung bestehender Kantatensätze vornahm. Diesen eindrucksvollen Leistungen im Umarbeitungsverfahren treten freilich gewichtige neukomponierte Teile an die Seite, die erforderlich waren, um der lateinischen Prosodie sowie der Bedeutung bestimmter Phrasen und Worte gerecht zu werden. Zu solchen Fällen zählt der Beginn des Finalsatzes der Messe BWV 234, der dem Textabschnitt »Cum Sancto Spiritu« zeremonielles Gewicht verleiht. Eine gründliche Überarbeitung und Erweiterung erfuhr auch das »Quoniam« der Messe BWV 236, und zwar in einer umbesetzten Fassung als Trio für Solo-Oboe, Tenorstimme und Continuo (ein Satz, der auf der Kantatenarie BWV 179/3 für zwei Oboen, zwei Violinen, Tenor und Continuo beruht). Ein weiteres Beispiel sind die erheblichen Verlängerungen von bis zu zwei Dutzend Takten in allen drei Solosätzen der Messe BWV 235 – ganz abgesehen von den wahrscheinlich neu komponierten Sätzen 2 und 3 der Messe BWV 233 (Tab. 7-4).

*

Die vier Kyrie-Gloria-Messen, die als gleichsam »veredelte« Parodien ausgewählter geistlicher Kantatensätze entstanden, belegen zum einen die hervorstechende Qualität ihrer Ursprungswerke und zum anderen eine unkonventionelle, wahrhaft kreative und hochentwickelte Adaptionspraxis. Bachs Arbeit an den Messen ist mit den etwa zeitgleichen Vertonungen der geistlichen Oratorien vergleichbar, die größtenteils von weltlichen Vorbildern abstammen. Freilich besteht kaum ein Zweifel daran, dass das Messen-Opus als eine kohärente Gruppe für sich stehen und seinen Platz unter Bachs besten Vokalwerken einnehmen sollte. Angesichts der wachsenden Abneigung des späteren 18. Jahrhunderts gegen die »schwülstigen« Barocktexte der Kantaten, Passionen und Oratorien waren es die Kyrie-Gloria-Messen und die h-Moll-Messe, die auf ganz entscheidende Weise Bachs Ruf als Vokalkomponist festigten. Tatsächlich wurden zwei komplette Sätze der G-Dur-bzw. der A-Dur-Messe als Beispiele in frühen Kompositionsabhandlungen abgedruckt: in Friedrich Wilhelm Marpurgs *Abhandlung von der Fuge* (Berlin 1754) und Johann Philipp Kirnbergers *Die Kunst des reinen Satzes in der Musik* (Königsberg 1779). Darüber hinaus war die 1818 veröffentlichte A-Dur-Messe eines der ersten größeren Vokalwerke Bachs, das vollständig im Druck erschien – eine der frühen Manifestationen der »Wiedererweckung« Bachs im 19. Jahrhundert.

Das Wohltemperierte Clavier, Teil II

Ein Nachfolge-Opus, das auf die Idee eines früheren Werkes zurückgreift, stellt eine absolute Anomalie in Bachs Schaffen dar. Dass Bach jedoch einen zweiten Band (BWV 870 bis 893) des *Wohltemperierten Claviers* vorbereitete, scheint bedingt gewesen zu sein durch die ausgiebige pädagogische Nutzung des Originals, das 1722 seine vorläufige Endgestalt erhalten hatte. Über die Jahre hinweg diente diese Sammlung als Grundlagentext in der Lehrwerkstatt des Komponisten. Die drei Konstituenten dieses Werks – improvisatorische Phantasie, gelehrter imitativer Kontrapunkt und tonartliche Vielfalt – standen nach wie vor im Zentrum von Bachs kompositorischem Interesse, und so sah er sich nach fast zwei Jahrzehnten veranlasst, einen neuen Band von Präludien und Fugen in allen Tonarten vorzulegen. Doch Bach zögerte wohl zunächst, ihn ausdrücklich als zweiten Teil zu bezeichnen. Erst 1744 ließ er von seinem vertrauten Kopisten Johann Christoph Altnickol eine Reinschrift mit der Überschrift »Des Wohltemperirten Claviers Zweyter Theil« anfertigen.[34] Verständlicherweise sollte sich der zweite Teil deutlich vom ersten unterscheiden. In einem früheren autographen Manuskript, das um 1739 begonnen wurde,[35] experimentierte er mit französischen Überschriften wie »Prélude et Fugue«, vermutlich um die Modernität der neuen Stücke gegenüber dem traditionelleren Stil des ersten Teils zu betonen, wo er die lateinischen Begriffe »Praeludium« und »Fuga« verwendet hatte. Letztendlich aber verzichtete er auf Äußerlichkeiten in der Titelformulierung und blieb bei dem akademischen Latein, wie Altnickols maßgebliche Abschrift erweist.

Strukturell ähnelt Teil II des *Wohltemperierten Claviers* seinem Vorgänger in nahezu jeder Hinsicht. Doch während Teil I die Präludien und Fugen in identischen Tonarten separat nummeriert (»Praeludium 1«, »Fuga 1« usw.), präsentiert Teil II sie eindeutig als Formpaar, so bereits in der Londoner autographen Partitur von 1739 (und auch später), nämlich mit den Überschriften »Prælude et Fugue 1« usw. (Abb. 7-7). Und waren in Teil I es-Moll-Präludium und dis-Moll-Fuge BWV 853/1–2 noch enharmonisch ambivalent, so steht in Teil II das Parallelpaar BWV 877/1–2 einheitlich in der Tonart dis-Moll. Was die stilistische Ausrichtung betrifft, spiegelt Teil II nicht nur eine Annäherung an die Vorlieben und Bedürfnisse einer jüngeren Generation von Studenten wider, sondern auch die gewandelten Prioritäten des Komponisten selbst. Am deutlichsten wird dies in einigen Präludien. Denjenigen in c, D, dis, E, e, f, G, gis und B liegen regelrechte zweiteilige Formen zugrunde, mit Wiederholungsstrichen nach beiden Teilen und einer offenen Anspielung auf das Sonatenformat, wie es seine komponierenden Söhne und Schüler bevorzugten. Die Stücke in Fis, As und h haben dagegen eine ritornellartige Form, und die Präludien in D, f, gis, B und H sind von galanten Melodien geprägt. Bei den Präludien in C, Es, E, F und g schließlich dominieren subtile kontrapunktische Züge und kleingliedrige Motivik.

Im Einklang mit dem allgemeinen stilistischen Trend zu einer schlankeren Polyphonie sind in Teil II die meisten der Fugen, insgesamt 15, dreistimmig gesetzt, die übrigen neun traditionell vierstimmig. Im Vergleich dazu enthält Teil I zwei fünfstimmige, zehn vierstimmige und elf dreistimmige Fugen sowie eine einzige zweistimmige Vertonung. Beide Bände präsentieren ein vergleichbares Spektrum von einfachen Fugen (gelegentlich kommen spezielle Kontrapunkttechniken zum Einsatz, wie thematische Umkehrung und Augmentation oder die Einführung von einem oder zwei festen Kontrasubjekten), doch finden sich in Teil II auch mehrere Doppelfugen sowie Fugen mit festen Kontrasubjekten von thematischem Gewicht, und zwar in den Werken in cis, g, gis, B, H und h. Unverkennbar stehen diese Werke in enger Verbindung zu der systematischen Beschäftigung mit den mehrthemigen Fugen der *Kunst der Fuge*, einem Kompositionsprojekt aus dem unmittelbaren Umfeld von Teil II.

Der auffälligste Unterschied zwischen den beiden Teilen des *Wohltemperierten Claviers* liegt in dem größeren Umfang der einzelnen Stücke: Sowohl die Präludien als auch die Fugen der zweiten Sammlung sind im Durchschnitt um ein Viertel bis ein Drittel länger als die von Teil I. In den Fugen ist die größere Länge nicht durch den Einbau ausgedehnter Zwischenspiele bedingt, sondern eher durch die Verwendung längerer Themen und durch eine insgesamt substanzvollere Ausarbeitung des musikalischen Materials.

Die Entstehungsgeschichte von Teil II ist schwer durchschaubar, da die Kompositionspartituren, auf deren Grundlage Bach die unvollständige autographe Reinschrift einer Zwischenfassung (1739–1742) erstellte, nicht erhalten sind. Doch erstreckte sich die Entstehung des Bandes offenbar über mehrere Jahre, und möglicherweise war er ursprünglich auch gar nicht als zweiter Teil des *Wohltemperierten Claviers* geplant, sondern als eine eher unsystematische Zusammenstellung von Präludien und Fugen. Auch scheint sich die Entstehung der Stücke von Teil II mit Revisionen zu überschneiden, die Bach in seine Abschrift von Teil I eintrug, zunächst 1732, dann um 1736 und erneut nach 1740, was zu dem Schluss führt, dass Teil II nicht als Ersatz, sondern als Fortsetzung und Ergänzung von Teil I gedacht war.

Die wichtigsten Etappen der Entstehung von Teil II sind in Tab. 7-7 zusammengefasst. Von den Frühfassungen der Stücke existieren, wie gesagt, keine Originalquellen, sodass ihre Chronologie unbekannt bleibt. Sekundärquellen in Form von Abschriften aus verlorenen Autographen dokumentieren jedoch Frühfassungen einiger Stücke.[36] Originalquellen für die erste Revision liegen in einem unvollständigen Manuskript vor, das zwei ursprünglich getrennte Abschriften vereint: A1 in der Hand des Komponisten (Präludien mit der Überschrift »Praeludium«), mit späteren Eintragungen seines Sohnes Wilhelm Friedemann; A2 von der Hand Bachs und seiner Frau Anna Magdalena

Tabelle 7-6 Kompositionsgeschichte des *Wohltemperierten Claviers*, Teil II

Stadium	Datum	Quelle	Schreiber‡	Präludien und Fugen
Frühfassungen*	vor 1739	Arbeitspartituren (verloren)	JSB	alle
Revisions-Fassungen A1 und A2	1739–1742	Reinschrift A1 (»Präludium«)	JSB, WFB	C, Cis, dis, Fis, As, gis, B, b, H
		Reinschrift A2 (»Prélude«)	JSB, AMB	c, d, Es, E, e, F, fis, G, g, A, a, b
Revisions-Fassung B	1742–1744	Revidierte Arbeitspartitur (verloren)	JSB	alle
	1744	Reinschrift	Altnickol	alle

* Nicht autograph, sondern nur in Sekundärquellen überliefert sind die Präludien in C, Cis, d und G sowie die Fugen (bisweilen als Fughetten bezeichnet) in c, Cis, Es, G und As.[1]

‡ JSB = Johann Sebastian Bach; AMB = Anna Magdalena Bach; WFB = Wilhelm Friedemann Bach

Abbildung 7-7 Präludium in C-Dur BWV 870/1, autographe Arbeitspartitur (1739–1742) mit von Wilhelm Friedmann Bach später hinzugefügtem Vermerk »par J«

(Präludien mit der Überschrift »Prélude«). Die zweite revidierte Fassung ist nicht in der Handschrift des Komponisten überliefert, sondern nur durch die bereits erwähnte Reinschrift von Bachs Schüler und späterem Schwiegersohn Johann Christoph Altnickol.

Innerhalb der Vorgeschichte von Teil II scheint eine Kerngruppe von Werken einer wahrscheinlich unvollständigen, um oder vor 1730 in Arbeit befindlichen Sammlung von fünf Präludien und Fughetten in C, d, e, F und G, BWV 870.1 und BWV 899–902 zu entstammen.[37] Das Präludium in C BWV 870.1 und die Fughetten in F BWV 901 und in G BWV 902 wurden in Teil II aufgenommen, alle in grundlegend überarbeiteter Form (und in einem Fall auch transponiert) als Präludium in C BWV 870/1, Fuge in As BWV 886/2 und Fuge in G BWV 884/2. Diese Beziehungen deuten darauf hin, dass Teil II bis zu einem gewissen Grad – der Gesamtumfang bleibt unbekannt – als eine Kompilation von Präludien und Fugen moderneren Zuschnitts begann, die sich als Ausgangspunkt für ein Schwesterwerk von Teil I eignen mochten. In diesem Sinne versteht sich Teil II als eines der zahlreichen Projekte der 1730er-Jahre, die sämtlich in die Rubrik einer allgemeinen Überprüfung und kritischen Durchsicht früherer Kompositionen fielen, wobei Bach nach einem geeigneten Platz für diejenigen Stücke suchte, die er nicht durch die Maschen fallen lassen wollte. Wohl bietet Teil II des *Wohltemperierten Claviers* ein singuläres Beispiel für ein Opus, das eng mit einem früheren Werk verbunden ist. Zugleich aber macht dieser zweite Band deutlich, dass der Komponist sich keineswegs wiederholen wollte, sondern immer auf der Suche nach neuen und originellen Lösungen blieb.

Insgesamt zeigen Bachs kompositorischen Bestrebungen nach 1730 eine klare Konzentration auf das, was er als seine Hauptdomänen betrachtete: anspruchsvolle Claviermusik und intrikate Vokalwerke. Seine musikalischen Projekte kreisten um diese Bereiche, in denen er eine besondere Expertise besaß und mit denen er Leistungen hervorbrachte, auf die er stolz konnte. Ganz allgemein wurde ihm auch die Frage seines musikalischen Vermächtnisses zunehmend wichtig. Nach den 1720er-Jahren begann das Tempo seiner Produktivität nachzulassen. Dennoch zeigen alle seine Projekte einschließlich der Werke, die er im Rückblick revidierte, den unverminderten Eifer, seine musikalischen Zielvorstellungen zu erweitern, zu vertiefen und neues Terrain zu erobern, ohne zu wiederholen, was er bereits erreicht hatte. So konnte er seine Autorität als Komponist festigen und bestätigen – gegenüber sich selbst, gegenüber seiner Umgebung, gegenüber der Nachwelt – und über allem »Soli Deo Gloria«.

Kapitel 8

Instrumentale und vokale Polyphonie im Zenit

Kunst der Fuge und h-Moll-Messe

Wenn es eine Kompositionsweise gibt, die engstens mit dem Namen Bach verbunden ist, dann ist es die Fuge – nicht als Gattung oder musikalische Form, sondern als ein Verfahren der imitativen Polyphonie, bei dem, wie der lateinische Begriff »fuga« besagt, »eine Stimme der andern gleichsam [...] nacheilet«.[1] Die schier unendlichen Möglichkeiten, aus einem einzigen Gedanken ein kunstvolles Stück zu entwickeln, haben Bach als Komponist und Musiker zeitlebens fasziniert. Und die *Kunst der Fuge* und die h-Moll-Messe – jene beiden Werke, die den Komponisten in seinen letzten Lebensjahren beschäftigten – legen von seiner wahrhaft leidenschaftlichen Hingabe ein beredtes Zeugnis ab: *Die Kunst der Fuge* als ein Werk, das vollständig dem Konzept der Fugenkomposition gewidmet ist, und die h-Moll-Messe mit ihrer großen Anzahl von Chorfugen. Zusammen markieren sie den Schlusspunkt von Bachs musikalischem Œuvre, auch wenn keines der beiden Werke mit dieser Zielsetzung begonnen wurde.

Die Anfänge der *Kunst der Fuge* in den späten 1730er-Jahren überlappen sich mit der Entstehung der letzten beiden Teile der *Clavier-Übung* und des zweiten Teils des *Wohltemperierten Claviers*. Eine vollständige Erstfassung wurde um 1742 in einer autographen Reinschrift niedergelegt – zu einer Zeit, als die solenne Kyrie-Gloria-Messe von 1733 zwar längst geschrieben, die h-Moll-Messe als solche aber noch kaum in Sicht war. Obgleich die beiden späten Werke in Bachs Laufbahn als doppelter Schlussstein emporragen, hätten durchaus noch weitere Werke folgen können, wenn es die Gesundheit des Komponisten zugelassen hätte. Ende der 1740er-Jahre aber wurde er von immer größeren Sehproblemen behindert. Doch getrieben von einem unbändigen Lebenswillen und dem unerschütterlichen Vorsatz, sein kreatives Schaffen fortzusetzen, fasste er im Frühjahr 1750 den Entschluss, sich einer ausgesprochen riskanten Augenoperation zu unterziehen. Leider brachte der Eingriff nicht den gewünschten Erfolg, und im Anschluss an die Operation verschlechterte sich Bachs Gesundheitszustand zusehends, sodass er wenige Monate später starb.

Der weitere Entstehungskontext, der die Richtung der beiden Werkprojekte in den 1740er-Jahren bestimmte, erscheint klar. In erster Linie profitierte Bach in vollem Umfang von dem Titel eines »Kurfürstlich Sächsischen und Königlich Polnischen Hof-Compositeurs«, der ihm im Dezember 1736 verliehen worden war. Mit dieser Ernennung verband sich ein neuer, gehobener Status, der ihn von den kleinlichen Kämpfen und ständigen kleineren Konflikten mit den städtischen Leipziger Behörden weitgehend befreite. Wohl nicht zuletzt wegen der tiefen Frustration über die sich verschlechternden Arbeitsbedingungen – ausgelöst unter anderem durch einen langwierigen Streit mit dem Thomasschul-Rektor über die Ernennung von Chorpräfekten – entwickelte Bach in späteren Jahren eine zunehmend lockere Einstellung gegenüber seinen Amtspflichten. Gewiss leitete und verwaltete er weiterhin das Kantorat mit den ihm zur Verfügung stehenden studentischen Hilfskräften, doch investierte er nicht mehr jenes bemerkenswerte Maß an kreativer Energie, das er einst für die Leipziger Kirchenmusik aufgewendet hatte. Seine gewandelten Prioritäten sind ebenso auffallend wie bezeichnend, vor allem im Blick auf die Zurückstellung dienstlicher Verpflichtungen gegenüber den eigenen künstlerischen Neigungen und musikalischen Interessen.

Erstmals und deutlich manifestiert sich Bachs Hinwendung zu immer anspruchsvolleren kontrapunktischen Studien in Teil III der *Clavier-Übung* (siehe Kapitel 5), zumal in den retrospektiven Stile-antico-Sätzen und in den kanonischen Choralbearbeitungen. Diese Tendenz scheint in direktem Zusammenhang mit seiner privaten Lehrtätigkeit zu stehen: Zu einer Reihe akademisch gebildeter Schüler gehörten Lorenz Christoph Mizler, Johann Friedrich Agricola und Johann Philipp Kirnberger, die alle drei zu führenden Musiktheoretikern aufsteigen sollten. Tatsächlich hielt Mizler an der Universität Leipzig Vorlesungen über Kontrapunkt und veröffentlichte 1742 – gleichsam unter Bachs Augen – eine kommentierte deutsche Übersetzung der lateinischen Kontrapunkt-Abhandlung *Gradus ad Parnassum* (Wien 1724) von Johann Joseph Fux. Bach besaß ein Exemplar des lateinischen Originals, war aber mit Fux' Lehrmethode nicht einverstanden. Vielmehr erweiterte er den Kontrapunkt-Unterricht, der sich traditionell im Rahmen zwei-, drei- und vierstimmiger Polyphonie bewegte, indem er speziell auf die Probleme einging, die im fünf- und mehrstimmigen Satz auftreten und von den Theoretikern bisher nicht erörtert worden waren. Agricola und Kirnberger übermittelten beide das von ihrem Lehrer neu entwickelte Regelwerk für den Umgang mit fünfstimmigem Kontrapunkt. Agricola tat dies in deutscher Sprache und trug die Regeln handschriftlich in sein persönliches Exemplar von Mizlers Fux-Übersetzung ein; Kirnberger veröffentlichte sie später im lateinischen Original unter dem Titel »Regula Ioh. Seb. Bachii« (Abb. 8-1) in seiner Abhandlung *Die Kunst des reinen Satzes in der Musik* (Königsberg 1774–1779).

Im Interesse einer ausgewogenen vertikalen Harmonie der horizontal geführten Stimmen konzentrieren sich Bachs Regeln auf die Töne eines fünf- oder mehrstimmigen Akkords, insbesondere auf übermäßige und verminderte Intervalle, deren Verdopplungen er verbietet.[2] In ihrer Gesamtheit exemplifiziert werden diese Regeln erstmals im extrem chromatischen Schlussabschnitt seines fünfstimmigen Orgelchorals »Kyrie, Gott heiliger Geist« BWV 671, komponiert für die *Clavier-Übung* III von 1739 (siehe S. 176).

Jede Verdopplung der eingekreisten Noten im folgenden Beispiel – ausnahmslos über-mäßige und verminderte Intervalle – hätte gegen Bachs Regeln verstoßen.

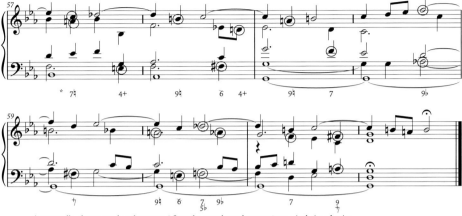

* Intervalle, deren Verdopplung gemäß Bachs Regeln verboten wären, sind eingekreist.

Notenbeispiel 8-1 Orgelchoral »Kyrie, Gott heiliger Geist« BWV 671, fünfstimmiger chromatischer Schluss

Abbildung 8-1 »Regula Ioh. Seb. Bachii« BWV 1129, in: Johann Philipp Kirnberger, *Die Kunst des reinen Satzes in der Musik*, Bd. II/3, Berlin 1779

Komponieren, Unterrichten und aktives Musizieren waren für Bach zu allen Zeiten un-trennbar miteinander verbunden, ab Mitte der 1730er-Jahre jedoch zog ihn der kunst-volle gelehrte Kontrapunkt wie nie zuvor in seinen Bann. Auch wenn er sich über aktu-elle musikalische Trends auf dem Laufenden hielt und es offensichtlich genoss, diesen entgegenzukommen (wie etwa in seiner 1742 entstandenen Cantate burlesque *Mer hahn en neue Oberkeet* BWV 212), zeigt der größte Teil seiner Hauptwerke in den 1740er-Jahren eine immer häufigere und mannigfaltigere Anwendung besonderer Kontrapunkttechniken. Unterrichtsaufzeichnungen, die er um 1739–1742 anfertigte, bestätigen seinen Fokus auf doppeltem Kontrapunkt und kanonischen Schreibarten. Oft beziehen sich die Aufzeichnungen auf historisches Material über Kanon- und Fugentechniken, wie es in den Schriften von Gioseffo Zarlino und Seth Calvisius enthalten ist (Abb. 8-2).[3]

Abbildung 8-2 *Canones aliquot per Josephum Zarlinum* BWV 1130, autographe Unterrichtsnotizen (1742/43), Ausschnitt

Bachs Fachkenntnis auf diesem Gebiet sprach sich in Leipziger Intellektuellen-kreisen offenbar herum. So bat ihn beispielsweise der Universitätsprofessor für Philosophie und Physik Johann Friedrich Mentz, einen Rätselkanon von Teodore Riccio (ca. 1540–1600) aufzulösen, den er in einem alten Freundschaftsalbum in seinem Besitz gefunden hatte.[4] Darüber hinaus erörterte Bach kontrapunktische Probleme offenbar auch gern mit seinem ältesten Sohn Wilhelm Friedemann. Dies belegt ein Manuskript mit verschiedenen gemeinsamen kontrapunktischen Studien von Vater und Sohn aus den späten 1730er-Jahren (Abb. 8-3). Bemerkenswerterweise werden diese theoretischen Aktivitäten ergänzt durch Aufführungen verschiedener Messen von Palestrina, dem klassischen Meister der Vokalpolyphonie, im Rahmen der Leipziger Kirchenmusik. So führte Bach dessen sechsstimmige *Missa sine nomine* von 1590 und die vierstimmige *Missa »Ecce sacerdos«* von 1554 auf, aber auch Francesco Gasparinis vierstimmige *Missa canonica* von 1706 im Stile antico (Abb. 8-4). Die aus der Zeit um 1740–1742 stammenden Aufführungsmaterialien wurden größtenteils von Bach selbst vorbereitet – ein anschauliches Zeugnis für seine Vorliebe, Studium und Aufführung miteinander zu verbinden.

Abbildung 8-3 Johann Sebastian und Wilhelm Friedemann Bach, gemeinsame Kontrapunktstudien BWV 1132, Doppelautograph (1736–1739), Ausschnitt

Und schließlich war einer der charakteristischsten Aspekte von Bachs Kompositionsmethode das Prinzip der »elaboratio« (Ausarbeitung). Schon sehr früh neigte er dazu, musikalische Ideen – egal, ob eine vorgegebene Choralmelodie oder ein selbst gewähltes Fugenthema – bis ins Detail auszuarbeiten, um möglichst tief in das Material einzudringen und »die verstecktesten Geheimnisse der Harmonie« zu entdecken.[5] Diese impliziten Geheimnisse aufzudecken und somit einer musikalischen Komposition eine möglichst vollendete Gestalt zu geben, war seine wahre und anhaltende Leidenschaft. Als Kompositionsstudent, der im Wesentlichen Autodidakt war, soll Bach »größtentheils nur durch das Betrachten der Wercke der damaligen berühmten und gründlichen Componisten und angewandtes eigenes Nachsinnen« gelernt haben.[6] Auch sei er – ebenfalls nach den Worten Carl Philipp Emanuels – durch »bloß eigenes Nachsinnen [...] schon in seiner Jugend zum reinen u. starcken Fugisten« geworden.[7] Es war dieses »eigene Nachsinnen«, das sein Studium der »exempla classica« ergänzte, besonders in Bezug auf die Fuge. Von Anfang an interessierte er sich stark für die Komposition eines Fugensatzes, der auf kontrapunktischer Ausarbeitung eines gegebenen oder selbst entworfenen Themas beruht. Der Nekrolog rühmte denn auch seine Fähigkeit, schon beim Hören eines Themas »fast alles, was nur künstliches darüber hervorgebracht werden konnte, gleichsam im Augenblicke gegenwärtig zu haben«.[8] Diese außergewöhnliche Gabe war die Grundlage seiner Arbeitsweise bei der Ausarbeitung thematischer Gedanken und erklärt sein erstaunliches Talent, verborgenes kontrapunktisches Potenzial freizulegen.

Die enge Verbindung von Ausarbeitung und Veränderung (Variation) in Bachs Kompositionsmethode zeigt sich darin, dass er im Rahmen der imitativen Polyphonie »die durchführungen eines einzigen satzes durch die thone, mit den angenehmsten veränderungen« versah.[9] Dies gilt für alle Gattungen; und selbst Transkriptionen und Parodien sind in gewisser Weise mit den Prinzipien von »elaboratio« und »variatio« verwandt. Vielleicht am deutlichsten aber manifestiert sich deren enge Beziehung in der *Clavier-Übung*: zunächst in den paarweisen Choralbearbeitungen des III. Teils (Tab. 5-4) und dann – noch systematischer – in Teil IV (Tab. 5-7).

Die Kunst der Fuge – vollendet: Manuskriptfassung

Dass Bach in seiner späten Instrumentalmusik zunehmend streng polyphon komponierte, hat die Bach-Forschung früh erkannt und diese Charakteristik oft mit Beethovens Spätwerk verglichen. Folglich wurde die *Kunst der Fuge* als krönender Abschluss einer einzigartigen Reihe monothematischer Werke bewertet, die 1741 mit den *Goldberg-Variationen* begann und sich im *Musikalischen Opfer* von 1747 und den nachfolgenden *Canonischen Veränderungen über »Vom Himmel hoch«* fortsetzte. Erst Ende der 1970er-Jahre erzwangen neue Forschungen ein Umdenken, da sich herausstellte, dass die *Kunst der Fuge* in Wirklichkeit am Anfang dieses Prozesses stand und somit dessen Abfolge umgekehrt werden musste.[10] Die gewundene Entstehungsgeschichte der *Kunst der Fuge* von den späten 1730er-Jahren über die erste vollendete Fassung von etwa 1742 (BWV 1080.1)

Abbildung 8-4 Francesco Gasparini, *Missa canonica*, Oboen-/Violinstimme, Abschrift Johann Sebastian Bach (1740–1742)

bis zur unvollendeten Endfassung von 1749/50 (BWV 1080.2) wirkte sich auf die anderen Werke in ganz ähnlicher Weise aus, wie die *Kunst der Fuge* selbst von Bachs paralleler Auseinandersetzung mit diesen Kompositionen profitierte, die früher als deren Vorläufer betrachtet wurden. Mit anderen Worten: Bachs monothematische Instrumentalprojekte der 1740er-Jahre treten letztlich hervor als ein Komplex vielfältig ineinandergreifender Vorhaben, in denen sich der Komponist mit der kunstreichen kontrapunktischen Schreibart beschäftigte und diese ständig weiterentwickelte.

Ein Hinweis auf den Ursprung der *Kunst der Fuge* in Form einer Keimzelle findet sich in den oben erwähnten gemeinsamen Kontrapunktstudien mit Wilhelm Friedemann Bach. Dort notierte Bach gleich am Anfang der ersten beiden Partiturzeilen (vgl. Abb. 8-3) als Anschauungsmaterial für kontrapunktische Diminution das Kopfmotiv des Hauptthemas des Werkes in d-Dorisch in Viertelnoten sowie dessen Verkleinerung in Achtelnoten. Die folgenden Takte profilieren die Gestalt des thematischen Gedankens weiter, ohne dass sich entscheiden ließe, ob diese Verweise eine rückwirkende Anspielung auf etwas darstellen, das bereits in Arbeit war, oder ob sie ein zukünftiges Unterfangen vorwegnehmen. Die tatsächlichen Anfänge können nicht genau datiert werden, doch irgendwann nach 1736, also in unmittelbarer zeitlicher Nähe zu den letzten beiden Teilen der *Clavier-Übung* und zum zweiten Teil des *Wohltemperierten Claviers*, nahm der Plan eines Instrumentalzyklus aus monothematischem imitativem Kontrapunkt und fugierter Polyphonie Gestalt an. Gleichzeitig deutet das referenzielle Auftreten innerhalb von Bachs Kontrapunktstudien mit seinem Sohn Wilhelm Friedemann darauf hin, dass der Fokus des Projekts ursprünglich eher auf Kontrapunkttheorie im Allgemeinen als auf Fugentheorie im Besonderen lag. In der Tat verfolgte Bach in der Sammlung die zentrale Idee, fugierte Gestaltungsmittel und Techniken als Vehikel für die Veranschaulichung kontrapunktische Prozesse zu nutzen. Dies wird dadurch untermauert, dass er die einzelnen Sätze nicht als »Fuga«, sondern als »Contrapunctus« bezeichnete und das Werk erst gegen Ende des mühsamen Arbeitsprozesses und im Blick auf die Drucklegung mit dem Titel *Die Kunst der Fuge* versah (siehe S. 295 f.).

Bach legte dem Fugenzyklus mehrere Prämissen zugrunde, die seinen einzigartigen Charakter ausmachen. Erstens entschied er sich, das Konzept des fugierten Kontrapunkts und seiner verschiedenen Arten anhand eines einzigen Themas zu illustrieren – womit die *Kunst der Fuge* sich, was Rolle und Vielfalt der Fugen betrifft, von den beiden Teilen des *Wohltemperierten Claviers* grundlegend unterscheidet. Zu diesem Zweck entwarf er ein bemerkenswert einfaches Thema von verblüffender melodischer Effizienz und mit klaren harmonischen Bezügen (dank der exponierten Position des Leittons *cis*).

Notenbeispiel 8-2 *Die Kunst der Fuge* BWV 1080, Hauptthema

Das Thema ist in seiner Originalgestalt wie in seiner Umkehrung gleichermaßen stark und bildet in simultaner Kombination einen hochgradig überzeugenden Kontrapunkt.

Die Tonart d-Moll ist bewusst gewählt, zum einen wegen der traditionellen Assoziation mit dem »modus primus« der dorischen Kirchentonart, zum anderen wegen ihrer Rolle als »modus chromaticus«, den Bach seinerzeit in der *Fantasia chromatica* BWV 903 exploriert hatte und in der *Kunst der Fuge* noch weitaus intensiver ausloten sollte.

Die zweite Prämisse besteht in dem Prinzip der Variation, das den gesamten Zyklus durchzieht, und zwar in dreifacher Hinsicht: 1. Variationen über das einzige Hauptthema in fortschreitend melodisch-rhythmischen Veränderungen seiner Konturen und seines Flusses, von seiner einfachen Ausgangsform (die ersten vier Töne bilden einen schlichten d-Moll-Dreiklang) bis hin zu hochgradig verzierten Fassungen; 2. Variationen der Stimmenanzahl und des Stils, von der Zwei- bis zur Vierstimmigkeit und unter Verwendung des Stile antico, des Stile francese und einer Mischung aus älteren und neueren Kompositionsmanieren; sowie 3. Variationen kontrapunktischer Techniken. Zu den Letzteren gehören etwa die Imitation des Hauptthemas in verschiedenen Intervallen und Tonhöhen, die Umkehrung des Themas (bis hin zur Umkehrung sogar eines kompletten Satzes), seine Darstellung im doppelten und im halben Tempo und die Kombination mit neuen Gegenthemen. Dass Bach – zumindest teilweise – einen Zyklus von ununterbrochen aufeinanderfolgenden Variationssätzen in Betracht zog, wird im autographen Manuskript durch den Schluss der Fuge Nr. III in der Dominanttonart A-Dur nahegelegt (siehe Tab. 8-1), an den die Fuge Nr. IV unmittelbar anschließen muss, um zur Ausgangstonart zurückzukehren. Die spätere veröffentlichte Fassung verzichtete auf eine solche obligatorische Verknüpfung der Sätze, die Idee kohärenter zyklischer Variation aber war in dem frühen Entwicklungsstadium des Werks durchaus vorhanden.

Die dritte Prämisse Bachs zielt auf eine systematische Organisation in Verbindung mit zunehmender kontrapunktischer Komplexität: von Fugen, die auf einfachem Kontrapunkt basieren, über Fugen im doppelten Kontrapunkt bis hin zu Fugen, deren Spiegelbild nicht nur satztechnisch korrekt ist, sondern überdies musikalisch ebenso attraktiv wie ihr originales Erscheinungsbild. Die Struktur der frühen Fassung der Sammlung erinnert in der Abfolge ihrer Sätze an die logische Methode eines Kontrapunkttraktats, der schrittweise vorangeht und nach Abwechslung und Vielfalt strebt, indem er reichhaltige melodische, rhythmische und harmonische Ressourcen zur Anwendung bringt. Ein wichtiger damit verbundener äußerer Aspekt betrifft die Entscheidung des Komponisten, das Werk in einer besetzungsmäßig offenen Partitur und in den traditionellen Vokalschlüsseln (C-Schlüssel für Sopran, Alt und Tenor sowie F-Schlüssel für Bass) zu notieren, um jeder Instrumentalstimme den ihr gemäßen Raum zuweisen zu können. Auch wenn die Stücke für die Ausführung auf dem Clavier konzipiert sind – zusätzliche Stimmen und bis zu siebenstimmige Akkorde in Schlusskadenzen sind typische Effekte der Tasteninstrumente –, wollte Bach den Studienaspekt durch ein Partiturbild unterstreichen, das die kontrapunktische Textur im Allgemeinen und die individuelle Stimmführung im Besonderen in größtmöglicher Klarheit darstellt.

Im Autograph der vollendeten Frühfassung der *Kunst der Fuge* (Abb. 8-5) setzt sich die Hauptgruppe der 14 durchnummerierten, aber unbetitelten Sätze aus fünf unbezeichneten, aber deutlich unterschiedenen Abschnitten mit jeweils eigenem Aufbau zusammen (siehe Tab. 8-1). Der erste Abschnitt im einfachen Kontrapunkt (»contrapunctus simplex«) besteht aus drei Fugen über das unveränderte Hauptthema im retrospektiven Stil eines Ricercars aus dem 17. Jahrhundert (der italienische Begriff steht für einen »gut erforschten« – »recherché« – fugierten oder kanonischen Instrumentalsatz). Dieser Abschnitt präsentiert das Thema in extremer Klarheit und Transparenz und verzichtet auf jegliche instrumentale Virtuosität. Nr. II, der Mittelsatz, führt die Umkehrung des Themas ein und – durch seine kontrapunktische Erweiterung und Begleitung – das Element der Chromatik.

Ab dem zweiten Abschnitt im doppelten Kontrapunkt (»contrapunctus duplex«) verwenden alle Sätze modifizierte (IV–VII) und dann variierte Fassungen (IX–XVI) des Hauptthemas nach der Art eines »Thema mit Variationen«. Sie bewegen sich allmählich auch in modernere Stilbereiche und beziehen nun die Technik des doppelten Kontrapunkts mit ein, bei dem jede Stimme sowohl über als auch unter der anderen platziert werden kann. So setzt Nummer IV das (durch punktierte Rhythmen leicht modifizierte) Hauptthema und seine Umkehrung abwechselnd im Oktavabstand über und unter das jeweils andere Thema. Die Nummern V und VI verwenden zwei ganz neue Themen (Kontrasubjekte A und B) in Kombination mit dem Hauptthema im Abstand von einer Duodezime und einer Dezime. Dritter und vierter Abschnitt (Nr. VII und VIII) präsentieren die Techniken der Diminution und Augmentation, indem sie das Hauptthema in originaler und umgekehrter Form mit seinen Varianten in halben und doppelten Notenwerten kombinieren und in drei verschiedenen Tempi ablaufen lassen.

Tabelle 8-1 *Die Kunst der Fuge*, Frühfassung des autographen Manuskripts, um 1742

Nr.*	Satzart	Strukturelle Elemente: Taktarten, Themen, Kontrasubjekte und kontrapunktische Gestaltungsmittel**	Kontrapunktische Kategorie
I	4-st. Fuge	¢ Th. ♩: ASBT, diatonische kontra punktische Fortführung	1. Contrapunctus simplex: drei einfache Fugen
II	4-st. Fuge	¢ Th. ♩ inv.: TASB, chromatische kontrapunktische Fortführung	
III	4-st. Fuge	¢ Th. ♩: BTAS, punktierte kontrapunktische Fortführung (endet mit Halbschluss auf A-Dur)	
IV	4-st. Fuge	¢ Th. ♩ mod.-inv. + Th. mod.: ABST, in der Oktave	2. Contrapunctus duplex: Th. mit Cs.-A und Cs.-B, in drei verschiedenen Intervallen
V	4-st. Fuge	¢ Cs.-A: ASBT; → Cs.-A + Th. ♩, in der Duodezime	
VI	4-st. Fuge	¢ Th. ♩ mod.-inv.: STBA; → Th. + Cs.-B, in der Dezime	
VII	4-st. Fuge	¢ Th. ♩ mod. + Th. ♩ mod.-inv.-dim.: BSAT, in der Oktave	3. Contrapunctus duplex: Th. mod., in drei verschiedenen Tempi

Nr.*	Satzart	Strukturelle Elemente: Taktarten, Themen, Kontrasubjekte und kontrapunktische Gestaltungsmittel**	Kontrapunktische Kategorie
VIII	4-st. Fuge	𝄴 Th. ♩ mod. + Th. 𝅗𝅥 mod.-inv. + Th. 𝅝 mod.-inv.-aug.: TSAB, in der Oktave	
IX	2-st. Kanon	9/16 Th. ♪ var.-inv. + Th. var.: SB, fortwährender »Canon in Hypodiapason« (in der Oktave)	4. Contrapunctus duplex: Th. var., als Kanons und mit Cs.-C, Cs.-D und Cs.-E
X	3-st. Fuge	2/4 Cs.-C: TBS; → Cs.-C + Cs.-D; Th. + Cs.-C + Cs.-D	
XI	4-st. Fug e	2/4 Th. ♪ var.: ASBT; → Cs.-C + Cs.-D; Cs.-C + Cs.-E; Cs.-C + Cs.-D + Cs.-E + Th. var.-inv.	
XII	2-st. Kanon	𝄴 Th. ♩ var. + Th. 𝅗𝅥 var.-inv.-aug.: SB, fortwährender »Canon in Hypodiatessaron« (in der Quinte)	
XIII	4-st. Fuge	3/4 Th. var. ♩: SATB, Contrapunctus simplex	5. Contrapunctus inversus: 3- und 4-st. Partitur in vollständiger Umkehrung
	4-st. Fuge	3/4 Th. ♩ var.-inv.: BTAS (vollständige Spiegelung der vorherigen Fuge)	
XIV	3-st. Fuge	2/4 Th. ♪ var.: SAB, Contrapunctus duplex	
	3-st. Fuge	2/4 Th. ♪ var.-inv.: BAS (vollständige Spiegelung der vorherigen Fuge)	
XV	Addendum	Revidierte Fassung des augmentierten Kanons XII (mit neuem Abschluss)	Version um 11 Takte verlängert

*	Sätze im Autograph unnummeriert (römische Ziffern erst nach 1800 ergänzt) und unbetitelt (weder mit »Fuga« noch mit »Contrapunctus« bezeichnet)
**	Bezogen auf die Fugenexpositionen; Themen, Kontrapunkte und Kontrasubjekte, die die Sätze definieren; Intervall-Beantwortung (Oktave, Quinte usw.); speziell angewandte oder beteiligte Gestaltungsmittel

Abkürzungen und Erklärungen:

Th.	Hauptthema; *aug.* = augmentiert; *dim.* = diminuiert; *inv.* = invertiert; *mod.* = leicht modifiziert; *var.* = variiert; *var.-inv.* = variiert und invertiert; *mod.-inv.* = leicht modifiziert und invertiert
Cs.-A–E	Kontrasubjekte: neue Themen (vom Hauptthema unterschieden), A bis E, Cs.-E beginnt mit der Tonfolge B-A-C-H
SATB	Sopran, Alt, Tenor, Bass (in der Reihenfolge der ersten thematischen Einsätze)
→	Verweis auf Kombinationen nach der Fugenexposition
+	Zeigt die gleichzeitige Kombination von Themen und Kontrasubjekten an
♩...	Geschwindigkeit (Grundtempo) des Hauptthemas

In den Abschnitten vier und fünf, die durch den zweistimmigen Kanon Nr. IX angekündigt werden, nimmt das Hauptthema noch weitere abgewandelte Gestalten an und präsentiert sich – wie die wechselnden Taktarten andeuten – in verschiedenen metrischen Konfigurationen. Das variierte Hauptthema eignet sich nun noch besser für weitere kombinatorische Möglichkeiten, und so wird es mit zwei bzw. drei neuen Themen verbunden (C+D bzw. C+E+D), die alle in regulärer und umgekehrter Gestalt verwendet werden; so ergibt sich ein eng verbundenes Satzpaar mit einer Tripel- und einer Quadrupelfuge (Nr. X und XI; zu allen vier Themen siehe Notenbsp. 8-4). Die Quadrupelfuge Nr. XI führt die neuen Kontrasubjekte allerdings nicht in separaten Expositionen ein – wie Bach dies im Contrapunctus 14 der erweiterten späteren Fassung vorhatte –, sondern präsentiert zunächst die Themen C und D (T. 27 ff.) und dann C und E (T. 89 ff.) in festen Kombinationen. In der Mitte der Quadrupelfuge buchstabiert das Kontrasubjekt E (das bei seinem ersten Einsatz auf dem Ton *es* beginnt) zweimal in den Oberstimmen und in den richtigen Tonhöhen deutlich die melodische Tonfolge von Bachs Namen aus (B-A-C-H; T. 90 f. und 93 f.).

Notenbeispiel 8-3 BWV 1080/11, B-A-C-H-Thema (Kontrasubjekt E); T. 90 f.

Ganz am Ende des Satzes wird das variierte Hauptthema in der Oberstimme kontrapunktisch und harmonisch mit seinen drei Gegenthemen unterlegt (Kontrasubjekt E wiederum mit *es* beginnend) – eine extreme Tour de Force in avancierter Chromatik und ein äußerst wirkungsvoller Fugenschluss als Höhepunkt.

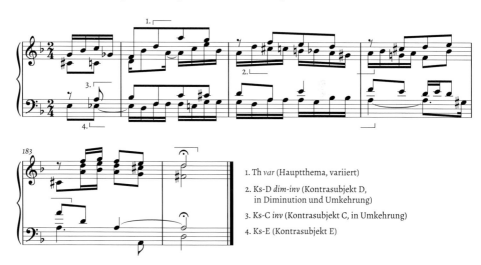

1. Th *var* (Hauptthema, variiert)

2. Ks-D *dim-inv* (Kontrasubjekt D, in Diminution und Umkehrung)

3. Ks-C *inv* (Kontrasubjekt C, in Umkehrung)

4. Ks-E (Kontrasubjekt E)

Notenbeispiel 8-4 BWV 1080/11, krönende simultane Kombination aller vier Subjekte

Abbildung 8-5 Eröffnungsfuge (ohne Titel) BWV 1080.1/1, autographe Reinschrift (um 1742), Beginn

Beide Fugen stehen im modernen $\frac{2}{4}$-Takt, enthalten gewagte Dissonanzen und dringen tief in harmonische Bereiche schroffer wie auch expressiver Chromatik ein; sie gehen in dieser Hinsicht viel weiter als jedes Bach-Werk zuvor. Dieser Finaleffekt wird in der veröffentlichten Fassung dann von der abschließenden Quadrupelfuge mit dem markanten B-A-C-H-Thema abgelöst. Doch Nr. XI liefert den Beweis, dass der Komponist schon früh im Sinne hatte, seinen Namen wie eine Signatur in die mehrthemige Schlussfuge einzuweben, und dies kann nur verstanden werden als ein ebenso subtiler wie selbstbewusster Verweis auf seine persönliche »Handschrift«, mit der Bach niederlegen wollte, was unter der »Kunst der Fuge« zu verstehen sei.

Der Schlussabschnitt setzt den Höhepunkt kontrapunktischen Raffinements. Er bringt zwei Fugen und ihre gespiegelten Kontrapunkte, Nr. XIII im einfachen und Nr. XIV im doppelten Kontrapunkt, deren Partituren auch auf dem Kopf stehend gelesen werden können und die in ihrer regulären und ihrer gespiegelten Gestalt gleichermaßen gut klingen. Bach hatte so etwas noch nie komponiert, und es muss ihm Genugtuung bereitet haben, den ersten Satz von Spiegelfugen mit einer kleinen Verzierungsfloskel abzuschließen, um das Prinzip des gespiegelten Klanges zu illustrieren.

Notenbeispiel 8-5 BWV 1080/13, Schlussverzierung als hörbarer Hinweis auf das Spiegelungsprinzip

Der Abschluss des Werkes mit zwei Spiegelfugen sollte offensichtlich das Nonplusultra intrikater kontrapunktischen Kunstgriffe darstellen. Doch es geht um mehr als nur um gelehrte Kunst, denn indem Bach die massiven technischen Herausforderungen, die er sich selbst gestellt hatte, auf geniale Weise löste, erzielte er gleichzeitig außerordentlich elegante und spannende musikalische Ergebnisse.

Das autographe Manuskript der Frühfassung mit seinen 14 Sätzen wurde als Reinschrift begonnen und beendet. Es ersetzte vorangegangene Entwürfe und eine vermutlich stark korrigierte Arbeitspartitur. Da Bach diese Materialien nicht mehr benötigte, entsorgte er sie, wie er es in solchen Fällen gewöhnlich tat. Nie zuvor hatte er ein Projekt von vergleichbarer Komplexität in Angriff genommen, und es dürfte gewiss mit einem Prozess des Experimentierens verbunden gewesen sein. Details zur kompositorischen Vorgeschichte dieser Erstfassung aber sind nicht bekannt. Umso wichtiger sind die überlieferten Fakten im Blick auf die Vorbereitung der gedruckten Endfassung. Zwar lässt sich nicht feststellen, wann genau Bach nach der Durchsicht der Frühfassung begann, das Projekt neu zu überdenken. Doch zeigen die letzten beiden Seiten des Autographs erste Anzeichen von Selbstkritik und deuten auf Bemühungen zur weiteren Verbesserung hin. Alsbald nach dem Abschreiben aller 14 Sätze trug Bach als Nr. XV eine deutlich veränderte Fassung des Augmentationskanons Nr. XII ein. In dieser wesentlich längeren Alternativversion steigerte Bach die Chromatik erheblich und gab diesem Satz bereits im Wesentlichen die Form, in der er später auch veröffentlicht wurde.

Die gebundene autographe Partitur von 1742 enthält auch noch einen Anhang von drei separaten autographen Faszikeln und losen Blättern. Diese enthalten 1. eine alternative Spielfassung der dreistimmigen Spiegelfuge Nr. XIV für zwei Claviere, wohl aus der Zeit zwischen 1742 und 1746; 2. die Stichvorlage des Augmentationskanons Nr. XV, erneut überarbeitet und in Alla-breve-Notation mit verdoppelten Notenwerten, von 1747/48; und 3. den letzten Entwurf der unvollendeten letzten Quadrupelfuge in zweisystemiger Clavier-Partitur (die in T. 239 abbricht) aus der Zeit um 1748/49, wahrscheinlich ein Hinweis darauf, dass alle Fugen ursprünglich in Clavier-Notation und nicht in Partitur auf vier Systemen skizziert waren. Die drei Anhänge lassen sich nicht exakt datieren, zeigen aber, dass der Prozess in Richtung Veröffentlichung des Werkes in erweiterter und neu geordneter Fassung relativ langsam voranschritt. Denn trotz seines fortgeschrittenen Alters hatte der Komponist alle Hände voll zu tun mit anderen Projekten – die meisten miteinander verknüpft und jeweils ähnlich anspruchsvoll.

Kanonische Intermezzi

Bach war seit jeher von der Technik des Kanons fasziniert. In dieser strengsten Kategorie des imitativen Kontrapunkts präsentieren zwei oder mehr Vokal- oder Instrumentalstimmen dieselbe melodische Linie, beginnen aber zu verschiedenen Zeiten und auf unterschiedlichen Tonhöhen. Die Stimmen können sich in verschiedene Richtungen bewegen, in unterschiedlichen Geschwindigkeiten ablaufen oder in jeder Kombination dieser Parameter. Relativ frühe, aber bereits reife Beispiele von Choralkanons finden sich im *Orgel-Büchlein*, und verschiedene Arten von Kanons erscheinen in Instrumentalkonzerten, Suiten und Kantaten sowie in der speziellen Kategorie der kurzen Widmungskanons für Freundschaftsalben. Im letzten Jahrzehnt seines Lebens erreichte Bachs Interesse an der Theorie und Praxis des kanonischen Kontrapunkts jedoch ein neues Niveau. Die ersten bekannten und umfangreichen Beispiele finden sich in den Teilen III und IV der *Clavier-Übung* (Kapitel 5) sowie in dem neu komponierten monumentalen Eingangschoral der Reformationskantate *Ein feste Burg ist unser Gott* BWV 80 (1739) mit seinem berühmten instrumentalen Cantus-firmus-Kanon, der die Vokalstimmen umrahmt.[11]

Vierzehn Kanons über die »Goldberg«-Aria

In den späten 1730er-Jahren, höchstwahrscheinlich während der Vorbereitung der *Clavier-Übung* IV, wandte sich der Komponist wie nie zuvor ausführlich und systematisch der Kunst des Kanons zu. Hierauf deutet die Entstehung der *Vierzehn Kanons* über den Bass der »Goldberg«-Aria BWV 1087 hin (die Vorlage für den Kanon BWV 1076 auf dem Haußmann-Porträt von 1746, der im Prolog besprochen wurde).[12] Um 1748, also lange nach Veröffentlichung der *Goldberg-Variationen*, trug Bach diese Serie von Kanons auf der letzten Seite seines persönlichen Exemplars der *Clavier-Übung* kalligraphisch ein (Abb. 8-6).

Abbildung 8-6 *Vierzehn Kanons* BWV 1087, autographe Reinschrift (ca. 1748)

Es darf jedoch als sicher gelten, dass die eigentliche Komposition viel früher erfolgte. Die Kanons scheinen als eine Reihe von intellektuellen Übungen entstanden zu sein, bei denen Bach sich zu seinem Vergnügen mit dem Händel'schen Ostinato-Bass beschäftigte, um dessen Potenzial zu ergründen (Kapitel 5, S. 178); wahrscheinlich waren es ursprünglich nicht mehr als eine Art kanonische Kritzeleien während der Arbeit an den *Goldberg-Variationen*. Der Vermerk »Etc.« nach dem Kanon Nr. 14 am rechten unteren

Rand der autographen Reinschrift lässt vermuten, dass Bach noch mehr kanonische Lösungen parat hatte und leicht hätte weitermachen können. Offenbar stellte der Komponist die bearbeitete und sorgfältig geordnete Sammlung für den eigenen Gebrauch zusammen, etwa um sie für Einträge in Freundschaftsalben zur Hand zu haben, wie er es mit dem Kanon Nr. 11 BWV 1077 tat, den er 1747 seinem Schüler Johann Gottlieb Fulde widmete. Die Titelformulierung »Verschiedene Canones über die ersteren acht Fundamental-Noten vorheriger Aria« macht zudem deutlich, dass die Reihe eng mit der *Aria mit verschiedenen Veränderungen* im selben Heft verknüpft war.

Die autographe Reinschrift der *Vierzehn Kanons* enthüllt einige aufschlussreiche Aspekte – darunter die für Bachs Unterrichtsmethode anscheinend typische sprachliche Mischung aus Latein, Italienisch und Deutsch sowie seine generelle Affinität zu logisch-systematischer Organisation eines Reihenprojekts (Tab. 8-2). Vor allem aber offenbart das Manuskript Bachs besonderes Gespür dafür, selbst auch innerhalb der eng begrenzten Miniaturform eines nur viertaktigen Kanons musikalisch ansprechende Kompositionen hervorzubringen. Das Autograph zeigt die Kanonreihe in verkürzter, enigmatischer Notation, sodass die gesamte Serie auf eine einzige Seite passt. So sind die Kanons Nr. 1 und 2 im ersten Notensystem an beiden Enden mit spiegelbildlichen Schlüssel- und Taktangaben versehen, um anzuzeigen, dass die kanonischen Teile vorwärts und rückwärts zu lesen sind. Die Kombination von Musiknotation und verbalen Anweisungen auf der Seite – »all' roverscio« (»in Umkehrung [zu lesen]«), »il soggetto in alto« (»das Thema [steht] in der Altstimme«) oder »in unisono post semifusam« (»[Abfolge des kanonischen Einsatzes] im Unisono nach einer Sechzehntelnote«) und so weiter – repräsentiert die ganze Bandbreite des Kanonvokabulars in Bezug auf die vielfältigen Techniken.

Das Thema der Kanonreihe, die ersten acht Töne des 32-taktigen Basses der »Goldberg«-Aria, wurde von Händel entlehnt (Kapitel 5, S. 180), geht als Ostinato-Bassmodell aber auf das 17. Jahrhundert zurück.[13] Bach scheint allerdings der Erste gewesen zu sein, der das inhärente kanonische Potenzial dieses Themas entdeckt oder zumindest aufgedeckt hat: Die Kanons Nr. 1–4 demonstrieren denn auch, dass das Thema sowohl in regulärer als auch invertierter und gespiegelter Form korrekte harmonische Klänge ergibt – ganz gleich, ob es vorwärts oder rückwärts gelesen wird. Es war daher das ideale Vehikel für Bach, um die kontrapunktischen Prinzipien der Umkehrung und der rückläufigen (krebsgängigen) Bewegung aufzuzeigen. Ebenso bot es einen Ausgangspunkt für Experimente mit weiteren technischen Manipulationen, indem Bach das gegebene Thema mit Kontrasubjekten kombinierte, um somit unabhängige und unterschiedliche kontrapunktische Stimmen zu bilden.

An dieser Modellreihe demonstriert Bach methodisch, wie die diversen Kanon-Kategorien und ihre kontrapunktischen Techniken funktionieren, indem er vom einfachen Kanon zu den komplexeren Doppel- und Tripelkanons (mit zwei und drei Themen) und fortschreitet zur Imitation in enger bis sehr enger Folge (Stretto, d. h. Engführung, wobei sich die Einsätze der Stimmen überschneiden). In Kanon Nr. 12 führt er das Prinzip des Proportionskanons ein: zwei Kanons über das erweiterte und variierte Thema in zwei verschiedenen Geschwindigkeiten – sowohl in Sechzehntel- als auch in Achtel-

Tabelle 8-2 Verschiedene Canones über die ersten acht Fundamental-Noten der Aria aus den *Goldberg-Variationen*

Nr.	Originale Überschrift	Kanon-Kategorie	Kombination von Themen und Kontrasubjekten
1	Canon simplex	Simplex: Th., unisono	Th. / Th. *retro.*
2	all' roverscio	Simplex: Th. *retro.*, unisono	Th. *retro* / Th. *retro.-inv.*
3	Beede vorigen Canones zugleich, motu recto e contrario	Simplex: Th., in der Quinte	Th. / Th. *inv*
4	motu contrario e recto	Simplex: Th. *inv.*, in der Quinte	Th. *inv.* / Th.
5	Canon duplex à 4	Duplex: Th. + A, in der Quinte	(Th. / Th. *inv.*) + (A / A *inv.*)
6	Canon simplex über besagtes Fundament à 3	Simplex: Th. + B, in der Terz	Th. + (B / B *inv.*)
7	Idem à 3	Simplex: Th. + Th. *erw.-dim.* ♪, Stretto in der Quinte	Th. + (Th. erw. ♪ / Th. *erw.* ♪ *inv.*)
8	Canon simplex à 3, il soggetto in Alto	Simplex: Th. + C, in der Duodezime	Th. + (C / C *inv.*)
9	Canon unison post semifusam [Sechzehntelnote] à 3	Simplex: Th. + D, extremes Stretto im Unisono	Th. + (D/D)
10	Alio modo, per syncopationes e ligaturas à 2	Duplex: Th. + E, mit Synkopen und Vorhalten	Th. + (E/E)
	Evolutio	Duplex: gespiegelte Auflösung	Th. + (E *inv.* / E *inv.*)
11	Canon duplex übers Fundament à 5	Duplex: Th. + F + G, beide Kontrasubjekte in der Oktave	Th. + (F / F *inv.*) + (G / G *inv.*)
12	Canon duplex über besagte Fundamental-Noten à 5	Duplex: Th. *aug.* ♩ + Th. *erw.-dim.* ♪ + Th. *erw.-dim.* ♪, Stretto in der Quinte	(Th. ♩ + Th. *erw.* ♪ / Th. *erw.* ♪ *inv.*) + (Th *erw.* ♪ / Th. *erw.* ♪ *inv.*)
13	Canon triplex à 6	Triplex: Th. in der Duodezime + H in der Quinte + I in der Quinte	(Th. / Th. *inv.*) + (H / H *inv.*) + (I / I *inv.*)
14	Canon à 4 per Augmentationem et Diminutionem	Quadruplex: Th. *erw.*, in der Duodezime, der Oktave, der Quinte und in vier verschiedenen Geschwindigkeiten (proportional)	Th. erw. ♪ *inv.* / Th. *erw.* ♪ / Th. *erw.* ♩ *inv.* / Th. ♩

Th.   Hauptthema (= acht Fundamentalnoten der »Goldberg«-Aria); *aug.* = augmentiert, *dim.* = diminuiert, *erw.* = erweitert, *inv.* = invertiert, *retro.* = rückläufig; *retro.* + *inv.* = rückläufig und invertiert
A–I   Kontrasubjekte A bis I; *inv.* = invertiert
+   Kombination von Thema und Kontrasubjekten
♪ ...   Geschwindigkeit des Themas: Sechzehntel, Achtel, Viertel und Halbe
(x/x) Zwei oder mehr Stimmen – Thema oder Kontrasubjekt – formen einen Kanon.

noten – über dem regulären Thema in halben Noten. Als Höhepunkt präsentiert er in Kanon Nr. 14 einen vierfachen Proportionskanon, bei dem sich alle vier Stimmen in unterschiedlichen Geschwindigkeiten bewegen (in Halben-, Viertel-, Achtel- bzw. Sechzehntelnoten) – ein absolut singulärer Fall unter Bachs Kanons. Obwohl die Anlage des Zyklus von theoretischen Prinzipien und systematischer Organisation bestimmt war und trotz der extremen Beschränkungen des Miniaturformats, wollte Bach keine mühsam klingende Kopfmusik schaffen, sondern verfolgte in der gesamten Reihe die Idee einer musikalisch fesselnden und reizvollen Vielfalt, etwa mit der überraschenden Chromatik in Nr. 6 und 11, mit den energischen Rhythmen in Nr. 9 und 14 und mit der ebenso raffinierten wie packenden Fünf- und Sechsstimmigkeit der Kanons Nr. 11 bis 13.

Canonische Veränderungen über das Weihnachtslied »Vom Himmel hoch«

Im Verlauf der Arbeit an den *Vierzehn Kanons* dürfte Bach die Ähnlichkeit zwischen deren acht Fundamentaltönen und der Melodie des lutherischen Weihnachtsliedes »Vom Himmel hoch, da komm ich her« aufgefallen sein. Jede der vier Melodiezeilen des Liedes besteht aus acht Tönen (Durchgangstöne nicht mitgerechnet), und diese rein diatonischen Segmente stellen bereits ganz allgemein eine Verbindung her zu dem Thema der *Vierzehn Kanons* mit seinem dreiklangsgeprägten Unterbau.

Notenbeispiel 8-6 (a) BWV 1087, Hauptthema der Kanons **(b)** »Vom Himmel hoch, da komm ich her«; die letzte Melodiezeile ist fast identisch mit den Basstönen von BWV 1087

Während die *Vierzehn Kanons* nicht als ein Aufführungszyklus, sondern eher als eine Unterrichtslektion in Theorie und Praxis des Kanons gedacht waren, bot das Weihnachtslied die Möglichkeit zur Ausarbeitung einer Folge von Choralvariationen für eine Darbietung auf der Orgel. So komponierte Bach fünf Variationen unter dem Titel »Einige canonische Veränderungen über das Weyhnacht-Lied: Vom Himmel hoch, da komm ich her. vor die Orgel mit 2. Clavieren und dem Pedal«.

Die Reihe der Choralvariationen BWV 769 erschien um 1747 bei Balthasar Schmid in Nürnberg (Abb. 8-7 und 8-8), dem Verleger der *Goldberg-Variationen*. Die eigentliche Entstehungsgeschichte des Werkes bleibt jedoch weitgehend im Dunkeln, denn außer der Erstausgabe ist als Originalquelle nur die spätere Reinschrift erhalten, die Bach als Spielfassung für eine Orgeldarbietung vorbereitet und in das Manuskript der *Achtzehn Choräle* eingetragen hat (Kapitel 7). Wie schon im Falle des Kanons BWV 1076 (Prolog, S. 14 f.) legte er ein Druckexemplar einem der Zirkularpakete für die Leipziger Corresponierende Societät der musicalischen Wissenschaften bei, der Bach im Juni 1747 beitrat.[14] Obwohl nicht speziell für die Gelehrtensozietät komponiert, war die Reihe der Choralkanons hervorragend für eine Präsentation in ihrem Rahmen geeignet, denn auf diese Weise konnte der Komponist sein profundes Wissen über die Kunst des Kanons und ihre praktische Anwendung mit den Mitgliedern der Gesellschaft teilen.

Über die Entstehungsgeschichte der »Vom Himmel hoch«-Variationen lassen sich nur aufgrund ihrer Verwandtschaft mit den 14 »Goldberg«-Kanons Vermutungen anstellen, höchstwahrscheinlich wurden sie also einige Zeit nach der Veröffentlichung der *Goldberg-Variationen* komponiert. Wie die neun kanonischen Sätze des letzteren Wer-

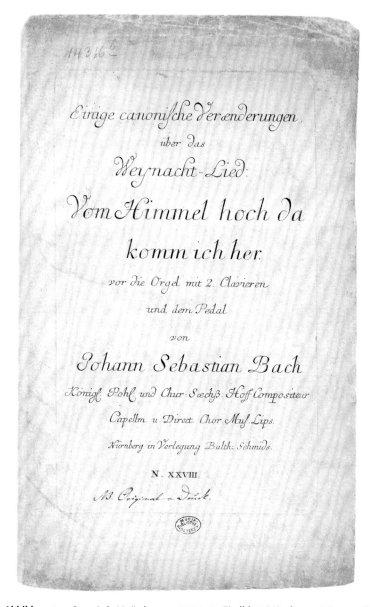

Abbildung 8-7 *Canonische Veränderungen* BWV 769, Titelblatt (Nürnberg, o. J. [ca. 1747])

kes sind alle fünf Choralvariationen als Stretto- bzw. Engführungs-Kanons angelegt (Tab. 8-3). Die ersten drei Sätze der Reihe haben kompositionstechnisch eine starke Ähnlichkeit mit jenen Vorbildern, auch indem sie drei verschiedene Imitationsintervalle für Dux und Comes verwenden. Besonders deutlich ist diese Verwandtschaft zwischen Nr. 3, einem langsamen Satz mit der Bezeichnung »cantabile«, und der Variation Nr. 15 der *Goldberg-Variationen* in »Andante«-Bewegung. Der Augmentationskanon Nr. 4 hat zwar in *Clavier-Übung* IV keine Entsprechung, ist aber direkt mit dem Augmentationskanon der Frühfassung der *Kunst der Fuge* bzw. mit der revidierten Form desselben Kanons ganz am Ende des Autographs verwandt (siehe S. 278). Diese beiden Versionen sind die frühesten Beispiele eines ausgedehnten Satzes, der als Augmentationskanon konstruiert ist, und sie belegen, dass die verschiedenen kanonischen Projekten offensichtlich miteinander in Beziehung stehen.

Tabelle 8-3 *Canonische Veränderungen* über das Weihnachtslied »Vom Himmel hoch«, ca. 1747

Originale Überschrift: Kanon-Kategorie	Stim- men	Strukturelle Komponenten: Cantus firmus und freie Kontrapunkte
Variatio 1. Canone all'Ottava	3	(A, r. H. / A, l. H.), Stretto-Kanon in der Oktave + C. f., Ped.
Variatio 2. Canone alla Quinta	3	(B, r. H. / B, l. H.), Stretto-Kanon in der Quinte + C. f., Ped.
Variatio 3. Canone alla Settima (cantabile)	4	C + C. f., r. H. + (D, l. H. / D, Ped.), Stretto-Kanon in der Septime
Variatio 4. Canone all'Ottava, per augmentationem	4	(E, r. H. / E *aug.*, l. H.), Kanon in der Oktave + F, l. H. + C. f., Ped.
Variatio 5. L'altra Sorte del' Canone all' rovercio,		
1) alla Sesta [T. 1–14]	3	(C. f., r. H. / C. f. *inv.*, l. H.) = Stretto-Kanon in der Sexte + G, Ped.
2) alla Terza [T. 14–27]	3	(C. f. *inv.*, r. H. / C. f., l. H.) = Stretto-Kanon in der Terz + H, Ped.
3) alla Seconda [T. 27–39]	4	I, r. H. + K, l. H. + (C. f. *inv.*, l. H. / C. f., Ped.) = Stretto-Kanon in der Sekunde
4) alla Nona [T. 39–52]	4	(C. f. *inv.*, Ped. / C. f., r. H.) = Stretto-Kanon in der None + L, r. H. + M, l. H.
diminutio [T. 52–54]	5	(C. f. *dim.* / C. f. *dim.*, l. H.) + (C. f. *dim.* / C. f. *inv.-dim.*, r. H.) + C. f.-4, Ped.
alla stretta [T. 54–56]	6	C. f.-1 + C. f.-2 + C. f.-3 + C. f.-4

C. f.	Cantus firmus (Choralmelodie)
A–M	Verschiedene Kontrapunkte A bis M
x/x	Zwei oder mehr kanonische Stimmen, z. B. A/A, C. f./C. f. *inv.*, usw.
r. H., l. H., Ped.	Position der Stimmen auf der Orgel: rechte Hand, linke Hand, Pedal

Abbildung 8-8 *Canonische Veränderungen* BWV 769, Variation 5 (Nürnberg ca. 1747)

In den Variationen 1–4 bestehen alle kanonischen Stimmen aus frei erfundenen Kontrapunkten, in der letzten Variation hingegen wird die Choralmelodie selbst kanonisch geführt. In kurzer Abfolge präsentiert Bach kanonische Imitationen in der Sexte, der Terz, der Sekunde und der None, das heißt in Intervallen, die in den vier vorangegangenen Variationen nicht verwendet wurden. Darüber hinaus schließt Variation 5 mit einer merklichen Verdichtung der musikalischen Textur über der letzten Choralzeile im

Orgelpedal. Bach schafft hier einen zweistufigen Höhepunkt: zunächst mit einem fünf-stimmigen Satz, in dem vier Stimmen die eröffnende Choralzeile in Diminution führen; dann mit einem sechsstimmigen Satz, der schließlich alle vier Choralzeilen in Diminu-tion und Engführung (Stretto) zu einem brillanten Abschluss vereint.

Für die Veröffentlichung ließ Bach die ersten drei Kanons in verschlüsselter Nota-tion auf zwei Systemen darstellen, in der der Dux jeder Kanonstimme ausgeschrieben, der Comes jedoch nur durch den Einsatzpunkt gekennzeichnet ist, ohne dass also die Stimme selbst verzeichnet ist. Diese verkürzte Notation sollte die Strenge und Präzi-sion der kanonischen Struktur auch visuell veranschaulichen. Das Lesen der Partitur oder gar eine Aufführung des Werkes setzte allerdings ein Ausschreiben der drei- und vierstimmigen Sätze voraus. Auch der Komponist selbst musste die fehlenden Stimmen herausschreiben – und in der Tat hat Bach für sich selbst eine Spielpartitur der gesamten Variationsreihe in der oben erwähnten autographen Reinschrift angefertigt.

Die Kanons im Musikalischen Opfer

Eine Kombination aus verschlüsselter und vollständiger Notation verwendete Bach auch im *Musikalischen Opfer* BWV 1079, einem zyklischen Werk, das sich aus drei verschie-denen Teilen zusammensetzt: zwei Fugen für Tasteninstrument, eine Triosonate und zehn Kanons – alle basierend auf ein und demselben »königlichen Thema«. Die Entstehung des im September 1747 veröffentlichten Werks lässt sich genauer datieren als jede andere Komposition Bachs, nämlich auf den 7. Mai desselben Jahres. An diesem Tag nahm Bach an der abendlichen Kammermusik am Potsdamer Hof König Friedrichs II. von Preu-ßen teil. In einer Passage der im zeittypisch unterwürfig-schmeichelnden Stil verfassten Widmungsvorrede erinnert Bach an das Ereignis:

> »Mit einem ehrfurchtsvollen Vergnügen erinnere ich mich annoch der ganz besonderen Königlichen Gnade, da vor einiger Zeit, bey meiner Anwesenheit in Potsdam, Ew. Majestät selbst ein *Thema* zu einer *Fuge* auf dem Clavier mir vorzuspielen geruhten, und zugleich aller-gnädigst auferlegten, solches alsobald in Deroselben höchsten Gegenwart auszuführen«.[15]

Nach seiner Rückkehr schrieb der Komponist das Stück, das er auf einem der neuen Silbermann-Fortepianos des Königs improvisiert hatte, nieder: eine dreistimmige Fuge über das Thema, das ihm der König gegeben hatte, jetzt aber in ausgearbeiteter und ausgefeilter Form. Hinzu setzte er eine bemerkenswert intrikate sechsstimmige Fuge[16] und betitelte beide Stücke als »Ricercar«. Sodann komponierte Bach eine Sonate für Traversflöte (das Instrument des Königs), Violine und Basso continuo »sopra Soggetto Reale« (»über das königliche Thema«) und ergänzte das Ganze schließlich durch zehn kanonische Ausarbeitungen »super Thema Regium«. Die kanonischen Sätze wurden auf die drei Faszikel verteilt, in denen das Werk veröffentlicht wurde: 1. drei Kanons in dem für Tasteninstrumente bestimmten Faszikel, einer nach dem dreistimmigen Ricercar und zwei nach dem sechsstimmigen Ricercar, letztere in Rätselnotation, das heißt ohne Kanonlösungen, also ohne die Angabe von Einsatzpunkten für die Stimmen; 2. ein Kanon im Stimmensatz der Triosonate; und 3. die verbleibenden sechs Kanons in einem separaten Faszikel unter der lateinischen Überschrift »Thematis Regii Elaborationes Canonicae« (»Kanonische Ausarbeitungen des königlichen Themas«) und mit einem Titelblatt mit der Aufschrift »Ricercar« in Gestalt eines lateinischen Akrostichons »**R**egis **I**ussu **C**antio **E**t **R**eliqua **C**anonica **A**rte **R**esoluta« (»Die vom König aufgetragene Komposition und das übrige nach kanonischer Kunst gelöst«). Anscheinend wollte Bach diese Rubrik als Verdeutlichung des inneren musikalischen Zusammenhangs der ansonsten heterogenen Sammlung verstanden wissen (Abb. 8-9 und Tab. 8-4).

Tabelle 8-4 *Musikalisches Opfer*: Thematis Regii Elaborationes Canonicae, 1747

Originale Überschrift: Kanon-Kategorie	Stimmen	Strukturelle Gestalt
Faszikel »Thematis Regii Elaborationes Canonicae«		
Canones diversi super Thema Regium		
Canon 1. a 2 [cancrizans: in krebsgängiger, d.h. rückläufiger Bewegung]	2	Th. *erw.* / Th. *erw.-retro.*
Canon 2. a 2 violini in unison	3	(A / A) + Th., Bassstimme
Canon 3. a 2 per Motum contrarium	3	(B / B *inv.*) + Th. *var.*, Oberstimme
Canon 4. a 2 per Augmentationem, contrario Motu	3	(C / C *inv.-aug.*) + Th. *var.*, Mittelstimme
Canon 5. a 2 [per tonos: modulierend, in aufsteigenden Ganztonschritten]	3	(D / D) + Th. *var.* Oberstimme
[6.] Fuga canonica in Epidiapente [in der Quinte]	3	(Th. *erw.* / Th. *erw.*) + E, Basso continuo, mit Zitaten des Themas
Trio-Faszikel		
[7.] Canon perpetuus [für Flöte, Violine und Basso continuo]	3	(Th. *erw.* / Th. *erw.-inv.*) + F, Basso continuo
Clavier-Faszikel		
[8.] Canon perpetuus super Thema Regium [in der Oktave]	3	(G / G) + Th., Mittelstimme
Quaerendo invenietis [Wer suchet, der findet]		
[9.] Canon a 2 [in der Oktave, umgekehrt, in Rätselnotation]	2	(Th. *erw.* / Th. *erw.-inv.*)
[10.] Canon a 4 [unisono und in der Oktave, in Rätselnotation]	4	(Th. *erw.* / Th. *erw.* / Th. *erw.* / Th. *erw.*)

Th.   Königliches Thema (in diversen Formen); *erw.* = erweitert, *var.* = variiert, *inv.* = invertiert; *retro.* = rückläufig; *aug.* = vergrößert; *dim.* = verkleinert
A–G   Kontrapunkte A bis G
(x/x)   Zwei oder mehr kanonische Stimmen

Abbildung 8-9 *Musikalisches Opfer* BWV 1079/4a–f, *Canones diversi* (Leipzig 1747)

Die Konzeption des *Musikalischen Opfers,* die über Bachs typische Ansätze bei regulären Repertoirestücken wie Clavierfuge und Triosonate weit hinausgeht, wurde maßgeblich durch die besondere Situation des Jahres 1747 geprägt. Nach ausgiebigen kanonischen Experimenten zuvor brachte dieses Jahr den Beginn der Druckvorbereitungen für die *Kunst der Fuge.* Darüber hinaus spiegeln die kanonischen Sätze des *Musikalischen Opfers* die Doppelnatur des Kanons wider, im Blick sowohl auf abstrakt kontrapunktische Konstruktion als auch auf eine musikalisch ansprechende Gestaltung. Einige der Sätze tendieren eher zu Letzterem: Sie sind technisch weniger komplex und zum Spielen hervorragend geeignet. Komplexität überwiegt in den längeren Sätzen, besonders in der Fuga canonica (6) und im Kanon perpetuus (10), der der Triosonate angehängt ist. All diese Sätze, vor allem jedoch die Reihe der »Canones diversi« Nr. 1–5, gehen von der systematisch-theoretischen Herangehensweise der *Vierzehn Kanons* aus, zeigen jedoch eine etwas andere Entwicklung. Auf einen einzeilig notierten Krebs-Kanon folgen drei Sätze mit regulären, umgekehrten und augmentierten Comes-Einsätzen. Die Untergruppe der »Canones diversi« gipfelt in zwei Kanontypen, die in Bachs Werk keine Parallele haben: ein modulierender, in Ganztonschritten aufsteigender Kanon und schließlich eine kanonische Fuge (eine dreistimmige Fuge, deren beide Oberstimmen einen Kanon bilden).

Als heterogene Zusammenstellung von zwei Clavierfugen, einer Kammersonate und zehn Kanons hat das *Musikalische Opfer* unter den monothematischen Werken der 1740er-Jahre keine Entsprechung.[17] Sein Inhalt ist gestaltet im Sinne eines wohldurchdachten kultivierten Geschenks, das sowohl seines erfindungsreichen Schöpfers als auch seines musikalisch versierten königlichen Empfängers würdig sein sollte. Das Werk repräsentiert eine Art Selbstporträt eines vielseitigen Musikers, gleichermaßen kompetent als Tastenvirtuose, Kapellmeister und Komponist in allen Stilen, einschließlich des kunstvollen gelehrten Kontrapunkts. Die beiden Ricercari demonstrieren die komplementären Ansätze der improvisierten wie der auskomponierten Fugenkunst und zudem unterschiedliche Arten von Tastenvirtuosität. Tatsächlich ist die streng sechsstimmige Fuge das einzige Stück seiner Art für das Spiel mit zwei Händen, das jemals von Bach – oder einem anderen Komponisten – geschrieben wurde. Die Triosonate war als ein spezieller Beitrag des sächsischen Kapellmeisters zum Kammermusikrepertoire der renommierten preußischen Hofkapelle gedacht, der neben Bachs Sohn auch mehrere ehemalige Schüler angehörten. Besonders in den langsamen Sätzen der Sonate huldigte Bach dem vom König bevorzugten Stil der Empfindsamkeit und demonstrierte die Eignung des königlichen Themas für eine solch »manieristische« Behandlung, wenn auch in kontrapunktischem Gewand.

Nicht zuletzt sollten die Kanons die intellektuellen Interessen des Philosophenkönigs ansprechen. Zwar hat Bach höchstwahrscheinlich den Geschmack des Herrschers für komplexe musikalische Konstruktionen überschätzt, doch die allegorischen Verweise im Augmentationskanon Nr. 4 (»Notulis crescentibus crescat Fortuna Regis«: »wie die Notenwerte, so wachse das Glück des Königs«) oder im Modulationskanon Nr. 5 (»Ascendente Modulatione ascendat Gloria Regis«: »wie die Modulation, so steige der Ruhm des Königs auf«) dürften dem Regenten gefallen haben.[18] Noch 27 Jahre später erinnerte sich der Monarch mit großer Bewunderung und einiger Übertreibung an seinen Leipziger Besucher, wie der damalige österreichische Gesandte in Berlin Gottfried van Swieten berichtete: »Der König sang mit lauter Stimme ein chromatisches Fugenthema, das er dem alten Bach gegeben hatte, der daraus sofort eine Fuge zu vier, dann zu fünf und schließlich zu acht obligaten Stimmen machte«.[19]

Angesichts der Tatsache, dass das Interesse an strenger Komposition im Allgemeinen und an der Kunst des Kontrapunkts im Besonderen in ganz Europa im Schwinden begriffen war, wollte Bach offenbar eine Art Alternative bereitstellen: Dies gilt insbesondere für die Sonate, in der er demonstriert, wie ein so »barocker« und knorriger Gegenstand wie das »königliche Thema« durchaus auf betont galante und ausdrucksstarke Weise bearbeitet werden kann. Zur vorherrschenden Musikästhetik in Berlin, zu der sich auch sein Sohn Carl Philipp Emanuel bekannte, soll er einmal gesagt haben: »'s is Berlinerblau! 's verschießt!«[20] Mit dieser skeptischen Sicht kann Bachs Festhalten am traditionellen, »bestandskräftigen« Kontrapunkt nur als Kontrastprogramm verstanden werden. Ihm muss klar gewesen sein, dass das *Musikalische Opfer*, das im Druck weithin verfügbar und durch die Widmung an den preußischen König zusätzlich nobilitiert war, eine einzigartige Plattform bot, um diesen Standpunkt zu vertreten.

Die Kunst der Fuge – unvollendet: Druckfassung

Entweder vor oder nach Fertigstellung des *Musikalischen Opfers*, jedenfalls um 1747, beschloss Bach, der Öffentlichkeit seinen monothematischen Zyklus von zwölf Fugen und zwei Kanons – damals noch im Manuskript und ohne Titel – im Druck zugänglich zu machen. Etwa zum gleichen Zeitpunkt ließ er seinen Schüler und Kopisten Johann Christoph Altnickol die Aufschrift »Die | Kunst der Fuga | d. Sign. Joh. Seb. Bach.« auf die leer gebliebene erste Seite der autographen Reinschrift schreiben, ein programmatischer Titel ohne jegliche Vorbilder, der aber bereits die Erweiterungen und Revisionen widerspiegelt, die der Komponist im Sinn hatte. In der Manuskriptfassung waren die unbetitelten Sätze im Wesentlichen noch nach den Prinzipien der Kontrapunkttechnik und, diesen untergeordnet, nach dem Konzept der thematischen Variation angeordnet, während Fugentypen als solche keine Rolle spielten. Die veröffentlichte Fassung hingegen ordnete die Sätze nicht mehr nach kontrapunktischen Kategorien, sondern eindeutig primär nach Fugentypen, auch wenn Bach auf die Satzbezeichnung »Fuge« durchweg verzichtete und stattdessen den Überbegriff »Contrapunctus« wählte, um den Primat des strengen kontrapunktischen Satzes herauszustellen.

In dieser geänderten Satzfolge lässt sich der Druck in der Tat als eine Art Abhandlung bezeichnen oder als »practisches Fugenwerk«, wie der postume Herausgeber Carl Philipp Emanuel Bach es nannte.[21] Das Werk besteht aus »Kapiteln«, die nach logischen Einheiten und progressiven Schwierigkeitsgraden gegliedert sind (Tab. 8-5; die zweite Spalte ermöglicht einen Vergleich mit der Frühfassung), und enthält:

Abbildung 8-10 *Die Kunst der Fuge* BWV 1080.2, Titelseite (o. J. [Berlin 1751])

(1) einfache Fugen, die nur auf dem Hauptthema basieren, jeweils eingebettet in ein individuelles kontrapunktisches Gefüge von unverwechselbarem Charakter;

(2) Gegenfugen, die auf der Gegenüberstellung des Hauptthemas mit seiner Umkehrungsform basieren (»fuga contraria«) und dabei auch die Techniken der Diminution und Augmentation einbeziehen;

(3) Fugen über mehrere Themen (immer einschließlich des Hauptthemas) in verschiedenen Beantwortungsintervallen;

(4) Spiegelfugen in einfachem und doppeltem Kontrapunkt;

(5) strenge Kanons verschiedener Machart;

(6) ein Finalsatz in Form einer ausgedehnten Quadrupelfuge als Höhepunkt.[22]

Mit ihrer gründlichen Vorstellung der Fugentypen ist die *Kunst der Fuge* der erste systematische und umfassende praktische Leitfaden der Fugenkomposition in der Musikgeschichte. Er ebnete den Weg für die erste theoretische Schrift über diesen Gegenstand: die *Abhandlung von der Fuge* (Berlin 1753) von Friedrich Wilhelm Marpurg, der Bach 1746 in Leipzig aufgesucht und offenbar mit ihm Fragen der Fugenkomposition diskutiert hatte.[23] Wohl aufgrund dieser Verbindung wurde er später von Carl Philipp Emanuel gebeten, das Vorwort zur zweiten Auflage der *Kunst der Fuge* (1752) zu schreiben.

Mit der Umgestaltung für die Veröffentlichung stärkte Bach die innere musikalische Logik des Werks, indem er eine Reihe wichtiger Stücke hinzufügte. Die Gruppe der einfachen Fugen ergänzte er durch eine vierte, stark chromatische Fuge von ungewöhnlicher Länge (138 Takte). Diese späte Hinzufügung von Contrapunctus 4 steht in vielerlei Hinsicht für Bachs ehrgeiziges Ziel, die schier unendlichen Möglichkeiten für neue motivische Ideen auszuloten, die sich aus dem vorgegebenen Material ableiten und mit ihm verschmelzen lassen, und so die kontrapunktischen Techniken bis an ihre äußerste Grenze zu führen. So zeigt diese Fuge eindrucksvoll, dass das Potenzial des Contrapunctus simplex mit den ersten drei Fugen keineswegs ausgeschöpft war. Contrapunctus 4 erweitert das rhythmische Vokabular um die traditionellen Figuren von Synkopen und Vorhalten (siehe auch Tab. 8-2, Kanon Nr. 10: »per syncopationes e ligaturas«), was wiederum Ideen für Sequenzmodelle in den Zwischenspielen liefert und dem gesamten Satz eine starke Kohärenz verleiht. Schließlich enthält der Satz im dritten Abschnitt eine besondere Variante der Themenumkehrung. In bewusster Verletzung überkommener Regeln dehnt Bach die melodische Kontur des Themas auf eine Septime, ein Schachzug, der kühne Modulationen in weit von der Ausgangstonart d-Moll entfernte harmonische Bereiche erlaubte (Abb. 8-11). Neben dieser substanziellen Ergänzung ordnete Bach die einfachen Fugen 1 und 2 bzw. 3 und 4 neu an, nämlich nach der Verwendung von regulären und umgekehrten Themen, und erweiterte außerdem jede der drei ursprünglichen Fugen um vier bis zwölf Takte, sodass nun alle vier einfachen Fugen mit plagalen Kadenzen (IV-I) schließen. Auf diese Weise stärkt er ihr retrospektives stilistisches Profil und macht das Kapitel der einfachen Fugen zum Ausgangspunkt für alle weiteren Beispiele von Fugentypen und -stilen.

Bachs Umgruppierung der einfachen Fugen (Contrapunctus 1–4) in einen geschlossenen Abschnitt ermöglichte dann auch die Disposition eines separaten Kapitels der Gegenfugen (Contrapunctus 5–7). Diese Sätze verfolgen das Prinzip der Imitation in verschiedenen Mensuren, und damit ergibt sich für die gesamte erste Hälfte des Werkes ein logischerer Gesamtzusammenhang. In der nachfolgenden dritten Gruppe von Fugen über mehrere Themen vereinheitlichte Bach die rhythmische Notation, sodass ver-

Abbildung 8-11 *Die Kunst der Fuge* BWV 1080.2, Contrapunctus 4, T. 57–86 (Berlin 1751)

wandte Themen jeweils in denselben Notenwerten erscheinen. Außerdem fügte er dem Contrapunctus 10 einen neuen Anfangsteil hinzu, um hier nicht mit dem Hauptthema zu beginnen.[24] Während die Gruppe der Spiegelfugen unverändert blieb (abgesehen von marginalen Änderungen der Notation), wurde die Kanongruppe durch zwei neu komponierte Stücke auf vier Sätze erweitert. Die lehrbuchmäßige Kapitelgliederung der Druckfassung weicht nun also von der ursprünglichen Satzfolge ab, die auf der Idee der zyklischen Variation (und auf dem Gedanken an eine entsprechende Aufführung) beruhte, realisiert in der schrittweisen Weiterentwicklung der rhythmisch-melodischen Form des Hauptthemas.[25] Die wesentlichste Ergänzung im Druck, die letztlich auch den unvollendeten Zustand des Werkes zur Folge hatte, findet sich im neu konzipierten Schluss. Die Erstfassung von 1742 endet mit zwei Spiegelfugen, die ihrerseits von zwei Kanons umrahmt werden, womit die beiden strengsten Formen der kontrapunktischen Imitation in einer Gruppe zusammengeführt sind. Mit der neu komponierten Schlussfuge beabsichtigte Bach nun offenbar, einen noch eindrucksvolleren Höhepunkt zu schaffen.

Tabelle 8-5 *Die Kunst der Fuge*, Fassung der Originalausgabe, 1751 (vgl. Tab. 8-1, S. 278 f.)

Gliederung und originale Überschrift (Satzart)	Konkordanz zur Frühfassung	Themen, Kontrasubjekte und kompositorische Verfahren	Wesentliche Änderungen gegenüber der Frühfassung
Einfache Fugen		**Contrapunctus simplex**	
Contrapunctus 1.	I	¢ Th. ♩: A S B T, diatonische kontrapunktische Fortführung	T. 74–78: plagale Kadenz ergänzt
Contrapunctus 2.	III	¢ Th. ♩: B T A S, punktierte kontrapunktische Fortführung	T. 78–84: plagale Kadenz ergänzt
Contrapunctus 3.	II	¢ Th. ♩ *inv.*: T A S B, chromatische kontrapunktische Fortführung	
Contrapunctus 4.	—	¢ Th. ♩ *inv.*: S A T B, kontrapunktische Fortführung mit Synkopen und Vorhalten	Neukomposition
Gegenfugen		**Contrapunctus duplex** (»all'ottava«)	
Contrapunctus 5.	IV	¢ Th. ♩ *mod.-inv.* / Th. *mod.*: A B S T, Taktwechsel	
Contrapunctus 6. a 4 in Style Francese	VII	¢ Th. ♩ *mod.* + Th. ♪ *inv.*: B S A T	
Contrapunctus 7. a 4 per Augment: et Diminut:	VIII	¢ Th. ♪ *mod.* + Th. ♩ *mod.-inv.* + Th. 𝅝 *mod.-inv.-aug.*: T S A B	
Fugen über mehrere Themen		**Contrapunctus duplex** (»all'ottava, duodecima e decima«)	
Contrapunctus 8. a 3 [in der Oktave, Triplefuge]	X	¢ Cs.-C: A B S; → Cs.-D + Th. ♩ *var.-inv.*	Taktart geändert; Notenwerte verdoppelt

Gliederung und originale Überschrift (Satzart)	Konkordanz zur Frühfassung	Themen, Kontrasubjekte und kompositorische Verfahren	Wesentliche Änderungen gegenüber der Frühfassung
Contrapunctus 9. a 4 alla Duodecima [Doppelfuge]	V	𝄴 Cs.-A: ASBT; → Cs.-A + Th. 𝅝	Notenwerte verdoppelt
Contrapunctus 10. a 4 alla Decima [Doppelfuge]	VI	𝄴 Cs.-B *inv.*: ATBS; → Cs.-B + Th. 𝅗𝅥 *mod.-inv.*	T. 1–22 ergänzt; Notenwerte verdoppelt
Contrapunctus 11. a 4 [in der Oktave, Quadrupelfuge]	XI	𝄵 Th. 𝅘𝅥 *var.*: ASBT; → Cs.-C + Cs.-D; Cs.-C + Cs.-E; Cs.-C + Cs.-D + Cs.-E + Th. *var.-inv.*	Taktart geändert; Notenwerte verdoppelt
Spiegelfugen		**Contrapunctus inversus**	
Contrapunctus inversus 12ᵃ. a 4	XIIIa	$\frac{3}{2}$ Th. 𝅗𝅥 *inv.*: SATB, in Contrapunctus simplex	Notenwerte verdoppelt
Contrapunctus inversus 12ᵇ. a 4	XIIIb	$\frac{3}{2}$ Th. 𝅗𝅥: BTAS (vollständige Spiegelung von 12ᵃ)	Notenwerte verdoppelt
Contrapunctus inversus 13ᵃ. a 3	XIVa	𝄵 Th. 𝅘𝅥 *inv.*: SAB, in Contrapunctus duplex	Notenwerte verdoppelt
Contrapunctus inversus 13ᵇ. a 3	XIVb	𝄵 Th. 𝅘𝅥: BAS (vollständige Spiegelung von 13ᵃ)	Notenwerte verdoppelt
Kanons		**Kanons**	
Canon alla Ottava	IX	$\frac{9}{16}$ Th. 𝅘𝅥𝅮 *var.-inv.* / Th. *var.*: SB	
Canon alla Decima in Contrapunto alla Terza	—	$\frac{12}{8}$ Th. 𝅗𝅥 *var.-inv.* / Th. *var.*: BS	Neukomposition
Canon all Duodecima in Contrapunto alla Quinta	–	𝄵 Th. 𝅝 *var.* / Th. *var.*: BS	Neukomposition
Canon per Augmentationem in Contrario Motu	XII	𝄵 Th. 𝅗𝅥 *var.* / Th. 𝅝 *var.-inv.*: SB	Notenwerte verdoppelt
Quadrupelfuge		**Contrapunctus duplex et inversus**	
[Contrapunctus 14] Fuga a 3 Soggetti (unvollendet)	—	𝄴 Cs.-F: BTAS; → Cs.-G+Cs.-F; Cs.-H [+Th / Css. F+G+H+Th]	Neukomposition, mit separaten Expositionen für drei neue Kontrasubjekte, finale Exposition gespiegelt

Th.   Hauptthema; *aug.* = augmentiert; *dim.* = diminuiert; *inv.* = invertiert; *mod.* = leicht modifiziert; *var.* = variiert; *var.-inv.* = variiert und invertiert; *mod.-inv.* = leicht modifiziert und invertiert

Cs.-A–H   Kontrasubjekte: neue Themen (vom Hauptthema unterschieden), A bis H; Cs.-E und Cs.-H beginnen mit mit der Tonfolge B-A-C-H

+   Kombination von Thema und Kontrasubjekt

→   Kombinationen nach der Fugenexposition

Zu weiteren Abkürzungen und Anmerkungen siehe Tab. 8-1, S. 279

Im Nekrolog erläuterte Carl Philipp Emanuel Bach: »Seine [Bachs] letzte Krankheit hat ihn verhindert, seinem Entwurfe nach, die vorletzte Fuge völlig zu Ende zu bringen, und die letzte, welche vier Themata enthält, und nachgehends in allen vier Stimmen Note für Note umgekehrt werden sollte, auszuarbeiten.«[26] Da die erhaltene unvollendete letzte Fuge nicht nur die längste Fuge des Zyklus ist, sondern auch die längste, die Bach je geschrieben hat, erscheint es schwer vorstellbar, dass er geplant haben sollte, diesem Satz eine weitere Fuge gleicher Länge folgen zu lassen, die dann »Note für Note umgekehrt« werden sollte. Die autographe Klavierpartitur der unvollendeten Fuge enthält die Exposition von drei neuen Themen, deren letztes auf den Buchstaben des Namens B-A-C-H basiert. Der vierte Abschnitt, der die drei Themen mit dem Hauptthema des Werkes in vierfachem Kontrapunkt verbinden sollte, bricht nach nur sieben Takten ab und lässt das Stück damit unvollständig. Der Kompositionsprozess einer Quadrupelfuge muss jedoch zwangsläufig mit jenem letzten Abschnitt beginnen, in dem alle vier Themen kombiniert sind. Und da genau dieser abschließende Teil der Fuge fehlt, ist es in der Tat wahrscheinlich, dass das, was erhalten ist, nicht alles darstellt, was Bach zum Zeitpunkt seines Todes komponiert und hinterlassen hatte. Und dies wiederum legt das folgende Szenario nahe.

Carl Philipp Emanuel Bach, dem ersten Herausgeber der *Kunst der Fuge*,[27] werden zwei verschiedene, sich ergänzende fragmentarische Manuskripte für den Schluss des Werks vorgelegen haben, von denen das eine drei Fugen-Expositionen enthielt und danach bei der Überleitung abbrach, während das andere mindestens eine Exposition mit vier kombinierten und invertierten Themen umfasste, die noch ausgearbeitet werden musste. Das erste Fragment, die erhaltene autographe Klavierpartitur der unvollendeten Fuge, diente als Vorlage der vierstimmigen Druckpartitur. Diese trägt irreführenderweise die Überschrift »Fuga a tre soggetti«, da der Satz nur drei Themen behandelt, von denen das erste dem Hauptthema zu ähneln scheint. Das zweite Fragment enthielt einen oder mehrere Entwürfe für die Kombination aller vier Themen und ihrer Umkehrungen. Es ist nicht erhalten, brachte aber offenbar Carl Philipp Emanuel zu der Annahme, dass zwei Fugen den Abschluss des Werks bilden sollten. Im Gegensatz dazu scheint die Vermutung plausibler, dass die beiden Fragmente in Wirklichkeit zwei sich ergänzende Teilestücke ein und derselben geplanten Quadrupelfuge (Contrapunctus 14) bildeten. Diese neue überlange Schlussfuge sollte die bereits in der handschriftlichen Frühfassung enthaltene Quadrupelfuge (Contrapunctus 11) noch übertreffen, in der eine solche kontrapunktische Klimax mit der Kombination und Umkehrung aller vier Themen fehlt.

Auch die Verwendung des B-A-C-H-Motivs als drittes Fugenthema, deutlich ausbuchstabiert und weniger subtil in den Satz »eingefädelt« als in Contrapunctus 11, spricht für die Funktion des unvollendeten Contrapunctus 14 als Finale des Gesamtwerkes. Darüber hinaus unterstreicht die chromatische Gestalt des Namensthemas gemeinsam mit dem nachkomponierten stark chromatischen Contrapunctus 4 entschieden die Doppelfunktion der d-Tonart als »Moll« einerseits und als »modus chromaticus« andererseits, die bereits die Frühfassung geprägt hatte. Und nicht zuletzt demonstriert Bach mit dem frappierend neuartigen Gebrauch der Chromatik, insbesondere in Contrapunctus 4 und 11, im Augmentationskanon und in Contrapunctus 14, dass die kontrapunktische Schreibweise einem höchst originellen Umgang mit der Harmonik keine Grenzen setzt.

Die gründliche Umstrukturierung der *Kunst der Fuge* wurde von dem Wunsch nach einer systematischen Ordnung geleitet, widersprach dabei allerdings keineswegs der grundsätzlichen musikalischen Priorität des Komponisten, nämlich ein Werk zu schaffen, in dem jeder Satz eine bestimmte kontrapunktische Technik erschöpfend behandelte: mit faszinierenden Kombinationen, wechselnden stilistischen Modellen und einer breiten Palette bestechender musikalischer Ideen. Jeder einzelne fugierte oder kanonische Satz besitzt scharf profilierte individuelle musikalische Konturen. Bach wollte offenbar demonstrieren, dass die »strenge« kontrapunktische Komposition eine schier unendliche Vielfalt von Ansätzen ermöglicht. Die finale Ausrichtung der Satzfolge enthält zudem eine musikhistorische Dimension: Das Werk beginnt mit einer Reihe von Fugen deutlich retrospektivem Charakters (auch wenn alle auch moderne Züge aufweisen); in den anschließenden Sätzen wird jedoch eine breite Palette von eher neuartigen, ja modischen melodisch-rhythmischen Elementen verwendet, nicht nur im Contrapunctus 6 mit seinem französischen Stil, sondern in nahezu allen weiteren Sätzen.

Die *Kunst der Fuge* stellt sich dar als das zentrale Instrumentalprojekt in Bachs letztem Lebensjahrzehnt, das sich im Laufe der Zeit schrittweise entfaltete und mehrfach umgestaltet wurde. In diesem Werk vereinte der Komponist mit größter Konsequenz eine monothematisch-zyklische Konzeption mit einer systematischen kontrapunktischen Gestaltung und einer überbordenden musikalischen Phantasie. Es ist zugleich das Werk, in dem die theoretische Komponente seines Denkens am deutlichsten zum Ausdruck kommt, ohne je zur bloßen Theorie zu erstarren. Der Schritt von der handschriftlichen Frühfassung der *Kunst der Fuge* gleichsam als einer »Kunst des Kontrapunkts in Variationen« hin zur Druckfassung in Gestalt einer systematischen Studie über Fuge und Kanon führte zum »vollkommensten practischen Fugenwerk«, wie es Carl Philipp Emanuel beschrieb, mit der »tiefsinnigen Durcharbeitung sonderbarer, sinnreicher, von der gemeinen Art entfernter und doch dabei natürlichen Gedanken«.[28] Theorie und Praxis verschmelzen, alte und neue Stilelemente und Kompositionstechniken werden integriert und zeigen so auf unverwechselbare und beispielhafte Weise Bachs individuelle Herangehensweise an die Komposition. Mit dem Namenszeichen »B-A-C-H« versehen, das in Contrapunctus 11 und noch exponierter in der unvollendeten letzten Fuge eingewoben ist, repräsentiert die *Kunst der Fuge* das substanzvollste, originellste und persönlichste Instrumentalopus aus Bachs Feder.

Wie kein anderes Instrumentalwerk Bachs zeigt die *Kunst der Fuge* in *höchst* konzentrierter Form, wie die Kunst des Kontrapunkts den Prozess der kompositorischen Ausarbeitung bestimmen kann, basierend auf der rigorosen und erfindungsreichen Ableitung aus gewählten oder gegebenen musikalischen Themen und Motiven. Dem Komponisten, der sich selbst um die Mitte des 18. Jahrhunderts am Schnittpunkt verschiedener musikalischer Stilrichtungen sah, muss wohl von Anfang an klar gewesen sein, dass ein derart anspruchsvolles Werk Spieler wie Hörern mehr abfordern würde, als dass es ihnen Vergnügen bereiten konnte. Gleichwohl unternahm er das komplexe Projekt ohne Rücksicht auf äußere Reaktionen oder breitere Akzeptanz – nicht nur, weil er selbst von dem Prozess fasziniert war, der ihm gewiss einen wunderbaren Zeitvertreib bot, sondern wohl auch, weil er damit ein Vermächtnis hinterlassen wollte. Und selbst wenn die *Kunst der Fuge* zu keiner Zeit weitläufig populär war, festigte sie in Fachkreisen doch ein für alle Mal den historischen Status jener musikalischen Technik, Form und Gattung, die schon vor der Veröffentlichung des Werkes untrennbar mit dem Namen seines Autors verbunden war.

Die Messe in h-Moll

Es war keineswegs Zufall, dass Manuskript und Druckplatten der unvollendeten *Kunst der Fuge* sowie die eben vollendete autographe Partitur der h-Moll-Messe nach Bachs Tod seinem Sohn Carl Philipp Emanuel anvertraut wurden. Die Familie und vor allem der ältere Bruder Wilhelm Friedemann als Nachlassverwalter[29] sahen ein, dass sich niemand verantwortungsvoller um die beiden großen musikalischen Vorhaben kümmern konnte, die den Komponisten bis zu seinem Ende beschäftigt hatten. So verfasste Carl nicht nur den Nachruf mit dem summarischen Werkverzeichnis, das auch eine Beschreibung des unvollendeten Zustands der *Kunst der Fuge* enthielt, sondern es gelang ihm auch, das Werk innerhalb eines Jahres postum zu veröffentlichen. Als Werbemaßnahme schrieb er außerdem einen Einführungsartikel für die Berliner Intellektuellenzeitschrift *Critische Nachrichten aus dem Reiche der Gelehrsamkeit*.[30] Gleichzeitig hielt er die autographe Partitur der »großen catholischen Messe«[31] in sicherer Verwahrung und sorgte zudem dafür, dass auch dieses kostbare hinterlassene Werk nicht unbeachtet blieb, sondern zumindest musikalischen Insidern als ein besonderes Juwel zur Kenntnis gelangte. Schon früh veranlasste er die Anfertigung mehrerer Abschriften durch professionelle Kopisten für Bach-Schüler und verschiedene Bach-Enthusiasten in Berlin sowie für eine Reihe ausgesprochener Musikkenner, darunter Baron Gottfried van Swieten aus Wien, der die Messe später Haydn und Mozart zugänglich machen sollte. Es dauerte jedoch mehr als drei Jahrzehnte, bis der Bach-Sohn die Messe tatsächlich hörte, und dies auch nur teilweise: 1786 leitete er in Hamburg die erste öffentliche Aufführung des Symbolum Nicenum, des zweiten Teils der Messe, bei einem Benefizkonzert zugunsten eines Armenhospitals.[32]

Die vielfältigen Beziehungen zwischen der *Kunst der Fuge* und der h-Moll-Messe, beides unvergleichbare und exemplarische Werke, waren dem Bach-Sohn gewiss nicht entgangen. Die *Kunst der Fuge* nimmt den instrumentalen Kontrapunkt in seiner komplexesten und avanciertesten Form in den Blick, die h-Moll-Messe hingegen repräsentiert die Kunst der Vokalpolyphonie in ihrer ganzen Vielfalt und in Gestalt einer tiefschürfenden Vertonung des altehrwürdigen Messentextes. In ihrer Gesamtheit (Tab. 8-6)[33] stellt die Messe die Summa summarum von Bachs Vokalkunst dar, ganz im Sinne des Widmungsbriefes von 1733 für den kurfürstlichen Hof in Dresden. Darin hatte der

Tabelle 8-6 Die autographe Partitur der h-Moll-Messe, 1748/49

I. Missa* [1733]
Besetzung: SSATB; 3 Trompeten + Pauken, Horn; 2 Flöten, 2 Oboen / Oboen d'amore; Streicher und Continuo (2 Fagotte, Cello, Violone, Orgel)

1.	Kyrie eleison**	h-Moll	Tutti (ohne Tr. und Pk.)
2.	Christe eleison	D-Dur	Duett: S I, II; 2 Vl., Bc.
3.	Kyrie eleison**	fis-Moll	Tutti (ohne Tr. und Pk.)
4.	Gloria in excelsis***	D-Dur	Tutti
5.	Et in terra pax**	D-Dur	Tutti
6.	Laudamus te	A-Dur	Solo: S II; Vl., Bc.
7.	Gratias agimus tibi**	D-Dur	Tutti
8.	Domine Deus	G-Dur	Duett: S I, T; Fl., Str., Bc.
9.	Qui tollis peccata mundi**	h-Moll	Tutti (ohne Tr. und Pk.)
10.	Qui sedes ad dextram Patris	h-Moll	Solo: A; Ob. d'amore, Bc.
11.	Quoniam tu solus sanctus	D-Dur	Solo: B; Corno da caccia, 2 Fg., Bc.
12.	Cum Sancto Spiritu**	D-Dur	Tutti

II. Symbolum Nicenum [1748/49]
Besetzung: SSATB; 3 Trompeten + Pauken, Corno da caccia; 2 Flöten, 2 Oboen / Oboen d'amore; Streicher und Continuo

13.	Credo in unum Deum**	A-Mixolydisch	Chor (plus 2 Vl.)
14.	Patrem omnipotentem**	D-Dur	Tutti
15.	Et in unum Dominum	G-Dur	Duett: S I, A; 2 Ob. d'amore, Str., Bc.
16.	Et incarnatus est***	h-Moll	Chor (plus 2 Vl.)
17.	Crucifixus	e-Moll	Tutti (ohne Ob., Tr. und Pk.)
18.	Et resurrexit**	D-Dur	Tutti
19.	Et in Spiritum Sanctum	A-Dur	Solo: B; 2 Ob. d'amore, Bc.
20.	Confiteor**	fis-Moll	Chor, Bc.
21.	Et expecto**	D-Dur	a (Adagio): Chor, Bc.; b (Vivace): Tutti

III. Sanctus [1724, revidiert 1748/49]
Besetzung: SSAATB; 3 Trompeten + Pauken; 3 Oboen; Streicher und Continuo

22.	Sanctus ... Pleni sunt coeli**	D-Dur	Tutti

IV. Osanna, Benedictus, Agnus Dei et Dona nobis pacem [1748/49]

Besetzung: SATB (Chor I); SATB (Chor II); 3 Trompeten + Pauken; 2 Flöten, 2 Oboen; Streicher und Continuo

23.	Osanna***	D-Dur	Tutti
24.	Benedictus	h-Moll	Solo: T; Fl., Bc.
25.	Osanna (Wiederholung)	D-Dur	Tutti
26.	Agnus Dei	g-Moll	Solo: A; 2 Vl., Bc.
27.	Dona nobis pacem**	D-Dur	Tutti

*	Teile I–IV nummeriert von Bach (als 1–4); Nummerierung der Sätze nicht original
**	Chorfugen
***	Imitative Polyphonie

Komponist in standesgemäßer Bescheidenheit die Missa – damals bestehend nur aus Kyrie und Gloria, dem ersten Teil des Werkes – als eine »geringe Arbeit von derjenigen Wißenschafft, welche ich in der Musique erlanget«, bezeichnet. Als Charakterisierung dessen, was diese Musik bedeuten sollte, war diese Aussage damals bereits höchst treffend und gilt umso mehr für die spätere vollständige Messe.

Die Gattung der Messe war für ein solches Unterfangen eine besonders gute Wahl und ließ den erfahrenen Kantor, Kapellmeister und Kompositionslehrer Bach in neue Bereiche konzeptionellen Denkens vorstoßen. Als älteste vokale Großform war die Messe seit dem 14. Jahrhundert die zentrale Gattung der geistlichen Vokalmusik, und es verwundert nicht, dass Bach seinen eigenen Beitrag zu diesem Kapitel der Kompositionsgeschichte leisten wollte. Die Aussicht muss ihm umso reizvoller erschienen sein, als er in Bezug auf das Kantatenrepertoire – die eigentliche Domäne seiner Vokalmusik – Zeuge eines gewandelten Zeitgeschmacks geworden war. Er hatte das Interesse an den verschiedenen Kantatentypen wachsen und wieder schwinden sehen und mitverfolgt, wie der eine den anderen ablöste. Und natürlich war ihm bewusst, dass der Kirchenkantate stilistisch eine starke Zeitbezogenheit anhaftete, in sprachlicher, theologischer und musikalischer Hinsicht, weshalb sie dem Vergleich mit der Zeitlosigkeit der lateinischen Messe in keiner Weise standhalten konnte.

Vor diesem Hintergrund wird verständlich, warum Bach nicht nur die thematisch passendsten, sondern auch die qualitativ höchststehenden Kantatensätze in die h-Moll-Messe übernahm: Zweifellos wollte er sie vor dem sonst unvermeidlichen Prozess des Veraltens bewahren. Die von ihm ausgewählten Sätze (Tab. 8-7) waren von jeweils ganz eigener musikalischer Kraft. Gewiss wäre es für ihn einfacher gewesen, etliche Sätze neu zu komponieren. Bach indes entschied anders. Das »Crucifixus«, das »Agnus Dei« und all die anderen Sätze, die aus früheren Kantaten stammen, zeigen, dass er diese Kompositionen für überarbeitungs- und verbesserungswürdig hielt. So erhielt der ausdrucksstarke Passacaglia-Chor »Weinen, Klagen, Sorgen, Zagen« aus der gleichnamigen Weimarer Kantate BWV 12 von 1714 in seiner »Crucifixus«-Fassung (Nr. 17) eine weiter

Tabelle 8-7 Parodievorlagen der h-Moll-Messe

Teil I

| 7. | Gratias agimus | »Wir danken dir, Gott« BWV 29/1 (1731) |
| 9. | Qui tollis | »Schauet doch und sehet, ob irgendein Schmerz sei« BWV 46/1 (1723) |

Nr. 1, 2, 4, 6, 8 und 11 basieren auf unbekannten Vorlagen.*

Teil II

14.	Patrem omnipotentem	»Gott, wie dein Name so ist auch dein Ruhm« BWV 171/1 (1729)
17.	Crucifixus	»Weinen, Klagen, Sorgen, Zagen« BWV 12/1 (1714)
21.	Et expecto	»Herr Gott, Beherrscher aller Dinge« BWV 120.2/1 (1729)

Nr. 15, 18, 19 und 21 basieren auf unbekannten Vorlagen.*

Teil IV

23., 25.	Osanna	»Es lebe der König, der Vater im Lande« BWV 1157/1 (1732)
26.	Agnus Dei	»Entfernet euch, ihr kalten Herzen« BWV 1163/3 (1725)
27.	Dona nobis pacem	Nr. 7: Gratias agimus tibi

Nr. 24 basiert auf einer unbekannten Vorlage.*

* Reinschriftartige Einträge ohne größere Korrekturen in der autographen Partitur deuten auf Umarbeitungen oder Anleihen bei vorhandenen Sätzen hin.

---

ausdifferenzierte Gestalt und noch mehr Tiefgang. Dies betrifft nicht nur die stärker ausgefeilte und klanglich abgestufte Instrumentation, sondern auch die subtil intensivierte Rhetorik – besonders bei den Schlussworten »et sepultus est« mit ihrem unerwarteten A-cappella-Klang und der überraschenden Modulation von e-Moll nach G-Dur zur Vorbereitung des unmittelbar folgenden triumphalen »Et resurrexit« (Nr. 18).

Ein stilistisches Panorama für eine zeitlose Gattung

Anders als bei der *Kunst der Fuge* finden sich für die h-Moll-Messe keine Spuren eines Planungsprozesses, zumindest nicht im Sinne konkreter kompositorischer Aktivitäten. Der einzige chronologische Hinweis besteht in einer Frühfassung der Credo-Intonation (Nr. 13), die nicht in einer autographen Handschrift, sondern in einer Abschrift des Bach-Schülers Johann Friedrich Agricola erhalten ist und darauf schließen lässt, dass der Satz nach 1740 entstanden ist. Dieses Credo (BWV 232.3) steht in der Tonart G-Dur oder besser gesagt in der Kirchentonart G-Mixolydisch, nicht in A-Dur wie in der Messe. Abgesehen von der Tonart aber kommt die frühe Version der endgültigen Fassung sehr nahe und offenbart bereits Bachs intensives Studium und seine Aneignung des Stile antico, der Vokalpolyphonie des 16. Jahrhunderts von Palestrina und seinen Nachfolgern. Dieser stilistische Kontext bildete einen wesentlichen Ausgangspunkt für seine eigene Messe, die (ganz ähnlich wie die *Kunst der Fuge*) als ein entschiedenes Votum für eine zeitlose Gattung konzipiert war – tief verankert in vergangenen wie in zeitgenössischen Stilarten.

Hatte Bach schon im zweiten Kyrie und im »Gratias« (Nr. 3 und 7) der Kyrie-Gloria-Messe von 1733 von der retrospektiven Polyphonie Gebrauch gemacht, so hob er den alten Stil im Credo der h-Moll-Messe auf eine noch höhere Ebene. Seine Auseinandersetzung mit Palestrina beschränkte sich nicht auf abstrakte Studien, sondern schloss auch die Aufführung von dessen Messen in den Leipziger Hauptkirchen um 1740 und später mit ein. Für die *Missa sine nomine* und die *Missa »Ecce sacerdos magnus«* über ein liturgisches Choralthema sind entsprechende originale Aufführungsmaterialien erhalten. In beiden Fällen fertigte Bach duplierende Instrumentalstimmen (Holzbläser, Streicher und Generalbass) zur Unterstützung der Singstimmen an. Für das Credo der Messe waren beide Werke insofern von unmittelbarer Bedeutung, als die sechsstimmige *Missa sine nomine* das stilistische Modell für die siebenstimmige Vokalbesetzung lieferte und die vierstimmige Cantus-firmus-Messe über »Ecce sacerdos magnus« als Vorbild für die thematische Verwendung der liturgischen Credo-Melodie diente.

Im Wissen um Palestrinas Reputation als »einen Fürsten der Musicorum«, um dessentwillen »die Music nicht wäre aus der Kirche verbannet worden«,[34] schenkte Bach dann auch neueren, hauptsächlich italienischen Meistern der Stile-antico-Tradition Aufmerksamkeit, deren lateinische Werke er in den frühen 1740er-Jahren aufführte, darunter Antonio Caldaras Magnificat in C-Dur, Antonio Lottis *Missa Sapientiae* und Francesco Gasparinis *Missa canonica*. Das Magnificat von Caldara diente ebenfalls als Vorbild für die Credo-Vertonung: Bach hatte daraus den Satz »Suscepit Israel« bearbeitet, indem er den ursprünglich vierstimmigen Vokalsatz zu einem sechsstimmig-polyphonen Satz mit zwei Violinen als Vokalsubstitute erweiterte, und auf die gleiche Weise baute er auch die Vokalbesetzung des Credo zu einer achtstimmigen Polyphonie mit zwei Violinen aus. Ein Modell ganz anderer Art lieferte Gasparini. Der systematische kanonische Aufbau seiner Messe war sicherlich ganz in Bachs Sinne, sonst hätte er das Werk nicht aufgeführt. Und tatsächlich scheint ihn diese Komposition inspiriert zu haben, mehrere kanonische Partien in die h-Moll-Messe einzufügen, wenn auch sparsam und mit Bedacht: Sie finden sich in lediglich drei Sätzen. Das »Confiteor« (Nr. 20) enthält zwei Cantus-firmus-Kanons, der zweite davon in Form eines Augmentationskanons, im »Agnus Dei« (Nr. 26) gibt es mehrere kanonische Passagen, und das »Et incarnatus est« (Nr. 16) hat einen kanonischen Schluss. Diese Beispiele illustrieren die generelle Bedeutung der Stile-antico-Tradition für die Konzeption der h-Moll-Messe im Sinne eines umfassenden Panoramas vergangener und aktueller polyphoner Techniken.

Die Frühfassung des Credo steht in der Vorgeschichte der Messe etwas isoliert da. Die ursprüngliche Bestimmung des Stücks scheint unklar, zumal es auf ein sehr ähnliches Parallelwerk bezogen ist: das fünfstimmige Credo in F-Dur BWV 1081 (Abb. 8-12). Dieses ist jedoch viel kürzer und weniger ausgearbeitet und stellt eine polyphone Credo-Intonation dar, die Bach um 1747/48 oder wenig früher als Einlage vor dem »Patrem

Abbildung 8-12 Credo in F-Dur BWV 1081, Autograph (1747/48)

omnipotentem« der F-Dur-Messe von Giovanni Battista Bassani komponierte. Das wesentlich größere Format des Credo in G-Dur lässt freilich eine vergleichbare Einschubfunktion bei einer der lateinischen Messen aus Bachs Aufführungsbibliothek nicht zu. Es scheint daher einen ersten Schritt auf dem Weg zur h-Moll-Messe zu markieren, noch bevor der Rest des Werkes Gestalt annahm. Eine subdominantische Eröffnung in G für einen Credo-Satz in D-Dur hätte sogar gepasst, doch entschied sich Bach schließlich für die Dominante A-Dur. Damit war im Planungsprozess zudem die Voraussetzung dafür geschaffen, den einschlägigen mittelalterlichen Credo-Gesang später mit seiner Fortsetzung erneut einzubringen, ebenfalls im Gewand des Stile antico, nämlich im fis-Moll-Satz des »Confiteor« (Nr. 20).

Nachdem das Credo fertiggestellt war, scheint die eigentliche Komposition der vollständigen Messe, wie sie das Autograph wiedergibt, innerhalb relativ kurzer Zeit vorangeschritten zu sein – dies in deutlichem Gegensatz zu dem sich über mehr als ein Jahrzehnt erstreckenden Entstehungs- und Reifeprozesses der *Kunst der Fuge*. Natürlich war im Blick auf Umfang und Form das Projekt der instrumentalen *Kunst der Fuge* völlig ohne Beispiel, sodass sich Bach gezwungen sah, nahezu alle inhaltlichen Aspekte selbst zu bestimmen und zu gestalten. Demgegenüber konnte er für die Messe auf die verschiedensten Vorbilder, auf seine Erfahrungen in der Vertonung gegebener Texte und überdies in erheblichem Maß auf vorhandene Kompositionen zurückgreifen. Nachdem der Formplan der erweiterten Messe erstellt war, konnte er deshalb den Großteil der Partitur ab Teil II im Wesentlichen Satz für Satz niederschreiben, von der zweiten Hälfte des Jahres 1748 an bis zum Herbst 1749. Die vielen Korrekturen im Autograph weisen es als eine Arbeitspartitur aus, die Bach offenbar nur dann beiseitelegte, wenn er sich dem parallellaufenden Projekt der *Kunst der Fuge* zuwandte oder wenn ihn die nachlassende Sehkraft zwang, die Feder aus der Hand zu legen.

Die Teile und das Ganze

Eine der letzten Arbeiten, die Bach an der Partitur der vollendeten Messe vornahm, war die Anfertigung und Nummerierung der Titelblätter für die vier einzelnen Werkteile, die er in getrennten Faszikeln aufbewahrte: I. Missa; II. Symbolum Nicenum; III. Sanctus; IV. Osanna, Benedictus, Agnus Dei et Dona nobis pacem. Er versah diese Titelblätter mit den jeweiligen Besetzungsangaben und setzte seinen Namen darunter (Abb. 8-13). Auch wenn es sich dabei eher um einen formalen Akt des Ordnens handelte, so bezieht er sich doch auf den inneren Zusammenhang und den musikalischen Inhalt des Werkes als Ganzes: Die ersten beiden Teile sind für fünf- und vierstimmigen Chor gesetzt, Teil III benötigt einen sechsstimmigen Chor, und Teil IV fordert einen achtstimmigen Doppelchor – insgesamt eine systematische Darstellung chorischer Vielfalt, die das gesamte Besetzungsspektrum der Vokalpolyphonie abdeckt. Das ganze Werk hindurch mischte Bach neukomponierte Sätze mit sorgsam ausgewählter vorhandener Musik (Tab. 8-7). Typische Beispiele dafür bieten verschiedene Chorfugen, darunter das »Qui tollis« (Nr. 9) des Gloria, das der Kantate *Schauet doch und sehet, ob irgendein Schmerz sei* BWV 46 entstammt, und das »Patrem omnipotentem« (Nr. 14) des Symbolum Nicenum auf Grundlage der Kantate *Gott, wie dein Name, so ist auch dein Ruhm* BWV 171. Bach wählte Kantatensätze aus, deren Inhalt und Charakter den Parodien entsprachen. Bei der Komplettierung zur vollständigen Messe setzte er das Verfahrensmuster der Kyrie-Gloria-Messe von 1733 fort, indem er die meisten Sätze aus geistlichen und weltlichen Kantatensätzen entlehnte – auch wenn er die überarbeiteten Fassungen kompositorisch weiter ausfeilte und oft zu einer expressiveren musikalischen Rhetorik fand.

Als Gattung repräsentierte die Messe seit Jahrhunderten das chorische Repertoire par excellence und bot für vokale Solonummern relativ wenig Raum. In dieser Hinsicht unterscheidet sie sich grundlegend von den Passionen und Oratorien, in denen die Vokalsoli überwiegen. Allein schon durch das Fehlen von Rezitativen lag der Schwerpunkt der Messe ganz auf dem Chor und bot damit die Gelegenheit, das volle Panorama der Vokalpolyphonie auszuschöpfen. Bach reagierte mit einer bemerkenswerten Bestandsaufnahme älterer und neuerer Chorstile, erkundete aber auch die vielfältigen Einsatzmöglichkeiten solistischer Stimmen, jeweils in Verbindung mit einer farbig-abwechslungsreichen und anspruchsvollen Instrumentalbeteiligung. In dieser Hinsicht kann die h-Moll-Messe tatsächlich als exemplarisches Modell für eine ideale vokal-instrumentale geistliche Musik gelten. Im Bereich des Kontrapunkts reicht das Gestaltungsspektrum vom Concerto-Stil des »Gloria« (Nr. 4) bis zum motettischen Stil des »Gratias« (Nr. 7), von der modernen konzertanten Fuge des »Et in terra pax« (Nr. 5) bis zur retrospektiven Fuge des zweiten »Kyrie« (Nr. 3), vom frei expressiven Gewebe des »Et incarnatus« (Nr. 16) bis zu den Cantus-firmus-Sätzen des »Credo« und »Confiteor« (Nr. 13 und 20) mit ihren strengen kontrapunktischen und kanonischen Strukturen – um nur einige Beispiele unter den Chorsätzen zu nennen. Im Blick auf ihre exemplarische Funktion gilt dasselbe für die Vielfalt der Solosätze. Zwar verzichtete Bach hier aus textlichen Gründen auf die modische Da-capo-Form, aber er schöpfte die ganze Bandbreite der solistischen Arien- und Duett-Typen aus und setzte insbesondere auf eine differenzierte, farbige Orchesterbegleitung und instrumentale Soli, wobei er jede Wiederholung vermied.

Mit der solennen Missa von 1733 hatte der Kapellmeister-Kantor Bach den ersten Schritt zu einem eigenen Beitrag zur historischen Gattung der Messe vollzogen. Dass er dies mit besonderem Ehrgeiz tat, um sich für einen Ehrentitel bei Hofe zu bewerben, lässt sich an den ungewöhnlichen Dimensionen des Werkes ablesen: an den fünfstimmigen Vokalpartien, an der opulenten Instrumentalbesetzung, an der abwechslungsreichen Satzfolge und am ungewöhnlichen Grad kompositorischer Ausarbeitung. Zudem zeigt die Missa von 1733 eine genau durchdachte, sinnstiftende Architektur. Im Kyrie-Teil umrahmen zwei ausgedehnte Chorfugen – beide über unterschiedliche chromatische Themen, die eine im modernen Stil mit eigenständigem Orchester, die andere im retrospektiven Stil mit duplierenden Instrumenten – einen Solosatz, das Christe-Duett.[35] Der Tonartenplan dieses Abschnitts (h-Moll – D-Dur – fis-Moll) umreißt den Dreiklang *h-d-fis* und unterstreicht damit den trinitarischen Charakter nicht nur des dreiteiligen Kyrie-Abschnitts, sondern der gesamten Messe. Darüber hinaus definiert das »Christe eleison« (Nr. 2) die zentrale Stellung von D-Dur und damit den christologischen

Kern von Bachs Textvertonung; außerdem nimmt es so die Grundtonart des Gloria-Abschnitts – und der weiteren Messteile – vorweg. Schließlich ist es Christus, der im letzten D-Dur-Satz des »Dona nobis pacem« als Lamm Gottes (Agnus Dei) angerufen wird.

Der Lobgesang des Gloria, vom vollen Orchester mit Trompeten und Pauken angemessen begleitet, präsentiert ein breites Spektrum an Instrumentalklängen und ein virtuoses Zusammenspiel aller vokalen und instrumentalen Kräfte. Mit einem prachtvollen Konzertsatz erstmals im Dreiertakt beginnend (Nr. 4), wechselt die Komposition an der Textstelle »et in terra pax« (»und Friede auf Erden«) in einen akkordisch gebundenen Satz im Vierertakt und geht dann über in eine kunstvolle Allegro-Fuge (Nr. 5). Es folgen drei weitere Chöre, die neue Arten der Chorpolyphonie einführen: das »Gratias« (Nr. 7), eine retrospektive Fuge über die Melodie »Deo dicamus gratias« der lutherischen Liturgie, gekrönt von einem brillanten Höhepunkt mit dem Trompetenchor; das »Qui tollis« (Nr. 9), ein empfindungsvoller Chorsatz mit besonders ausdrucksstarker Instrumentation; und das »Cum Sancto Spiritu« (Nr. 12), eine ausgedehnte vokal-instrumentale Fuge von blendender Virtuosität, ursprünglich gedacht als eindrucksvolles Finale der Kyrie-Gloria-Messe von 1733. Dazwischen stehen vier Solosätze, die alle fünf Vokalsolisten beschäftigen sowie Vertreter der einzelnen Orchestergruppen für die instrumentalen Obligati beanspruchen: Violine (»Laudamus te«, Nr. 6), Flöte (»Domine Deus«, Nr. 8), Oboe d'amore (»Qui sedes«, Nr. 10) und Horn (»Quoniam«, Nr. 11). Mit anderen Worten: Alle Stimmen und alle Instrumente fallen ein in den Lobpreis der Heiligen Dreifaltigkeit.

Abgesehen von kleineren redaktionellen Korrekturen nahm Bach in den 1740er-Jahren keine Änderungen an der Kyrie-Gloria-Messe vor, die nun zu Teil I der vollständigen Messe wurde. Doch nutzte er deren architektonische Konzeption als Muster, um für Teil II, die Vertonung des Nicänischen Glaubensbekenntnisses, eine eigene, ähnlich effektive Organisationsstruktur zu schaffen. Die solenne fünfstimmige Chorbesetzung bleibt auch in Teil II vorherrschend, doch weisen die Sätze eine noch größere stilistische Spannweite auf und enthalten überdies Techniken und Formen, die im Kyrie-Gloria-Teil nicht verwendet wurden: Doppelfuge (Nr. 20), Stile antico mit liturgischem Cantus firmus (Nr. 13 und 20), kanonische Themenverarbeitung (Nr. 15), Concertato-Fuge (Nr. 14 und 21), Choralkanon (Nr. 20), Ostinato-Variation (Nr. 17), chromatische Madrigalismen (Nr. 21a), A-cappella-Sätze mit Continuo (Schluss von Nr. 17, Nr. 20 und 21a) und modernste imitative Polyphonie in der empfindsam-berührenden Manier eines Pergolesi (Nr. 16).[36] Teil II weist nur zwei Solosätze auf, die die Anfangstexte des zweiten bzw. dritten Artikels des frühchristlichen Glaubensbekenntnisses zitieren, in denen von Gott Sohn und Gott Heiligem Geist die Rede ist und die einen vergleichsweise großen Teil des abstrakt-dogmatischen Textes umfassen.

Was die technischen Ansprüche betrifft, haben die Chorfugen der h-Moll-Messe kein Pendant – weder in Bachs Vokalmusik noch in der eines Zeitgenossen. Freilich war dies kein Selbstzweck. Bach war stets darauf bedacht, den Sinn des Textes zu unterstreichen oder zu überhöhen. Am deutlichsten wird dies in den Vertonungen des »Et incarnatus«, des »Crucifixus« und des »Et resurrexit« (Nr. 16–18), deren Texte sich für einen intensivierten musikalischen Ausdruck besonders eignen. Aber selbst für einen inhalt-

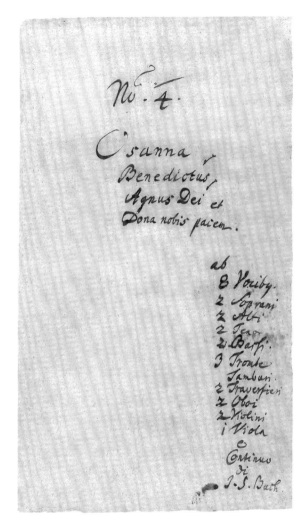

Abbildung 8-13 Messe in h-Moll BWV 232, Titelumschlag (Fragment) von Teil IV, Autograph (1749)

lich so abstrakten Text wie »Credo in unum Deum« (Ich glaube an den einen Gott) fand Bach eine ansprechende Lösung. Die entsprechende Vertonung (Nr. 13) besteht aus drei Bausteinen: der mittelalterlichen Choralmelodie, einem imitativen Satz im Stil der Vokalpolyphonie des 16. Jahrhunderts und einer Basso-continuo-Stimme gemäß der Praxis des 18. Jahrhunderts (Abb. 8-14) – eine bewusst diachrone Kombination kompositorischer Gestaltungsmittel mit der Absicht, die zeitlose Relevanz des im Jahr 325 vom Konzil von Nizäa angenommenen Glaubensbekenntnisses hörbar und lebendig werden zu lassen. Die gregorianische Melodie repräsentiert den Glauben der frühen Christenheit, die Vokalpolyphonie des 16. Jahrhunderts bildet die Erneuerung des Glaubens durch die Reformation ab, und der moderne Basso continuo steht für den Glauben der Gemeinde zu Bachs Zeit. Nur Musik ist imstande, gleichzeitig eine solche sinnträchtige Überlagerung verschiedener historischer Schichten darzustellen.

Und musikalische Gestaltungsmittel erlauben sogar einen Blick in die Zukunft, wie die visionäre musikalische Wiedergabe der Worte »et expecto resurrectionem mortuorum, et vitam venturi seculi« (und ich erwarte die Auferstehung der Toten und das Leben der kommenden Welt) zeigt. In diesem Satz (Nr. 21) widmet sich Bach den zwei Aspekten des Todes: dem Sterben in dieser Welt und der Erwartung eines glückseligen Lebens im Jenseits. Das Elend und das bittere Ende des menschlichen Lebens vermittelt der klagende Ausdruck des A-cappella-Teils (Adagio) durch die dissonanteste madrigalische Chromatik, die man in Bachs Vokalwerk finden kann. Dann jedoch weicht diese Passage nach einer enharmonischen Modulation in Takt 138f. (Oberstimme c^2/his^1) unvermittelt einem scharf kontrastierenden freudigen Tutti-Finale, das mit »Vivace e Allegro« überschrieben ist. Dieses triumphierende Finale mit Trompeten und Pauken entwirft eine überwältigende Vision des erwarteten ewigen Lebens in einer anderen Welt.

Nach Fertigstellung des Symbolum Nicenum überdachte Bach dessen Gesamtaufbau und befand, dass der Textteil »et incarnatus est ...« im Duettsatz »Et in unum Dominum« (Nr. 15) in der Vertonung nicht genügend Gewicht erhalten hatte. Er nahm daher eine neue Textunterlegung im Duett vor, unter Aussparung dieser Worte, und ermöglichte so die Einfügung eines zusätzlichen Chores, der sich dieser theologisch bedeutsamen Aussage widmet. Damit bildet der christologische Kern des Nicänischen Glaubensbekenntnisses – von der Menschwerdung und Geburt über Leiden, Tod und Auferstehung bis zu Himmelfahrt und Wiederkunft – nun eine zentrale Gruppe von drei Chorsätzen aus (Nr. 16–18). Darüber hinaus empfand Bach, der sein eigenes Werk stets selbstkritisch überprüfte, offenbar, dass im stilistischen Panorama der ursprünglichen achtsätzigen Fassung von Teil II ein stilistisch vorausschauender Satz noch fehlte. So modellierte er den neuen Chor »Et incarnatus est« nach einem modernen Satztypus, den Giovanni Battista Pergolesi in dem Satz »Quis et homo« seiner Stabat-mater-Vertonung ausgeprägt hatte. Bach hatte das Werk um 1746/47 als deutschsprachige Psalmkantate BWV 1083 bearbeitet und aufgeführt. So wurde das »Et incarnatus est«, Bachs allerletzte Vokalkomposition, zugleich seine modernste. Mit dem eingefügten Chor änderte sich auch die musikalische Architektur von Teil II: Die ausgewogene Symmetrie von Chören (Nr. 13–14, 17–18 und 20–21) und Solosätzen (Nr. 15 und 19) in der Form **2**-1-**2**-1-**2** erhielt damit ein fokussierteres achsensymmetrisches Schema von **2**-1-**3**-1-**2**, nunmehr bedeutungsvoll mit dem »Crucifixus« als Herzstück.

Teil III des Werkes bedurfte nur minimaler kompositorischer Anpassungen. Bach übernahm den einzelnen Sanctus-Satz von Weihnachten 1724, den er im Laufe der Zeit etliche Male aufgeführt hatte. Die wichtigste Änderung bestand darin, dass er die Vokalbesetzung von drei Sopranen, Alt, Tenor und Bass auf zwei Soprane, zwei Alte, Tenor und Bass umstellte. Aus der kleinen Gruppe seiner vorhandenen Sanctus-Sätze[37] wählte er die bei Weitem größte und aufwendigste Vertonung des »Trishagion« aus Jesaja 6,3 (Vulgata-Text) aus,[38] die allein von ihren äußeren Proportionen her perfekt in die Messe passte. Die große siebzehnstimmige Partitur zeichnet die prophetische Vision nach, mit ihrem machtvollen Bild von der Gegenwart Gottes, umgeben von den sechs Seraphim-Engeln. Dazu dient ein intrikates mehrchöriges Zusammenspiel von sechs vokal-ins-

Abbildung 8-14 h-Moll-Messe BWV 232/13, Credo, Autograph (1748/49)

trumentalen Ensembles, die aus hohem (SSA) und tiefem Vokalchor (ATB), Blech- und Holzbläsern sowie Streichern und der Continuo-Gruppe bestehen. Das Sanctus weitet somit die zumeist fünfstimmigen Chöre der Teile I und II zu einem genuin sechsstimmigen Vokalchor aus, der seinerseits durch den achtstimmigen Doppelchor des letzten Teiles überboten wird.

Die vier Sätze des Schlussteils der Messe wurden ausschließlich aus bereits vorhandener Musik zusammengestellt (Tab. 8-7), angefangen mit dem »Osanna« (Nr. 23), der Bearbeitung eines doppelchörigen Satzes aus einer Glückwunschkantate für König August den Starken von 1732. Die Parodievorlage für das »Benedictus« (Nr. 24) ist unbekannt, daher lässt sich der Umfang der Eingriffe gegenüber dem Original nicht bestimmen. Die Komposition für Tenor, Flöte und Continuo bildet jedoch den einzigen echten Trio-Satz der gesamten Messe und zeigt, dass Bach den größtmöglichen dynamischen Kontrast zwischen diesem schlanken Solosatz und dem triumphalen Rahmen des wiederholten »Osanna«-Chores anstrebte. Die Parodievorlage des »Agnus Dei« (Nr. 26) ist dagegen greifbar und erlaubt eine Einschätzung der erheblichen Änderungen, die Bach vornahm, als er den Satz für die Messe adaptierte. Er verwendete nur etwa 50 Prozent der Vorlage, modifizierte die melodischen Konturen des Instrumentalritornells bei jeder Wiederholung und fügte bei den Worten »Agnus Dei« neukomponierte Passagen ein. Daraus ging jedoch nicht etwa Flickwerk hervor, sondern einer der musikalisch elegantesten, sprechendsten und am tiefsten bewegenden Sätze der gesamten Messe.

Bachs Sinn für übergreifende strukturelle Gestaltung zeigt sich am Schluss der Messe besonders deutlich. Mit seiner Wahl der Tonart g-Moll für das »Agnus Dei« – dem einzigen Satz in einer B-Tonart im gesamten Werk – endet die Messe harmonisch im Sinne einer kraftvollen plagalen Kadenz, nämlich mit dem g-Moll von Nr. 26 als Subdominante, die sich dann in Nr. 27 in die Tonika D-Dur auflöst. Bach strich die Formel »Dona nobis pacem« aus dem Agnus Dei, mit der es traditionell endet, um einen separaten Satz als starkes Finale zu komponieren. Hierfür griff er erneut auf den sorgsam ausgewählten Prototyp für das parodierte »Gratias« aus Teil I (Nr. 7) zurück. Die betreffende Parodievorlage, der zweite Satz der Kantate *Wir danken dir, Gott* BWV 29, basiert auf einem fugierten Thema, das dem gesungenen Schlussversikel der lutherischen Liturgie entspricht: [Pastor:] »Benedicamus Domino« / [Antwort der Gemeinde:] »Deo dicamus gratias« (Lasst uns den Herrn loben / Lasst uns Gott danken). Es war höchst sinnreich, in der Kantate und im Gloria auf diesen geläufigen lutherischen Kirchengesang zurückzugreifen.[39] Und weil diese Melodie den Abschluss eines jeden Leipziger Sonntagsgottesdienstes darstellte, war ihre Wiederholung am Ende der Messe besonders passend – als definitiver Ausklang des monumentalen Messzyklus.

Vermächtnis

Das Programm des oben erwähnten Benefizkonzerts von 1786 mit der Darbietung des Symbolum Nicenum unter der Leitung von Bachs Sohn enthielt auch Werke von Händel und Carl Philipp Emanuel selbst. Ein zeitgenössischer Bericht hob aber insbesondere »das fünfstimmige Credo des unsterblichen Sebastian Bach« hervor, das »eines der vortrefflichsten musikalischen Stücke ist, die je gehört wurden«.[40] Der Komponist selbst hatte zwar nie die Gelegenheit, diesen zweiten Teil, geschweige denn die gesamte h-Moll-Messe aufzuführen, doch muss er solche Pläne im Kopf gehabt haben, da er nie etwas ohne die Absicht einer Darbietung komponierte. Die Gesamtkonzeption des Messzyklus spiegelt denn auch die Prioritäten und Rücksichten des Komponisten deutlich wider. Allerdings liegen weder konkrete Informationen über eine geplante Aufführung vor, noch ist klar, welche Funktion dem Werk in seiner Gesamtheit zu jener Zeit zukommen sollte. Natürlich hätte jeder der vier Teile der Messe einzeln in einem festlichen lutherischen Gottesdienst aufgeführt werden können – ein Unterfangen, das der liturgischen Praxis in Leipzig gegen Mitte des 18. Jahrhunderts sicherlich entsprochen hätte, als hier ein neues Interesse an lateinischer Kirchenmusik aufkam, das auch den Kontext für Bachs Kyrie-Gloria-Messen lieferte.[41] Im Hinblick auf eine vollständige liturgische Darbietung jedoch kann keine der verschiedenen Hypothesen über etwaige bestellte Aufführungen in den großen Kathedralen zu Dresden oder Wien verifiziert werden. Ob der Lutheraner Bach damit rechnen konnte, zu einem solchen Anlass eingeladen zu werden, bleibt fraglich; nicht zu übersehen ist auch die grundsätzliche Schwierigkeit, die überdimensionierte Messe in die Liturgie eines wie auch immer gearteten Gottesdienstes einzupassen, unabhängig von der konfessionellen Bindung. Zudem stand die Trennung des Osanna und Benedictus vom Sanctus sowie die Aufspaltung des Agnus Dei in zwei ungleiche Sätze im Widerspruch zum römisch-katholischen Ritus. Dies alles lässt eine angedachte Aufführung außerhalb des gottesdienstlichen Rahmens am wahrscheinlichsten erscheinen – in Analogie zu Carl Philipp Emanuels konzertanter Aufführung des Symbolum Nicenum mehr als 35 Jahre nach dem Tod seines Vaters.

In vielen europäischen Städten kam es gegen Mitte des 18. Jahrhunderts immer häufiger zu Aufführungen von Oratorien und anderen geistlichen Werken in nicht-kirchlichem Rahmen. Dies galt auch für Leipzig und ganz besonders für die Darbietungen des 1743 neu gegründeten »Großen Concerts«. Es knüpfte weitgehend an die Aktivitäten von Bachs Collegium Musicum an und legte den Grundstein für die späteren Gewandhauskonzerte. Da das musikalische Leitungsteam größtenteils aus Bachs Schülern und Mitarbeitern bestand, dürfte der Komponist diese Einrichtung wohlwollend betrachtet und möglicherweise für eine konzertante Aufführung seiner Messe in Betracht gezogen haben. Kurzum: Eine Aufführung der Messe noch zu Bachs Lebzeiten wäre denkbar gewesen, doch fehlt jeder Hinweis darauf, dass es tatsächlich dazu kam. So erhielt das Werk – durchaus im Sinne des Komponisten – die Geltung eines unübertrefflichen musikalischen Vermächtnisses, ebenso wie sein instrumentales Gegenstück, die *Kunst der Fuge*.

Die beiden Werke entstanden nicht unmittelbar parallel zueinander, da Bach in den 1740er-Jahren immer wieder an den verschiedenen Stadien der *Kunst der Fuge* arbeitete und sich zu dieser Zeit weitgehend von der schöpferischen Arbeit an der Kirchenmusik zurückzog. Während der ersten 15 Jahre in Leipzig hatte er enorme Anstrengungen unternommen, um den musikalischen Bedarf der Thomas- und der Nikolaikirche reichlich zu decken; nun aber gehörte das Schreiben von Kantaten, Oratorien, Kyrie-Gloria-Messen und anderen Stücken für den regelmäßigen praktischen Gebrauch für ihn der Vergangenheit an. Gewiss zögerte er nicht, bei Wiederaufführungen solcher Werke hier und da nachzubessern, und insofern hörte seine Hingabe an die Kirchenmusik nie auf. Die Verbesserungen, die er vornahm, entsprachen jedoch seinen ganz eigenen musikalischen Prioritäten und ästhetischen Werten. In seinem letzten Lebensjahrzehnt nahm sich Bach zunehmend die Freiheit, seine Agenda selbst zu bestimmen. Und selbst als er die laufende Arbeit an der *Kunst der Fuge* intensivierte und sich zudem fortschreitenden gesundheitlichen Problemen gegenübersah, nahm er die beträchtliche Herausforderung auf sich, zu der jahrhundertealten Tradition der Messe einen eigenen Beitrag zu leisten.

Die *Kunst der Fuge* veranschaulicht die höchsten und persönlichsten Ideale Bachs in der Kunst des instrumentalen Kontrapunkts, dargestellt in Form eines systematisch organisierten und vielfältigen Zyklus von Clavierfugen. Die vollendete Partitur der h-Moll-Messe mit ihrem Zyklus von 27 Sätzen (davon elf Chorfugen) übertrifft alle anderen groß dimensionierten Bach'schen Vokalwerke und setzt in der Beherrschung der Vokalpolyphonie einen neuen Maßstab. Diese Einschätzung bezieht sich nicht nur auf die große kompositorische, stilistische und klangliche Vielfalt der Messe, sondern auch auf die theologisch tiefsinnige, inhaltlich bewegende und ausdrucksstarke Vertonung des altehrwürdigen Kirchentextes, der konfessionelle Grenzen transzendiert. In der *Kunst der Fuge* experimentierte Bach mit Form, Inhalt und musikalischer Logik und bewegte sich darin schließlich in völliger Freiheit. Hingegen setzte ihm die Messe als musikalische Gattung Rahmenbedingungen, die keinen Raum für kompositorische Strategien im Sinne einer abstrakten Systematik ließen, nichtsdestoweniger aber stellte sie ein weites Areal bereit für Bachs einzigartige musikalische Großarchitektur und für seinen souveränen Umgang mit allen möglichen Spielarten der Vokalpolyphonie.

Mit ihrem Überfluss an kompositorischen Techniken und stilistischen Ansätzen repräsentieren die *Kunst der Fuge* und die h-Moll-Messe gleichermaßen Gipfelpunkte handwerklicher Meisterschaft im Verbund mit intellektueller Durchdringung des musikalischen Materials. Bach selbst muss sich bewusst gewesen sein, was er in diesen beiden Werken erreicht hatte, die sein künstlerisches Credo auf so glänzende Weise verewigen.

»Praxis cum theoria«

Die Maxime des gelehrten Musikers

Im Zeitalter des Rationalismus konnte sich kein intellektuell aufgeschlossener Mensch in der Stadt Leipzig, damals Sitz der größten deutschen Universität, der Idee entziehen, Wissenschaft mit praktischer Anwendung zu verbinden. Der Philosoph Gottfried Wilhelm Leibniz hatte diese Verbindung ausdrücklich angesprochen in seinem berühmten Diktum »theoria cum praxi«. So waren öffentliche Veranstaltungen wie die Vorführung elektrischer Experimente mit einer Glaskugelmaschine durch den jungen, aufsehenerregenden Philosophie- und Physikprofessor Georg Matthias Bose von der Universität Wittenberg in den späten 1730er-Jahren ein Publikumsmagnet. Die Präsentationen fanden im großen Musikzimmer des stattlichen Hauses am Thomaskirchhof statt, das seinem Vater, dem wohlhabenden Kaufmann Georg Heinrich Bose, einem Freund und Förderer Bachs, gehörte. Die beiden Familien wohnten in unmittelbarer Nachbarschaft, und Anna Magdalena Bach war die »Herzens-Freundin« von Boses Tochter Christiana Sybilla.[1] Wer im Einzelnen an diesen wissenschaftlichen Vorführungen teilnahm, ist nicht überliefert, doch darf als sicher gelten, dass etwa Johann Heinrich Winckler, angesehener Philosophie- und Physikprofessor der Universität Leipzig und Mitglied des Lehrkörpers der Thomasschule, sich unter den Anwesenden befand. Winckler wurde 1747 in die Royal Society zu London gewählt, und seine Forschungen zur Elektrizität bildeten die Grundlage für Boses Experimente. Als ein enger Kollege Bachs schrieb er 1732 anlässlich der Wiedereröffnung der renovierten Thomasschule das Libretto für die (verlorene) Kantate *Froher Tag, verlangte Stunden* BWV 1162.

Sollte Bach jemals einer solchen wissenschaftlichen Demonstration beigewohnt haben, muss ihm sofort klar geworden sein, dass die empirische Methode der Naturwissenschaften, mit praktischen Experimenten nach Beweisen zu suchen, wenig mit den »musicalischen Wissenschaften« gemein hatte, die er vertrat (und wie in seinem Brief an den sächsischen Kurfürsten von 1733 ausdrücklich erwähnt; S. 257). Wissend um die vielen Facetten der Musiktheorie, von Detailfragen der musikalischen Temperierung bis zu den Regeln des Kontrapunkts, aber auch bestens vertraut mit Theorien der Poetik und Rhetorik, ganz zu schweigen von seiner Expertise in der Mechanik von Musikinstrumenten, ging es ihm nicht um die abstrakte Bestätigung von Theoremen, sondern um deren geschickte praktische Umsetzung. Demnach hätte seine Maxime wohl eher »praxis cum theoria« gelautet – also die Umkehrung des Leibniz'schen Grundsatzes. Denn der engen Verbindung von Theorie und praktischer Anwendung hat sich der Komponist uneingeschränkt verschrieben, wenngleich in unterschiedlicher Priorisierung und Gewichtung.

Was musikalisches Komponieren für Bach konkret bedeutete, hat niemand besser erklärt als Johann Abraham Birnbaum, sein guter Freund und in vielerlei Hinsicht sein offizielles Sprachrohr. In einem Text von 1739 definiert Birnbaum den Kompositionsprozess als »eine musikalische Übung, in welcher man theils eigene, theils fremde Gedanken richtig, deutlich, ordentlich, zusammenhängend, rührend, aber nicht ohne gelehrtes Nachsinnen ausdrücken soll«.[2] Mit anderen Worten: Egal, ob es sich um ein Werk über eigene Motive und Themen handelte oder ob es auf Material basierte, das von anderen Komponisten stammte, oder etwa auf Choralmelodien oder dergleichen – der zentrale Aspekt von Bachs Kompositionsmethode war stets die gelehrte Auseinandersetzung mit diesem musikalischen Material. Dieser Zugriff beinhaltete alle im obigen Zitat aufgeführten adverbialen Qualifizierungen, und zwar in ihrer aufeinander aufbauenden Anordnung: von der »richtigen« und angemessenen Anwendung der Regeln hin zur »deutlichen« Artikulation, von der »ordentlichen« und »zusammenhängenden« Abfolge der musikalischen Gedanken (d. h. Themen und Motive) bis hin zum eigentlichen Ziel, der »rührenden«, also emotional bewegenden Funktion der Musik.

Laut Birnbaum stellte Bach generell die Bedeutung von »Erfahrung und Wissenschaft« heraus. Hierzu gehörte insbesondere seine Fähigkeit, »die Regeln der Setzkunst und ein gelehrtes Nachdenken« unmittelbar und rasch miteinander zu verbinden, wenn er unvorbereitet auf dem Clavier oder der Orgel improvisierte. Gleiches galt für den mentalen Akt der Verarbeitung musikalischer Gedanken beim raschen Niederschreiben von Noten, für das Komponisten ohne vergleichbare Spielerfahrung »vielleicht mehr als einen ganzen Tag Zeit« brauchten, wie Birnbaum meinte. Bachs Schüler Johann Friedrich Agricola bezeugte denn auch, dass sein Lehrer »nur irgend einen Hauptsatz« zu hören brauchte, »um fast alles, was nur künstliches darüber hervorgebracht werden konnte, gleichsam im Augenblicke gegenwärtig zu haben«.[3]

Diese zumal für den reifen Bach ganz typische Art der Augenblickserkenntnis, seine schnelle Auffassungsgabe und kombinatorische Begabung sind Teilaspekte jenes Prozesses eines musikalischen Denkens, der sich im Zuge der Entwicklung seines Personalstils während der frühen Weimarer Jahre ausgeprägt hatte (S. 102). Das intensive Studium des italienischen Konzertstils am Beispiel der Werke von Vivaldi und anderen Zeitgenossen »lehrte ihn musikalisch denken«, indem er, so berichtet Johann Nicolaus Forkel, »die Führung der Gedanken, das Verhältniß derselben untereinander, die Abwechselungen der Modulation und mancherley andere Dinge mehr« berücksichtigte.

Forkel bezog diese Information von den älteren Bach-Söhnen, die selbst darin unterwiesen worden waren, wie »Ordnung, Zusammenhang und Verhältniß« bei der Behandlung musikalischer Ideen zur Geltung gebracht werden müssen.[4] Die musikalische Gattung oder Form des Konzerts als solche war für Bach nebensächlich, denn das übergeordnete Prinzip galt für alle Kategorien: für den Umgang mit dem Kontrapunkt, für die thematische Erfindung und für die Wort-Ton-Beziehungen in Vokalwerken. Was Bachs musikalisches Denken charakterisiert, ist letztlich nichts anderes als die schnelle geistige Verarbeitung komplexer musikalischer Sachverhalte und die bewusste Anwendung generativ-formender Verfahren auf der Grundlage des vorliegenden musikalischen Materials – anders gesagt: die minuziöse Rationalisierung des schöpferischen Aktes.

Bach die Maxime »praxis cum theoria« zuzuschreiben heißt nicht, ihn zum Möchtegern-Theoretiker zu erklären. Als Kompositionslehrer führte er mit seinen Schülern selbstverständlich und regelmäßig theoretische Diskussionen und scheute auch nicht davor zurück, gelegentlich schriftliche Regeln zu formulieren und zu diktieren, darunter Generalbass-Richtlinien oder die »Regula Joh. Seb. Bachii« für den fünfstimmigen Satz (S. 271). Doch hatte er offensichtlich weder das Interesse noch die literarischen Ambitionen, um traktatschreibenden Komponistenkollegen wie Johann David Heinichen oder Jean-Philippe Rameau nachzueifern. Das Werk mit dem durchaus buchgemäßen Titel *Die Kunst der Fuge* kommt einem Traktat noch am nächsten, auch wenn es nur Noten statt Worte enthält. In ähnlicher Weise kann die Partitur der h-Moll-Messe als eine Abhandlung über die Kunst der Vokalpolyphonie verstanden werden. An beiden Werken wird jedoch überdeutlich, dass das, was Bach zum Thema »praxis cum theoria« zu sagen hatte, nur in seiner ihm eigenen musikalischen Sprache adäquat ausgedrückt werden konnte. »Seine Melodien waren zwar sonderbar; doch immer verschieden, erfindungsreich, und keinem anderen Componisten ähnlich« (S. 19), sein musikalisches Idiom aber ruhte ebenso fest und unumstößlich auf dem allgegenwärtigen theoretischen Hintergrund des polyphonen Kontrapunkts.

Bach hat seine Kantaten einmal als »ohngleich schwerer und intricater«[5] als die anderer Komponisten bezeichnet – eine Formulierung, in der sich die beiden Adjektive komplementär gegenüberstehen: »schwerer« in der Ausführung und »intricater« in der Konstruktion. Tatsächlich aber gilt diese Charakterisierung nicht nur für die Kantaten, sondern für seine Musik überhaupt – ob vokal oder instrumental, ob im Ensemble oder solistisch. Bach hatte offenbar das Glück, ein Publikum zu finden, das seine virtuose und gelehrte Herangehensweise schätzte. Schließlich komponierte und musizierte er für eine Gesellschaft, die überwiegend aus Kennern bestand – angeführt von einem kunstliebenden Hochadel in Weimar und Köthen und von einer akademischen und kaufmännisch-bürgerlichen Elite in Leipzig. Zudem standen ihm an allen drei Orten Vokal- und Instrumentalensembles zur Verfügung und mitwirkende Musiker von einem professionellen Kaliber, das seinesgleichen suchte. Ungeachtet jener Denkschrift, mit der sich Bach 1730 beim Leipziger Stadtrat über die aufführungspraktischen Bedingungen beklagte und Verbesserungen einforderte, war er offenbar immer in der Lage, die Kräfte zu verpflichten, die er für seine Vorhaben benötigte. Gewiss stieß er wie jeder andere auch immer wieder auf Probleme, doch vermied er es stets, etwas zu planen, das er nicht liefern konnte. Jedenfalls gibt es keinerlei Belege, die auf unbefriedigende, geschweige denn misslungene musikalische Darbietungen hindeuten, für die er hätte verantwortlich gemacht werden können.

Als Mitglied der akademischen Community und ohne gewöhnliche Bürgerrechte in Leipzig als »Unversitäts-Verwandter« unter der Jurisdiktion der Universität lebend, war sich Bach des Anspruchs seines primär bildungsbürgerlichen Publikums wohl bewusst und konnte darum seine Musik dementsprechend auf den Geschmack einer überwiegend akademischen Hörerschaft zuschneiden. Bevor die Professoren-Prediger der Nikolai- und Thomaskirche sonntags auf die Kanzel stiegen und jeweils für eine Stunde ihre gelehrte Bibelexegese samt geistlichem Zuspruch vortrugen, trat der Kantor Bach auf den Plan und hielt eine ähnlich anspruchsvolle, aber weniger anstrengende musikalische Predigt – eine zwanzigminütige ebenso ernsthafte wie fesselnde Darbietung von ungewöhnlicher Kunstfertigkeit. Offenbar wurde sein Bemühen um eine angemessene Balance durchaus registriert, wie die einzige erhaltene Beschreibung einer Leipziger Kirchenaufführung bestätigt. Am 29. August 1739 leitete Bach die Aufführung der Kantate *Wir danken dir, Gott* BWV 29, und ein Chronist vermerkte ausdrücklich, dass die Musik »so künstlich wie angenehm« war.[6] Einer der regelmäßigen Hörer des Komponisten, der Altphilologe und frühere Thomasschulrektor Johann Matthias Gesner, fasste den Erfolg von Bachs Kantatenaufführungen mit der Bemerkung zusammen: »Sonst der größte Verehrer des Altertums, glaube ich, dass mein Bach allein [...] den Orpheus mehrmals und den Arion zwanzigmal übertrifft«.[7]

Aus der Sicht der Ausführenden muss sich dies freilich etwas anders dargestellt haben, denn Bach stellte an Sänger und Instrumentalisten gleichermaßen kompromisslose Anforderungen. Johann Philipp Kirnberger, einer seiner Schüler und Mitwirkender an Aufführungen um 1740, erinnerte sich: »Der große J. Seb. Bach pflegte zu sagen: Es muss alles möglich zu machen seyn, und wollte niemals von nicht angehen etwas wissen. Dieses hat mich jederzeit angespornt, nach meinen geringen Kräften, viele sonst schwere Sachen in der Musik mit Müh und Geduld durchzusetzen.«[8] Die Äußerung, dass »alles möglich zu machen sein« müsste, erinnert an Bachs eigene Reaktion, als der preußische König Friedrich II. ihn aufforderte, eine sechsstimmige Clavierfuge über ein Thema zu improvisieren, das er ihm vorgegeben hatte. Zwar wich Bach hier aus und spielte stattdessen eine sechsstimmige Fuge über ein eigenes Thema, fühlte sich anschließend aber doch verpflichtet, das sechsstimmige Ricercar über das königliche Thema später in der Druckfassung abzuliefern. Er ließ sich von niemandem musikalisch übertreffen, demoralisierte mit seinen Ansprüchen aber wohl manche seiner Schüler, auch wenn er andere – wie etwa Kirnberger – offenbar ermutigte, sich noch mehr anzustrengen, um erfolgreich zu sein.

Nachdem er weit über ein Jahrzehnt in Weimar und Köthen mit zwei professionellen Hofensembles gearbeitet hatte, forderte Bach seit seinem Antritt des Lehramts in Leipzig die dort herrschenden allgemeinen Aufführungsstandards heraus. Deutlich wird dies im Vergleich seiner ersten Kantatenpartituren von 1723 mit denen seines Vorgängers Kuhnau, dessen Werke er sofort aus dem Verkehr zog, um zu signalisieren, dass nun eine neue Ära angebrochen war. Auch im Clavier- und Orgelbereich ging er über die Anforderungen seiner früheren Werke hinaus. So konfrontierte er gleich in der ersten Lieferung der *Clavier-Übung* (1726) den Spieler beispielsweise mit der neuesten Technik der sich überkreuzenden Hände, wie sie die Giga der Partita 1 fordert. Die Reaktion der talentierten Amateurmusikerin Luise Adelgunde Kulmus dürfte typisch gewesen sein. Die Verlobte von Johann Christoph Gottsched – Professor für Philosophie und Poetik an der Universität, Gemeindemitglied der Thomaskirche und gelegentlicher Textdichter Bachs[9] – hatte von ihrem künftigen Ehemann ein Exemplar der Sammelausgabe der *Clavier-Übung* I (1731) geschenkt bekommen und bedankte sich mit dem Hinweis auf die große Schwierigkeit der Stücke (siehe S. 162). Sie scheint sich über die schwer zu spielenden Tanzsätze gefreut zu haben, fühlte sich von den abstrakteren kontrapunktischen Präludien, in diesem Zusammenhang als »Capricen« bezeichnet, aber offenbar eingeschüchtert. Selbst eine junge rationalistische Philosophin, empfand sie deren komplexe kontrapunktische Gestaltung und die damit verbundenen technischen Anforderungen als »unergründlich« – wahrscheinlich verfügte sie über keine Kenntnis der Kontrapunkt-Theorie. Da sie aber die Tänze mochte, muss sie deren raffinierte und oft versteckte kontrapunktische Züge geschätzt haben, vielleicht ohne sie als solche zu bemerken.

Dieser letzte Aspekt offenbart eine der bemerkenswertesten Eigenschaften von Bachs musikalischer Kunst: der natürliche, ungezwungene und wahrhaft mühelose Umgang mit Polyphonie in jeder musikalischen Gestalt, vom einfachen Tanz bis zum strengen Kanon, vom zwei- bis zum vielstimmigen Kontrapunkt, von instrumentalen und vokalen bis zu gemischten Besetzungen. Was Johann Friedrich Agricola meinte, als er in Bachs Nekrolog das Phänomen der »Vollstimmigkeit in ihrer größten Stärke« (S. 19) herausstellte, entspricht in etwa dem Ideal der »musikalischen Vollkommenheit«, das Birnbaum 1738 in seiner Verteidigung von Bachs Stil ansprach. Beiden geht es um die Vorstellung, dass Theorie und Praxis in komponierter Musik verschmelzen. Ursprünglicher Einfall, technische Exaktheit der Ausarbeitung und ästhetische Schönheit werden zu einer Einheit, um letztendlich – wie es die Widmungen der *Clavier*-Übung formulieren – zur »Gemüths Ergoezung« beizutragen.

Die opusartigen Referenzwerke, die in diesem Buch in einzelnen Kapiteln besprochen wurden, demonstrieren in ihrer Abfolge überraschend kohärent, wie Bach sein musikalisches Universum erobert, Schritt für Schritt vorwärts geht, ohne zu verweilen, ständig neue Prioritäten setzt und für sich selbst neue Herausforderungen sucht. Bis zu einem gewissen Grad verläuft die Geschichte dieser Meisterwerke parallel zu Bachs beruflichem Lebenslauf. Auf der anderen Seite aber zeigen sie eine bemerkenswerte Individualität und dokumentieren, wie Bach unbeirrt seine breitgefächerten persönlichen Musikinteressen verfolgt, gegebenenfalls unter Vernachlässigung seiner Amtspflichten. Jedes einzelne Werk weist seinen ganz eigenen Charakter auf, jedes ist durch eine originelle, singuläre Ideenkonstellation initiiert, motiviert und geprägt und führte den Komponisten immer wieder auf Wege, die er noch nie eingeschlagen hatte.

Was in den Jahren nach 1700 mit den überschwänglich virtuosen und höchst kunstvollen Fugen, eingebettet in die sechs Toccaten, begann, brachte im *Wohltemperierten Clavier* eine fortgeschrittene Ausdifferenzierung vielfältiger individualisierter Fugentypen und -stile und endete schließlich mit dem tiefgründigen, systematisch durchkonzipierten monothematischen Zyklus der *Kunst der Fuge*. Diese Entwicklung spricht für Bachs immer tiefergehende wissenschaftliche Suche, »dem Geheimnis der Fuge« auf den Grund zu gehen, wie Carl Philipp Emanuel Bach es ausdrückte und damit vielleicht seinen Vater zitierte. Dieses Geheimnis durch die gründliche Erforschung und Erprobung der Theorien und Techniken des Kontrapunkts in allen Facetten so gut wie möglich zu lüften, blieb für Bach ein lebenslanges Ziel, das mit quasi magnetischer Kraft fast alles andere in seinem musikalischen Universum beeinflusste. Das Weimarer *Orgel-Büchlein*, die spätere *Clavier-Übung* III sowie der Choralkantaten-Jahrgang verbinden kontrapunktische Logik mit einer hochgradig differenzierten und expressiven Musiksprache in kleinen und großen, instrumentalen und vokalen Formen. Dieser umfassende Zugriff schließt alle Gattungen mit ein: Suiten, Partiten, Variationen, Sonaten und Konzerte ebenso wie Chöre, Choräle, Rezitative und Arien von Kantaten und Oratorien. Alle wurden dank Bachs überbordendem Erfindungsreichtum auf ein neues Niveau gebracht. Wann und wo immer es sinnvoll war, bereicherte und verfeinerte er seine Werke in jeder Kategorie mit gezielten Einsprengseln kontrapunktischer Kunst – eine Obsession, die nach Ansicht seiner Kritiker die Wirkung seiner Musik durchaus beeinträchtigte. Doch im Rückblick erweisen sich solche Einwände als unbedeutend. In der Summe veranschaulichen die opusartigen Werke und Sammlungen in jeder Hinsicht Bachs Ansatz »praxis cum theoria« und verbinden sich darin zu einem bezwingenden intellektuellen Porträt dieses gelehrten Musikers.

In den 1740er-Jahren beschleunigte sich Bachs ständig fortschreitende Kultivierung kontrapunktischer Komplexität noch. In dieser Zeit vertiefte er sich mehr denn je in die kompliziertesten Techniken des strengen Kompositionsstils. Dies bereitete ihm offensichtlich Vergnügen und große Befriedigung, erforderte aber auch viel abstraktes Nachdenken und führte oft zu besonders intrikaten musikalischen Schöpfungen. Dennoch blieb Bach dem vorrangigen Ziel verpflichtet, Musik so ansprechend und bedeutungsvoll zu gestalten, dass ihre Klänge das »Gemüth ergötzen« konnten. Dieses Hauptanliegen gilt gleichermaßen für die *Kunst der Fuge* wie für die h-Moll-Messe, wenn auch in unterschiedlicher Weise.

Im selben Zeitraum setzte Bach auch den Rückblick auf große Teile seines kompositorischen Schaffens fort. So ging er ab etwa 1744/45 beispielsweise den gesamten Jahrgang der Choralkantaten durch, vermerkte bei mehreren Stücken, dass er sie »völlig durchgesehen« hatte (S. 31), und nahm oft Überarbeitungen vor, um die expressive Beredsamkeit der Musik noch weiter zu steigern. Mit dem Ziel weiterer Feinabstimmung wandte er sich auch einem anderen 20 Jahre alten Projekt zu: den sechs Cembalo-Violin-Sonaten BWV 1014–1019. Und im Jahr 1744 schließlich bat Bach seinen Schüler und Schwiegersohn Johann Christoph Altnickol, Reinschriften einiger anderer großer Werke anzufertigen, die er kürzlich überarbeitet hatte: beide Teile des *Wohltemperier-*

ten Claviers sowie die vier Kyrie-Gloria-Messen BWV 233–236. Altnickol assistierte Bach auch bei der Reinschrift der *Achtzehn Choräle* BWV 651–668. Dieser Reigen an Aktivitäten deutet stark auf das zunehmende Bedürfnis des Komponisten hin, sein musikalisches Vermächtnis gebührend und sorgfältig zu ordnen.

Die h-Moll-Messe und die *Kunst der Fuge* waren die beiden letzten Hauptwerke, mit denen Bach sich befasste, dürfen aber nicht als die definitiv letzten Beiträge zu seinem musikalischen Testament missverstanden werden. Eigentlich sind sie nur zufällig Bachs letzte Werke, denn er hatte durchaus weitergehende Pläne und war noch voller Tatendrang, wie seine Entscheidung beweist, sich einer Augenoperation zu unterziehen. Freilich vereitelte das Schicksal diese Pläne, und so bilden die beiden großen Werke tatsächlich einen eindrucksvollen doppelten Schlusspunkt in einer stringenten Abfolge von vielen Meilensteinen. Bach verfolgte einen langen und wechselvollen, aber geradlinigen Weg der Erforschung aller instrumentalen und vokalen Facetten der Kunst der Polyphonie – von der virtuellen Polyphonie einer einzelnen melodischen Linie, vorgetragen von einer unbegleiteten Violine oder einem Cello, bis zur realen Polyphonie eines vielstimmigen Chores oder Orchesters. Sein Ziel war der veredelte polyphone Klang im Sinne von »Vollstimmigkeit«, Vollständigkeit und Ganzheit – im Dienst der Verwirklichung seines Ideals musikalischer Vollkommenheit.[10]

Seltsamerweise fand dieser vielleicht charakteristischste Zug von Bachs Musiksprache keinen Eingang in die Diskussion über sein Vermächtnis, die unmittelbar nach seinem Tod mit Carl Philipp Emanuel Bachs *Versuch über die wahre Art das Clavier zu spielen* (Berlin 1753) und Friedrich Wilhelm Marpurgs *Abhandlung von der Fuge* (Berlin 1753) einsetzte. Zum ersten Mal wirklich dargelegt wurde Bachs grundlegend polyphone Ausrichtung in Johann Philipp Kirnbergers zweibändiger Abhandlung *Die Kunst des reinen Satzes in der Musik* (Berlin 1771 und 1776–1779). Kirnberger geht zwar auf Bachs pädagogischen Zugriff nicht ein, doch sein Titel mit Bezug auf den »reinen Satz« spiegelt durchaus den Fokus seines Leipziger Lehrers auf Reinheit und Klarheit wider. Er beruft sich wohl auf Bach, nimmt dessen Lehren aber lediglich als Ausgangspunkt. Dennoch steht Bachs Musik tatsächlich nicht im Einklang mit dem Begriff des »reinen Satzes«. Sein breiteres Konzept der Vollstimmigkeit kommt in Büchern über Harmonielehre oder Kontrapunkt nicht vor, ebenso wenig das Prinzip unverwechselbarer melodischer Erfindung und Gestaltung, seine vielfältigen und subtilen Abweichungen von Konventionen oder die gezielten Verstöße gegen traditionelle Regeln.

Letztlich ist es Bachs sehr persönliche und unorthodoxe Herangehensweise an das Komponieren, die seine Musik so exemplarisch, superlativisch und transzendent macht. Sein unstillbarer musikalischer Wissensdurst, sein neugieriger und erfindungsreicher Geist ließ den Akt der Komposition nicht zuletzt immer wieder in »praxis sine theoria« abgleiten – eine Praxis, die nicht durch abstrakte Regeln bestimmt, sondern von künstlerischer Phantasie und einem unbeirrbaren musikalischen Genius geleitet wurde. Denn in Bachs musikalischem Universum verschmolzen Philosophie, Theorie, Komposition und praktische Ausführung zu einer untrennbaren Einheit.

Anhang

Zeittafel

Biografische Daten	Referenzwerke
21. März 1685: Geburt in Eisenach	
1703–1707: Organist der Neuen Kirche zu Arnstadt	
Organist der Blasiuskirche zu Mühlhausen	Sechs Toccaten (autogr. Ms. verschollen), um 1705–1708
1708–1717: Organist, Kammermusiker und Konzertmeister (ab 1714) am Hof zu Sachsen-Weimar	Sammlung von Orgelchorälen (autogr. Ms., ohne Titel = *Orgel-Büchlein*), 1708–1715; siehe 1723
	Sechs *Englische Suiten* (autogr. Ms. verschollen), ca. 1713/14 und später
	24 Präludien und Fugen (autogr. Ms. verschollen), um 1717; siehe 1722
1718–1723: Kapellmeister und Direktor der Kammermusik am Fürstlichen Hof zu Anhalt-Köthen	
1720: *Clavier-Büchlein* für Wilhelm Friedemann Bach	15 Präambeln und 15 Fantasien; siehe 1723 (Inventionen und Sinfonien)
	Sechs Violinsoli (Band I der unbegleiteten Solowerke, autogr. Reinschrift 1720)
24. März 1721: Sechs Konzerte, Markgraf Christian von Brandenburg-Schwedt gewidmet	Sechs *Brandenburgische Konzerte* (autogr. Reinschrift 1721)
	Sechs Cellosoli (Band II der unbegleiteten Solowerke, autogr. Ms. verschollen), ca. 1720–1722
1722: Erstes *Clavier-Büchlein* für Anna Magdalena Bach	Sechs *Französische Suiten* (autogr. Ms. 1722, fragmentarisch erhalten)
	Das Wohltemperierte Clavier (autogr. Reinschrift 1722)
7. Februar 1723: Kantoratsprobe für die Stelle als Musikdirektor in Leipzig	*Orgel-Büchlein* (Titel hinzugefügt, 1723)
	Aufrichtige Anleitung = 15 Inventionen und 15 Sinfonien (autogr. Reinschrift 1723); siehe 1720

Biografische Daten	Referenzwerke
1723–1750: Kantor und Musikdirektor in Leipzig Zugleich Titularkapellmeister der Fürstenhöfe zu Anhalt-Köthen (1723–1728), Sachsen-Weißenfels (1729–1735) und Dresden (1736–1750)	
7. April 1724: Karfreitagsvesper in der Nikolaikirche	*Johannes-Passion* (autogr. Ms. verschollen), siehe 1738
11. Juni 1724 bis 25. März 1725	Choralkantaten-Jahrgang (Original-Mss. 1724/25)
30. März 1725: Karfreitagsvesper in der Thomaskirche	*Johannes-Passion*, 2. Fassung eingepasst in Choralkantaten-Jahrgang (autogr. Ms. verschollen), siehe 1738
1725: Zweites *Clavier-Büchlein* für Anna Magdalena Bach	Sechs Partiten (autogr. Ms. von zwei Partiten 1725); vier Partiten vermutlich im verlorenen Schlussteil des *Clavier-Büchlein* von 1722 enthalten
30. September 1726: Beginn der Michaelismesse	Partita 1 (erste Lieferung *Clavier-Übung* I, fünf weitere Lieferungen bis 1729)
11. April 1727: Karfreitagsvesper in der Thomaskirche	*Matthäus-Passion* (autogr. Ms. verschollen); siehe 1736
1729–1741: Direktor des Collegium Musicum	Sechs Sonaten für Orgel (autogr. Ms., um 1730)
23. März 1731: Karfreitagsvesper in der Thomaskirche	*Markus-Passion* (autogr. Ms. verschollen, gedrucktes Libretto überliefert)
15. April 1731: Beginn der Ostermesse	*Clavier-Übung* I (Gesamtausgabe: Opus 1)
21. April 1733: Erbhuldigungs-Gottesdient in der Nikolaikirche 26. Juli 1733: Sophienkirche zu Dresden	Kyrie-Gloria-Messe für Kurfürst Friedrich August II. von Sachsen (?) Missa (Kyrie-Gloria) in h-Moll (autogr. Ms. 1733)
25. Dezember 1734 bis 6. Januar 1735: 1. Weihnachtstag bis Epiphanias	*Weihnachts-Oratorium*, Teile 1–6 (autogr. Ms. 1734)
1. Mai 1735: Beginn der Ostermesse	Erscheinungstermin *Clavier-Übung* II
30. März 1736: Karfreitagsvesper in der Thomaskirche	*Matthäus-Passion*, überarbeitet (autogr. Reinschrift 1736)
6. April 1738: Ostersonntag	*Oster-Oratorium* (autogr. Reinschrift 1738)
15. Mai 1738: Himmelfahrt	*Himmelfahrts-Oratorium* (autogr. Reinschrift 1738)
	Vier Kyrie-Gloria-Messen (autogr. Mss. 1738)
	Johannes-Passion (revidierte Fassung, autogr. Reinschrift, Fragment, um 1738)
	Konzerte für Cembalo (autogr. Ms., um 1738)
	Achtzehn Choräle (autogr. Ms. um 1738–1746)

Biografische Daten	Referenzwerke
19. April 1739: Beginn der Michaelismesse	Erscheinungstermin *Clavier-Übung* III
1. Oktober 1741: Beginn der Michaelismesse	Erscheinungstermin *Clavier-Übung* IV (*Goldberg-Variationen*)
	Das Wohltemperierte Klavier, Teil II (autogr. Ms., Fragment, ca. 1742)
	Die Kunst der Fuge, vollständige Frühfassung (autogr. Reinschrift, ohne Titel, ca. 1742)
	»Schübler-Choräle« veröffentlicht, 1746–1747
	Aufführung, Durchsicht und teilweise Überarbeitung der Choralkantaten, um 1746/47
10. Mai 1747: Abendkonzert am Hof von König Friedrich II. von Preußen zu Potsdam	Fugenimprovisation über das »königliche Thema« (siehe unten, *Musikalisches Opfer*)
Juni 1747: Beitritt zur Sozietät der Musicalischen Wissenschaften	
1. Oktober 1747: Beginn der Michaelismesse	Erscheinungstermin *Musikalisches Opfer* (König Friedrich II. gewidmet)
	Canonische Veränderungen über »Vom Himmel hoch« (veröffentlicht ca. 1748; autogr. Ms. zur Aufführung)
	Die Kunst der Fuge erweitert, 18 Sätze (autogr. Ms., 1746–1749); Vorbereitung der Drucklegung
	h-Moll-Messe = Erweiterung von Kyrie-Gloria (1733) zur vollständigen Messe (autogr. Ms., 1748/49)
25. Dezember 1748 bis 15. Mai 1749: Weihnachten, Karfreitag, Ostern und Himmelfahrt	Zyklische Aufführung der Oratorien-Trilogie mit *Johannes-Passion*
28. Juli 1950: Tod in Leipzig	
	Die Kunst der Fuge postum in Berlin veröffentlicht (Frühjahr 1751)

Anmerkungen

PROLOG
Primat der »Vollstimmigkeit«

1   Mattheson erbat eine solche Mitteilung in *Das beschützte Orchestre*, Hamburg 1717, und erneut in der *Grossen General-Baß-Schule*, Hamburg 1731; Dok II, S. 65 und S. 220.

2   Birnbaum, ein Universitätsdozent, Jurist und Amateurmusiker, übernahm Bachs Verteidigung gegen die Kritik von Scheibe, der Bach ansonsten sehr schätzte. Zur Scheibe-Birnbaum-Kontroverse siehe Dok 2, Nr. 409.

3   Von diesem einzigen authentischen Porträt des Komponisten haben sich zwei Versionen erhalten: ein Gemälde von 1746 und ein besser erhaltenes von 1748. Beide Originale befinden sich in Leipzig, das frühere Gemälde im Stadtgeschichtlichen Museum, das spätere im Bach-Museum (Bach-Archiv).

4   Ein Ölporträt von Johann Hermann Schein (1586–1630), einem Amtsvorgänger Bachs, zeigt den Thomaskantor mit einer Schriftrolle (siehe Maul 2012, Abb. 12). Haußmanns Porträt von Johann Gottfried Reiche (1667–1734) aus dem Jahr 1727 zeigt den Musiker mit einer Trompete in der rechten und einem Notenblatt mit einer virtuosen Fanfare in der linken Hand (siehe Dok IX, Abb. 353).

5   Es ist der vorletzte Kanon (BWV 1087/13) der Reihe.

6   *Musicalische Bibliothek*, Bd. IV, S. 108; vgl. NBA VIII/1, KB (C. Wolff 1976), S. 34.

7   Dok II, S. 438.

8   NBA VIII/1, KB, S. 22. Abb. P-2 zeigt das Exemplar aus dem Nachlass von Pater Spieß (A-Wn: MS 64.460).

9   So beispielsweise Daniel Eberlin; siehe Dok IX, S. 65. – Die umfangreiche Porträtsammlung von Carl Philipp Emanuel Bach enthält sieben solcher Porträts (von Samuel Friedrich Capricornus, Daniel Eberlin, Johann Andreas Herbst, Jacob Hintze, Hendrik Liberti, Michael Praetorius und Samuel Scheidt), von denen sich eines oder zwei zuvor im Besitz seines Vaters befunden haben könnten; vgl. CPEB: CW VIII/2, Tafeln (A. Richards 2012).

10   Die erste, 1838 veröffentlichte Lösung stammt von Johann André (NBA VIII/1, KB, S. 23). Aus dem 18. Jahrhundert ist keine Lösung bekannt.

11   Dok II, S. 305.

12   Dok III, S. 286.

13   Dok II, S. 305.

14   Wolff 1968, S. 61; Dürr 1998, S. 312 f. Das Thema in G (gleicher Rhythmus wie in BWV 878/2) erscheint auch in einer dreiteiligen Fuge von Johann Joseph Fux, *Gradus ad Parnassum* (Wien 1724), übersetzt von Lorenz Mizler (Leipzig 1742): Tab. xxix, Abb. 1.

15   Lorenz Mizler, *Musicalische Bibliothek*, III/1, Leipzig 1746, S. 354.

16   Dok III, S. 80.

17   Dok III, S. 87–89. Zu einer verwandten Diskussion vgl. »Epilog: Bach und die Idee der ›Musikalischen Vollkommenheit‹«, in: Wolff 2000.

18   Dok III, S. 87.

19   Dok III, Nr. 652 (S. 21).

20   Das Kapitel »Von der Viel- und Vollstimmigkeit überhaupt« in Johann Matthesons *Der vollkommene Capellmeister* (Hamburg 1739) beschreibt »Vollstimmigkeit«, »Harmonie im breiten Verstande« und »Contrapunct« als Äquivalente und definiert das Phänomen als »eine kunstvolle Zusammenfügung verschiedener gleichzeitig erklingender Melodien, aus denen zugleich ein mehrfacher Wohlklang entsteht« (S. 245).

21   Dok II, S. 302.

22 Georg Venzky, »Kleine Schulrede, worin man die von GOTT bestimmte Harmonie in der Musik beurtheilt«, in: *Musikalische Bibliothek*, Bd. II/3, Leipzig 1742, S. 63 f.

23 Brief an Forkel, 13. Januar 1775; Dok III, S. 289.

24 Dok I, S. 88.

25 Dok III, S. 87.

26 Dok II, S. 355.

KAPITEL 1
Umrisse eines musikalischen Universums

1 Dok III, S. 80–94; zur Aufteilung der Verfasserschaft vgl. Dok VII (C. Wolff 2008), S. 93.

2 Carl Philipp Emanuel Bach war bei der Beerdigung seines Vaters am 31. Juli 1750 anwesend; unmittelbar danach scheint der musikalische Nachlass erfasst worden zu sein. Als im Herbst die Details der Nachlassaufteilung verhandelt wurden, konnte er nicht nach Leipzig kommen und hinterließ bei seinem Bruder Wilhelm Friedemann eine Vertretungsvollmacht (Blanken 2018).

3 Dok VII, S. 104–110.

4 Ausgelassen wurden die frühe Mühlhäuser Ratswahlkantate BWV 71 (erschienen 1708) sowie die Einzeldrucke des ersten Teils der *Clavier-Übung*.

5 Unter der Überschrift »Denkmal dreyer verstorbener Mitglieder« der Correspondierenden Societät der musicalischen Wissenschaften in Band 4 der *Musikalischen Bibliothek* (Leipzig 1754) finden sich auch die Nachrufe auf Bümler (S. 135–142), Stölzel (S. 143–157) und Bach (S. 158–176), zusammen mit dem gestochenen Anhang des Kanons BWV 1076.

6 Ebd., S. 152.

7 Vgl. die Einleitung zum Faksimile des Clavierwerke-Verzeichnisses (1772), Beilage der CPEB-CW (hg. von C. Wolff, 2014).

8 Außerhalb des eigentlichen Nachlasses existieren einzelne verstreute autographe Claviermanuskripte, einige davon in den beiden Sammelbänden, die Bachs Ohrdrufer Bruder Johann Christoph zusammengestellt hat (D-B: *Mus. ms.* 40644; D-LEm: *Becker III.8.7*); vgl. die Auflistung in NBA IX/2 (Y. Kobayashi 1989), S. 206–210.

9 Es bleibt ungewiss, ob sich alle zehn Autographe am 28. Juli 1750 noch in Bachs Bibliothek befanden oder ob diese – wie das Teilautograph der Sonate in G BWV 1021 für Violine und Basso continuo – an Schüler oder Gönner verschenkt oder von diesen erworben wurden.

10 Zu den Instrumentalsammlungen in Tab. 1-1 müssen die sechs sogenannten *Brandenburgischen Konzerte* hinzugefügt werden, die 1721 dem Markgrafen von Brandenburg gewidmet wurden und als solche nicht in Bachs Nachlass enthalten waren.

11 Autographer Vermerk auf der Innenseite des Titelumschlags von Partitur und Stimmen der Kantate *O Ewigkeit, du Donnerwort* BWV 20 (D-LEb: *Rara I, 14*), der sich offenbar auf den gesamten Choralkantaten-Jahrgang bezieht.

12 »Ein gantzes mit Einschliessung aller darzu gehörigen Theile«: So lautet die Definition des Begriffes »Universum« in: Johann Heinrich Zedler, *Großes vollständiges Universal Lexicon aller Wissenschafften und Künste*, Leipzig 1731–1754, Bd. 49, Sp. 1819.

KAPITEL 2
Transformative Ansätze für Kompositions- und Spielpraxis

1 Am Pfingstsonntag 1721 führte Bach die Kantate »Erschallet, ihr Lieder« BWV 172 sowohl in St. Nikolai als auch in St. Thomas auf und vertrat dabei Johann Kuhnau. Das gedruckte Kantatenlibretto ist erhalten geblieben; vgl. Schabalina 2008 und Simpfendörfer 2010.

2 Zu einer Auflistung aller Bach-Schüler vgl. NBR, S. 315–317; ein aktualisiertes und kommentiertes Verzeichnis wird vom Bach-Archiv vorbereitet.

3 Dieser Aspekt wird erstmals diskutiert in Wolff 2002.

4 Maul 2012, Kap. I und II.

5 Auf den Titelblättern der Teile I und III seiner *Clavier-Übung* kam Bach später auf den Begriff »Autor« zurück, als er den Druck »In Verlegung des Autoris« auswies; vgl. unten, Abb. 5-1 und 5-8.

6 Bachs autographe Partitur: D-B, *Mus. ms. Bach P 283*; mehrere Faksimile-Ausgaben. Die insgesamt 48 Choräle, die Johann Christoph Fried-

rich Bach gezählt hatte (Abb. 2-1), beinhalten die drei separat gesetzten Strophen von BWV 627.

7 Heinz-Harald Löhlein, der Herausgeber des *Orgel-Büchleins* in NBA IV/1 (1983), geht im Anschluss an Dadelsen 1963 von vier Entstehungsphasen der Sammlung aus: Weimar 1713/14, 1714/15, 1715/16 und Leipziger Ergänzungen. Stinson 1999 differenziert zwischen fünf Phasen: Weimar 1708–1712, 1712/13, 1715/16, 1716/17 und einige Leipziger Ergänzungen. In den frühesten Einträgen ähnelt Bachs Handschrift stark den autographen Abschriften einiger Instrumentalwerke von Telemann und de Grigny aus der Zeit um 1709 (NBA IX/2, S. 38–45). Stilistische Argumente für einen Beginn des *Orgel-Büchleins* zwischen 1708 und 1710 bieten Wolff 2000 und Zehnder 2009.

8 Zu weiteren Details vgl. BWV³.

9 Faksimile: *Weimarer Orgeltabulatur. Die frühesten Notenhandschriften Johann Sebastian Bachs …*, hrsg. von Michael Maul und Peter Wollny, Kassel u. a. 2007.

10 Die früheste bekannte Gruppe von Orgelchorälen des jungen Bach, zusammengestellt um 1790 von Johann Gottfried Neumeister, wurde erstmals 1985 als Vorabdruck der NBA V/9 veröffentlicht (C. Wolff 2003; aktualisierte Ausgabe 2017). Vgl. auch Wolff 1991a, Kapitel 9, S. 107–127.

11 Albert Schweitzer, *Johann Sebastian Bach*, Leipzig 1908, S. 247 (Originalausgabe: *J. S. Bach, le musicien-poète*, Leipzig 1905). Schweitzer – Theologe, Arzt, Philosoph, Humanist und Musiker – war der Erste, der diesen wichtigen Aspekt Bachs musikalischer Sprache erkannte.

12 Johann David Heinichen, *Neu erfundene und Gründliche Anweisung … zu vollkommener Erlernung des General-Basses*, Hamburg 1711. Es ist dies eine frühe Fassung der erweiterten Abhandlung *Der General-Bass in der Composition*, Dresden 1728.

13 Bachs Autograph: D-B, *Mus. ms. Bach P 415*; mehrere Faksimile-Ausgaben, u. a. Johann Sebastian Bach: Das Wohltemperierte Klavier. Teil I. BWV 846–869. Bärenreiter Facsimile, hg. von Christoph Wolff und Martina Rebmann, Kassel u. a. 2015.

14 Bachs Autograph: US-NH Music Deposit 31; Faksimile-Ausgabe. NBA V/5 (W. Plath 1962), S. 19–37.

15 NBA V/6.1 (A. Dürr 1989), S. 132–142.

16 D-B, *Mus. ms. Bach P 401*. Der Schreiber dieses Manuskripts und anderer wichtiger Bach-Quellen für Tasteninstrumente wurde lange als »Anonymus 5« bezeichnet, bis Andrew Talle ihn identifizierte (Talle 2003a).

17 Dok III, S. 468.

18 Dok II, S. 65.

19 Dok III, S. 468.

20 Dok III, S. 289.

21 In der folgenden (unerklärten) Abfolge von Moll- und Dur-Tonarten angeordnet: d-g-a-e-C-F-G-D-c-f-Es-As-B-es-b-as-A-E-fis-h-H-Fis-cis-Des.

22 Dok III, S. 288.

23 Dok III, S. 88.

24 Dok III, S. 285.

25 Die bereits von Werckmeister beschriebene Unterteilung der Oktave in zwölf gleiche Halbtöne wurde erstmals in der Publikation *Beste und leichteste Temperatur des Monochordi* (Jena 1706) von Johann Georg Neidhardt, einem Schüler von Johann Nicolaus Bach in Jena, propagiert.

26 Dok III, S. 304. Scharfe Terzen sind (im Vergleich zu reinen Intervallen) zu hoch gestimmt – ein Prinzip, das sowohl für Werckmeisters Stimmungen als auch für die gleichschwebende Temperierung gilt.

27 Einschließlich BG und NBA.

28 Dok III, S. 288.

29 Dok III, S. 476.

30 Dies gilt auch für die Frühfassungen von Stücken des *Wohltemperierten Claviers*, die Friedemann aus den Autographen seines Vaters in das *Clavier-Büchlein* übertrug.

31 Zu den Unterschieden zwischen den Fassungen vgl. die Ausgaben in NBA V/3 (1970) und NBA V/5 (1962).

32 Das gleiche Seitenlayout findet sich auch in Wilhelm Friedemann Bachs *Clavier-Büchlein*.

33 Vier Inventionen aus Bonportis Sammlung wurden von Bach und von Bernhard Christian Kayser, seinem Schüler in Köthen und Leipzig, in einem Manuskript von 1723 abgeschrieben (D-B: *Mus. ms. Bach P 270*); vgl. Beißwenger 1992, S. 276 f.

34 Brief an Forkel, 13. Januar 1775; Dok III, S. 289.

35 Dreyfus 1996 verfolgt das Prinzip der Erfindung weit über die Inventionen und Sinfonien hinaus.

36 Vgl. Bachs Eintrag einer Übung mit traditionellem Fingersatz (»Applicatio«) in Friedemanns *Clavier-Büchlein*. Zur Provenienz der Applicatio vgl. Wollny 2016.

37 Teil I, Kapitel 3.

38 Dok III, S. 476.

KAPITEL 3
Auf der Suche nach der autonomen Instrumentalform

1 Die Kompilatoren des Bach'schen Nachlassverzeichnisses von 1750 werden die 1721 entstandene Sammlung ausgewählter Werke, die später als die *Brandenburgischen Konzerte* bekannt wurden, kaum gekannt haben.

2 Ein möglicher Ausnahmefall ist Präludium, Fuge und Allegro in Es-Dur BWV 998 aus den späten 1730er-Jahren mit seiner ungewöhnlichen dreisätzigen Struktur und einer Fuge in Da-capo-Form.

3 Zu neuen Details zur Vorgeschichte der Gewandhauskonzerte vgl. Schulze 2018.

4 Aufgeführt im Nachlasskatalog, Dok II, S. 493.

5 Dok III, S. 285.

6 Dok II, S. 65.

7 Gedicht von Micrander (Pseudonym von Johann Gottlob Kittel), veröffentlicht als Teil der Rezension von Bachs Konzert im September 1731 in der Sophienkirche »in Gegenwart derer gesamten Hof-Musicorum und Virtuosen«, wo Bach in einer Weise spielte, »daß jedermann es höchstens admiren müssen« (Dok II, S. 213 f.).

8 Dok III, S. 80.

9 Dok III, S. 81.

10 D-B: *Mus. ms. 40644* (Möllersche Handschrift). Neben Werken des jungen Bach enthält die Anthologie Kompositionen von Tomaso Albinoni, Johann Adam Reincken, Georg Böhm, Nicolas Lebègue, Johann Pachelbel und anderen; vgl. das Inventar in Schulze 1984, S. 41–43.

11 D-LEm: *III. 8. 4* (Andreas-Bach-Buch). Neben Werken des jungen Bach enthält die Sammlung Werke von Georg Böhm, Dieterich Buxtehude, Johann Kuhnau, Johann Pachelbel, Louis Marchand u. a.; vgl. das Inventar in Schulze 1984, S. 43. Eine repräsentative Auswahl aus den beiden Johann-Christoph-Bach-Anthologien wurde von Robert Hill herausgegeben: *Keyboard Music from the Andreas Bach Book and the Moeller Manuscript* (Harvard Publications in Music, Bd. 16), 1991.

12 BWV 913.1.

13 Basierend auf quellen- und stilkritischen Belegen könnte die folgende Reihenfolge die ungefähre chronologische Genese der Stücke widerspiegeln: Toccata in d BWV 913, Toccata in D BWV 912, Toccata in e BWV 914, Toccata in g BWV 915, Toccata in fis BWV 910, Toccata in c BWV 911, Toccata in G BWV 916.

14 Mattheson 1739, S. 87 f. Zu einer Diskussion der stilistischen Beziehungen Bachs zu Buxtehude vgl. Wollny 2002 und Dirksen 2019.

15 Das sogenannte Andreas-Bach-Buch; vgl. Anm. 11.

16 Dies belegen Abschriften seines Schülers Johann Martin Schubart (BuxWV 164) und seines Bruders Christoph (BuxWV 165).

17 Buxtehudes viel kürzere und weniger komplexe Ciacconen sind im Andreas-Bach-Buch gesammelt; vgl. Anm. 11.

18 Siehe Anm. 10 und 11.

19 Drei autographe Abschriften (Suiten in f-Moll, h-Moll und F-Dur); vgl. Beißwenger 1992.

20 D-B: *Mus. ms. Bach P 803* (Fasz. 13).

21 D-B: *Mus. ms. Bach P 224*; vgl. den ausführlichen Kommentar in *Das Clavier-Büchlein für Anna Magdalena Bach 1722 & 1725*, hrsg. von Christoph Wolff, Leipzig 2019.

22 Bemerkenswert ist die Abschrift von Heinrich Nicolaus Gerber in D-B: *Mus. ms. Bach P 1221*.

23 D-B: *Am.B. 50*; vgl. NBA V/7, KB (A. Dürr 1981), S. 44.

24 D-B: *N. Mus. ms. 365*, in der Handschrift von Bachs späterem Hauptkopisten Johann Nathanael Bammler.

25 Die Musik wurde von dem jüngsten Bach-Sohn kopiert, als sich dieser noch im Leipziger Elternhaus aufhielt, der Vermerk stammt aber von anderer Hand, möglicherweise der eines Berliner Schülers (freundliche Mitteilung von Peter Wollny). Dennoch ist es wahrscheinlich, dass die Information von Johann Christian Bach übermittelt wurde.

26 Dok VII, S. 70.

27 Beißwenger 1991.

28 Vgl. NBA V/7, KB (A. Dürr 1981), S. 86 f. Die Tatsache, dass Dieupart seine Suiten der Gräfin von Sandwich widmete und ab 1703 den Rest seines Lebens in England verbrachte, wurde zur Erklärung des Namens »Englische Suiten« herangezogen. Andererseits bezeichnet Walther

1732 (S. 208) Dieupart nur als »ein Frantzosischer Componist«, was bedeutet, dass Bach aus anderen Quellen von Dieuparts Karriere in England erfahren haben muss – sofern sie ihm überhaupt bekannt war (vgl. Anm. 29). Eine neue und durchaus plausible Hypothese bietet jüngst Bernd Koska, »Bach und Hamburg: Ein Szenario zur Entstehung der Englischen Suiten« (BJ 2021, S. 11–42). Demnach könnte ein Widmungsexemplar der Suiten im Nachgang von Bachs Hamburger Besuch 1720 für den dortigen englischen Diplomaten und Amateurmusiker Cyril Wich (1695–1756) bestimmt gewesen sein.

29 D-B: *SA 4274*; Dok VII, S. 71.

30 Dok III, S. 173.

31 Ein aufschlussreiches Detail bietet die frühe Abschrift der *Französischen Suiten* von Bachs Schüler Bernhard Christian Kayser (D-B: *Mus. ms. P 418*), in der die Gavotte der Suite in h-Moll BWV 814 mit »Anglois« überschrieben ist. Die Verwendung von Gavotten ist in Dieuparts Suiten Standard.

32 D-B: *Mus. ms. P 418*.

33 *Das Clavier-Büchlein für Anna Magdalena Bach 1722 & 1725*, hrsg. von Christoph Wolff, Leipzig 2019, S. 128–142.

34 Gregorio Lambranzi, *Neue und Curieuso Theatralische Tanz-Schul*, Nürnberg 1716 (Originalausgabe: *Nuova e Curiosa Scuola de' Balli Theatrali*, Rom 1716).

35 Arrangiert für Melodieinstrument und Bass, wie auf dem Titelblatt angegeben (»... par un Violon & flûte avec une Basse de Viole & une Archilut«).

36 Vgl. die Fuge in G-Dur BWV 577 und die verwandten Orgelfugen von Buxtehude, BuxWV 142 und BuxWV 174.

37 Friedemann im Menuett Nr. 11 des Büchleins von 1722 und Carl in den Märschen und Polonaisen Nr. 15–18 und 22 des Büchleins von 1725; vgl. *Die Clavier-Büchlein ...* (Anm. 19), S. 54, 110–113 und 116.

38 Schon Bachs früheste überlieferte Kantate *Nach dir, Herr, verlanget mich* BWV 150 von 1707 beginnt mit einer Sinfonia im Corellischen Triosonaten-Stil.

39 *Sechs Suiten für Violine solo* (Faksimile des Originals von 1696), hrsg. von Wolfgang Reich, Leipzig 1974.

40 D-B: *Mus. ms. P 269*.

41 Das kombinierte Titelblatt wurde von Schwanenberger selbst erstellt: »Pars 1 | Violino Solo Senza Basso composée par S.r Jean Seb. Bach. || Pars 2 | Violoncello Solo Senza Basso composee par S.r J. S. Bach, Maitre de la Chapelle et Directeur de la Musique a Leipsic. ecrite par Madame Bachen son Epouse«.

42 NV 1790, S. 67: »Sechs geschriebene Suiten fürs Violoncell ohne Bass. Eingebunden.«

43 D-B: *Mus. Ms. P 289*. Schober (vgl. Koska 2017) kopierte die Suiten 1–3, ein anonymer Kopist setzte sie fort; NBArev 4 (A. Talle und J. E. Kim 2016), Einleitung und Bericht.

44 Dok III, S. 285.

45 Suchalla 1994, S. 800 f.

46 D-B: *Mus. ms. Bach P 968* (Köthener Schreiber), und D-LEm: *Poel. mus. Ms. 31* (BWV 1001, Leipziger Schreiber); vgl. NBArev 3 (P. Wollny 2014), S. 246 und 248.

47 Schletterer 1865, S. 140 f.

48 Dok III, S. 478.

49 AmZ 21 (1819), Sp. 861.

50 In Bachs Autograph: »Partia.«

51 Ein vergleichbares Gegenstück, die Passacaglia g-Moll für Violine solo ganz am Ende der *Rosenkranzsonaten* von Heinrich Ignaz Franz Biber aus dem Jahr 1676, basiert auf einem sehr ähnlichen Ostinato-Bass, ist mit 130 Takten halb so lang, aber ähnlich gespickt mit extrem virtuosem figurativem Material. Für irgendwelche Verbindungen gibt keine Beweise, doch könnte das Werk des Salzburger Meisters von Westhoff, dessen Reisen ihn durch Süddeutschland, Italien und Frankreich führten, an Bach weitergegeben worden sein.

52 *Jenaische Allgemeine Literaturzeitung* 2 (1805), Bd. 4, Nr. 282, S. 391.

53 »Viola de basso« ist die Instrumentenbezeichnung in Johann Peter Kellners Abschrift der Cellosuiten (D-B: *P 804*) aus der Zeit um 1726.

54 So berichtet Gerber 1790: »Die steife Art, womit zu seiner Zeit die Violonzells behandelt wurden, nöthigten ihn, bey den lebhaften Bässen in seinen Werken, zur Erfindung der von ihm sogenannten Viola pomposa, welche bey etwas mehr Länge und Höhe als eine Bratsche, zu der Tiefe und den vier Saiten des Violonzells, noch eine Quinte, *e*, hatte und an den Arm gesetzt wurde;

dies bequeme Instrument setzte den Spieler in Stand, die vorhabenden hohen und gechwinden Paßagien, leichter auszuführen« (Dok III, S. 469).

55   Dok II, S. 492.

56   Vgl. Anm. 39 (andere Kopisten als der Schreiber von BWV 1001).

57   Dok III, S. 293.

58   Dok III, S. 219.

59   Nach dem Tod des Markgrafen gelangte das Manuskript an seine Nichte Prinzessin Anna Amalia und dann an ihren Kapellmeister Johann Philipp Kirnberger. Die erste Ausgabe erschien bei Peters, hrsg. von Siegfried Wilhelm Dehn, Leipzig 1850.

60   Einige der Weimarer und Köthener Konzerte fanden Eingang in das Leipziger Aufführungsrepertoire. Einzelne Sätze der *Brandenburgischen Konzerte* wurden sogar als Instrumentalsinfonien in Kirchenkantaten verwendet: BWV 1046/1 für die Kantate BWV 52 (1726) und BWV 1048/1 für die Kantate BWV 174 (1729).

61   »Flauto d'echo« bezieht sich vermutlich auf den Echoeffekt im zweiten Satz.

62   Erhalten im autographen Stimmensatz, D-B: *Mus. ms. Bach St 130*.

63   Zu einer ausführlicheren Diskussion vgl. Wolff 2000, S. 185–192: »Musikalisches Denken‹: Das Reifen des Komponisten«.

64   D-B: *Mus. ms. Bach St 162* (nur Cembalostimme).

65   D-B: *Mus. ms. Bach P 229*.

66   Dok III, S. 279. Vgl. Clark 1997, S. 67. Zu dieser Zeit wurde der Begriff »Trio« oder »Clavier-Trio« oft für Duo-Sonaten mit obligatem Clavier verwendet, wobei die unabhängig voneinander aktiven Partien der linken und der rechten Hand als zwei Stimmen gezählt wurden.

67   Fassung II (D-B: *Am B 61* aus der Sammlung von Kirnberger); Fassung III (D-Bhm *6138/21* von der Hand Agricolas).

68   Mattheson 1739, S. 344.

69   Agricolas Abschrift von 1739/49; vgl. Anm. 55.

70   Eines der ersten Beispiele, datiert auf 1731, ist das Claviertrio Wq 72 (Frühfassung).

71   Mattheson 1739, S. 344.

72   D-B: *Mus. ms. Bach P 271*.

73   D-B: *Mus. ms. Bach P 272* (1732/35).

74   Forkel 1802 (Dok VII, S. 80).

75   US-NH: *LM 4718 [Ma21 Y11 B12]*, in der Hand Johann Gottfried Walthers.

76   Die g-Moll-Sonate BWV 1029 ist Bachs einziges dreisätziges Kammermusikwerk, wahrscheinlich nach einer unbekannten viersätzigen Vorlage bearbeitet.

77   Scheibe 1740, S. 675.

KAPITEL 4
Das ambitionierteste aller Projekte

1   Der Jahrgang begann mit dem Beginn des neuen Schuljahres im Juni 1724, genau ein Jahr nachdem Bach das Amt des Kantors und Musikdirektors in Leipzig übernommen hatte. Bachs Kantatenjahrgänge folgen dem Schuljahr – an der Thomasschule begann es am Montag nach Trinitatis – und nicht dem Kirchenjahr, das mit dem 1. Adventssonntag anfängt und mit der Woche nach dem letzten Sonntag nach Trinitatis endet.

2   Die lutherische Reformation bezeichnete Gemeindegesänge oder Kirchenlieder als »Choräle«, weil die Gemeinde den Gesang des »cantus choralis« vom Chor übernahm.

3   Zu Telemanns Kantatenjahrgängen vgl. Jungius 2008 und Poetzsch 2017.

4   Krummacher 2018, S. 42 f.

5   Dürr 1985, S. 50.

6   Bach besaß die achtbändige Anthologie von mehr als 4000 lutherischen Kirchenliedern, zusammengestellt von P. Wagner, *Vollständiges Gesangbuch* (Leipzig, 1697); Dok II, S. 496.

7   Birkmann gehörte zum literarischen Kreis von Bachs Freund Johann Abraham Birnbaum; vgl. Blanken 2015.

8   Am 6. Sonntag nach Trinitatis 1724 hielten sich Bach und seine Frau nachweislich in Köthen auf, wo er Konzerte gab; Dok II, Nr. 134.

9   Das Kirchenjahr erstreckt sich vom 1. Adventssonntag bis zur Woche nach dem letzten Sonntag nach Trinitatis, die Anzahl der Sonntage nach Trinitatis aber schwankt zwischen 22 und 27. Die Liturgie für den 27. Sonntag nach Trinitatis nimmt automatisch die Stelle des letzten Sonntags nach Trinitatis ein. Daher ist die Kantate *Wachet auf, ruft uns die Stimme* BWV 140 zugleich für diesen letzten Sonntag bestimmt.

10 In Bachs Chorbibliothek wurden diese vier Choralkantaten offenbar getrennt von den De-tempore-Choralkantaten aufbewahrt, also denjenigen, die für ein bestimmtes liturgisches Datum vorgesehen waren. Sie waren daher in den Nachlässen von Anna Magdalena und Wilhelm Friedemann nicht enthalten; vgl. den letzten Absatz dieses Kapitels.

11 Die dorische Skala (ohne Vorzeichen) läuft von *d* bis *d¹*, aber mit *h-c¹* statt mit *b-cis¹* wie in der harmonischen Mollskala. Sie hat eine Dominante auf der V. Stufe (A-Dur-Dreiklang) und klingt im barocken Kontext ähnlich wie d-Moll. Ihr charakteristischstes Merkmal aber ist das regelmäßige Auftreten von *h* und das Fehlen des Leittons *cis*. BWV 121 steht in einer transponierten dorischen Tonart (*e* bis *e¹* mit der Vorzeichnung von D-Dur). – Die phrygische Skala *e* bis *e¹* (ohne Vorzeichen) beginnt mit dem charakteristischen Halbtonschritt *e-f*. So beginnt die Generalbassstimme in BWV 38 mit den Tönen *e-f*, und die erste Zeile der Choralmelodie endet mit *g¹-f¹-e¹*. In BWV 2 ist sie auf *d* transponiert (mit d-Moll-Vorzeichnung), mit dem Halbtonschritt *d-es*. Ein hervorstechendes harmonisches Merkmal des phrygischen Modus ist das Fehlen der V. Stufe als Dominante, sodass e-Phrygisch im barocken Kontext eher wie a-Moll mit einem E-Dur-Dreiklang als Schlussakkord klingt.

12 In Leipzig begann die musikfreie Fastenzeit (Tempus clausum) nach dem Sonntag Estomihi, dem liturgischen Datum für BWV 127, einzig unterbrochen von einer Kantatenaufführung zum Fest Mariä Verkündigung (25. März). Am Karfreitag wurde die konzertante Musik mit der Passionsaufführung wieder aufgenommen. Ein zweites Tempus clausum innerhalb des Kirchenjahres betraf den 2., 3. und 4. Adventssonntag.

13 Ziegler veröffentlichte ihre Kantatentexte später in überarbeiteten und geänderten Fassungen (*Versuch in Gebundener Schreib-Art*, Leipzig 1728). Für die häufig geäußerte Ansicht, Bach sei für die Unbeholfenheit einiger Passagen in den Texten der Fassung von 1725 verantwortlich, gibt es keine Belege.

14 Die originalen Aufführungsstimmen von BWV 68 und BWV 128 wurden aufgrund ihrer eröffnenden Choralchöre zunächst zusammen mit den Choralkantaten (das Erbe Wilhelm Frie-demanns und Anna Magdalena Bachs) aufbewahrt und 1750 von der Thomasschule erworben. BWV 128 wurde um 1800 aus unbekannten Gründen vom Rest getrennt; vgl. BC A 76.

15 Vgl. BC A 9a-b (BWV 91) und A 137a-b (BWV 8).

16 Zitiert nach Carl Philipp Emanuel Bachs Autobiografie in: *Carl Burney's der Musik Doctors Tagebuch seiner Musikalischen Reisen*, Bd. 3, Hamburg 1773, S. 201.

17 Dok II, S. 486. Der Mangel an präzisen Details in der Formulierung lässt darauf schließen, dass die Transaktion schon länger geplant war und vielleicht sogar von Bach selbst arrangiert wurde.

18 Anna Magdalena Bachs Aufführungsstimmen der Choralkantaten, die 1750 von der Thomasschule erworben wurden und sich heute im Bach-Archiv Leipzig befinden, machen den Großteil der Auflistung in Tab. 4-3, Abschnitt 1 und 2 aus. Teile der Kantaten BWV 135, 113, 180, 115 und 111 fehlten offenbar von Anfang an, was wahrscheinlich auf die Wirren nach dem Tod des Komponisten zurückzuführen ist. Die (heute verlorenen) Originalstimmen von BWV 80 scheinen separat aufbewahrt worden zu sein.

KAPITEL 5
»State of the Art« in der Tastenmusik

1 Der entsprechende italienische Begriff wurde von Domenico Scarlatti für seine *Essercizi per gravicembalo* (London 1738) und auch von Telemann für seine Soli und Trios unter dem Titel *Essercizii musicali* (Hamburg 1739/40) verwendet.

2 Graupners Titel: (1) *Partiten auf das Clavier, bestehend in Allemanden, Couranten, Sarabanden, Menuetten, Giguen etc.*; (2) *Monatliche Clavier-Früchte, bestehend in Praeludien, Allemanden, Couranten, Sarabanden, Menuetten, Giguen etc., meistentheils vor Anfänger.*

3 Dok II, Nr. 214.

4 Dok II, Nr. 224.

5 Zu Details vgl. Wolff 1973 und Butler 1980.

6 Die Kammerkantate *Armida abbandonata* HWV 105 und die sogenannte *Brockes-Passion* HWV 48 (Beißwenger 1992, S. 289–294).

7 Talle 2003[b], S. 64–69.

8   *Die Clavierbüchlein für Anna Magdalena Bach, 1722 und 1725*, hrsg. von C. Wolff, Leipzig 2019, Vorwort und Kritischer Bericht.

9   Die Corrente- und Gavotta-Sätze in ihren Albumfassungen von 1725 wurden von den Originalen in der G-Dur-Sonate für Cembalo und Violine BWV 1019 entlehnt und leicht überarbeitet.

10 Wolff 1991[a], S. 220–222.

11 Christoph Willibald Gluck, der Bachs Partiten offenbar schätzte, bearbeitete den Anfangsteil der Giga BWV 825/7 für Orchester in der Arie »Perché, se tanti siete« aus der Oper *Antigono* (1756); wiederverwendet in den Arien »S'a estinguer non bastate« aus *Telemaco* (1765) und »J t'implore et je tremble« aus *Iphigénie en Tauride* (1779).

12 Erst *Clavier-Übung* II und IV (siehe deren Titelblätter, Abb. 5-5 und 5-10) verlangen ausdrücklich zwei Manuale und entsprechende dynamische Abstufungen.

13 Dok III, S. 439.

14 Dok II, Nr. 276.

15 Sigmund Gottlieb Staden, *Der VII Tugenden, Planeten, Töne oder Stimmen Aufzug in kunstzierliche Melodeien gesetzt*, Nürnberg 1645.

16 Mattheson 1739, S. 130.

17 Berichtet von Johann Gottfried Walther (Dok II, Nr. 323). Von der Erstausgabe der Partita 6 hat sich kein Exemplar erhalten.

18 Mattheson 1713 lieferte eine ausführliche Diskussion in dem Kapitel »Von der Musicalischen Thone Eigenschafft und Würckung in Ausdrückung der Affecten«, S. 231–252.

19 Dok II, Nr. 249.

20 Dok II, Nr. 309; Talle 2017, S. 117.

21 NBA V/2, KB (W. Emery 1981), S. 14. – Zur Beziehung von Oley und Kayser siehe Talle 2003[a], S. 162–165.

22 Mattheson, *Das beschützte Orchestre*, Hamburg 1717, S. 4129.

23 Walther 1732, Artikel »Stylus«.

24 NBA V/11 KB (K. Heller 1997), S. 25 f.

25 Wolff 2000, S. 186.

26 Beißwenger 1992, S. 279 und 350 f.

27 Beißwenger 1992, S. 226 f., 284 f. und 287 f.

28 Präludium und Fuge in Es-Dur fungieren als Rahmen der Sammlung. Sie sind in der Erstausgabe von 1739 voneinander getrennt, wurden im Bach-Werke-Verzeichnis aber unter einer gemeinsamen Nummer katalogisiert.

29 Dok II, Nr. 455.

30 Dok II, Nr. 434.

31 Butler 1980 und Butler 1990.

32 Überliefert von Forkel 1802, S. 22 (Dok VII, S. 34).

33 Dok III, S. 221. Ab etwa 1738 legte Bach für seinen Sohn Wilhelm Friedemann Kontrapunktstudien an, die sich speziell mit den Kirchentonarten beschäftigen; vgl. NBA-Supplement (P. Wollny 2011), S. 83.

34 Teil I der *Clavier-Übung* hat 73 Notenseiten, Teil II 27 Seiten und Teil IV 32 Seiten.

35 NBR Nr. 343.

36 Dok II, Nr. 482.

37 Dok II, Nr. 400.

38 Georg Andreas Sorge, *Erster Theil der VORSPIELE vor bekannten Choral Gesängen*, Nürnberg 1750; Nachweis in NBR, Nr. 342.

39 Dok VII, S. 64. Bekanntlich besuchte Bach Keyserlingk im November 1741 (Kalendarium, S. 81). Möglicherweise überreichte er ihm bei dieser Gelegenheit ein Exemplar seines neuesten Clavierwerks.

40 Sowohl die Ciaccona (Chaconne) als auch die Passacaglia (Passacaille) stehen in einem Dreier-Metrum. Anders aber als der Ostinato-Bass der Ciaccona, der volltaktig einsetzt, beginnt die Passacaglia auftaktig. Bach ist mit dieser Unterscheidung offenbar aufgewachsen. Sie ist deutlich erkennbar in Buxtehudes Ostinato-Variationen für Orgel BuxWV 159–161, der Passacaglia in d-Moll und den beiden Ciacconas in e- und c-Moll, die alle im Andreas-Bach-Buch enthalten sind (siehe S. 333, Anm. 11).

41 Robert Schumann verwendete eines seiner charakteristischen Motive im letzten Satz seiner *Papillons* op. 2 von 1831 (T. 9–12). Die erste Zeile der Melodie ähnelt (wohl mit Absicht) der Choralmelodie »Was Gott tut, das ist wohlgetan« von 1690, die Bach häufig bearbeitet hat.

42 NBA V/2, KB (C. Wolff 1981), S. 98.

KAPITEL 6

Ein großer liturgischer Messias-Zyklus

1 Einige Auszüge aus der einzig erhaltenen fragmentarischen Quelle wurden von Arnold Schering veröffentlicht: *Musikgeschichte Leipzigs*, Bd. 2: *1650 bis 1723* (Leipzig 1926), S. 25–33.

2 Erstmals aufgezeigt von Friedrich Smend (1926).

3 *Das Privilegirte Ordentl. und Vermehrte Dreßdnische Gesang-Buch* (Dresden und Leipzig 1725) mit zahlreichen Nachdrucken bis in die 1750er-Jahre; Anhang: *Tägliche Kirchen-Andachten* (Gebete aus der Dresdner Schlosskirche von dem Hofprediger Matthias Hoë von Hoënegg), S. 47: »HErr, unser Herrscher, dessen Nahme herrlich ist in allen Landen!«

4 *Der für die Sünde der Welt gemarterte und sterbende Jesus aus den IV. Evangelisten in gebundener Rede vorgestellet* (Hamburg 1712).

5 Text und Melodie im *Passionale melicum* von Martin Jan (Görlitz 1663); enthalten in einer vierstimmigen Vertonung in dem von Gottfried Vopelius herausgegebenen *Choralbuch* (Leipzig 1682), wo es der liturgischen *Matthäus-Passion* von Johann Walter vorangestellt ist.

6 Überliefert in der Sammlung vierstimmiger Choräle, hrsg. von Carl Philipp Emanuel Bach, Bd. 2 (Berlin 1769).

7 Zum Einfluss von Postel vgl. Smend 1926 und Dürr 1988, S. 60 f.

8 Die vierte Strophe des Kirchenliedes »Du großer Schmerzensmann« (vgl. Anm. 5) entwirft das gleiche Bild, wenn es dort heißt: »Dein Kampf ist unser Sieg, dein Tod ist unser Leben.«

9 Die verschiedenen Änderungen und Umarbeitungen des Werks spiegeln sich in den erhaltenen Aufführungsmaterialien wider, die für die letzte Darbietung unter Bachs Leitung im Jahr 1749 verwendet wurden: D-B, *Mus. ms. P 28* (Partitur) und *Mus. ms. St 111* (Stimmen). Die ersten 20 Seiten der Partitur (P 28) sind eine Reinschrift von Bachs Hand und enthalten die um 1738 vorgenommenen Umarbeitungen (Faksimile in NBA II/4, Supplement); die Fortsetzung der Partitur stammt aus den Jahren 1748/49 und ist von Bachs Assistent Johann Nathanael Bammler geschrieben, mit wenigen Eintragungen von der Hand des Komponisten.

10 *Erbauliche Gedancken auf den Grünen Donnerstag und Charfreytag über den Leidenden JESUM, in einem ORATORIO entworfen von Picandern*, 1725.

11 BC 1/3 (D 5), S. 1082.

12 Vgl. Axmacher 1984 und Marquard 2017.

13 Picanders *Ernst-Schertzhaffte und Satyrische Gedichte*, Teil II, Leipzig 1729, S. 203.

14 Solche Choralinterpolationen waren ein beliebtes Mittel Bachs, das er in vielen Kantatensätzen verwendete.

15 Vgl. die vierstimmigen Choräle aus der Manuskriptsammlung des Bach-Schülers Johann Ludwig Dietel, 1734/35 (D-LEb: *Ms. R 18*).

16 D-LEb: *Peters Ms. R 18*.

17 Bach hat das Wort »Oratorium« nachträglich in die Überschrift des *Weihnachts-Oratoriums* eingefügt, sodass es mit den beiden anderen korrespondiert (mit entsprechenden Untertiteln für die einzelnen Festtage: »Pars I [II, III etc.] Oratorii«).

18 Dok IX, S. 223.

19 Johann Christoph Gottsched, *Versuch einer Critischen Dichtkunst*, Leipzig 1751, S. 728.

20 Walther 1732, S. 451 f.

21 Dok II, S. 94.

22 Dok I, S. 177.

23 Aufführungskalender 1734/35:

25. Dezember, Teil I – vormittags: St. Nikolai; nachmittags: St. Thomas

26. Dezember, Teil II – vormittags: St. Thomas; nachmittags: St. Nikolai

27. Dezember, Teil III – (nur) vormittags: St. Nikolai

1. Januar, Teil IV – vormittags: St. Thomas; nachmittags: St. Nikolai

2. Januar, Teil V – (nur) vormittags: St. Nikolai

6. Januar, Teil VI – vormittags: St. Thomas; nachmittags: St. Nikolai

Die spezifische Abfolge der Feiertage, das heißt mit dem Neujahrstag vor dem Sonntag nach Weihnachten, wiederholte sich zu Bachs Lebzeiten in den Jahren 1739/40, 1744/45 und 1745/46.

24 Die liturgische Abfolge der Lesungen für die sechs Festtage (1. Weihnachtstag: Lukas 2,1–14; 2. Weihnachtstag: Lukas 2,15–20; 3. Weihnachtstag: Johannes 1,1–14; Neujahr: Lukas 2,21; Sonntag nach Weihnachten: Matthäus 2,13–23; Epiphanias: Matthäus 2,1–12) unterscheidet sich deutlich

von Bachs Auswahl der Bibeltexte für das *Weihnachts-Oratorium*.

25 Das Papier war im Hochsommer 1735 aufgebraucht – höchstwahrscheinlich wurde das Oratorienprojekt also früher im Jahr unterbrochen, vielleicht während der Fastenzeit.

26 Wollny 2016, S. 83–91.

27 Die beiden anderen Kantaten für den Ostersonntag, BWV 4 und BWV 31, sind vor-Leipziger Herkunft. Leipziger Aufführungen von BWV 4 können für 1724 und 1725 nachgewiesen werden, in beiden Fällen als zweite Kantate (nach der Predigt). BWV 31 wurde 1724 und 1731 aufgeführt; 1726 präsentierte Bach die Osterkantate *Denn du wirst meine Seele nicht in der Hölle lassen* BWV Anh. III/15 seines Cousins Johann Ludwig Bach.

28 Nur die Instrumentalstimmen von 1725 sind erhalten; die Partitur von 1725 wurde verworfen, nachdem Bach 1738 die Reinschrift angefertigt hatte.

29 Bugenhagens Evangelienharmonie erschien im Anhang vieler lutherischer Gesangbücher, so auch in dem in Leipzig 1725 eingeführten Dresdner Gesangbuch (siehe Anm. 3).

30 Wiederaufgeführt mit neuem Text unter der Überschrift *Frohes Volk, vergnügte Sachsen* BWV 1158 für den Namenstag des Kurfürsten Friedrich August II. von Sachsen am 3. August 1733.

31 Die Hand von Bachs zweitjüngstem Sohn Johann Christoph Friedrich taucht in den Aufführungsstimmen des *Weihnachts-Oratoriums* auf, die auf eine Aufführung im Jahr 1749 weisen. Ich danke Peter Wollny für diese Information.

32 In seinem offiziellen Anstellungsrevers vom 5. Mai 1723 verpflichtete sich Bach unter Punkt 7, »die *Music* dergestalt ein[zu]richten, daß sie nicht zu lang währen, auch also beschaffen seyn möge, damit sie nicht *opern*hafft herauskommen, sondern die Zuhörer vielmehr zur Andacht aufmuntere« (Dok I, Nr. 92).

33 Dok III, Nr. 183a.

1 Die Einweihung der renovierten Schule fand am 5. Juni 1732 mit einer Aufführung der Kantate *Froher Tag, verlangte Stunden* BWV 1162 statt.

2 CPEB-CW: *Clavier-Werke Verzeichnis* (Faksimile, hrsg. von C. Wolff, 2014), Einleitung.

3 Sie beschränken sich im Wesentlichen auf vier Clavierstücke (BWV 535.1, 739, 764 und 1121) und sechs Vokalwerke (BWV 71, 131, 199, 524, 1127 und 1164); zur letzteren Gruppe können BWV 106 und 150 hinzugerechnet werden, deren autographe Partituren verloren sind, die aber in den 1750er-Jahren Leipziger Kopisten zur Verfügung standen; vgl. BC 1/4, B 18 und B 24.

4 Dok I, S. 255–261.

5 Dok I, S. 265.

6 Dok II, Nr. 409, S. 305 u. ö. Vgl. Wolff 2000, Epilog: Bach und die Idee »musicalischer Vollkommenheit«.

7 Ein Doppelblatt, das wahrscheinlich versehentlich im Inneren belassen und später in das Manuskript eingebunden wurde.

8 D-B: *Mus. ms. Bach P 271*, S. 57–110.

9 Dok III, S. 13.

10 Auch bezeichnet als Anonymus Vr, der zwischen 1742 und 1750 für Bach und später für Carl Philipp Emanuel in Berlin kopierte.

11 US-NYpm: Lehman-Depositum.

12 Die Autographe von BWV 541 und 566 (beide heute verschollen) waren ebenfalls mit dem Vermerk »Christel« versehen; vgl. NBA IV/5–6, KB (D. Kilian 1978), S. 223 f.

13 Die Vorlagen für die Bach-Abschriften des Berliner Hofkopisten Siebe entstammen großenteils den Beständen von C. P. E. Bach, darunter D-B: *Am. B. 60* sowie die sechs Orgelsonaten (D-B: *Am. B. 51a*); vgl. Koska 2017, S. 150–159.

14 D-B: *Mus. ms. Bach P 402* und *P 229*.

15 Stauffer 2015, S. 177 192.

16 Einer Überlegung von Schulze 2008 zufolge könnte die Ausgabe der *Sechs Choräle* ein von Schübler initiiertes und durchgeführtes Projekt gewesen sein, dem der Komponist zustimmte, doch ohne sich an ihm aktiv zu beteiligen.

17 Die doppelte Überschrift von BWV 646 bezieht sich auf zwei Kirchenlieder, die dieselbe Melodie verwenden, während bei BWV 650 nur das

Weihnachtslied, aber seltsamerweise (vielleicht aus Platzmangel auf der betreffenden Seite?) nicht zusätzlich auch der geläufigere Titel »Lobe den Herren, den mächtigen König der Ehren« aus Kantate BWV 137 genannt ist.

18 D-B: *Mus. ms. Bach P 234*. Faksimile-Ausgabe: Johann Sebastian Bach. Concerti a Cembalo obligato BWV 1052–1059. Bärenreiter Facsimile, hg. von Christoph Wolff, Kassel u. a. 2021.

19 Ein Grund für die Unterbrechung der Arbeit an BWV 1059 in T. 9 mag mit der Frage zusammenhängen, wie die Rolle der obligaten Oboe (die die Violine I im Ritornell verdoppelt) gegenüber dem Cembalo neu definiert werden sollte.

20 Die Niederschrift von BWV 1058 beginnt außerdem mit einer neuen Papierlage (unter Verwendung des gleichen Papiers wie zuvor).

21 Ohne Berücksichtigung des Konzerts in C-Dur BWV 1061 für zwei Cembali (ursprünglich ohne Streicherbegleitung) und des Konzerts in a-Moll BWV 1065, einer Bearbeitung von Vivaldis Konzert für vier Violinen, Streicher und Continuo, op. 3 Nr. 10.

22 NBA VII/4, KB (W. Breig 2001), S. 89, 111, 133 und 160.

23 BG 17, S. xiv.

24 NBA VII/7 (W. Fischer 1970), S. 3–30.

25 Vgl. NBA VII/4, KB (W. Breig 2001), S. 86, 132, 158 und 206.

26 Wolff 2008 und Wolff 2016.

27 Dok II, S. 150; Wolff 2008, S. 106 f.

28 Vgl. auch die geschickte Adaption der Violinfigurationen im Bach-Vivaldi-Konzert BWV 593.

29 Kopien einzelner Konzerte wurden von Johann Friedrich Agricola (BWV 1052 und 1053), Christoph Nichelmann (BWV 1053), Johann Christoph Altnickol (BWV 1054) angefertigt.

30 Bachs Name erscheint zum Beispiel in der Liste der Subskribenten von Telemanns *Nouveaux Quatuors* (Paris 1738); Dok II, S. 328.

31 Die Aufführung wäre dann wohl mithilfe von Bachs Freund Jan Dismas Zelenka, dem Direktor der Kirchenmusik am Dresdner Hof, zustande gekommen. Der dafür benutzte Stimmensatz wurde vollständig innerhalb des Bach'schen Haushalts von Familienmitgliedern und Privatschülern vorbereitet; vgl. BC I/4: E 2 (S. 1186).

32 Die Ernennung in Dresden verzögerte sich bis Dezember 1736 wegen Bachs konkurrierender

Position als Titular-Kapellmeister am Weißenfelser Hof, ein Titel, der erst im Juni 1736 mit dem Tod von Herzog Christian von Sachsen-Weißenfels erlosch.

33 Mit zwei liturgischen Melodien: dem deutschen Agnus-Dei-Lied »Christe, du Lamm Gottes« und der Litanei; in der frühen Fassung beides Vokalpartien. In der späteren Fassung der Messe erscheint die Agnus-Dei-Melodie untextiert, von Hörnern und Oboen unisono gespielt.

34 D-B: *Mus. ms. Bach P 430*.

35 GB-Lbl: *Add. MS 35021*; in der unvollständigen Quelle fehlen BWV 873, 874 und 881. Teile der Handschriften wurden von Anna Magdalena geschrieben.

36 NBA V/6.2, KB (A. Dürr 1996), S. 201 f.

37 Möglicherweise bestimmt für ein verlorenes Clavier-Büchlein der Bach-Familie.

1 Zu Details vgl. NBA V/6.2, KB (A. Dürr 1996), S. 70–73.

KAPITEL 8
Instrumentale und vokale Polyphonie im Zenit

1 Walther 1708, S. 265.

2 Zu Details siehe Wolff 2004.

3 Vgl. die Edition in »Beiträge zur Generalbass- und Satzlehre, Kontrapunktstudien …« im NBA-Supplement (P. Wollny 2011), S. 41–62.

4 Siehe Schieckel 1982; ebd. auch Faksimile der Kanonauflösung.

5 Dok III, S. 87.

6 Dok III, S. 82.

7 Dok III, S. 288.

8 Dok III, S. 87.

9 Dok II, S. 300.

10 Zu Details siehe Wolff 1991[a], Kapitel 20 (»The Compositional History of the Art of Fugue«), basierend auf einem in Leipzig gehaltenen Vortrag von 1979 (veröffentlicht 1983).

11 Zu einer Diskussion dieses Satzes siehe Wolff 1991[a], Kapitel 12.

12 BWV 1076 = BWV 1087/13; BWV 1077 = BWV 1087/11. Die Kanons BWV 1076 und 1077 wurden im *Bach-Werke-Verzeichnis* separat aufgelistet, lange bevor 1975 die Kanonserie BWV 1087 bekannt wurde.

13 NBA V/2, KB (C. Wolff 1981), S. 109 f., und Wolff 1991[a], Kapitel 13.

14 Dok III, S. 89.

15 Dok I, S. 241 f.

16 Bei der Potsdamer Abendmusik hatte Bach es abgelehnt, eine sechsstimmige Fuge über das königliche Thema zu improvisieren und spielte stattdessen eine Fuge über ein selbst gewähltes Thema.

17 Wolff 1991[a], Kapitel 18.

18 Handschriftliche Ergänzungen (von Johann Christoph Agricola) im Widmungsexemplar des *Musikalischen Opfers* (D-B: *Am. B 73*); NBA VIII/1 (C. Wolff 1976), S. 59.

19 Dok III, S. 276: »Le Roi [...] chanta à haute voix un sujet de Fugue chromatique, qu'il avoit donné à ce vieux Bach, qui sur le champ en fit une Fugue à 4 puis à 5, puis enfin à huit voix obliges.«

20 Dok III, S. 519.

21 Dok III, S. 4113.

22 Tab. 8-5 weicht in einigen Details vom Inhalt der Originalausgabe von 1751 ab, die aufgrund der Verwirrung um die Veröffentlichung, die zum Zeitpunkt des Todes des Komponisten noch in Arbeit war, eine Reihe von Fehlern enthält. Die Unterschiede sind folgende:

1. Nach Contrapunctus inversus 13[b]: »Contrapunctus a 4« (nicht nummeriert). Hierbei handelt es sich um eine unkorrigierte Fassung des Contrapunctus 10 und einen irrtümlichen Zusatz.

2. Nach der Gruppe der vier Kanons: »Fuga a 2 clav.« Diese Bearbeitung von Contrapunctus 13 für zwei Claviere mit einer zusätzlichen, nicht gespiegelten vierten Stimme ist ebenfalls ein irrtümlicher Zusatz.

3. Der Vergrößerungskanon am Anfang der Gruppe von vier Kanons scheint falsch platziert zu sein. Die geplanten Seitenwechsel für die Kanons zeigen, dass er eigentlich an das Ende der Gruppe gehört.

4. Nach der »Fuga a 3 Soggetti« (der unvollendeten Quadrupelfuge) fügte Carl Philipp Emanuel Bach, der Herausgeber, den Orgelchoral »Wenn wir in höchsten Nöten sein« BWV 668 hinzu, um den unvollständigen Zustand des Werkes zu »kompensieren«.

Siehe auch NBA VIII/1, KB (K. Hofmann, 1995); und Wolff 1991[a], Kapitel 19–21.

23 Marpurg erinnerte an seinen Leipziger Besuch in verschiedenen Schriften von 1750 (Dok III, Nr. 632) und 1759 (Dok III, Nr. 701, S. 144 f.).

24 Auch die enge Nachbarschaft der Doppel- und Tripelfugen X und XI ist verloren gegangen.

25 Siehe Wolff 2000, S. 435, Diagramm.

26 Dok III, S. 86.

27 Er besaß Originalplatten der gestochenen Noten.

28 Dok III, Nr. 648, S. 15.

29 Blanken 2018.

30 Im Mai 1751 erschienen; Dok V, S. 182 f.

31 NV 1790, S. 72.

32 Dok III, S. 421.

33 Tab. 8-6 zeigt die Messe genau so, wie sie in der autographen Partitur erscheint (D-B: *Mus. ms. P 180*), die eine Fortsetzung der Kyrie-Gloria-Partitur darstellt, die Bach 1733 komponiert hatte. BWV[3] gibt die Entstehungsgeschichte des Werkes wider:

BWV 232.1 = Sanctus D-Dur von 1724
BWV 232.2 = Missa (Kyrie-Gloria) von 1733
BWV 232.3 = Credo G-Dur (Frühfassung) von ca. 1740
BWV 232.4 = h-Moll-Messe in ihrer vollständigen Form von 1748/49 einschließlich einer neuen Reinschrift von BWV 232.1.

34 Walther 1732, S. 459.

35 Die beiden Stimmen des Duetts beziehen sich auf die Lehre von der Doppelnatur Jesu Christi (wahrer Gott und wahrer Mensch), einen Kerngedanken der frühchristlichen Dogmatik, wie er im Nicänischen Glaubensbekenntnis von 325 überliefert ist. Aus demselben Grund sind auch die Textpassagen »Domine Deus« (Nr. 8) und »Et in unum Dominum« (Nr. 15) als Duette gesetzt.

36 Bach führte um 1746/47 eine Bearbeitung des Stabat mater von Pergolesi auf. Zum Verhältnis des Stabat mater und des »Et incarnatus«-Satzes Nr. 16 vgl. Wolff 2009, S. 86–89.

37 In den ersten beiden Leipziger Jahren hatte Bach drei einzelne Sanctus-Werke komponiert: C-Dur BWV 237 (37 Takte lang), D-Dur BWV 238 (48 Takte) und D-Dur BWV 232.1 (168 Takte).

38 In der lutherischen Liturgie wurde der Sanctus-Text des Missale Romanum durch den lateinischen Bibeltext ersetzt.

39 Wolff 2009, S. 119–121.

40 Dok III, S. 421.

41 Zu Leipziger Aufführungen geistlicher Werke in lateinischer Sprache in den 1740er-Jahren und unter Thomaskantor Gottlob Harrer nach 1750 vgl. Wolff 2009, S. 35–40.

EPILOG
»Praxis cum theoria«

1 Jackson 2005. – Zu Bach und Familie Bose vgl. Neumann 1970; zu Anna Magdalena Bach und Christiana Sybilla Bose siehe Dok IX, Nr. 211.

2 Dok II, S. 346.

3 Dok III, S. 87.

4 Dok VII, S. 36; zu Details vgl. Wolff 2000, S. 169–174.

5 Dok I, Nr. 34. Bach traf diese Aussage im Zusammenhang mit dem 1736 geführten Streit mit dem Rektor der Thomasschule über die Ernennung von Chorpräfekten und über die Anforderungen an sie. Der dem ersten Chor zugewiesene Präfekt musste, anders als der Präfekt für den zweiten Chor, Werke von Bach dirigieren können.

6 Abraham Kriegel, Nützliche Nachrichten von denen Bemühungen derer Gelehrten und andern Begebenheiten, Leipzig 1739; zitiert nach Dok II, Nr. 452, S. 367 f.

7 Dok II, Nr. 432 (Gesners lateinischer Quintilian-Kommentar von 1738); deutsch S. 332.

8 Dok III, Nr. 848.

9 Im Jahr 1725 arbeitete er erstmals gemeinsam mit Bach an der verschollenen Hochzeitskantate BWV 1063; es folgten 1727 die *Trauer-Ode* BWV 198 und 1738 die ebenfalls verlorene Huldigungsmusik BWV 1161.

10 Vgl. Wolff 2000: »Epilog: Bach und die Idee der ›Musikalischen Vollkommenheit‹«.

Bibliographie

Bibliothekssigel

Nach RISM (Répertoire International des Sources Musicales): www.rism.info.
Eine umfangreiche digitale Bibliothek der handschriftlichen und gedruckten Quellen zu den Werken Bachs bietet *Bach digital* (www.bach-digital.de). Der Standort der Quellen ist durch RISM-Bibliothekssigel bezeichnet.

A-Wn	Österreichische Nationalbibliothek, Musiksammlung, Wien
D-B	Staatsbibliothek zu Berlin, Preußischer Kulturbesitz, Musikabteilung
D-Bhm	Universität der Künste, Berlin
D-Bsa	Sing-Akademie zu Berlin, Notenarchiv (als Depositum in D-B)
D-DS	Universitäts- und Landesbibliothek, Musikabteilung, Darmstadt
D-F	Universitätsbibliothek J. C. Senckenberg, Abteilung Musik und Theater, Frankfurt am Main
D-LEb	Bach-Archiv, Leipzig
D-LEm	Leipziger Stadtbibliothek, Musikbibliothek, Leipzig
D-Dl	Sächsische Landesbibliothek, Staats- und Universitätsbibliothek, Dresden
D-WFk	Evangelische Stadtkirche St. Marien, Kantoreiarchiv, Weißenfels
F-Pn	Bibliothèque nationale de France, Départment de la Musique, Paris
GB-Lbl	The British Library, London
US-NHub	Yale University, Beinecke Rare Book and Manuscript Library, New Haven, CT
US-NYpm	The Morgan Library and Museum, New York City, NY

Bibliographische Abkürzungen

AmZ	Allgemeine musikalische Zeitung, Leipzig 1798–1848
BC	Hans-Joachim Schulze und Christoph Wolff, Bach Compendium. Analytisch-bibliographisches Repertorium der Werke Johann Sebastian Bachs, Vokalwerke, 4 Bände, Leipzig und Frankfurt 1986–1989
BG	Johann Sebastian Bachs Werke, hrsg. von der Bach-Gesellschaft, Leipzig 1851–1899
BJ	Bach-Jahrbuch (Leipzig und Berlin 1904 ff.), hrsg. von Arnold Schering (1904–1939), Max Schneider (1940–1952), Alfred Dürr und Werner Neumann (1953–1974), Hans-Joachim Schulze und Christoph Wolff (1975–2004); Peter Wollny (2005–)
BP	Bach Perspectives, Urbana und Chicago 1995–
BWV	Wolfgang Schmieder, Thematisch-systematisches Verzeichnis der musikalischen Werke Johann Sebastian Bachs: Bach-Werke-Verzeichnis, Leipzig 1950 (BWV[1])
BWV[2]	– Revidierte und erweiterte Ausgabe, Wiesbaden 1990
BWV[3]	– Dritte, erweiterte Neuausgabe, hrsg. vom Bach-Archiv Leipzig, bearbeitet von Christine Blanken, Christoph Wolff und Peter Wollny, Wiesbaden 2022

BuxWV	Thematisch-systematisches Verzeichnis der musikalischen Werke von Dietrich Buxtehude – Buxtehude-Werke-Verzeichnis, hrsg. von Georg Karstädt, zweite Ausgabe, Wiesbaden 1985
CPEB:CW	Carl Philipp Emanuel Bach: The Complete Works, The Packard Humanities Institute, Los Altos, 2004–
Dok	Bach-Dokumente, Leipzig und Kassel u. a. 1963–
Dok I	Bd. I (1963): Schriftstücke von der Hand Johann Sebastian Bachs, hrsg. von Werner Neumann und Hans-Joachim Schulze
Dok II	Bd. II (1969): Fremdschriftliche und gedruckte Dokumente zur Lebensgeschichte Johann Sebastian Bachs 1685–1750, hrsg. von Werner Neumann und Hans-Joachim Schulze
Dok III	Bd. III (1972): Dokumente zum Nachwirken Johann Sebastian Bachs 1750–1800, hrsg. von Hans-Joachim Schulze
Dok VII	Bd. VII (2008): J. N. Forkel, Ueber Johann Sebastian Bachs Leben, Kunst und Kunstwerke (Leipzig 1802). Edition, Quellen, Materialien, hrsg. von Christoph Wolff, unter Mitarbeit von Michael Maul
HWV	Bernd Baselt, Thematisch-systematisches Verzeichnis der Werke Georg Friedrich Händels – Händel-Handbuch, 3 Bände, Kassel u. a. und Leipzig 1978–1986
Kalendarium	Kalendarium zur Lebensgeschichte Johann Sebastian Bachs, hrsg. von Andreas Glöckner, Leipzig 2008
LBB	Leipziger Beiträge zur Bach-Forschung, 1993–
NBA	Johann Sebastian Bach. Neue Ausgabe sämtlicher Werke. Neue Bach-Ausgabe, hrsg. vom Johann-Sebastian-Bach-Institut Göttingen und vom Bach-Archiv Leipzig, Kassel u. a. und Leipzig 1954–2006
NBA/KB	Neue Bach-Ausgabe: Kritischer Bericht
NBA[rev]	Neue Bach-Ausgabe – Revidierte Edition (ausgewählte Bände), hrsg. vom Bach-Archiv Leipzig, Kassel u. a. 2010–
NV 1790	Verzeichniß des musikalischen Nachlasses des verstorbenen Capellmeisters Carl Philipp Emanuel Bach, Hamburg 1790

Zitierte Literatur

In den Anmerkungen wird die Literatur nach Autor (Nachname) und Erscheinungsjahr zitiert, Veröffentlichungen des gleichen Jahres werden durch Buchstaben in eckigen Klammern unterschieden. Die unten aufgeführten bibliographischen Angaben beschränken sich auf die in diesem Buch zitierten Titel. Weitere Literatur findet sich in der Online-Bach-Bibliographie: www.bach-bibliographie.de.

Axmacher, Elke: »Aus Liebe will mein Heyland sterben«. Untersuchungen zum Wandel des Passionsverständnisses im frühen 18. Jahrhundert, Stuttgart 1984

Beißwenger, Kirsten: Johann Sebastian Bachs Notenbibliothek, Kassel u. a. 1992 (Catalogus Musicus, Bd. 13)

Blanken, Christine: Christoph Birkmanns Kantatenzyklus »Gott-geheiligte Sabbaths-Zehnden« von 1728 und die Leipziger Kirchenmusik unter J. S. Bach in den Jahren 1724–1727, in: BJ 101 (2015), S. 13–74
  – Neue Dokumente zur Erbteilung nach dem Tod Johann Sebastian Bachs, in: BJ 104 (2018), S. 133–154

Butler, Gregory: Leipziger Stecher in Bachs Originaldrucken«, in: BJ 66 (1980), S. 9–26
  – Bach's Clavier-Übung III. The Making of a Print, Durham und London 1990

Clark, Stephen L.: The Letters of C. P. E. Bach, Oxford 1997

Dadelsen, Georg: Zur Entstehung des Bachschen Orgelbüchleins, in: Festschrift Friedrich Blume zum 70. Geburtstag, Kassel u. a. 1963, S. 74–79

Dirksen, Peter: Buxtehude und Bach: Neue Perspektiven, in: Buxtehude-Studien, Bd. 3, Bonn 2019, S. 59–80

Dreyfus, Laurence: Bach and the Patterns of Invention, Cambridge 1996

Dürr, Alfred: Heinrich Nicolaus Gerber als Schüler Bachs, in: BJ 64 (1978), S. 7–18
 – Die Kantaten von Johann Sebastian Bach, Kassel u. a. 1985, [13]2022
 – Die Johannes-Passion von Johann Sebastian Bach, Kassel u. a. 1988, [7]2019
 – Das Wohltemperierte Klavier, Kassel u. a. 1998, [6]2020

Forkel, Johann Nicolaus: Ueber Johann Sebastian Bachs Leben, Kunst und Kunstwerke, Leipzig 1802 (in: Dok VII)

Fux, Johann Joseph: Gradus ad Parnassum, Wien 1724 ... Aus dem Lateinischen ins Teutsche übersetzt, mit nöthigen und nützlichen Anmerckungen versehen und hrsg. von Lorenz Mizler, Leipzig 1742

Gerber, Erst Ludwig: Historisch-Biographisches Lexicon der Tonkünstler, 2 Bände, Leipzig 1790

Horn, Wolfgang: Die Dresdner Hofkirchenmusik. 1720–1745: Studien zu ihren Voraussetzungen und ihrem Repertoire, Kassel u. a. 1987

Jackson, Myles W.: Johann Heinrich Winkler und die Elektrizität in Leipzig in der Mitte des 18. Jahrhunderts, in: Musik, Kunst und Wissenschaft im Zeitalter Johann Sebastian Bachs, hrsg. von Ulrich Leisinger and Christoph Wolff (LBB, Bd. 7), Hildesheim 2005, S. 61–65

Jungius, Christiane: Telemanns Frankfurter Kantatenzyklen, Kassel u. a. 2008 (Schweizer Beiträge zur Musikforschung, Bd. 12)

Koska, Bernd: Die Berliner Notenkopisten Johann Gottfried Siebe und Johann Nicolaus Schober und ihre Bach-Abschriften, in: BJ 103 (2017), S. 149–184
 – Bach und Hamburg: Ein Szenario zur Entstehung der Englischen Suiten, in: BJ 107 (2021), S. 11–43

Krummacher, Friedhelm: Johann Sebastian Bach – Die Kantaten und Passionen, 2 Bände, Kassel u. a. 2018

Marquard, Reiner: »Ich will mich in dir versenken«. Die Lehre von der unio mystica in der Matthäus-Passion von Johann Sebastian Bach, in: BJ 104 (2017), S. 155–170

Mattheson, Johann: Das Neu-Eröffnete Orchestre, Hamburg 1713
 – Der vollkommene Capellmeister, Hamburg 1739; Reprint hrsg. von Margarete Reimann, Kassel u. a. [6]1995 (Documenta musicologica I/5); Studienausgabe im Neusatz des Textes und der Noten hrsg. von Friederike Ramm, Kassel u. a. [5]2020

Maul, Michael: »Dero berühmbter Chor«. Die Leipziger Thomasschule und ihre Kantoren, 1212–1804, Leipzig 2012

Mizler, Lorenz Christoph: siehe Fux, Johann Joseph

Neumann, Werner: Eine Leipziger Bach-Gedenkstätte. Über die Beziehungen der Familien Bach und Bose, in: BJ 1970, S. 19–31

Poetzsch, Ute: Grundlegung und Diversifizierung – die Eisenacher und Frankfurter Jahrgänge 1708–1721, in: Die Tonkunst 2017/4, S. 449–455

Schabalina, Tatjana: »Texte zur Musik« in Sankt Petersburg. Neue Quellen zur Leipziger Musikgeschichte sowie zur Kompositions- und Aufführungsgeschichte Johann Sebastian Bachs, in: BJ 94 (2008), S. 33–98

Schieckel, Harald: Johann Sebastian Bachs Auflösung eines Kanons von Teodoro Riccio, in: BJ 68 (1982), S. 125–130

Schletterer, Hans Michael: Joh. Friedrich Reichardt. Sein Leben und seine Werke, 2 Bände, Augsburg 1865

Schulze, Hans-Joachim: Melodiezitate und Mehrtextigkeit in der Bauernkantate und in den Goldbergvariationen, in: BJ 62 (1976), S. 58–72

– Studien zur Bach-Überlieferung im 18. Jahrhundert, Leipzig 1984

– »Die sechs Choräle kosten nichts« – Zur Bewertung des Originaldrucks der Schübler-Choräle, in: BJ 94 (2008), S. 301–304

– Das Grosse Concert, die Freimaurer und Johann Sebastian Bach. Konstellationen im Leipziger Musikleben der 1740er Jahre, in: BJ 104 (2018), S. 275–279

Schweitzer, Albert: J. S. Bach, Leipzig 1908

Simpfendörfer, Gottfried: Die Leipziger Pfingstkantate von 1721 – ein Werk von Johann Sebastian Bach?, in: BJ 96 (2000), S. 275–279

Smend, Friedrich: Die Johannes-Passion von Bach: Auf ihren Bau untersucht, in: BJ 23 (1926), S. 105–128

Spitta, Philipp: Johann Sebastian Bach, 2 Bände, Leipzig 1873 und 1880

Spree, Eberhard: Die verwitwete Frau Capellmeisterin Bach. Studien über die Verteilung des Nachlasses von Johann Sebastian Bach, Altenburg 2019

Stauffer, George B.: Noch ein »Handexemplar«: Der Fall der Schübler-Choräle, in: BJ 101 (2015), S. 177–192

Stinson, Russell: Bach – The Orgelbüchlein, New York 1996

Stockigt, Janice B.: Liturgical Music for a New Elector: Origins of Bach's 1733 Missa Revisited, in: Bach and the Counterpoint of Religion, hrsg. von Robin A. Leaver (BP, Bd. 12), Urbana und Chicago 2018, S. 63–83

Suchalla, Ernst (Hrsg.): Carl Phillipp Emanuel Bach. Briefe und Dokumente. Kritische Gesamtausgabe, 2 Bände, Göttingen 1994

Talle, Andrew: Nürnberg, Darmstadt, Köthen. Neuerkenntnisse zur Bach-Überlieferung in der ersten Hälfte des 18. Jahrhunderts, in: BJ 89 (2003[a]), S. 143–172

– J. S. Bach's Keyboard Partitas and Their Early Audience, Diss. Harvard University 2003[b]

– Beyond Bach. Music and Everyday Life in the Eighteenth Century, Urbana und Chicago 2017

Walther, Johann Gottfried: Praecepta der Musicalischen Composition (Weimar 1708), hrsg. von Peter Benary, Leipzig 1955

– Musicalisches Lexicon oder Musicalische Bibliothec, Leipzig 1732; Studienausgabe im Neusatz des Textes und der Noten, hrsg. von Friederike Ramm, Kassel u. a. 2001

Wolff, Christoph: Der stile antico in der Musik Johann Sebastian Bachs. Studien zu Bachs Spätwerk, Wiesbaden 1968

– Die Originaldrucke J. S. Bachs. Einführung und Verzeichnis, in: Die Nürnberger Drucke von J. S. und C. P. E. Bach. Katalog der Ausstellung, hrsg. von Willi Wörthmüller, Nürnberg 1973, S. 15–20

– Bach: Essays on His Life and Music, Cambridge und London 1991[a]

– »Intricate Kirchen-Stücke« und »Dresdener Liederchen«: Bach und die Instrumentalisierung der Vokalmusik, in: Johann Sebastian Bach und der süddeutsche Raum: Aspekte der Wirkungsgeschichte Bachs. Symposion München 1990, hrsg. von Hans-Joachim Schulze und Christoph Wolff, Regensburg 1991[b], S. 19–23

– Miscellanea musico-biographica zu Johann Sebastian Bach, in: Bach in Leipzig: Bach und Leipzig. Konferenzbericht Leipzig 2000, hrsg. von Ulrich Leisinger (LBB, Bd. 5), Leipzig 2002, S. 443–453

– Johann Sebastian Bachs Regeln für den fünfstimmigen Satz, in: BJ 90 (2004), S. 100–120

– Sicilianos and Organ Recitals: Observations on J. S. Bach's Concertos, in: J. S. Bach's Concerted Ensemble Music: The Concerto, hrsg. von Gregory Butler (BP, Bd. 7), Urbana und Chicago 2007, S. 9–114

- Under the Spell of Opera? Johann Sebastian Bach's Oratorio Trilogy, in: J. S. Bach and the Oratorio Tradition, hrsg. von Daniel R. Melamed (BP, Bd. 8), Urbana und Chicago 2011, S. 1–12
- Johann Sebastian Bach: Messe in h-Moll, Kassel u. a. 2009; 2., aktualisierte Ausgabe 2014
- Did J. S. Bach Write Organ Concertos? Apropos the Prehistory of Cantata Movements with Obbligato Organ, in: Bach and the Organ, hrsg. von Matthew Dirst (BP, Bd. 10), Urbana und Chicago 2016, S. 60–75

Wollny, Peter: Traditionen des fantastischen Stils in J. S. Bachs Toccaten BWV 910–916, in: Bach, Lübeck und die norddeutsche Musiktradition, hrsg. von Wolfgang Sandberger, Kassel u. a. 2002, S. 245–255
- Neuerkenntnisse zu einigen Kopisten der 1730er Jahre, in: BJ 102 (2016), S. 63–114

Zehnder, Jean-Claude: Die frühen Werke Johann Sebastian Bachs. Stil, Chronologie, Satztechnik, 2 Bände, Basel 2009

Abbildungsnachweise

Register

Personenregister

Register der Werke Bachs

Nummernfolge nach BWV[3] (ältere Nummerierung ggf. in Klammern)

Weltliche Kantaten und Drammi per musica

BÄRENREITER WERKEINFÜHRUNGEN